COLLECTION DES GRANDS DICTIONNAIRES BIOGRAPHIQUES INTERNATIONAUX

Directeur : M. HENRY CARNOY

Directeur de La Tradition

DICTIONNAIRE BIOGRAPHIQUE

INTERNATIONAL

DU CLERGÉ CATHOLIQUE

PUBLIÉ SOUS LA DIRECTION DE

M. HENRY CARNOY, A. ᴗ, O. ✠

Ancien Professeur aux Lycées Louis-le-Grand, Charlemagne et Carnot
Professeur au Lycée Voltaire

PARIS

CHEZ L'AUTEUR

24, RUE DES GRANDS-AUGUSTINS, VI⁰

DICTIONNAIRE BIOGRAPHIQUE

DES MEMBRES

DU

CLERGÉ FRANÇAIS

COLLECTION DES GRANDS DICTIONNAIRES BIOGRAPHIQUES

Directeur : M. Henry CARNOY

Professeur au Lycée Montaigne

DICTIONNAIRE BIOGRAPHIQUE

DES

MEMBRES

DU

CLERGÉ CATHOLIQUE

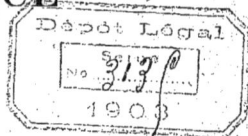

CLERGÉ RÉGULIER ET CLERGÉ SÉCULIER
S. S. LE PAPE, VICAIRE DE JÉSUS-CHRIST, SACRÉ COLLÈGE, SIÈGES PATRIARCAUX,
SIÈGES ARCHIÉPISCOPAUX, SIÈGES ÉPISCOPAUX, SIÈGES TITULAIRES, SIÈGES NULIUS DIOCESEOS,
PROPAGANDE, ETC., ORDRES MENDIANTS, ORDRES RELIGIEUX,
CONGRÉGATIONS VOUÉES A L'ENSEIGNEMENT, A LA VIE APOSTOLIQUE, ETC.,
PRÉDICATEURS, MISSIONNAIRES, ÉCRIVAINS, ÉRUDITS, MEMBRES DE SOCIÉTÉS SAVANTES

CONTENANT

TOUTES LES NOTABILITÉS DU CLERGÉ CATHOLIQUE
AVEC LEUR PORTRAIT, LEURS NOM, PRÉNOMS, ADRESSE, ETC.
LE LIEU ET LA DATE DE LEUR NAISSANCE, LEUR FAMILLE, LEURS ÉTUDES,
LEURS FONCTIONS SUCCESSIVES,
LEURS VOYAGES, MISSIONS, CHARGES ET TITRES HONORIFIQUES,
LEURS ŒUVRES DE PROPAGANDE, DE CHARITÉ, LES SOCIÉTÉS AUXQUELLES ELLES APPARTIENNENT,
LEURS PUBLICATIONS, ŒUVRES, ÉCRITS
ET LES INDICATIONS BIBLIOGRAPHIQUES QUI S'Y RAPPORTENT

OUVRAGE PUBLIÉ SOUS LA DIRECTION DE

M. Henry CARNOY, A. ☉, O. ✠

Professeur au Lycée Montaigne
Directeur de La Tradition et des Enfants du Nord

PARIS
IMPRIMERIE DE L'ARMORIAL FRANÇAIS
G. COLOMBIER, 4, Rue Cassette

Il a été tiré de cet ouvrage un exemplaire sur papier du Japon

offert en hommage à S. S. LÉON XIII.

INTRODUCTION

Le Dictionnaire biographique des Membres du Clergé catholique, *que nous mettons sous presse, obtiendra, nous en avons le ferme espoir, le même succès que nos précédents* Dictionnaires biographiques.

Notre but est de réunir, en un grand tableau d'ensemble, tous les membres du Clergé catholique qui sont la parure et la gloire de l'Eglise romaine.

Le plan que nous nous sommes tracé est vaste.

Nous ne mentionnerons pas que la vie et l'œuvre des grands dignitaires de l'Eglise. Nous ferons encore une large part à tous ceux qui, dans une sphère plus humble, donnent l'exemple de toutes les vertus, travaillent par les œuvres, les écrits ou la parole, à la propagation de la Vérité, à l'Education chrétienne de la jeunesse, à l'Evangélisation de nos frères perdus dans les solitudes glacées, dans les déserts brûlants, dans les pays où la parole de Dieu n'avait point encore pénétré.

Et nous n'oublierons pas non plus les membres du Clergé qui, lorsque leur sainte mission leur en donne le loisir, cherchent dans les vieux parchemins les secrets de l'Histoire, compulsent les archives, notent les particularités des différents idiomes, fouillent les ruines mystérieuses, décrivent les pays parcourus au hasard des voyages et des missions, étudient les mœurs, les usages des nations, feuillettent le grand livre de la

Nature, pour en faire connaître et admirer les merveilles, ou consacrent un peu de leur temps aux Beaux-Arts et aux Belles-Lettres.

Les biographies que nous nous proposons d'écrire, d'après les notes que l'on voudra bien nous remettre, seront de la plus rigoureuse exactitude.

Les jugements portés sur les hommes et leurs œuvres seront brefs, mais nous mettrons au service de tous la plus profonde sympathie.

Notre Dictionnaire *sera, ainsi compris, une source sans égale de documents exacts sur le Clergé catholique à la fin du XIXᵉ siècle.*

Les portraits seront l'objet de tous nos soins. Nous nous sommes assuré le concours de dessinateurs et de graveurs de mérite qui nous permettront de ne donner que des œuvres artistiques.

Avec l'aide de tous, nous mènerons à bonne fin cette entreprise dont le poids serait trop lourd pour nos faibles épaules.

Le Dictionnaire biographique des Membres du Clergé catholique *sera, ainsi, plus qu'une œuvre curieuse : il sera utile et profitable.*

Un mot encore avant de terminer cette courte Introduction. *Nous tenons à remercier publiquement les membres de l'Episcopat et du Clergé qui, sur la demande que nous leur avons faite, ont bien voulu encourager notre œuvre par leur appui moral et matériel, en s'inscrivant au nombre de nos souscripteurs et en nous adressant les documents qui nous ont permis de préparer les deux premières livraisons de l'ouvrage. L'unanimité des réponses que nous avons reçues est une garantie de succès.*

Nous ferons tous nos efforts pour montrer que nous sommes digne de la confiance que l'on nous a témoignée.

Paris, le 1ᵉʳ juillet 1895.

HENRY CARNOY, A. ⚝, O. ✠

Professeur au Lycée Montaigne

Paris, 128, Boulevard Montparnasse.

DICTIONNAIRE BIOGRAPHIQUE

DES

MEMBRES DU CLERGÉ CATHOLIQUE

S. S. LÉON XIII

VINCENTO-JOACHIM PECCI

S. S. LÉON XIII (Vincento-Joachim PECCI), né le 2 mars 1810, à Carpinetto, diocèse d'Anagni dans la Sabine, Italie, vicaire de Jésus-Christ, successeur du Prince des Apôtres, Pontife suprême de l'Eglise universelle, Patriarche d'Occident, Primat d'Italie, Métropolitain de la Province romaine, Archevêque et Evêque de Rome, Souverain D̄ ies temporels de la Sainte-Eglise, ṙdonné Prêtre le 23 décembre 1837, préconisé à l'Archevêché de Damiette *in partibus infidelium*, le 17 janvier 1843, transféré à l'Evêché de Pérose le 14 janvier 1846, créé Cardinal le 19 décembre 1853, élu Pape le 20 février 1878, couronné le 3 mars 1878.

Vincent-Joachim PECCI naquit d'une famille noble et très considérée. Son père, Dominique-Ludovic Pecci, avait été colonel au service de Napoléon Iᵉʳ; sa mère s'appelait Anna Prosperi Buzzi. Joachim Pecci avait trois frères et une sœur, et il fut le plus jeune de la famille. Ses parents jouissaient d'une honnête aisance; leur vie était simple, grave, pieuse. Le respect public les entourait.

A huit ans, Joachim fut placé dans le collège des Jésuites à Viterbo. Il y étudia la grammaire et y fit ses humanités sous le P. Léonard Garibaldi, qui a laissé une juste renommée de science et de sainteté.

En 1824, il avait la douleur de perdre sa mère et, peu après, il se rendait à Rome pour suivre les cours du *Collège Romain* que Léon XII venait de rendre à la Compagnie de Jésus. Il suivit pendant trois ans les cours du *Collège Romain* et ceux de la *Sapience*. Son esprit, déjà mûri, se complaisait dans ces études supérieures. Nul doute que ces trois années n'aient largement contribué à lui donner cette rectitude de jugement, ce sens profond des choses qui lui font juger si sainement les diverses situations et trouver, avec une si parfaite précision, le remède aux maux actuels de la société. Ici encore, il reçut les leçons des religieux de la Compagnie de Jésus. Citons en particulier, les PP. J.-B. Pianciani, André Carafa, Jean Perrone, Michel Zecchinelli, Corneille Van Everbrock, François-Xavier Patrizi et quelques autres dont les noms sont restés diversement célèbres. Les habitants lettrés de Carpinetto sont de bons latinistes: Joachim se promit de ne le céder à aucun et il tint sa promesse. Il ne négligea pas les sciences et, en 1828, il remporta le premier prix de physique et de chimie, ainsi que le premier accessit de mathématiques. Au cours de sa troisième année d'études théologiques, il soutint avec succès une thèse publique sur les *Indulgences* et les *Sacrements de l'Ordre et de l'Extrême-Onction*. A la fin de l'année, ses travaux furent couronnés par le premier prix de théologie. Enfin, en 1831, il obtint le titre de Docteur.

Joachim Pecci entra alors à l'Académie des Nobles ecclésiastiques où il étudia la diplomatie catholique, l'économie politique, la controverse biblique, les langues étrangères et tout ce qui tient à une haute culture ecclésiastique.

Grégoire XVI avait le don souverain de la connaissance des hommes; il eut plusieurs fois l'occasion de remarquer le jeune Pecci, et il le prit en particulière estime. Le 16 mars 1837, il le nomma Prélat de sa maison et Référendaire à la signature. Le 31 décembre, le pieux cardinal Odescalchi l'ordonna prêtre. Peu après, le Pape lui conféra le titre de Délégat à Bénévent. Cette charge équivalait à celle de préfet, c'est-à-dire que le gouvernement civil de l'une des provinces les plus difficiles était remis entre les mains d'un homme de vingt-sept ans.

En quelques mois, Bénévent fut purgé du brigandage; les seigneurs se soumirent; le Pape loua le Délégat, et Ferdinand II le pria de venir à Naples recevoir les témoignages de la considération royale. Mais le prélat était tombé gravement malade, et les Béneventins, pour obtenir sa guérison, firent des processions les pieds nus et la tête couverte d'un voile.

Charmé du succès obtenu par Mgr Pecci, le Pape l'envoya gouverner Pérouse, ville de vingt mille âmes, renommée de tout temps pour son caractère indocile.

Le 25 septembre 1841, le Souverain Pontife vint à Pérouse et il eut la satisfaction de constater par lui-même les preuves irrécusables d'énergie et de capacité données par le Délégat. Il résolut de le récompenser, en même temps que d'utiliser ses talents sur un plus vaste et plus important théâtre.

En 1843, Grégoire XVI préconisa Joachim Pecci archevêque de Damiette et l'envoya nonce à Bruxelles, auprès d'un politique habile, qui n'eut pas de peine à découvrir les qualités du jeune nonce et lui voua de suite des sentiments d'estime et de respect. Le climat et le travail avaient, au bout de trois ans, altéré sa santé; il sollicita son rappel. Le roi des Belges demanda la pourpre pour le nonce.

Grégoire XVI nomma Mgr Pecci commé archevêque-évêque de Pérouse.

Mgr Pecci, préconisé dans le consistoire du 19 janvier 1846, fut en même temps créé cardinal et réservé *in petto*. Sur ces entrefaites mourut Grégoire XVI, et l'évêque de Pérouse ne reçut la pourpre que le 9 décembre 1853. Jusqu'au commencement de 1878, il gouverna son troupeau au milieu de deux révolutions : celle de 1848 et 1849, c'est-à-dire de la République, qui dura presque un an; celle de 1859 et 1860, c'est-à-dire de l'invasion des Piémontais. L'évêque de Pérouse maintint la discipline, fonda un patronage pour les jeunes gens, fit progresser les études dans ses Séminaires, établit l'*Académie de Saint-Thomas-d'Aquin*, en 1859, publia une nouvelle édition du catéchisme, adressa aux curés un *Manuel des règles pratiques* pour leur ministère, un guide pour les temps troublés que nous traversons. Il parcourut sept fois toutes les paroisses du diocèse. Il commençait sa huitième visite lorsqu'il dut partir pour Rome, en 1877.

En 1869, il annonça à ses diocésains la bonne nouvelle du concile œcuménique du Vatican pour l'année suivante, et, dans cette grande assemblée, il vota l'infaillibilité. Toutes ses instructions se suivent et s'enchaînent et ont pour but de remédier aux maux présents de la société. Celles qu'il publia, en 1876 et 1878, sur l'Eglise et la civilisation, furent promptement traduites dans toutes les langues.

Il rebâtit l'orphelinat des garçons, lui donna un nouveau règlement, et appela, pour le diriger, les Frères de la Miséricorde de Belgique (1855). Il publia une édition du Catéchisme diocésain, et adressa aux membres du clergé une lettre pastorale pour leur recommander l'enseignement de la religion (1856). Il établit les *Jardins de Saint-Philippe de Néri*, pour catéchiser les petits enfants les jours de fête et les préserver des jeux mauvais et de la dissipation.

Durant une disette publique, en 1854, il prit des mesures pour secourir ses ouailles. Un monastère de Camaldules, très aimés et vénérés par les populations, est supprimé dans le diocèse; l'indignation se manifeste hautement. Le cardinal Pecci dénonce ces agissements dans une lettre à Victor-Emmanuel, lettre qui rappelle le langage de saint Ambroise à Théodose. Peu après, le roi de Piémont vient à Pérouse, et le cardinal, dans une lettre ferme et polie, décline l'invitation qu'il a reçue de se joindre aux autorités civiles et militaires. Les spoliateurs de l'Eglise lui prennent son séminaire, il reçoit les jeunes clercs dans sa demeure et vit paternellement avec eux.

Le 6 novembre 1876, mourut le cardinal Antonelli, secrétaire d'Etat de Pie IX, et Mgr Pecci, dont la santé s'était usée à Pérouse, vint chercher à Rome un climat plus doux.

Il y vécut presque dans la retraite. Il fut question de lui donner l'évêché suburbicaire d'Albano et la *Daterie*; mais en septembre 1877, Pie IX lui confia la charge de Camerlingue qui l'attachait à la Curie.

Lorsque, le 9 février 1878, Pie IX rendit son âme à Dieu, l'autorité passa sans difficulté entre les mains du camerlingue.

La conduite du Sacré-Collège était toute tracée d'avance par quatre *Constitutions* préparées par Pie IX; il s'y conforma scrupuleusement. Il entra en conclave le 18 février.

Le mercredi 20 février, le cardinal Pecci réunit la presque unanimité des voix, et prit le nom de Léon XIII.

La cérémonie du couronnement eut lieu le 3 mars 1878.

Un grand règne avait pris fin, et un grand règne commençait dans des circonstances difficiles.

Le monde entier se coalisait contre le Vatican. En Italie, les funérailles de Pie IX offraient le spectacle de scènes scandaleuses, la Russie ne répondait pas à la lettre d'avènement de Léon XIII; l'Allemagne y répondait dans des termes inconvenants; en Orient, le schisme arménien éclatait; en Autriche, en Hongrie, en Galicie, la persécution grandissait; en Espagne, le carlisme et son organe, le *Siglo futuro*, agitaient le brandon de la révolte; la Belgique rompait tout rapport diplomatique avec Rome...

Dès le 21 avril 1878, Léon XIII publia l'Encyclique : *Inscrutabili Dei consilio*, où il enseigne les lois qui assurent la prospérité des empires.

Dans une seconde Encyclique (28 décembre 1878), il dénonce le rationalisme issu de la grande hérésie du XVIe siècle, comme la source du socialisme, du communisme et du nihilisme. Presque tous ceux d'Europe, ceux de Russie, d'Allemagne et de Suisse, entre autres, nourrissaient contre le Saint-Siège d'injustes préventions et persécutaient les catholiques. Ces deux premières lettres pontificales calmèrent, firent même tomber les vieilles défiances.

Survinrent les attentats de Hœdel et de Nobiling, et d'autres semblables, à Madrid et à Naples; Léon XIII flétrit ces outrages. Le prince, objet de l'attentat, ne pouvait qu'être touché des marques d'un si haut intérêt; aussi le chancelier de l'empire entrait en négociations avec le nonce de Bavière.

En juin 1884, les rapports entre la Belgique et le Saint-Siège furent repris.

Dès le commencement de l'année suivante, Léon XIII se réjouit du retour à l'unité catholique d'une grande partie des nations syriennes et arméniennes. Il s'occupa de l'érection, à Rome, de l'Académie de Saint-Thomas et, dans une Encyclique, il recommanda l'étude du saint docteur dans toutes les Ecoles du monde entier. Il fit entreprendre en même temps une nouvelle édition des œuvres de *l'Ange de l'Ecole*.

A propos du mariage, Léon XIII, en plusieurs documents, et spécialement dans l'Encyclique : *Instauratio ordinis supernaturalis* (10 février 1880), établit les vrais principes sur la matière et les expliqua avec une clarté parfaite.

Afin de réveiller chez les Slaves les germes de la vraie foi, le Souverain Pontife promulgua un ordre qui établit la fête des deux saints apôtres de cette nation, Cyrille et Méthode.

Dans le même temps paraissait une Encyclique en faveur de l'association pour la Propagation de la foi (3 décembre 1880), et le Pape élevait aux honneurs du cardinalat le patriarche Antoine Hassoun.

L'année suivante, il indique à l'archevêque de Dublin la conduite à suivre au milieu des commotions politiques; il donne une constitution pour régler les devoirs entre les évêques et les réguliers en Angleterre; il établit dans une Encyclique les vrais principes sur la nature de l'autorité civile; il rétablit la hiérarchie épiscopale dans la Bosnie et l'Herzégovine; il recommande à l'épiscopat belge d'éviter les controverses inopportunes; il proteste contre les scènes scandaleuses et sauvages qui ont accompagé la translation des restes mortels de Pie IX de la basilique Vaticane à la basilique de Saint-Laurent-hors-les-Murs (4 août 1881).

Alarmé des progrès que faisait l'impiété en Italie, Léon XIII adressa une Encyclique aux évêques de ce pays pour leur indiquer les moyens de préserver la foi des peuples confiés à leurs soins (15 février 1882); aux archevêques de Milan, Turin et Verceil, il recommande d'étouffer certaines dissensions philosophiques soulevées par la presse périodique; il venge la conduite politique des Pontifes romains à propos des injures déversées sur eux à Palerme, sous le prétexte de l'anniversaire des Vêpres Siciliennes; il s'occupe de la réforme des moines basiliens en Galicie; il conseille au monde entier le Tiers-Ordre de Saint-François auquel il a été affilié lui-même de très bonne heure et pour lequel il a promulgué des règlements très sages; à l'empereur d'Allemagne, il recommande l'apaisement des discordes et lui représente la nécessité d'abolir les lois qui oppriment les catholiques; aux évêques d'Espagne, il représente les dangers que les dissensions civiles font courir à la foi; il leur recommande la plus grande vigilance et, en même temps, il fait souvenir le peuple d'obéir à ses pasteurs.

Dès que Léon XIII vit un moyen d'entrer en relations directes avec le czar, il lui écrivit pour lui représenter la nécessité de faire cesser la persécution qui sévissait depuis si longtemps contre les catholiques de l'empire.

Dès le 1er janvier 1888, Léon XIII adresse de nouveaux avertissements à l'archevêque de Dublin, au sujet des troubles qui affligent l'Irlande.

En un grand nombre de circonstances, Léon XIII donna des marques de sa sollicitude pour les associations d'ouvriers chrétiens. Mis en pratique dans le plus grand nombre des ateliers, ses avis rétabliraient bientôt l'ordre dans la société et le bonheur au foyer des hommes de labeur.

Son attitude envers le gouvernement italien n'a cessé d'être une protestation formelle contre la situation qui est faite au Saint-Siège.

L'année 1888 amena la fête du Jubilé sacerdotal de Léon XIII et le monde entier rivalisa de zèle pour lui témoigner sa vénération et son amour. Tous les gouvernements catholiques, hérétiques, schismatiques, infidèles, mahométans, adressèrent des ambassades, des adresses dictées par l'admiration et le respect.

En 1890, dans un dîner à Alger, éclatait le toast du cardinal Lavigerie. Ce toast eut un immense retentissement. Sans décliner sa responsabilité personnelle, le cardinal déclara n'avoir obéi qu'à une indication précise de Léon XIII, proclamant que « l'Église se place au-dessus des formes changeantes des gouvernements, aussi bien que des querelles et des rivalités de partis ». Faute peut-être de vouloir comprendre que, tout en respectant les personnes, les opinions privées, les souvenirs et même les espérances d'un grand nombre de catholiques, l'Église doit s'accommoder et vivre avec les républiques comme avec les monarchies, les dissentiments se sont prolongés, mais ils tendent à s'éteindre.

Nous signalerons en terminant le nouveau Jubilé épiscopal de 1893, où la place de Léon XIII apparaît plus grande au milieu des nations.

Après les messes solennelles de Saint-Pierre et les Béatifications, les ambassadeurs extraordinaires, même des puissances schismatiques et hérétiques, même ceux du Sultan, vinrent apporter leurs hommages et leurs présents.

La Russie, si jalouse vis-à-vis de Rome, permit les hommages publics de ses peuples, et, à la prière de Léon XIII, n'opposa plus d'obstacles aux saintes cérémonies de Jérusalem.

Armoiries : D'azur, au pin de sinople sur une terrasse du même, accompagné au canton senestre du chef d'une comète d'or, et en pointe d'une fleur de lis d'or à dextre et à senestre, à la fasce d'argent brochant sur le tout.

LANGÉNIEUX (S. E. R. le Cardinal Benoît-Marie), ✠ né à Villefranche (Rhône), archidiocèse de Lyon, le 15 octobre 1824, nommé évêque de Tarbes par décret du 18 juin 1873, sacré le 23 octobre suivant, promu à l'archevêché de Reims par décret du 11 novembre 1874, préconisé le 21 décembre suivant, installé le 2 février 1875, créé cardinal-prêtre, du titre de Saint-Jean devant la Porte Latine, dans le consistoire du 7 juin 1886.

Adresse : Archevêché de Reims.

S. E. R. le cardinal Langénieux est né à Villefranche-sur-Rhône. Mais de bonne heure il quitta cette ville pour venir à Paris avec ses parents. Il montrait déjà un goût précoce pour tout ce qui touche au culte. On aimait à y voir un présage d'avenir. Ces heureuses dispositions furent encouragées par les exemples et les vertus de sa mère, une sainte et digne femme. Après sa première communion, le jeune enfant fit part à sa mère de son désir d'entrer dans l'état ecclésiastique. Benoît-Marie Langénieux fut placé au petit séminaire de Saint-Nicolas que dirigeait M. l'abbé Didou auquel devait bientôt succéder M. Dupanloup. Il eut pour condisciples le duc de Noailles, le marquis de Dreux-Brézé, le général de Gallifet, le cardinal Lavigerie, N. N. S. S. de la Tour d'Auvergne, Foulon, Hugonin, Soubiranne, le P. de Gabriac, etc. Le jeune élève prit bientôt le premier rang par ses succès et par son amabilité. Il fut rapidement l'élève préféré de M. Dupanloup qui lui confia la présidence de l'*Académie littéraire* de l'école.

En 1847, Benoît-Marie entra au séminaire de

Saint-Sulpice. Il y révéla ses merveilleuses aptitudes pour le ministère pastoral, surtout dans les célèbres catéchismes dont il fut long-temps le directeur aimé.

Le 21 décembre 1850, il recevait des mains de Mgr Sibour l'ordination sacerdotale.

Nommé vicaire à Saint-Roch, il fonda le premier patronage de jeunes filles dans la maison des Sœurs de Charité.

Après neuf années d'un fécond ministère, l'abbé Langénieux fut choisi par Mgr Morlot pour la charge de Promoteur diocésain. Il

remplit pendant trois ans cette délicate mission. C'est de cette époque que date la popularité de M. Langénieux dans le clergé de Paris.

En 1863, Mgr Darboy succéda à Mgr Morlot. M. l'abbé Langénieux fut nommé curé de Saint-Ambroise, l'une des paroisses les plus peuplées et les plus pauvres de Paris. Par sa foi, son zèle, sa charité, le nouveau curé opéra des prodiges. Il bâtit des écoles pour 4.000 enfants et il plaça à leur tête des congréga-nistes et des laïques afin de laisser aux familles une pleine liberté. Peu après, M. l'abbé Lan-génieux fondait l'œuvre des *Petits Enfants de Marie* qui, au bout de deux années, comptait 260 enfants riches *protecteurs* d'un nombre égal d'enfants pauvres ; puis venaient les œuvres dites du *Pain du Vendredi* et de la *Doctrine chrétienne*, la Maison de retraite pour les Vieillards, les fourneaux, la crèche, la Maîtrise en vue des vocations sacerdotales, le Patronage des jeunes ouvrières, la Bibliothèque paroissiale, etc... Et tout cela accompli en moins de quatre ans !

M. l'abbé Langénieux songeait à bâtir une nouvelle église. Les travaux étaient presque terminés quand il fut appelé, en janvier 1867, à la cure de Saint-Augustin, l'une des paroisses les plus riches de Paris. Il hâta l'inauguration de la nouvelle église, fit bâtir un vaste presby-tère, ouvrit, en 1869, la *Maison des Œuvres* où se trouvent réunis une crèche, un asile de vieillards, des fourneaux, une pharmacie et un patronage. En même temps, sa parole attirait une foule de fidèles pour entendre ses chaudes et éloquentes allocutions. En 1870, l'Empereur voulut l'entendre. M. l'abbé Langénieux prêcha le Carême aux Tuileries.

La guerre survint. M. l'abbé Langénieux organisa la *Quête pour les blessés ;* il trans-forma son presbytère en ambulance et l'on y mit jusqu'à 300 blessés ; il convertit la maison des Œuvres en un vaste ouvroir pour 150 fem-mes de la banlieue ; il loua un bateau sur la Seine pour en faire un atelier de blanchissage ; le marché Laborde fut transformé en atelier de cartouches.

La Commune passée, Mgr Guilbert nomma M. l'abbé Langénieux archidiacre, vicaire-gé-néral de Notre-Dame.

Le nom de M. l'abbé Langénieux se retrouve à l'origine de toutes les grandes œuvres pari-siennes qui datent de cette période féconde. Il encouragea la fondation de la *Société des femmes françaises*, Avec M. de Mun, il inau-gura le premier Cercle catholique à Montmartre. A propos du *Panégyrique de M. Deguerry*, le *Moniteur universel* écrivit : « M. l'abbé Lan-génieux est un orateur. Il sait imager et dra-matiser sa pensée. L'élévation de la pensée, la chaleur du sentiment et la distinction du style s'allient en lui avec une science doctrinale pro-fonde et l'intelligence des besoins de la Société moderne. »

Le 19 juin 1873, M. Langénieux fut appelé à l'Évêché de Tarbes. Préconisé dans le Consis-toire du 25 juillet, le nouvel Evêque fut sacré le 28 octobre à Noire-Dame de Paris et installé le 8 novembre suivant. Il prit pour armes la *Croix de Jérusalem* et pour devise : *Vivat in me Christus.*

Mgr Langénieux racheta pour l'Evêché l'an-tique abbaye de Saint-Servin et fonda à Lour-des un Asile pour les vieillards et un Orphe-linat pour les jeunes filles ; il s'attacha princi-palement à la prospérité du pèlerinage. La chapelle de N.-D. de Lourdes fut érigée en basilique, l'accès de la Grotte fut rendu facile, le Gave rejeté à 50 mètres de son cours.

Le 12 novembre 1874, Mgr Langénieux était appelé au siège de Saint-Rémi ; il fut préconisé dans le Consistoire du 21 décembre suivant.

Ce qu'il était à Paris, Mgr Langénieux le fut à Reims. Son aménité, sa bonté, son dévoue-ment, son esprit juste lui ont valu une grande popularité. Il a restauré l'abbaye d'Igny, insti-tué l'Adoration perpétuelle, donné une nouvelle édition du *Catéchisme* diocésain, rétabli les Synodes, institué l'*Archiconfrérie de N.-D.*

de l'Usine, fait reconnaître par Rome le culte du Pape des Croisades, élevé une statue à ce Pontife, restauré la Cathédrale.

Sous sa direction, le clergé du diocèse de Reims, au milieu des luttes politiques passionnées, a gardé une attitude de dignité et de réserve à laquelle on n'a peut-être pas suffisamment rendu hommage.

Ses Mandements et ses Instructions pastorales montrent une activité prodigieuse, une science et un mérite littéraire accompli.

On lui doit également une petite Histoire de la Religion qui a obtenu un grand succès.

Le 7 juin 1886, le Pape, avec le consentement du gouvernement, élevait Mgr Langénieux aux honneurs de la Pourpre cardinalice.

LABOURÉ (S. G. MGR GUILLAUME-MARIE-JOSEPH), né à Achiet-le-Petit, Pas-de-Calais, le 27 octobre 1841, nommé évêque du Mans par décret du 31 décembre 1884, sacré le 31 mai

G. Rouault

1885, promu à l'archevêché de Rennes, Dol et St-Malo, par décret du 15 juin 1893, préconisé le 15 du même mois, a pris possession de son siège le 12 octobre suivant.

Adresse: Archevêché, Rennes, Ille-et-Villaine.

Mgr Labouré est issu d'une famille de modestes agriculteurs artésiens honorablement posée dans le pays. Ses ascendants n'avaient jamais fait fortune, mais ils jouissaient depuis longtemps déjà d'une aisance relative. Les vertus chrétiennes étaient l'apanage de la famille. Un de ses membres, le bisaïeul de l'archevêque, avait, à l'époque de la Révolution,

donné bien des fois asile aux prêtres non assermentés; il avait acheté, pour la conserver et la rendre au culte en 1802, l'église paroissiale d'Achiet-le-Petit, vendue pendant la grande tourmente révolutionnaire.

De bonne heure, le futur prélat donna, par son goût pour les choses religieuses et ses aptitudes à l'étude, tous les signes d'une vocation sérieuse.

Il fut envoyé, en 1854, au Petit Séminaire d'Arras, alors dirigé par les prêtres de la Société de St-Bertin, et l'un des principaux établissements libres du Nord de la France, par suite de la protection que lui accordait un illustre prélat, Mgr Parisis, ancien évêque de Langres, ancien membre de l'Assemblée nationale en 1848, promu en 1851 au siège d'Arras.

Le jeune homme se distingua dans ses classes et remporta les plus brillants succès comme en font foi les palmarès du Petit Séminaire.

Il fut envoyé par Mgr Parisis, en 1861, au Séminaire de St-Sulpice à Paris. Il y eut pour maîtres les Carrière, les Le Hir, les Hogan, etc., et pour condisciples les évêques actuels de Fréjus, Mgr Mignot, de Clermont, Mgr Belmont, de Roséa, Mgr Jourdan de la Passondière, le Recteur de l'Institut catholique de Paris, Mgr d'Hulst, les Pères Soyer, de la Compagnie de Jésus, Debaecque, dominicain, etc., etc., avec lesquels il est resté en relations de cordiale amitié.

Ses études de théologie achevées, M. l'abbé Labouré fut nommé professeur au Petit Séminaire d'Arras. De 1865 à 1872, il fut successivement chargé du cours de seconde et de la préparation au baccalauréat.

Au mois de juin 1872, il succéda à M. l'abbé Marin, comme Supérieur de l'établissement et il remplit ces fonctions jusqu'en 1882.

Administrateur apprécié, esprit juste et impartial, caractère élevé, bon et ferme, attentif à favoriser les progrès des études et à maintenir une discipline douce et forte, il fut honoré de l'absolue confiance des familles et de ses supérieurs ecclésiastiques.

M. l'abbé Labouré fut appelé à l'évêché en avril 1882, par Mgr Lequette, en qualité de Vicaire général honoraire et de Chanoine titulaire. Ainsi attaché à l'administration diocésaine, il y porta son activité, sa régularité, son discernement des esprits et des caractères, son tact éprouvé dans le maniement des affaires.

Il fut maintenu successivement comme vicaire général titulaire par Mgr Meignan, depuis Cardinal et Archevêque de Tours, et par Mgr Dennel, mort évêque d'Arras en 1891.

Nommé par décret à l'évêché du Mans, le 31 décembre 1884, préconisé par Léon XIII au Consistoire du 27 mars 1885, sacré à Luçon, près de son ami, Mgr Catteau, le 31 mai, il fit son entrée solennelle au Mans, le 4 juin 1885.

Le 13 juin 1893, il fut transféré à Rennes.

Mgr Labouré n'a jamais recherché le bruit, ni la célébrité, ni l'éclat extérieur.

Homme de devoir, il est modestement à ses

fonctions. Il s'efforce surtout de gouverner en esprit de bonté et de justice. Sans empressement à l'égard des pouvoirs civils, il a su toujours garder avec eux des rapports corrects et courtois.

Mgr Labouré est traité avec une tendresse et une indulgence très paternelles par le Souverain Pontife. S. S. Léon XIII se plaît à rappeler qu'il a dû, à deux reprises, user d'autorité envers lui, une première fois pour l'obliger à être évêque du Mans, une seconde fois, pour le forcer d'accepter les hautes fonctions d'archevêque breton.

Mgr de Rennes est estimé et vénéré de ses prêtres, plutôt qu'aimé. Son caractère froid de Septentrional ne soulève pas les enthousiasmes. Il est accueilli par les fidèles populations bretonnes des régions de St-Malo, de Fougères et de Vitré, avec le même amour que lui témoignaient autrefois les fidèles de la Sarthe. Mgr Labouré a regretté Le Mans et il y fut regretté; mais il s'est attaché fortement à son beau et excellent diocèse de Rennes. Il y fait — et il y fera encore — le Bien.

L'éminent prélat s'occupe de toutes les œuvres de charité pour les encourager, les aider, les diriger au besoin.

Bien qu'ayant gardé des goûts littéraires, par souvenir de son temps de professeur, il n'a jamais eu, à son grand regret, les loisirs de publier les travaux ou les écrits qu'il avait projetés, parfois même commencés. Les œuvres sorties de sa plume sont des mandements et des lettres pastorales dans lesquels l'élévation des idées est à la hauteur de la correction du style. Plusieurs de ces écrits ont été remarqués et cités, notamment : le *Crucifix*, l'*Adoration perpétuelle*, la *Mission de l'Evêque*, la *Famille chrétienne*, les *Œuvres de mer*, etc., etc.

Armoiries : D'hermine, à la croix d'azur chargée en cœur du monogramme du Christ accoté des lettres A et Ω, le tout d'or.

Devise : *Crux spes unica.*

ISOARD (Mgr Louis-Romain-Ernest), né le 19 juillet 1820, à Saint-Quentin (Aisne), diocèse de Soissons, nommé par décret du 9 mai 1879, sacré le 29 juin de la même année; précédemment auditeur de Rote pour la France; Evêque d'Annecy (Haute-Savoie).

Adresse : Evêché, Annecy (Haute-Savoie).

Mgr Louis-Romain-Ernest Isoard est né à Saint-Quentin, province de Picardie, en 1820. Il n'est cependant pas d'origine septentrionale. Son père, fonctionnaire de la douane dans l'ancienne capitale du Vermandois, était né en Provence.

Appelé à Paris après la naissance de Louis-Romain-Ernest, M. Isoard fit suivre à ses fils les cours du Collège (aujourd'hui Lycée Charlemagne).

Le futur évêque d'Annecy, l'aîné de la famille, auquel nous consacrons cette notice, fit d'excellentes études au Collège. Il se fit inscrire à la Faculté de Droit, mais bientôt il abandonna les *Institutes* et les *Pandectes*, Cujas et Pothier; pour les études théologiques. Il entra au grand Séminaire de Saint-Sulpice et reçut la tonsure à l'ordination de Noël 1843.

L'état précaire de sa santé, compliqué d'une extinction complète de la voix, obligea le jeune séminariste à interrompre ses études de 1843 à 1851.

Durant ces huit années, sa vocation ne fléchit pas un seul instant. Il attendit avec confiance une guérison qui tardait beaucoup.

Louis-Romain Isoard demeura presque continuellement à Paris pendant cette longue période. Il ne resta pas inactif; il dirigea les cé-

rémonies de la paroisse Notre-Dame de Lorette avec un zèle et une piété qui faisaient l'admiration de tous.

Enfin, la santé lui revint; il put reprendre ses études, et, le 17 décembre 1853, il avait la joie de recevoir le sacerdoce.

M. l'abbé Isoard fut d'abord membre de la Communauté des Messieurs de Saint-Sulpice qui desservent cette magnifique paroisse. Il se multiplia dans ces fonctions et donna ses forces sans compter.

Il fut ensuite nommé Aumônier de la Maison-mère des Sœurs de Sainte-Marie, puis Directeur de l'Ecole préparatoire des Carmes. Il montra, dans ces dernières fonctions, les plus précieuses qualités d'éducateur et d'administration.

En 1866, sur la présentateur du vénéré Mgr Darboy, Archevêque de Paris, M. l'abbé Isoard fut nommé, par S. S. Pie IX, Auditeur de Rote pour la France. Il remplaçait Mgr Place, promu à l'évêché de Marseille.

Déjà, depuis longtemps, l'attention du Pouvoir s'était portée sur M. l'abbé Isoard. Ses vertus, sa charité, son éloquence, son talent d'écrivain et de styliste le désignaient pour de hautes fonctions. Tous ceux qui avaient pu apprécier l'intelligence et le dévouement de M. l'abbé Isoard furent heureux d'apprendre que, par décret en date du 9 mai 1879, paru le lendemain au *Journal officiel*, M. Isoard était nommé Evêque d'Annecy, diocèse suffragant de Chambéry.

Le diocèse d'Annecy a succédé à l'ancien diocèse de Genève qui remontait à l'an 198 de l'ère chrétienne. On sait que l'évêque et le chapitre de la Cathédrale, forcés de quitter Genève en 1535, fixèrent leur résidence à Annecy. Le diocèse conserva néanmoins le titre de diocèse de Genève. Supprimé le 19 novembre 1801, par la bulle : *Qui Christi Domini*, il fit partie du nouveau diocèse de Chambéry et de Genève jusqu'au 15 février 1822, où il fut rétabli sous le nom de diocèse d'Annecy par la bulle : *Sollicita catholici gregis*.

Mgr Isoard fut préconisé Evêque de ce beau diocèse dans le Consistoire du 15 mai 1879 et il fut sacré le 29 juin de la même année. Le 16 juillet, il fit son entrée solennelle dans la ville épiscopale.

Et depuis, Mgr Isoard, par sa charité, son aménité et ses vertus est devenu très populaire dans son diocèse. En maintes occasions, il a montré son dévouement aux choses de l'Eglise. Par la plume et par la parole, il a défendu les intérêts de la religion. Plusieurs de ses lettres et de ses mandements épiscopaux, aussi remarquables par l'élévation des sentiments que par la hauteur du style, ont produit à leur apparition une impression profonde. Tel est l'évêque distingué que la Providence a appelé au siège d'Annecy.

Ajoutons que Mgr Isoard est l'auteur d'ouvrages qui ont obtenu un grand succès. Nous citerons tout particulièrement : *Hier et Aujourd'hui dans la Société chrétienne* (publié alors que Mgr Isoard était Directeur de l'Ecole des Carmes); *La Vie chrétienne; la Prédication* (1870); *Recueil de Prières* (1 vol.); *Le Sacerdoce* (2 vol.); *Le Mariage* (1 vol.); *Œuvres pastorales* (1er vol., 1879-1884; 2e vol., 1884-1890); *Les Quinze dernières années; Lettres adressées aux Pouvoirs publics; Devoirs des Electeurs catholiques*. (Tous ces ouvrages sont en vente à Annecy, chez Abry, libraire et, à Paris, chez Lethielleux, 10, rue Cassette.)

MARLE (Mgr le Chanoine JULES-LOUIS-JOSEPH), né à Béthune (Pas-de-Calais), le 24 avril 1833, descend d'une ancienne et honorable famille d'Artois, Préparateur au baccalauréat (rhétorique et philosophie).

Prêtre du clergé d'Amiens, Chanoine de l'Ordre des Prélats, A. ❀, Membre titulaire de l'Académie de Rome, de l'Institut archéologique, de la *Société académique d'Archéologie, des Sciences et des Arts du département de l'Oise*, de la *Société des Antiquaires de Picardie*, etc.; Lauréat de plusieurs Sociétés savantes (mentions honorables, diplômes d'honneur, médaille de 1re classe, palmes d'or), Bachelier ès-lettres, Licencié en théologie et en droit civil et canonique.

Adresse : 28, Boulevard Thiers, Amiens (Somme), et Béthune (Pas-de-Calais).

Mgr Marle est l'auteur de nombreux travaux relatifs à l'Histoire et à l'Archéologie, couronnés dans plusieurs concours académiques, et qui lui ont donné une notoriété incontestable.

Il a publié notamment sur les *Antiquités monumentales de Rome*, le *Symbolisme des peintures des Catacombes*, les *Beaux-Arts sous Léon X*, les *Splendeurs du Vatican*, etc., des articles remarquables très appréciés dans le monde savant.

Ce prélat distingué est également l'auteur des *Esquisses philosophiques*, du *Christianisme au triple point de vue historique, philosophique et social*, de *Lettres sur l'Education*, des *Gloires de la Patrie*, d'une *Notice historique et archéologique sur la ville de Béthune et les communes de son arrondissement*, des *Portraits et Caractères ou Philosophie pratique*; des *Règles spéciales aux quatre genres d'Eloquence* (sacrée, politique, judiciaire, académique), et de travaux d'érudition sur divers sujets de Théologie : (*Conférences sur la Religion*), de Philosophie : (*Logique, psychologie, théodicée, morale*), et de Jurisprudence canonique : (*Conciles, synodes, concordats*, etc.). Ajoutons les *Souvenirs de la Terre-Sainte et de l'Orient catholique*, les considérations sur *l'Influence française en Orient*, et la *Solution des Questions sociales*, où, avec une précision et une vigueur de logique peu communes, il a abordé et traité les sujets les plus actuels et les plus importants.

Orateur éloquent et écrivain distingué, Mgr Marle a prononcé des discours et donné des conférences remarquables par l'élévation des pensées, la générosité des sentiments, la clarté de l'exposition, et dans lesquels il développe ses idées avec une telle courtoisie, une si parfaite charité, un si grand désir d'être utile, que tous ses auditeurs, sans distinction d'opinions, ont été heureux d'applaudir sa haute et chrétienne éloquence.

Mgr le Chanoine Marle a étudié la Théologie et le Droit Canon à Rome, où il fut accueilli avec une extrême bienveillance par le pape Pie IX qui, appréciant son mérite, lui fit des instances pour l'attacher à sa personne, en qualité de Prélat de sa Maison.

Plus tard, le savant Cardinal Pitra le présenta à S. Em. le Cardinal Antonelli, Secrétaire d'Etat de Sa Sainteté, qui, désirant l'attacher à la Diplomatie, lui offrit les fonctions de Secrétaire de l'une des principales Nonciatures apostoliques.

Mais Mgr Marle, par amour de la France et du professorat, déclina respectueusement toutes ces offres honorables et si bien méritées.

Membre titulaire de l'*Académie Pontificale des Arcades* (26 mai 1890), Avocat de Saint-Pierre de Rome (14 décembre 1892), ce digne ecclésiastique, aussi modeste que savant, a refusé les honneurs de l'épiscopat, malgré les instances pressantes d'un vénérable évêque qui avait été à même d'apprécier la science solide et les sentiments élevés et généreux de ce membre éminent du clergé français.

Professeur expérimenté, il obtint les plus brillants succès dans la carrière de l'enseignement où le portaient son goût et son dévouement. Nous ajouterons qu'il fut toujours un des maîtres les plus aimés de la jeunesse des écoles.

Ce prêtre vraiment évangélique a également rendu de grands services à l'œuvre éminemment chrétienne et civilisatrice de l'abolition de l'esclavage en Afrique et a travaillé puissamment par la plume, la parole et l'action à l'expansion de l'influence française dans notre belle colonie illustrée par les mémorables faits d'armes de nos vaillants soldats.

Orateur, philosophe, historien, Mgr le Chanoine Marle est poète à ses heures; c'est un écrivain fin et alerte, un style est d'un coloriste distingué qui sait émailler ses délicieuses poésies de tous les tons d'une peinture pleine de charme et de fraîcheur.

Notre compatriote, dont les idées larges et libérales lui avaient immédiatement concilié l'estime et l'affection du vénérable évêque d'Amiens, Mgr Guilbert, connu par sa grande largeur d'esprit, s'est aussi spécialement signalé, dans ces derniers temps, par son adhésion complète et empressée à la doctrine si sage et si conciliante de S. S. le pape Léon XIII,

en matière politique; ce qui lui valut les félicitations les plus chaleureuses de la part de Son Eminence le Cardinal Lavigerie, archevêque d'Alger et Carthage, qui déjà s'était joint à plusieurs de ses collègues dans l'épiscopat et, en particulier, à S. G. Mgr Péronne, évêque de Beauvais, Noyon et Senlis, pour féliciter le savant auteur des Conférences sur la Religion, etc.

(*Le seul résumé de ces Conférences données dans plusieurs Etablissements d'Instruction, a obtenu le plus grand succès; tiré à plusieurs milliers d'exemplaires, il a atteint en quelques mois sa sixième édition.*)

C'est en cette circonstance que M. Marle, déjà investi, depuis le 3 décembre 1883, d'un canonicat de Rome, par Son Eminence le Cardinal Jacobini, alors Secrétaire d'Etat de Sa Sainteté le pape Léon XIII, fut élevé à la dignité prélatice de Chanoine d'honneur de la cathédrale de Saint-Thomas d'Aquin D'après la volonté des Souverains-Pontifes, manifestée par plusieurs Indults, cette dignité confère avec le titre de « Monseigneur » les honneurs et les privilèges de la Prélature romaine, ainsi que les insignes de Protonotaire apostolique.

Par son esprit sage et libéral, ses idées de progrès et son caractère conciliant, ce prêtre aimé a conquis une influence et une popularité bien légitimes.

Une haute distinction est venue couronner une carrière aussi bien remplie : Mgr J. Marle a été décoré des Palmes académiques, par arrêté de S. Exc. M. le Ministre de l'Instruction publique, en date du 27 décembre 1890.

Des applaudissements unanimes ont accueilli cet acte de bienveillance et de justice de la part du gouvernement de la République.

Dans une retraite laborieuse et féconde, ce professeur dévoué qui a fait ses preuves dans de nombreuses publications justement appréciées, consacre encore son activité et son intelligence à développer et à améliorer les méthodes d'enseignement par tous les moyens en son pouvoir et s'efforce de procurer des carrières honorables et des positions recherchées à des jeunes gens appartenant à des familles ayant plus d'honneur que de fortune.

Préparateur au baccalauréat, collaborateur de plusieurs Revues littéraires, infatigable et illustre écrivain, Mgr Marle trouve encore le temps de se signaler dans les œuvres de bien public.

Il est, notamment, Aumônier militaire de l'Œuvre essentiellement patriotique de l'*Union des Femmes de France pour secours aux blessés*, Membre fondateur de l'*Œuvre de l'Orphelinat de l'enseignement primaire de France*, Membre de l'*Association des Anciens Elèves du Collège de Béthune*, sa ville natale, Membre actif et bienfaiteur de plusieurs Sociétés de Bienfaisance (*Secours mutuels, Enseignement populaire, Agriculture, Réunions scolaires, Caisses des écoles* etc.).

Nous ajouterons que, par son extrême bonté,

son cœur droit, son caractère franc et généreux, son empressement à rendre service à tous et à secourir les malheureux, Mgr le Chanoine Marle a mérité l'estime et la reconnaissance de tous ceux qui, indistinctement, ont fait appel à sa charité et à son dévouement.

DANICOURT (Abbé Ernest-Jean-Charles-Adéodat), né le 17 août 1846, à Saint-Léger-les-Authie (Somme), curé de Naours, diocèse d'Amiens, membre de la *Société des Antiquaires de Picardie*, de la *Société d'Émulation* d'Abbeville, de la *Société française d'Archéologie*, de la *Société de Spéléologie*, etc.

Adresse, Naours, par Canaples, Somme.

Les parents de M. l'abbé Danicourt, originaires d'Authie, se fixèrent à Saint-Léger vers 1834. Son père, Constantin Danicourt, fut longtemps maire de ce village. Sa mère, Sidonie Danicourt, était la sœur de Mgr Danicourt, lazariste, évêque missionnaire, durant 27 années consécutives, en Chine, où il fonda une foule d'œuvres et d'établissements. Mgr Danicourt introduisit en Chine les Filles de la Charité, malgré les difficultés causées par les mœurs du pays. Deux fois condamné à mort pour la *Foi* qu'il *confessa* généreusement, Mgr Danicourt put cependant revenir en France et rapporter les restes du martyr Perboyro. Il mourut à Paris en 1860, et fut inhumé dans le sanctuaire de l'église d'Authie.

M. l'abbé Danicourt commença ses études au Collège de Montdidier; il passa bientôt à l'Institution Saint-Stanislas d'Abbeville, et fut reçu bachelier ès-lettres.

Encore sur les bancs du Collège, M. Danicourt eut la passion de l'Histoire. A Abbeville, on ne parlait que de Boucher de Perthes et de es travaux. Le Moulin-Quignon, où eut lieu l'une des plus belles découvertes du grand savant, était voisin du lieu de récréation des élèves de Saint-Stanislas. Le jeune homme prit goût aux sciences préhistoriques et archéologiques.

Sa théologie terminée au grand Séminaire d'Amiens, il fut ordonné prêtre le 17 décembre 1871, et nommé vicaire de Ham, où il passa 14 années d'un ministère fécond en excellentes œuvres. Il remplit en même temps les fonctions d'Aumônier militaire au fort de Ham, de 1874 à 1880. Depuis, il a conservé le titre d'Aumônier volontaire en cas de mobilisation. Le 27 septembre 1885, M. l'abbé Danicourt était nommé curé de Naours, commune de 1,300 âmes, qui a conservé un grand esprit religieux et qui est regardée comme l'une des plus belles paroisses du diocèse d'Amiens.

M. l'abbé Danicourt consacre les loisirs de son ministère aux études d'Histoire et d'Archéologie. Il se voua à ces recherches à la suite de visites fréquentes qu'il dut faire dans la riche Église abbatiale de Ham, dans sa Crypte incomparable et dans le célèbre Château-Fort. Il publia, en collaboration avec M. Elie Fleury, une *Histoire populaire de la ville et du Château de Ham* (pet. in-8° de 200 p., illust. de 24 pl.; Ham, imp. Carpentier, 1881; *Mention honorable et Médaille d'argent* de la *Soc. des Antiquaires de Picardie*).

La même année, M. Danicourt publia, dans le *Journal de Ham*, une notice sur *Nicolas Flajollot*, garde du génie, qui joua un certain rôle pendant la captivité du prince Louis-Napoléon (Tir. à part, br. in-8°; Ham, Carpentier, 1881).

En 1883, il collabora au *Petit Almanach de Ham* (in-12 de 150 p.). En 1884, il publia dans la *Picardie* une étude qui fut tirée à part : *Restauration de la Façade de l'Abbaye de Ham* (id.; id.). En 1885, il donna, dans le *Journal de Ham*, une *Notice biographique sur M. Ch. Gomart*, le premier historien de Ham, auteur d'une foule d'ouvrages d'Histoire et d'Archéologie (id., id.). La même année, il publia : *Histoire d'Authie, de son Prieuré conventuel, de son Château féodal, suivie d'une Notice sur Saint-Léger-les-Authie* (1 vol. in-8° de 507 p., orné de 2 pl. et de 2 plans; id., id.). Pour réunir les matériaux de cet ouvrage, il avait fait des recherches considérables, notamment à Dijon et à Versailles, et il avait pratiqué des fouilles sur l'emplacement de l'ancien château d'Authie, dans le bois du Plouis, et sur l'emplacement d'un village voisin d'Authie qui a disparu depuis longtemps, ainsi que dans l'ancien cimetière mérovingien de ce hameau.

En 1888, M. l'abbé Danicourt publia son premier travail sur les souterrains de Naours, lu précédemment dans la séance publique du 21 février 1888 à la *Société des Antiquaires de Picardie* (s. t. : *Les Souterrains-Refuges de Naours*; Abbeville, imp. du *Cabinet historique*; in-8° de 50 p. avec un plan). L'année suivante, il publia un travail plus complet sur le même sujet, à la suite de nouvelles fouilles qu'il avait pratiquées (*Même titre* ; in-8° de 40 p., avec plan rectifié ; 1889, Abbeville, Paillart, impr.). Il donna également : *La Vie de Mgr Danicourt, de la Congrégation de la Mission, Evêque d'Antiphelles, Vicaire apostolique du Tché-Kang et du Kiang-Sy* (Paris, Poussielgue, 1889 ; in-8° de 534 p. avec 1 portrait, 1 plan et une vue du monument de Mgr Danicourt).

Entre temps, M. Danicourt a publié un certain nombre d'articles dans le *Dimanche*, Semaine religieuse du diocèse, particulièrement des articles biographiques ou nécrologiques rarement signés. Une de ces études : *Le Culte de la Sainte-Vierge à Ham*, fut reproduite par les soins de Mgr Jacquenet dans les *Sanctuaires de la Sainte-Vierge en Picardie* (1890 ; Amiens). Dans l'*Echo de la Somme*, M. l'abbé Danicourt publia, de 1886 à 1888, divers articles sur ses fouilles et ses découvertes. Enfin il a réuni tous les matériaux nécessaires pour une *Monographie* de Naours et un travail complet sur les *Souterrains*, qui sera orné de 30 planches.

M. l'abbé Danicourt est un historien doublé d'un archéologue dont les œuvres resteront. On lui doit la *Restauration de l'Abbaye de Ham*, monument du style Louis XIV, orné d'un portique grec d'une grande élégance. Cette restauration a été faite de 1880 à 1885.

C'est aussi à ce prêtre distingué que l'on doit la *Restauration du Chœur de Naours* qui mérite d'être classé parmi les monuments historiques. C'est un des rares spécimens de l'architecture gothique du commencement du xiv° siècle ; il est de l'Ecole cistercienne, car les Bénédictins de Corbie avaient une résidence à Naours, dont ils étaient seigneurs et curés. Le monument remarquable avait été mutilé et était devenu méconnaissable. Il fallut l'œil exercé d'un archéologue pour en soupçonner les beautés cachées : M. Danicourt coupa les toitures de deux sacristies qui dissimulaient de superbes rosaces, enleva les tableaux, les rétables, les boiseries sans valeur qui encombraient les trois absides, au risque de mécontenter la population. Lorsque tout fut restauré, que les rosaces, les fenêtres géminées, les crédences, l'ancien *sacrarium*, les colonnes mutilées, les chapiteaux couverts d'un épais badigeon, lorsque tout cela fut remis en valeur, le bon goût se réveilla dans l'esprit de la population et il n'y eut plus qu'un cri d'admiration pour ce chef-d'œuvre d'architecture et de sculpture, l'un des plus beaux de l'arrondissement de Doullens. Le *Congrès archéologique de France* vint, en 1893, sanctionner le sentiment populaire et augmenter l'admiration générale.

Mais l'œuvre principale de M. Danicourt, celle qui lui fait le plus honneur, celle qui a eu le plus grand retentissement, c'est la *Découverte et le Dégagement des Souterrains-Refuges de Naours*. Cet infatigable chercheur y

trouva la récompense de ses persévérants efforts et de ses longs travaux.

C'était en 1887. Depuis plus d'un an, il remuait le sol de sa paroisse, si fécond en souvenirs gallo-romains (on compte actuellement seize emplacements de villas, de vigies, d'établissements des ii° et iii° siècles), lorsqu'il fut amené par hasard à rechercher l'entrée des *carrières* de Naours comblées depuis 67 ans et que les octogénaires avaient connues. Après 15 jours de travail, M. Danicourt put pénétrer dans ce village souterrain. Aussitôt il en saisit l'importance et la beauté, si résolut de le déblayer. Pendant cinq hivers, il y travailla. Chaque année amena de nouvelles découvertes. Le *Congrès archéologique de France*, réuni à Abbeville pour sa 60° session, consacra aux Souterrains de Naours une de ses six grandes excursions. Il a décerné à M. Danicourt une Médaille d'argent grand module.

Le vaillant curé a fouillé les *terrains quaternaires* de Naours. Il y a découvert de précieux témoins des âges préhistoriques. Débris de l'ancêtre du cheval, haches taillées et polies, dents de squales, débris monstrueux de l'*Elephas primigenius*, collection complète d'oursins, sont venus, sous la pioche du terrassier, répondre à l'appel du disciple de Boucher de Perthes.

N'est-elle pas noble cette carrière de prêtre laborieux ? Le Clergé catholique ne donne pas que l'exemple de toutes les vertus : il est encore, comme au moyen-âge, un merveilleux foyer de science et de travail.

CAULY (Mgr EUGÈNE-ERNEST), né à Saint-Etienne-à-Arnes, arrondissement de Vouziers, Ardennes, diocèse de Reims, le 7 septembre 1841, Protonotaire apostolique, Vicaire-général de Reims.

Adresse : 23, rue Ponsardin, Reims.

Mgr Eugène-Ernest Cauly, vicaire-général de Reims, est né dans une modeste et honorable famille de cultivateurs. Par la lignée paternelle, originaire du Petit-Bornand, dans la Haute-Savoie, il remonte à une famille qui, au xvii° siècle, donna à la maison de Savoie un Secrétaire d'Etat, Conseiller des Finances, et un Grand-Aumônier.

Il fit, au Petit-Séminaire de Reims, des études brillantes et acheva ses études ecclésiastiques au Grand Séminaire diocésain de Reims dirigé par Messieurs de Saint-Sulpice.

A l'ordination de Noël 1862, il reçut la tonsure, puis successivement tous les ordres, et enfin, le 10 juin 1865, l'ordination sacerdotale des mains de S. E. le cardinal Gousset, archevêque de Reims.

M. l'abbé Cauly fut nommé Vicaire de Saint-Charles à Sedan. Il cumula ces fonctions avec celles d'aumônier de l'Hôpital militaire, puis du Collège de cette ville. Dans ces multiples fonctions, M. l'abbé Cauly montra un zèle et une activité peu communes, et il acquit par

2

son affabilité et son dévouement de grandes sympathies que le temps n'a pas éteintes. Au moment de la terrible guerre de 1870-71, ses services dans les ambulances, les hospices et les maisons particulières furent signalés au Gouvernement et il obtint de ses chefs hiérarchiques les remerciements les plus flatteurs.

Vers la fin de 1872, l'Administration diocésaine, sous le pontificat de Mgr Landriot, appela M. l'abbé Cauly à la cure de Thugny, arrondissement de Rethel. Pendant deux ans, M. l'abbé Cauly répandit sur la population de Thugny les graces de son enseignement et lui laissa le souvenir, non encore effacé, d'un grand savoir joint à la plus douce bienveillance.

Désigné depuis longtemps à l'attention de ses supérieurs par son intelligence et ses vertus, M. l'abbé Cauly fut nommé aumônier du Lycée de Reims au début de 1875. Il occupa pendant neuf ans ces fonctions délicates. Il quitta le Lycée en 1884, appelé par la bienveillance de S. E. R. le cardinal Langénieux au doyenné de Signy-l'Abbaye, arrondissement de Mézières.

En mars 1888, M. l'abbé Cauly fut nommé curé titulaire de la paroisse Saint-André de Reims. Au mois d'août suivant, Mgr Langénieux l'attachait à l'archevêché en qualité de Vicaire-général agréé par le gouvernement.

Trois ans plus tard, S. S. Léon XIII honorait M. l'abbé Cauly du titre de Protonotaire apostolique, ce qui élevait le distingué Vicaire-général au plus haut degré de la Prélature romaine.

Mgr Cauly fait partie de l'*Académie nationale de Reims*, en qualité de Membre titulaire depuis 1891.

Il a écrit de nombreux ouvrages historiques

ou religieux qui ont obtenu une grande faveur auprès du public auquel ils étaient destinés, et qui obtinrent, en 1887, du Souverain Pontife Léon XIII, un bref élogieux. Parmi ces publications nous citerons tout particulièrement : *Histoire du collège des Bons-Enfants de l'Université de Reims* (1 gr. vol. in-8; 1884; ouvrage couronné par l'*Académie nationale de Reims*) ; *Cours d'instruction religieuse* en 4 volumes édités par la maison Poussielgue, à Paris : I. *Catéchisme expliqué* (16 éditions); II. *Histoire de la Religion et de l'Église* (4 éditions) ; III. *Recherche de la vraie Religion* (8 éditions) ; IV. *Apologétique chrétienne* (3 éditions), etc.

Lors de son élévation à la Prélature romaine Mgr. Cauly s'est choisi des armoiries dont voici la description empruntée au *Bulletin du Diocèse de Reims*, 20 avril 1892 : *De gueules, à la main au naturel, émergeant d'un nuage d'argent tenant un livre ouvert du même, portant:* VERITAS, *cantonné à dextre d'un écu d'azur, à la croix grecque d'argent; au chef d'or, chargé d'un cœur de gueules enflammé et rayonnant du même.*

Devise : *Misericordia et Veritas.*

LEMIRE (Abbé, JULES-AUGUSTE), né à Vieux-Berquin (Nord), d'une famille de cultivateurs, le 23 avril 1853, écrivain, prédicateur, député d'Hazebrouck.

Adresse : 28, rue Lhomond, Paris; et Hazebrouck, Nord.

M. l'abbé Lemire est une des figures les plus en vue du Clergé et du Parlement français. En quelques années, l'éminent orateur est parvenu à se créer une place enviée qui, certainement, doit surprendre sa modestie. Passer tout d'un coup de la vie obscure de prêtre-professeur au grand jour de la vie publique, être admiré, estimé même de ses adversaires, joindre à un remarquable talent de parole, l'art d'écrire le français avec beaucoup de délicatesse, apporter en tous les sujets les connaissances variées du linguiste, de l'érudit et de l'historien, enfin, abordant les questions les plus complexes de l'économie politique, chercher dans le socialisme chrétien le remède aux souffrances du prolétariat, la solution des problèmes sociaux qui occupent les esprits : tel était le rôle qui attendait M. l'abbé Lemire.

Son enfance se passa dans l'école du village et au grand air de la vie des champs. Il lui en est resté une bonne allure franche qui n'est pas faite pour déplaire. Distingué par les prêtres de la paroisse à cause de son amour pour l'étude et de ses succès, il reçut d'eux quelques leçons latines et fut placé à Hazebrouck, au collège libre de Saint-François d'Assise, pour faire ses humanités (1867). Il en sortit en 1872, après de brillantes et fortes études pendant lesquelles il avait été constamment à la tête de ses classes. Muni des diplômes de bachelier ès-lettres et de bachelier ès-sciences, conquis à huit jours d'intervalle, il entra au grand séminaire de Cambrai. Après une année de théologie, il revint à Hazebrouck comme professeur séminariste. Il fit pendant trois ans son apprentissage de l'enseignement dans les classes de 3e et de 2e, et, ayant complété ensuite ses études ecclésiastiques, il fut ordonné prêtre en 1878. M. l'abbé Dehaene, supérieur du collège de Saint-François d'Hazebrouck, obtint que le jeune prêtre fût attaché à son œuvre d'éducation. Il le connaissait, l'estimait; et pour lui donner une preuve de son estime, il lui confia, malgré sa jeunesse, la classe de Philosophie. L'abbé Lemire dut quitter cet enseignement qu'il aimait beaucoup, en 1882, parce que l'administration diocésaine, ayant transformé le collège libre en petit séminaire, avait supprimé la classe de Philosophie. Par attachement pour son vieux supérieur et pour la jeunesse de Flandre, il accepta la classe de rhétorique qu'il ne devait quitter que pour entrer dans la vie politique en 1893.

Les dix-huit années de professorat de l'abbé Lemire furent occupées d'abord par son travail d'enseignement, puis, par la prédication, les œuvres de zèle et des publications savantes.

Désireux de prêcher dans les campagnes, il se livra à l'étude de la langue flamande parlée par le peuple, et parvint à s'exprimer correctement dans cet idiome populaire. Mais ceci ne l'empêchait point de cultiver une éloquence plus haute, qui lui ouvrit non seulement toutes les chaires de l'arrondissement, mais aussi les plus importantes de Lille et de Dunkerque.

Les œuvres de zèle qui rendirent l'abbé Lemire populaire à Hazebrouck, furent la Conférence de Saint-Vincent de Paul, le Secrétariat du peuple, la Caisse d'épargne du sou, les allocutions dans les patronages et les cercles et, par dessus tout, la construction du collège Saint-Jacques dont il dirigea les travaux et pour lequel il trouva les ressources nécessaires.

Au dehors, il était connu par ses articles de journaux et de revues, par sa collaboration à la Revue de Lille, aux Annales du Comité flamand de France, à la Réforme sociale de Le Play, au Correspondant, et par ses brochures et ses livres parmi lesquels nous citerons :

L'Habitat dans la Flandre française, étude sur la construction des fermes wallonnes ou censes et des manoirs flamands ou hofsteden (ce travail fut lu au Congrès des Sociétés savantes à la Sorbonne et reçut des approbations élogieuses). (Hazebrouck, David).

Les Corporations ouvrières d'Hazebrouck au point de vue religieux. (Réédité par le XXe Siècle; Paris, Poussielgue, 1895).

Une Trappe en Chine, ou, l'Évangélisation dans l'Extrême-Orient par les ordres contemplatifs et ouvriers (Paris, Levé).

Le Catholicisme en Australie (Paris, Lecoffre).

Des ouvrages plus importants ont paru sous la plume de l'abbé Lemire :

D'Irlande en Australie, Souvenirs et impressions de voyage d'après les lettres de son frère le P. Achille, membre de la Congrégation du Saint-Esprit et du Saint-Cœur de Marie, mort à la Trinidad, en 1893. (Lille, Desclée).

Le cardinal Manning et son action sociale (Paris, Lecoffre).

L'abbé Dehaene et la Flandre (Lille, Deman, gr. in-8e de 600 pages).

Ce dernier ouvrage fit de l'abbé Lemire l'homme de la Flandre parce que d'une plume enthousiaste il y célèbre ses souvenirs locaux, ses traditions de franchises et de libertés, ses vieilles légendes, ses corporations, ses œuvres de charité et d'enseignement.

Le livre sur Manning révéla le professeur d'Hazebrouck au grand public. A l'occasion des idées du cardinal, il exprimait sa manière de voir personnelle sur la question sociale ramenant tout à trois points : la nécessité de l'association, l'intervention de l'État, l'action de l'Église. Ce livre obtint des lettres flatteuses d'approbation de Mgr Croke, archevêque de Cashel (Irlande), de Mgr Baunard, recteur des Facultés catholiques de Lille, de M. E. M. de Vogüé, de l'Académie française, de M. le comte A. de Mun, qui termine sa lettre par ces mots : « De toutes manières, cher monsieur l'abbé, vous avez fait à mes yeux une œuvre excellente, aussi heureusement conçue que remarquablement exécutée. »

L'auteur fut brusquement tiré de ses occupations studieuses et jeté dans les agitations politiques au mois d'août 1893, lors des élections générales pour le renouvellement de la Chambre des Députés. Dans la 1re circonscription d'Hazebrouck, on ne s'attendait point à une bataille. On croyait que le général de Frescheville, conservateur rallié, serait seul candidat sérieux contre M. Joos, républicain radical. Au dernier moment, surgit la candidature invraisemblable de M. Outters, maire de Steenvoorde, que le général soutenait un an auparavant et recommandait à ses amis comme candidat au Sénat. M. Outters, ancien député, opportuniste, appuyé par l'administration, était, malgré ses récents rapports avec M. de Frescheville, le vainqueur probable. Voyant que dans toutes ces compétitions politiciennes, les droits du peuple étaient plus ou moins oubliés, et convaincu qu'un courant nouveau — le courant démocratique et social — passait dans le pays, l'abbé Lemire posa sa candidature. Au premier tour de scrutin, le 20 août, il obtint 3,870 suffrages; dernier venu, il passait d'emblée au premier rang, distançant de 500 voix M. Outters qui était le plus favorisé de ses concurrents. Au scrutin de ballottage, la victoire fut décisive. Resté seul contre le candidat opportuniste, l'abbé Lemire le battit de 1,500 voix et vint à la Chambre porté par l'enthousiasme de tout son pays.

Il siège au n° 184, parmi les députés de la Droite, mais sans faire partie de leurs groupes. Il vote avec l'indépendance qui convient à son caractère et aux idées qu'il défend. Peu de temps après son arrivée, il faillit être victime de l'attentat Vaillant (9 décembre 1893), et il fut à cette occasion l'objet de la sympathie universelle.

L'abbé Lemire a déposé plusieurs propositions de loi. Signalons les suivantes :

Proposition tendant à modifier plusieurs dispositions légales relatives au mariage dans le but de le rendre plus facile. (Prise en considération, adoptée en première lecture).

Proposition sur l'état des fonctionnaires civils — (pour les protéger contre les excès de pouvoir et organiser les pensions civiles).

Proposition sur la liberté d'association. (Prise en considération).

Proposition ayant pour but dans le silence du bail de reconnaître le droit de chasser au fermier et à ses fils habitant avec lui. (Renvoyée à la Commission de la chasse).

Proposition ayant pour but d'organiser en France le bien de famille. (Prise en considération).

Proposition ayant pour objet de déterminer l'état des employés de chemins de fer. (Renvoyée à la Commission du travail).

Proposition tendant à la constitution de biens collectifs pour les inscrits maritimes. (Renvoyée à la Commission du budget).

Proposition tendant à la répression du duel. (Déposée à l'occasion du duel Harry-Alis et Le Châtelier).

Il fait partie de diverses Commissions et a rédigé plusieurs rapports, notamment sur l'incompatibilité entre les mandats législatifs et la fonction de directeur de Compagnies ayant une concession de l'Etat, sur la liberté d'associa-

tion, sur les facilités plus grandes à donner au mariage civil, etc.

Il a pris la parole en diverses circonstances : sur la fermeture de la Bourse du Travail ; sur la révision de la Constitution ; sur l'assistance par la terre pour les marins, à l'occasion des secours demandés pour les victimes des tempêtes ; sur l'enseignement de l'Agriculture dans les Ecoles primaires, à propos du budget de l'Agriculture ; sur les secours à donner aux veuves et orphelins des agents des postes et télégraphes morts avant l'âge de la retraite ; sur le bénéfice du quart de place pour les agents du service actif des douanes.

S'élevant à des questions plus hautes, il a parlé pour le maintien de l'ambassade du Vatican ; il a répondu à M. Jules Guesde dans un débat mémorable, il a opposé les doctrines sociales chrétiennes aux théories collectivistes ; et il a trouvé des accents de sincère éloquence pour protester contre M. Jaurès, qui érigeait la révolte contre Dieu en droit de l'homme et substituait à l'exercice légitime de la raison l'abus de la critique.

L'abbé Lemire s'est fait une place dans la Chambre, et son plus beau succès a été d'obtenir d'elle, en un jour de concorde et de sentiments généreux, le vote à cent voix de majorité du projet de résolution suivante :

« La Chambre invite le gouvernement à rapporter les mesures disciplinaires prises contre les fonctionnaires et les ministres des différents cultes reconnus par l'Etat, à l'occasion d'actes politiques. »

C'était ce qu'on demandait en vain depuis vingt années : la justice pour les prêtres comme pour les autres citoyens.

Au-dehors du Palais-Bourbon, l'abbé Lemire vit tour à tour dans l'agitation des conférences publiques qu'il accepte à tous les coins de la France, et dans le recueillement complet de son appartement de la rue Lhomond.

Il célèbre la messe dans la chapelle des Pères du Saint-Esprit. Il vit près des religieux qui ont été les amis de son frère défunt, et converse avec ces hommes qui parlent des missions lointaines et qui aiment d'un semblable amour la France et l'Eglise. Son bonheur, sa récréation unique, c'est de rentrer à Hazebrouck entre deux séances, c'est de passer le dimanche dans cette chère ville ou dans un village quelconque de la Flandre, dont il est le serviteur passionné et l'ami fidèle, et qui lui rend en popularité, en sympathie, ce qu'elle reçoit de son député-prêtre en bons et loyaux services.

LESUR (Mgr Jules-Emile-Honoré) né à Mortiers (Aisne), diocèse de Soissons, le 8 février 1844, Chanoine titulaire de la Primatiale de Carthage, Archiprêtre de l'Eglise patriarcale de Jérusalem, Protonotaire apostolique *ad instar*, Vicaire-général de Syra et d'Antioche, Chor-Evêque de Damas, Proto-presbytéros-archiprêtre de Jérusalem, Chanoine d'honneur de plusieurs cathédrales, membre de l'*Académie de Saint-Thomas-d'Aquin*, etc.

Adresse : Dercy-Mortiers, Aisne, et Paris, rue Jouffroy, 6.

Missionnaire zélé, orateur de grand talent, auteur et écrivain distingué, prêtre dévoué à toutes les Œuvres de charité et de religion, Mgr Lesur est une des figures les plus remarquables dont peut s'honorer le Clergé de France, si riche en hommes de valeur.

Il manifesta dès sa plus tendre jeunesse des sentiments religieux bien au-dessus de son âge ; à douze ans, comme la vocation de cet enfant se manifestait toujours plus persévérante, sa famille le fit entrer au Petit-Séminaire de Soissons, grâce à l'intervention de M. Quentin-Bauchart, sénateur, le grand-père du distingué conseiller municipal du VIII° arrondissement, auprès de Mgr de Garsignies, évêque de Soissons.

Les progrès du jeune étudiant furent rapides ; à dix-huit ans, ses supérieurs le jugèrent digne de revêtir l'habit ecclésiastique. Il prit le modeste et saint habit avec cette joie intime dont le rayon céleste est la récompense des élus.

Les portes du Grand-Séminaire s'ouvrirent bientôt pour lui. A peine arrivé, il fut choisi pour remplir les fonctions de maître des cérémonies à la cathédrale. Il sut s'acquitter avec le plus grand honneur des obligations de cette charge. Ses condisciples du Séminaire l'admiraient. Possédant le don de persuasion, puisé dans une conviction profonde, ils disaient de lui en l'entendant prêcher : « Il a le *Pectus est quod disertos facit.* »

Le jeune lévite passait une partie de ses vacances à Paris. Il fut remarqué par S. Em. le cardinal Langénieux, archevêque de Reims, alors curé de Saint-Augustin, qui le demanda comme vicaire. Le jeune abbé, estimant qu'il se devait à son diocèse, refusa cette situation enviable.

Avant son ordination, il avait prêché dans nombre de paroisses. On connaissait bien cette éloquence qui savait suspendre un auditoire, l'émouvoir, lui ouvrir toute grande la voie des saintes espérances. Aussi le lendemain de son ordination, fut-il choisi par M. Guyard, vicaire-général, pour prêcher aux Dames de Sainte-Geneviève.

Avant d'être nommé curé dans les paroisses de Cuirieux et Vesles, Urvillers et Stancourt, Laigny et Haution, M. l'abbé Lesur avait été vicaire à Château-Thierry, où, en 1870, il exerça avec un grand zèle les fonctions d'aumônier militaire international et d'aumônier des prisons.

Partout il sut se concilier l'estime de tous ; ses paroissiens l'aimaient ; ses confrères faisaient souvent appel à ses services.

Les pauvres, les vieillards, les enfants, les déshérités de ce monde, sont ses préférés. Bon pasteur, il souffre des misères de l'humanité ; il les soulage toutes sans se laisser courber sous le faix des fatigues et des sacrifices qu'il doit s'imposer. Il a trouvé surtout le moyen de restaurer, d'embellir et d'enrichir les églises qui l'ont possédé.

Le beau dévouement de l'abbé Lesur devait recevoir sa récompense. Mgr Thibaudier, mort archevêque de Cambrai, lui en fit le premier hommage en le nommant missionnaire apostolique.

L'éducation de l'enfance a toujours attiré les préoccupations de Mgr Lesur. Tout vient de l'enfant, et l'enfant donne ce qu'on lui a appris : telle est sa conviction. Aussi s'est-il appliqué à vulgariser la science du Catéchisme, le premier code de l'honnête homme. Dans ce

but, il a publié un ouvrage de devoirs analytiques et explicatifs sur le Catéchisme, à l'usage des maîtres et des élèves.

Écrivain distingué et utile, Mgr Lesur a encore publié d'importants ouvrages pour la défense et l'enseignement de la religion du Christ. Nous citerons tout particulièrement : *Recueil de proses*, à l'usage de tous les diocèses de France ; *L'Epistolier latin, ou le manuel de l'enfant de chœur; Cours d'instructions pastorales* (7 volumes in-8°, tirés en 3 éditions); *Livret de correspondance pour le catéchisme, entre l'Eglise et la famille, explicatif et synthétique sur le Catéchisme, l'Histoire sainte et l'Evangile*, pour faciliter aux enfants la rédaction des explications données au Catéchisme ; *Réponses aux devoirs; Nouveau mois de Marie, à l'usage des fidèles et du clergé*, etc.; et, enfin, son dernier et très important ouvrage : *Cours d'apologétique*, qui offre ce qu'ont écrit de plus remarquable les grands apologistes anciens ou modernes, pour répondre aux principales objections contre la religion. Ce volume est écrit pour l'usage de MM. les curés, prédicateurs et missionnaires. Le plus bel éloge du *Cours d'apologétique* se trouve résumé dans ces mots écrits à l'auteur par une autorité compétente : « ... Saint Al- « phonse, notre cher fondateur, eût certaine- « ment recommandé votre livre à ses enfants, « car vous rentrez dans ses vues. »

S. E. R. le cardinal Langénieux, légat du St-Siège en Orient, a toujours eu pour lui beaucoup d'affection ; nous l'avons vu, bien jeune encore, portant le costume épiscopal, le premier à la tête des prélats et des évêques à la grande procession.

En Afrique, où il est allé sur l'ordre du grand cardinal Lavigerie, pour l'assister à la consécration de la primatiale de Carthage, nous le voyons en tête des évêques et choisi, par le Cardinal, pour présenter l'eau bénite au résident-général de Tunis.

Il fut demandé au Ministère des Cultes pour l'épiscopat ; nous savons qu'il y fit très bonne impression.

L'Eglise et la France auraient trouvé en lui un évêque dévoué, aimant son clergé et cherchant à faire mentir le proverbe : *Honores mutant ombres*. La nonciature et le gouvernement étaient d'accord, mais la jalousie s'en mêla : il suffit de semer le bien pour faire croître la méchanceté et l'ingratitude !

A l'occasion du 25e anniversaire de son ordination sacerdotale, Mgr Lesur a réuni à Paris à la Basilique du Sacré-Cœur, le mercredi 3 juillet 1895, ses confrères, MM. les curés du diocèse de Soissons et Laon qui avaient été ordonnés le même jour que lui.

Il réunit à Mortiers, MM. les Instituteurs des paroisses où il avait été curé.

Là ne se bornèrent pas ses actions de grâce à son Dieu ; il réunit également sa famille, ses amis, ses compatriotes de Mortiers qui avaient fait avec lui leur première communion, les anciens apprentis et ouvriers de son père, et ses nombreux amis, et les pauvres qu'il aime, qui chantèrent le *Te Deum* et prièrent pour la France.

Mgr Lesur a également publié plusieurs autres ouvrages, parmi lesquels on doit mentionner :

Mgr Freppel ; Vie du cardinal Foulon ; Histoire de S. E. le cardinal Lavigerie ; Heures choisies sur la très Sainte-Vierge ; Nos grands Evêques ; Le Vatican et la Cour romaine ; L'Ami de l'orateur sacré, etc.

Disons à sa louange, au risque de blesser sa modestie, que Mgr Lesur a su transformer complètement l'église de son pays natal. On lui doit les magnifiques vitraux artistiques et toutes les statues qui décorent ce monument.

Mgr Lesur a pu procurer des ressources importantes aux églises d'Orient. Aussi a-t-il reçu les titres et les dignités de Vicaire-général de Syra et d'Antioche, de Chor-évêque de Damas, d'Archimandrite de Sidon, de Proto-

presbytéros-archiprêtre de Jérusalem, de Protonotaire apostolique *ad instar*, de Chanoine titulaire de l'Insigne chapitre de la Primatiale de Carthage, de Chanoine d'honneur de plusieurs cathédrales, de Membre de l'*Académie de Saint-Thomas-d'Aquin*, d'Avocat de Saint-Pierre, de Membre de la *Société d'Ethnographie*, reconnue d'utilité publique, de Membre de l'*Alliance scientifique universelle*.

Nous en ajouterons un : celui de bienfaiteur de l'humanité. Mgr Lesur a l'estime et l'affection de tous ses concitoyens comme de tous ses supérieurs.

A Mortiers, il est regardé comme le bienfaiteur des pauvres et de la commune.

Armoiries : Son nom lui a fourni sa devise et ses armes : « Lesur seul est immuable quand « il repose sur les trois vertus théologales. »

Devise : *Le sur et non l'incertain*.

Sources : *Dict. des Dictionn.* de Mgr Paul Guérin ; *Dict. biogr. de l'Aisne*.

DUMONT (*Chanoine* JOACHIM-EUGÈNE), né à Acheux, Somme, diocèse d'Amiens, d'une famille de cultivateurs, le 26 juillet 1853, prédicateur, fondateur et supérieur de l'Ecole Jeanne-d'Arc, Parc d'Aulnay-s-Bois, commune d'Aulnay-lès-Bondy, Seine-et-Oise.

L'abbé Dumont fit ses études complètes au collège de Montdidier, où il montra un goût particulier pour les sciences et la philosophie. Son année de rhétorique allait commencer quand éclata la guerre de 1870. Trop jeune pour être soldat, il consacra ses loisirs forcés au soin des blessés. Ses études classiques terminées, il entra au grand séminaire d'Issy et de St-Sulpice où il passa quatre années entièrement employées aux études métaphysiques les plus ardues.

Il passa ensuite deux années à l'Ecole des Carmes où il partagea son temps entre l'étude des sciences rationnelles et la préparation de la licence ès-lettres.

Son esprit philosophique, son goût et ses aptitudes remarquables pour la prédication se révélèrent brillamment dès le grand séminaire et lui firent confier le cours supérieur fait chaque dimanche aux jeunes gens de la paroisse St-Sulpice. Ceux qui les ont entendues ont gardé le souvenir de ses Conférences sur les Erreurs philosophiques et religieuses contemporaines.

Dès cette époque, l'abbé Dumont suivait une voie qu'il n'a pas quittée depuis.

Il renonça définitivement à entrer dans le ministère paroissial, afin de consacrer tout son temps à l'étude de la philosophie et des sciences dans leurs rapports avec les doctrines religieuses et à la prédication.

Dès sa sortie des Carmes, les stations d'Avent et de Carême lui étaient confiées dans les principales églises de Paris. Il prêcha les mois de Marie à N.-D. des Victoires et à la Madeleine.

Les premières séries de ses conférences, prêchées à St-Germain-l'Auxerrois, furent réunies en un volume, précédées d'une remarquable préface sur la *Morale et la Prédication* et publiées sous le titre : *La charité dans la société moderne* (Berche et Tralin, 1881).

M. l'abbé Dumont prêcha dans les principales cathédrales de France, à Rouen, à Chartres, à Reims, etc. Il donna un grand nombre de sermons de charité et de discours de circonstance, plusieurs Oraisons funèbres, entre autres, à Auteuil, celle de Mgr Lamazou, évêque de Limoges, à St-Thomas d'Aquin, celle de Mgr Lecourtier (*Oraison funèbre de Mgr Lecourtier*, Paris et Leipzik, 1887).

Son œuvre principale, comme prédicateur, œuvre qu'il poursuit toujours avec le plus grand succès, est celle des conférences spécialement adressées aux hommes.

Il en fit d'abord à Paris dans les quartiers populaires de St-Antoine, Ste-Marguerite, St-Ambroise, où il attira une foule énorme. En province, il traita de la question ouvrière à Roanne, où ses discours passionnèrent toute la ville.

A Chartres, pendant cinq ans, il donna, à la cathédrale, une suite de conférences sur les principales questions philosophiques et religieuses. C'est au cours de ces prédications et pour en proclamer le mérite que Mgr Lagrange le nomma chanoine de sa cathédrale.

Un évêque étranger lui avait déjà décerné ce titre à la suite de prédications semblables.

Mais ce sont surtout les Conférences de St-Nicolas du Chardonnet qui ont fait apprécier la valeur de l'abbé Dumont et l'ont placé parmi les prédicateurs les plus réputés de la capitale.

Dans cette église, placée au centre de la vie intellectuelle de Paris, l'abbé Dumont donne depuis dix ans, pendant le Carême, devant un auditoire d'élite composé d'étudiants, de professeurs, d'amateurs des hautes spéculations philosophiques et religieuses, une série de conférences dont il suffit d'indiquer les titres pour en marquer la portée : *La morale indépendante* (1885), *L'origine de l'homme* (1886), *La nature de l'homme* (1887), *La fin de l'homme* (1888), *Dieu* (1889), *La guerre et le Droit des gens* (1890), *L'Éducation* (1891). *Devoirs des catholiques à l'heure présente* (1892), *La question sociale* (1893), *L'âme et le fondement des connaissances humaines* (1894), *L'origine du monde et de la vie* (1895). Dans toutes ses conférences, M. l'abbé Dumont se montre philosophe et orateur de premier ordre.

Voici quelques appréciations sur le genre qu'il a adopté et sur la manière dont il le traite : « Quoique jeune encore, l'abbé Dumont est déjà un vétéran de la prédication. En l'écoutant on sent qu'il est de son temps, qu'il l'aime, d'ailleurs il ne s'en cache pas. C'est un patriote éclairé, ardent, un fervent de Jeanne d'Arc. C'est un penseur sérieux, un érudit qui a le bon goût de ne pas philosopher dans le vide et de ne pas s'épuiser à enfoncer les portes ouvertes. Ce qu'il veut, c'est qu'on l'écoute et qu'on le suive. Il s'impose par sa réelle valeur. Aussi son modernisme et sa démocratie sont-ils

de bon aloi. Tout d'ailleurs plaide en sa faveur. sa prestance, sa voix, son geste, et plus d'une fois il a dû réprimer les applaudissements qui allaient éclater. » (le *Matin*, 26 février 1893).

« ...Très épris de philosophie, il aborde volontiers les questions sociales et dit avec une égale franchise aux riches et aux pauvres leurs vérités, leur montrant en même temps où est pour eux le devoir. Sa diction ne laisse rien à désirer ; sa parole claire, vibrante, servie par une belle prestance, est éminemment sympathique. Le geste est élégant, mais précis, démonstratif — celui d'un professeur familiarisé de longue date avec la tribune et... le succès.» (le *Gaulois*, 27 février 1895).

« ...Moderne non pas par sa doctrine, d'une absolue conformité à l'invariable enseignement de l'Eglise, mais par sa méthode, M. l'abbé Dumont s'adresse directement à l'intelligence de ses auditeurs ; il néglige à dessein les arguments d'autorité et a plus volontiers recours à la philosophie ou à la raison théologique. Il ne dit jamais : là est la vérité, sans montrer pourquoi elle est là, et sans prendre corps à corps la proposition de l'adversaire pour en prouver la fausseté. » (*Figaro*, 30 mars 1893).

« ...L'abbé Dumont professe et il ne s'en cache pas. Il ne vise qu'à convaincre et ne s'amuse pas à battre les buissons creux de l'éloquence imaginative. Il énonce de sa voix tranquille les théories les plus audacieuses, les hypothèses les plus hardies, il ne s'indigne d'aucune des témérités de la pensée. Aucune non plus ne lui en impose. Il les regarde en face sans étonnement ni colère, de l'œil clairvoyant du critique et doucement, modestement, mais avec une singulière énergie qui lui vient de sa modération même, il fait ce départ entre les vérités définitives établies par la science et les hypothèses que les faits condamnent ou que la science ne peut vérifier. Et il fait voir que la foi admet tout ce que la science prouve vrai, que les théories opposées à la foi ne sont pas moins opposées à la science.

« C'est assurément un genre qui demande une préparation difficile, un rare talent d'expression, un auditoire attentif et déjà instruit. Mais ce genre a son mérite et produit plus de résultats qu'on ne peut le croire. Il serait désirable que ce savant et éloquent apologiste eût de plus nombreux imitateurs. (*Gazette de France*, 30 mars 1895). »

« Aucune question ne le laisse indifférent.

« Ayant toujours été partisan déclaré d'une réconciliation nécessaire entre l'Eglise et la Démocratie, comme entre la Science et la Foi, l'abbé Dumont fut de ceux qui applaudirent aux sages conseils politiques de Léon XIII. Dès que le Toast du cardinal Lavigerie eut retenti, le 29 novembre 1890, il entra courageusement dans la carrière et, sans tenir compte des oppositions de la première heure, il réunit autour de lui plusieurs jeunes gens d'élite dont le nom est appelé à la célébrité dans les lettres, installa à ses frais une imprimerie qui permit à ce groupe militant de publier plusieurs brochures de propagande et un journal qui se transforma plus tard en revue: *La Concorde*, qui parut depuis le mois de décembre 1890 jusqu'aux élections de 1893.

« Dès le principe, semaine par semaine, elle retraçait les progrès de la nouvelle idée dans le domaine des esprits et dans celui des faits.

« Très franchement catholique, *la Concorde* a toujours lutté contre les partisans de l'équivoque qui se refusent à prononcer le mot de république. Cette netteté lui valut les encouragements de Mgr Lavigerie. « Je suis avec vous disait le cardinal à l'abbé Dumont, ne vous découragez pas, la victoire est désormais assurée. »

« Cependant, on aurait tort de voir en lui un rallié. Car il ne fit jamais mystère de ses opinions républicaines et fut plutôt un précurseur. (*Figaro*, 30 mars 1895).

Tout ce mouvement auquel l'abbé Dumont participa et communiqua un entrain remarquable est raconté dans l'ouvrage publié par ses collaborateurs, (chez Lecoffre, Paris, 1892), intitulé : *Du Toast à l'Encyclique.*

Pour s'assurer les loisirs nécessaires à sa vie d'études, l'abbé Dumont vit depuis longtemps retiré dans une verte campagne, au Parc d'Aulnay, près de Paris. Là pour ne pas rester complètement étranger aux choses du ministère, il s'occupa pendant deux ans de la direction d'un orphelinat. Puis les princes d'Orléans ayant procédé à la vente en détail des biens que leur a restitués l'Etat, il en acheta avec sa famille une grande partie, fonda un pays de villégiature dont il fut au début l'organisateur le plus actif, et, au centre de ce pays nouveau qui se développe aujourd'hui tout seul, au milieu

d'un parc merveilleusement boisé, il construisit lui-même un vaste collège, l'*Ecole Jeanne-d'Arc*, qui est assurément une des belles créations de ce genre des environs de Paris. Il vit maintenant dans cette école qu'il a fondée, au milieu de ses collaborateurs et de ses élèves de plus en plus nombreux, partageant son temps entre l'étude, les travaux de philosophie, la prédication et l'éducation à la fois libérale et solide de ses chers jeunes gens.

PETITOT (Émile-Fortuné-Stanislas), A. ✪, né à Grancey-le-Château (Côte-d'Or), d'une ancienne famille bourguignonne qui a fourni plusieurs hommes célèbres, fit ses premières études à l'Institution Saint-Louis, à Marseille, où son père s'était fixé. Entré au Grand Séminaire de cette ville, il y reçut les différents ordres, de la main de Mgr C.-J.-E. de Mazenod, et la prêtrise, de Mgr O'Cruice, le 15 mars 1862.

Parti aussitôt pour les missions françaises du Mackenzie (Territoire du Nord-Ouest, Canada), il concourut à la fondation de la mission de la Providence, dirigea seul pendant plus d'un an celle du Grand Lac des Esclaves, visita le premier les Flancs-de-Chien dans leurs déserts voisins de la source de la Copper-mine River, dont il dressa la carte ; puis, en août 1864, alla prendre possession de la mission de N.-D. de Bonne-Espérance, au fort Good-Hope, le poste le plus septentrional de l'Amérique, et qui s'étendait jusqu'à la mer Glaciale.

Il y évangélisa les Peaux-de-Lièvre et les Bâtards-Loucheux, y fut le premier missionnaire des Esquimaux Tchiglit, qu'il alla visiter dans leurs déserts glacés dont il fit la carte ; descendit les fleuves Mackenzie, Anderson et

Peel jusqu'à leur embouchure, fonda en 1866 la mission du Grand Lac des Ours, presque au même endroit où avait hiverné l'immortel Franklin, en 1825, et revint pendant huit ans résider dans ces mêmes déserts. En 1870, il traversa à pied les Montagnes-Rocheuses sous le Cercle polaire, pour aller explorer l'Alaska, en vue de l'établissement d'une mission. La jalousie d'un traitant l'empêcha de descendre jusqu'à la mer de Behring. De 1870 à 1873, il explora plusieurs fois à pied, seul avec un Indien et au milieu de l'hiver, la région glacée et inhospitalière qui s'étend entre le Grand Lac des Ours et la mer Glaciale, découvrant et dénommant un grand nombre de lacs, de cours d'eau et de montagnes, dont il dressa la carte.

Parti pour la France en 1874, dans le but de s'y reposer, tout en publiant ses ouvrages linguistiques, M. l'abbé Emile Petitot visita la Haute-Saskatchewan, l'Assiniboya, le Manitoba, les États du Nord, le Haut et le Bas-Canada, jusqu'à la mission des Naskapits.

De septembre 1874 à mars 1876, il fit paraître à Paris :

Géographie du Mackenzie et de l'Anderson (148 pp.) ; *Géologie générale de l'Athabasca Mackenzie* (88 pp.) ; *Coup d'œil sur la Nouvelle-Bretagne ; Étude sur la Nation montagnaise* (63 pp.) ; *Grammaire et Dictionnaire de la langue des Dènè-Dindjié* (88-867 pp.) ; *Notes grammaticales et Vocabulaire esquimau* (86-78 pp.) ; ces deux ouvrages, grâce à la munificence de M. Alph.-L. Pinart ; *Monographie des Dènè-Dindjié* (109 pp.) ; *Monographie des Esquimaux-Tchiglit* (28 pp.) ; *Étude sur des armes de pierre rapportées de l'Amérique arctique ; Deux Légendes américaines.*

Il prit part à la première session du *Congrès des Américanistes* (Nancy), où il siégea au bureau, fut nommé officier d'Académie, membre de l'*Académie de Stanislas* et de la *Société d'Anthropologie*, lauréat de la *Société de Géographie* de Paris, qui lui décerna une médaille d'argent, pour ses voyages d'exploration, avec la promesse de la Légion d'honneur à son prochain retour.

Reparti pour la mission de Good-Hope, au mois d'avril 1876, l'abbé E. Petitot visita les mêmes peuples sauvages que précédemment et publia : *Six légendes américaines identifiées à l'histoire de Moïse*, (166 pp.) ; et *Ethnographie des Américains hyperboréens.*

En 1877, il visita les Esquimaux pour la dernière fois, et, en 1878, les Esclaves pour les *Etcha-Ottinè* de la rivière des Saules et du lac Noir, dont il dressa la carte, ces pays étant encore inexplorés.

Transféré, en 1879, dans la Haute-Saskatchewan, pour raison de santé, il y fonda la mission Saint-Raphaël des Tchippewayans, sur les bords du lac Froid et du lac aux Hameçons, et occupa ce poste jusqu'à son retour en France.

Revenu à Paris en juin 1883, après vingt et un ans des missions les plus dures, quatre traversées de l'Atlantique, quatre-vingt dix-neuf voyages de long cours *over land*, dans les pays les plus désolés et les plus inhospitaliers, M. l'abbé Petitot publia successivement en 1883 :

Parallèle entre la famille Caraïbo-Esquimaude et les anciens Phéniciens ; Nouvelles Notes ethnographiques ; Essai sur la légende d'Ayatç ; Habitat et fluctuations des Peaux-Rouges, au Canada ; et *On the Athabasca District,* avec une carte du lac Athabasca, (Londres, Société Royale de Géographie). Lauréat de cette savante Société, il y reçut le *Back-Premium,* qu'elle n'avait décerné à aucun Français depuis sir Francis Garnier.

Il fut aussi nommé membre de la *Société Philologique* de Paris, de la *Société de Géographie* de Marseille, de la *Société d'Archéologie,* puis de la *Société d'Histoire et de Littérature* de Meaux.

En 1884, l'abbé E. Petitot fit paraître : *La Femme au serpent ; De la prétendue origine orientale des Algonquins,* et *De la formation de certains mots par un procédé bilingue.*

En 1885 : *Vocabulaire Pied-Noir ;*

En 1886 : *Du Cannibalisme dans le Canada Nord-Ouest,* et huit articles dans le *Journal des Voyages ;* puis : *Traditions indiennes du Canada Nord-Ouest* (XVII-521 pp.),

Nommé à la cure de Mareuil-lès-Meaux, dans la grande banlieue de Paris, au mois d'août de cette année, M. Petitot y fut installé le 1er octobre suivant et s'y trouve encore en ce moment. Tout en vaquant aux fonctions de son ministère sacré, il a trouvé le moyen de publier successivement, à Paris, les ouvrages suivants :

Chez les Grands Esquimaux, (1887, VI-310 pp.) ; *En route pour la mer Glaciale* (1888, 394 pp.) ; *Traditions indiennes du Canada N.-O.,* (textes originaux et traduction littérale ; 1888, VI-446 pp.) ; *La Femme aux métaux* (1888) ; *Quinze ans sous le Cercle polaire* (1889, XVI-322 pp.) ; *Accord des mythologies dans la théogonie des Danites arctiques* (1890, XII-490 pp.) ; *Origine asiatique des Esquimaux* (1890, 88 pp.) ; *Autour du Grand Lac des Esclaves* (1891, XIV-370 pp.) ; *La Sépulture dolménique de Mareuil-lès-Meaux* (1892, 202 pp.) ; *Exploration de la région du Grand Lac des Ours* (1893, VI-470pp.) ; *Origines et migrations des peuples de la Gaule, jusqu'à l'avènement des Francs* (1894, XVI-716 pp.) ; *La station néolithique de Mareuil* (1895, 26 pp.).

En outre des cartes magnifiques dressées au cours de ses longues explorations, M. l'abbé Petitot a enrichi plusieurs de ses ouvrages de croquis un peu naïfs sans doute, mais d'une sincérité charmante.

Malgré ses succès indiscutables de presse, M. l'abbé Petitot ne soupire qu'après le jour où il lui serait donné de retourner aux missions sauvages, pour y mourir.

O'HANLON (T. R. John Canon), né à Stradbally, Queen's County, Irlande, le 30 avril 1821, hagiographe, théologien, historien, poète et folkloriste irlandais.

Adresse : St. Mary's Church, Star of the Sea, Irishtown, Dublin.

Le T. R. chanoine de l'Eglise cathédrale de Dublin est le fils d'Edw. O'Hanlon et de Honora Downey, négociants à Stradbally. Il reçut l'instruction primaire dans cette ville. Ensuite, il passa à l'Ecole classique d'un excellent maître James Nolan, un grand patriote qui possédait à fond l'histoire et la langue de l'Irlande aussi bien que celles de la Grèce et de Rome. J. Nolan donnait à ses élèves l'amour qui l'animait lui-même pour les études savantes et pour son pays. Folkloriste d'instinct, il aimait à raconter les traits de mœurs, les contes et les légendes de l'Irlande. L'élève profita à merveille de ces leçons. Un oncle de son père, M. John Lalor, de Pass House, prit le jeune élève chez lui et le plaça ensuite à l'Ecole de Ballyroan, dirigée par Arthur Hutchins, M. A. du Trinity College de Dublin, De retour chaque soir à la maison, John O'Hanlon se faisait raconter par les paysans les légendes de la contrée. Il s'en servit plus tard dans ses Legend Lays of Ireland et dans Land of Leix. A 15 ans, il retourna auprès de M. Nolan, puis auprès de M. Francis Coyle, pour entrer enfin au Collège catholique romain

de St-Patrick, à Carlow, en 1840. En mai 1842, il partit pour le Canada. De Québec, il passa au « Etats-Unis, voyagea dans les villes de l'Est, à Pittsburgh, P:, et alla jusqu'à Saint-Louis. Entré au Séminaire de cette ville, il y fit un cours d'études théologiques. Il reçut les ordres de prêtre par S. G. l'archevêque P. R. Kenrick. Sa carrière à partir de ce moment est marquée dans : *Life and Scenery in Missouri*. Il était aussi rédacteur de *The Saint-Louis News-Letter*, organe catholique. En 1853, la maladie l'obligea de quitter la vie de missionnaire. Il retourna en Irlande. Une année plus tard, il fut nommé dans le diocèse de l'archevêque Paul Cullen, comme chapelain de la South Dublin Union. Il obtint accès dans les grandes bibliothèques de Dublin et devint l'ami des hautes personnalités littéraires de la ville. Depuis il n'a cessé d'écrire une foule d'ouvrages, tandis qu'il préparait son magnifique travail : *Lives of the Irish Saints*, qui abonde en légendes recueillies dans les anciens *Actes*. Nommé en 1859, vicaire de la paroisse des SS. Michel et Jean, en 1880, il prit la cure importante de St-Mary's Church. En décembre 1885, le R. John O'Hanlon fut créé chanoine par S. G. Mgr Williams J. Walsh.

Le T. R. chanoine O'Hanlon, sous le pseudonyme de *Lageniensis*, a publié des ouvrages de traditionnisme du plus haut intérêt. Citons : *Irish Folk-Lore : Traditions and Superstitions of the Country* (Glasgow, 1870, in-8°); *Legend Lays of Ireland* (Dublin, 1870, in-12); *The Buried Lady* (Dublin, 1878, in-8°) ; Dernièrement, le Révérend J. Canon O'Hanlon a réuni un certain nombre de poèmes en un bel ouvrage, sous ce titre : *The Poetical Works of Lageniensis* (Dublin, Duffy, 1893, in-8°). Ce volume est aussi remarquable par le charme de la poésie, la hauteur de vues, le sentiment patriotique, que par la valeur traditionniste des notes nombreuses qui l'accompagnent et qui en font un vrai livre de Folklore irlandais.

On doit, dans un autre ordre d'idées, des ouvrages très importants au grand écrivain irlandais : *Abridgement of the History of Ireland* (1849); *The Irish Emigrant's Guide for the United States* (1851); *Life of St. Laurence O'Toole* (1857); *Life of St. Malachy O'Morgair* (1859) ; *Life of St. Dympna* (1863) ; *Catechism of Irish History* (1864); *Catechism of Greek Grammar* (1865) ; *Life and Works of St. Aengussius Hagiographus* (1868) ; *Life of St. David* (1869); *Life of St. Graellan* (1881) *Life and Scenery in Missouri* (1890); *Essay on the Antiquity and Constitution of Parliaments in Ireland* (1891); *The case of Ireland's being bound by Acts of Parliament in England stated by William Molyneux, with Preface and Life of the Author*, (1892). Ensuite *Lives of the Irish Saints*, véritable travail de bénédictin en 12 tomes ; cet ouvrage (en souscription chez l'auteur, prix : L. 6) est en cours de publication; et *Irish-American*

Victory of the United States, sera bientôt imprimé.

Le T. R. chanoine prépare : *The ante-christian Period of Irish History* ; *History of the Queen's County* ; *The Isles of Aran* ; *Irish Local Legends* ; etc. Il a écrit dans *Catholic Cabinet*, de Saint-Louis, *Boston Pilot*, *American Catholic Quarterly Review*, *Dublin Evening Post*, *Freeman's Journal*, *The Celt*, *The Nation*, *Irish Literary Gazette*, *Dublin Journal*, *Irish Harp*, *The Irish Ecclesiastical Record*, *Proceedings of the Royal Irish Academy*, *The Leinster Leader*, *The Illustrated Monitor*, *The Catholic Telegraph*, *The Irish Builder*, *The Lamp*, *The Month*, *Gentleman's Magazine*, etc., sous son nom ou les pseudonymes de *Lageniensis*, *Omicron*, *Flann*, etc. Il est membre d'un grand nombre de Sociétés littéraires, religieuses ou scientifiques.

DEHAISNES (Mgr CHRÉTIEN-CÉSAR-AUGUSTE), I. ✪, né le 25 novembre 1825, à Estaires (Nord), membre associé de l'*Académie royale de Belgique*, Archiviste honoraire du Nord, ancien Président de la *Société des Sciences de Lille*, Vice-Recteur honoraire des Facultés libres de Lille, Chanoine honoraire de Cambrai, Prélat de la maison de Sa Sainteté, Président de la *Commission historique du département du Nord*, critique et historien d'art.

Adresse : 96, boulevard Vauban, Lille.

Mgr Dehaisnes, ancien élève du grand séminaire de Cambrai, a été professeur au collège d'Auchy, village de 1.328 habitants, dans le canton d'Orchies. Ce collège n'existe plus actuellement.

Il devint professeur d'histoire à l'Institution libre Saint-Jean à Douai, dès sa fondation en 1854 par le cardinal Régnier, archevêque de Cambrai ; plus tard, il fut appelé à exercer simultanément les fonctions d'Archiviste et de Bibliothécaire-adjoint de la Ville de Douai, où son urbanité et sa compétence étaient connues de tous les travailleurs.

En 1871, il entra aux Archives départementales, qu'il n'aurait jamais quittées s'il n'avait été appelé aux fonctions de Vice-Recteur et de Secrétaire-général de l'Université catholique de Lille, vers 1885.

Chanoine honoraire de Cambrai depuis 1877, il reçut les honneurs de la prélature peu de temps après avoir quitté le service actif, pour devenir Vice-Recteur honoraire en 1887.

Depuis lors, Mgr Dehaisnes vit dans la retraite et l'étude, sans rien perdre de son activité de travail, de son amabilité de relations, de sa bonne grâce à présider la *Commission historique*, de sa sollicitude à ne rien laisser perdre des documents et souvenirs de l'histoire locale. Il en a donné encore une preuve dans la préparation des fastes de Wazemmes du 24 juin 1894 ; c'est lui qui a fourni presque tous les documents relatifs aux armoiries et aux costumes de la cavalcade ; il était le chef de l'un des groupes. Cette année même, en 1895, il a préservé de la ruine le portail roman de l'église Sant-Vaast de Bailleul ; une réparation a révélé l'existence d'un document archéologique ignoré jusque-là.

On doit à Mgr Dehaisnes un grand nombre de travaux insérés dans les revues d'art et d'érudition.

Il a publié : *De l'Art chrétien en Flandre* (Douai, V. Adam, 1860 ; in-8° de 338 p. illust. de 11 grav.) ; *Étude sur le rétable d'Amchin* (Arras, Rousseau-Leroy, 1860 ; in-8° de 64 p. et 1 grav.) ; *Vie du P. Nicolas Trigault, de la Compagnie de Jésus* (Tournai, H. Casterman, 1864 ; in-12 de xxxix-312 p., 1 portrait et 1 facsim.) ; *Étude sur la Châsse de Sainte-Gertrude de Nivelles*, en collaboration avec M. A. Asselin (Paris, Dupont, 1867 ; in-8° de 13 p.) ; *Les Trois Vierges de Caestre* (Lille, A. Beague, 1867 ; in-8° de 8 p.) ; *La Domination française à Douai et dans la Flandre wallonne depuis les origines jusqu'en 1867* (Paris, imp. Impériale, 1868 ; in-8° de 18 p.) ; *Notice sur les Archives de Douai* (Lille, L. Danel, 1868 ; in-8° de 32 p.) ; *Les Annales de Saint-Bertin et de Saint-Vaast, suivies de fragments d'une chronique inédite, publiées avec des annotations et les variantes de manuscrits par la Société de l'Histoire de France* (Paris, Vve Renouard, 1871 ; in-8° de xviii-472 p.), *Notice sur la Vie et les Travaux de M. Desplanque, archiviste du Nord* (Lille, L. Danel, 1872 ; in-8° de 82 p. avec portraits) ; *État général des Registres de la Chambre des Comptes de Lille, relatifs à la Flandre* (Lille, Lefebvre-Ducrocq, 1873 ; in-8° de 210 p. ; extr. des *Annales du Comité Flamand de France* ; T. xi et xii) ; *Étude sur les Registres des Chartes de l'audience conservés dans l'ancienne Chambre des Comptes de Lille.* — *Guerres et Pillages, Crimes et Malheurs, Mœurs et Usages dans les Pays-Bas du xve au xviie siècle* (Lille, L. Danel, 1874 ; in-8° de 98 p.) ; *État des objets en or, en argent et en métal trouvés en 1792 dans les Églises et les Communautés du district de Bergues et du district d'Hazebrouck* (Lille, Lefebvre-Ducrocq, 1876 ; in-8° de 75 p. ; extr. des *Annales du Comité Flamand de France*, T. XIII) ; *Notice sur la Vie et les travaux de M. E. de Coussemaker* (Bruges, A. de Zuttere, 1876 ; in-4° de 56 p. et un portr.) ; *André Beauneveu, artiste du xive siècle au xve siècle d'après des documents inédits* (Paris, E. Plon, 1879 ; in-8° de 16 p.) ; *L'Espagne a-t-elle exercé une influence artistique sur les Pays-Bas?* (Lille, L. Danel, 1880 ; in-8° de 28 p.) ; *Documents inédits concernant Jean le Tavernier et Louis Liédet, miniaturistes des ducs de Bourgogne.* *Documents inédits concernant les Tapissiers de Bruxelles au xve siècle* (Bruxelles, Vve J.

Baertsœn, 1882; in-8° de 30 p. et 2 grav.; extr. du *Bullet. des Commissions Royales d'Art et d'Archéologie*); *Histoire de l'Art dans la Flandre, l'Artois et le Hainaut avant le xv° siècle*(Lille, L. Quarré, 1886; in-4° de xiii-665 p., avec 15 hélio-grav.); *Documents et extraits divers concernant l'histoire de l'Art dans la Flandre, l'Artois et le Hainaut avant le xv° siècle* (prem. partie de 627 à 1373; sec. partie de 1374 à 1401; Lille, L. Danel, 1886; in-4° de xxiii-1.065 p. en 2 vol.); *Dupleix, notes biographiques et historiques* (Lille, L. Quarré, 1888; in-4° de 40 p. avec 2 héliogr.); *Lené et l'Œuvre de Jean Bellegambe* (Lille, L. Quarré, 1890; in-8° de 248 p., une grav., 7 héliogr.); *Société des Sciences de Lille*, discours (Lille, Danel, 1889; in-8°, 4 p.); *L'Art à Amiens vers la fin du moyen-âge dans ses rapports avec l'École flamande primitive* (Lille, Desclée, 1890; in-4° de 64 p. avec 3 héliogr.); *L'Œuvre des Layettes de la Maternité Sainte-Anne* (Lille, J. Lefort, 1890; in-8°, 12 p.); *Les Œuvres des Maîtres de l'École flamande primitive conservées en Italie et dans l'Est et le Midi de la France* (Paris, E. Plon, 1891; in-8° de 49 p.); *Recherches sur le retable de Saint-Bertin et sur Simon Marinion* (Lille, L. Quarré, et Valenciennes, Giard; in-8° de 157 p., 8 héliogr.; *Fêtes et Marches historiques en Belgique et dans le Nord de la France* (Lille, L. Danel, 1893; in-8° de 61 p.); *La Comtesse Jeanne de Flandre* (Amiens, Rousseau - Leroy, 1893; in - 8° de 35 pages).

FOURRIÈRE (Abbé Eugène-Alfred), né à Combles (Somme), le 22 juillet 1835, d'une famille de contremaîtres, curé d'Oresmaux (Somme), catéchiste, mythologue, membre non résidant de la *Société des Antiquaires de Picardie*, membre correspondant de l'*Académie d'Amiens*.

Nommé en 1860 vicaire à la paroisse Saint-Pierre de Montdidier, en 1866, administrateur de la paroisse de Bouillancourt-en-Séry, puis, en 1869, curé de la même paroisse, M. l'abbé Fourrière a été chargé, en 1870, de desservir l'importante paroisse d'Oresmaux.

Pendant son vicariat de Montdidier, M. l'abbé Fourrière s'est initié, sous la direction de M l'abbé Debeaumont, curé de Saint-Pierre, à l'art difficile de l'enseignement catéchistique, en multipliant les leçons de catéchisme aux plus jeunes enfants, non seulement à l'église, mais encore dans les écoles.

A Bouillancourt-en-Séry, M. l'abbé Fourrière était logé, non au presbytère. qui était occupé par le curé titulaire, mais dans des appartements attenant à l'école des garçons. Il profita de ce voisinage pour réunir chez lui, chaque jour pendant quatre ans, les plus petits enfants, et leur enseigner les premiers éléments de la doctrine chrétienne, s'attachant à leur parler dans un langage aussi simple que possible, et notant par écrit les formules les

plus propres à faire pénétrer l'enseignement religieux dans ces jeunes intelligences.

Préparé par douze ans d'une pratique journalière et d'une observation méthodique, M. l'abbé Fourrière, devenu curé d'Oresmaux, a publié, pour l'instruction religieuse des enfants, une série d'opuscules dont voici les titres : 1872. *Méthode pour former les petits enfants à la connaissance et à l'amour de Dieu*. (Cet opuscule a été honoré des suffrages de trente-trois évêques). (Amiens, Lambert-

Caron).— 1873. *La Religion comprise et aimée par les petits enfants* (Amiens, Lambert-Caron). — 1876. *Histoire Sainte enseignée aux petits enfants* (Paris, Sarlit). — 1878. *Evangiles des dimanches et des principales fêtes de l'année*, avec explications par demandes et par réponses, ouvrage honoré des suffrages de vingt-six évêques (Paris, Sarlit). — 1879. *Petit Examen de conscience* (Paris, Sarlit). — 1879. *Histoire Sainte abrégée pour les écoles* (Paris, Bricon). — 1892. *Premières notions d'Histoire ecclésiastique* (Paris, Bricon). — 1894. *Essai de réforme du Catéchisme d'Amiens* (Amiens, Rousseau-Leroy).

Un ouvrage catéchistique de M. l'abbé Fourrière mérite d'être mentionné à part : c'est le *Catéchisme en images du Pèlerin, expliqué aux petits enfants* (Paris, Bureaux de la Bonne Presse). Tout le monde connaît le *Catéchisme en images*, publié par les Pères de l'Assomption de la rue François 1er, l'œuvre en chromolithographie la plus remarquable qui existe dans le monde entier. Ce *Catéchisme* reproduit dans soixante-dix grands tableaux en chromo-lithographie toute la religion: dogme, morale et sacrements. M. l'abbé Fourrière en a composé une explication par demandes et par réponses, qu'il a fait réciter, en des séances publiques par des groupes d'enfants dans l'église d'Oresmaux, au grand Séminaire d'Amiens et au Congrès de Lille en 1885. Cette explication a été publiée par les Pères de l'Assomption en un volume in-18 de 206 pages.

Nous venons de parler du Congrès de Lille. Ceci nous amène à signaler plusieurs *Rapports* que M. Fourrière a lus dans divers Congrès tenus à Lille, à Paris et à Reims, et qui ont été reproduits *in-extenso* dans les *Actes* de ces Congrès. En voici les titres : 1885, Congrès de Lille. *Les Catéchismes en images ; la Connaissance et l'Enseignement du plain-chant.* — 1886. Congrès de Lille. *L'instruction religieuse des enfants de six à neuf ans.* — 1888. Congrès eucharistique de Paris. *Les Catéchismes de paroisse* (La lecture de ce rapport a été fréquemment applaudie par les membres du Congrès). — 1888. Congrès de Lille. *L'Enseignement de l'Histoire ecclésiastique au catéchisme et à l'école.* — 1894. Congrès eucharistique de Reims. *Quelques moyens pour former les enfants à la piété.*

M. l'abbé Fourrière a su trouver, au milieu des travaux de son ministère, le temps de cultiver les lettres grecques et latines ; il s'est livré tout particulièrement à l'étude des relations qui, déjà dans les siècles passés, avaient été signalées entre la Mythologie et la Bible. Initié aux progrès de l'érudition contemporaine, par suite de ses rapports avec un prêtre distingué d'Oresmaux, M. l'abbé Boulfroy, licencié ès-lettres, successivement professeur de troisième, de rhétorique et de philosophie au Petit Séminaire de St-Riquier, il a fait servir l'archéologie aussi bien que la philologie pour prouver que les idées sémitiques se sont infiltrées, en de larges proportions, dans le monde grec. Voici la liste de ses premières publications sur des questions d'exégèse mythologique.

1886. *Le Mythe de Bellérophon expliqué d'après la Bible* (article publié dans le journal la *Croix*, sous la signature : « Un curé de campagne ».)

1887. *Les Mythes d'Apollon et de Diane expliqués d'après la Bible* (Deux articles-feuilletons publiés dans l'*Univers* sous la signature E. F.).

1889. *Les Emprunts d'Homère au livre de Judith* (Brochure in-8 de III-120 pages, Paris, Bricon). Cette brochure, qui renferme cent soixante-onze ressemblances entre l'*Iliade* d'Homère (III, 121-244 ; VI, 73-118, 237-310 ; XIV) et le livre de *Judith*, a été traduite en allemand par le Dr Franz Endler, de Reichenberg (Bohême).

1890. *La Mythologie expliquée d'après la Bible.* Réponse à deux articles de la *Revue des religions* sur une brochure intitulée : *Les Emprunts d'Homère au livre de Judith* (Brochure in-8 de 88 pages. Paris, Roger et Chernoviz). L'auteur prouve, d'après divers travaux contemporains, qu'il n'est nullement

téméraire de reporter jusqu'au VIIe siècle avant l'ère chrétienne la date de la composition de plusieurs parties de l'*Iliade*. Il fait voir ensuite des traces nombreuses d'imitation de la Bible, tant dans l'*Iliade* et l'*Odyssée* que dans la *Théogonie* d'Hésiode, plusieurs *Odes* de Pindare, le *Prométhée enchaîné* d'Eschyle, l'*Ajax* de Sophocle, les *Héraclides* et l'*Ion* d'Euripide, etc.

1891 (février). *Balaam et la Mythologie* (Brochure in-12 de 106 pages. Paris, Roger et Chernoviz). L'auteur prouve que l'histoire de Balaam a donné naissance à plusieurs légendes importantes de la mythologie, et qu'elle a été imitée, sous des formes diverses, dans l'épopée et la tragédie grecques.

1891 (avril). *La Bible travestie par Homère* (Brochure in-12 de 160 pages. Paris, Roger et Chernoviz). Les trois premiers chants de l'*Iliade* fournissent à l'auteur la matière de 193 ressemblances avec la Bible.

1891 (juillet). *Mythologie et Apologétique* (Brochure in-12 de 92 pages. Amiens, Rousseau-Leroy). L'auteur apprécie, au point de vue apologétique, plusieurs systèmes d'exégèse mythologique adoptés par des savants catholiques ; puis il expose et prouve sa propre théorie, d'après laquelle « la mythologie en général, et surtout la mythologie grecque serait un travestissement des faits rapportés dans la Bible, et les plus anciens auteurs païens se seraient inspirés du texte biblique dans une grande partie de leurs compositions mythiques. » Cette influence de l'hébraïsme sur l'hellénisme, M. l'abbé Fourrière l'attribue aux dispersions israélites qui ont eu lieu à toutes les époques de l'histoire juive et qui, en disséminant les enfants d'Israël parmi les peuples païens, ont eu pour effet de leur faire représenter sous une forme mythique leurs traditions nationales combinées avec leur propre histoire.

M. l'abbé Fourrière, jugeant qu'une simple brochure ne suffisait pas pour donner à cette théorie tous les développements qu'elle comporte, a fondé en 1892 une *Revue d'exégèse mythologique*, dont il est l'unique rédacteur et qui paraît tous les deux mois en une livraison de 64 pages in-8 chez Rousseau-Leroy à Amiens. Voici les principaux sujets qui ont été traités, de 1892 à 1895 dans la *Revue d'Exégèse : Les Mythes d'Apollon et de Diane expliqués d'après la Bible* (7 articles). — *Quatre cents rapprochements entre l'Hippolyte d'Euripide et le Livre de Daniel* (7 articles). *Les dispersions des Israélites au temps des Juges* (4 articles). — *Le prophète Elie et la Mythologie* (8 articles). — *Les Israélites en Gaule avant les Gaulois.* — *Les origines de la Littérature grecque* (10 articles). — *Agamemnon et Saül* (2 articles). — *Les Dioscures et le Christianisme.* — *Les Cultes laconiens et la Bible.* — *Les ressemblances entre les religions* (2 articles). — *Le Mythe de Persée* (2 articles). — *Les Cultes arcadiens et la Bible.* — *La question aryenne* (2 articles).

Parmi les principes que M. l'abbé Fourrière invoque pour expliquer les mythes, nous signalerons particulièrement : 1° Le procédé qui consiste à énoncer dans un sens propre des expressions que la Bible emploie avec un sens figuré ; 2° la *complexité des mythes*, en vertu de laquelle on trouve souvent, dans un même mythe, *a*) l'histoire plus ou moins altérée d'un ou de plusieurs personnages bibliques; *b*), la personnification d'un groupe d'Israélites séparés de leur nation et dispersés chez les peuples païens; *c*), l'expression d'une idée messianique ; *d*), la représentation des forces et des phénomènes de la nature.

Dans une série d'articles sur *Elie et la Mythologie*, M. l'abbé Fourrière établit par un grand nombre de rapprochements que les légendes d'Eaque, d'Esculape, de Sisyphe, d'Ixion, du centaure Chiron, d'Amphiaraos, de Romulus, etc., ont été calquées sur l'histoire d'Elie, et il en arrive à cette conclusion que la longue famine survenue au temps de ce prophète, dans le royaume d'Israël, a donné lieu à une dispersion très considérable d'Israélites. Selon lui, la migration des peuples dits indo-européens ou aryens n'a pas d'autre origine. Voici, en quelques mots, l'exposé de sa théorie sur ce dernier point.

Au temps d'Elie, le royaume d'Israël adorait deux veaux d'or, l'un à Dan, au nord, l'autre à Béthel, au sud. Quand survint la famine, les émigrants du nord suivirent, les Danites en tête, la vallée de l'Oronte, et se fixèrent principalement dans la Cilicie, dont la capitale, Tarse, passe pour avoir été fondée par Persée, fils de *Danaë* (personnification des *Danites*). Plus tard, cette population se multipliant, il en sortit plusieurs essaims dont l'un se dirigea vers la Grèce, un autre alla se fixer sur les plateaux de l'Iran, où Persée donna son nom à la Perse ; un troisième franchit le Taurus, dont le nom rappelle le veau ou *taureau* d'or, adoré à Dan, et descendit vers le Pont-Euxin ; puis, après l'avoir contourné, il continua sa course, en partie vers les contrées hyperboréennes, en partie le long du Danube, vers les régions occidentales de l'Europe. Un texte du *Deutéronome*, xxx, 22, explique pourquoi les Danites ont été appelés des *aryas*: c'est cette parole de Moïse : « Dan est un *gur aria* (jeune lion). » De fait, le nom de *Dan* se retrouve dans beaucoup de pays réputés aryens, soit isolé, comme dans les mots *Danaïs*, *Danala*, *Tanaïs*, *Danube*, *Danapris*, *Danaster*, *Danemark*, soit en composition, comme dans les mots *Ariad(a)na*, *Eridan*, *Dandarii*, où nous voyons le nom de *Dan* associé à celui d'*Aria*. Quant au mot *gur* (Dan est un *gur*...), il se montre aussi fréquemment dans l'onomastique des aryens, par exemple dans les noms de *Gyrton*, *Kyrène*, *Kyros*, *Quirinus*, nom donné à Romulus. On voit, par cette courte exposition, combien le système d'exégèse mythologique adopté par M. l'abbé Fourrière offre d'intérêt, dans un temps où l'on recherche, au prix de tant de sacrifices et de travaux, quelle a été, dans les temps préhistoriques, l'influence de l'Orient sur la civilisation de l'Occident.

MOUROT (Abbé VICTOR), né le 23 mars 1843 au village de Grand, département des Vosges. Adresse : Curé à Laveline, Vosges.

M. Victor Mourot s'adonna de bonne heure, sous la direction d'un oncle savant et vénéré, mort curé de Beaufremont, à la culture des belles-lettres, de l'histoire et de l'archéologie. A peine sorti du séminaire, le jeune vicaire (qui venait de remplacer son frère, Hippolyte, nommé peu auparavant à la cure de Landaville) publia une intéressante étude sur *Grand et Ste Libaire* à laquelle la *Société d'émulation des Vosges* décerna une de ses médailles au concours artistique de 1874.

Depuis lors, l'infatigable écrivain a rédigé sous sa signature, mais plus souvent sous le voile de l'anonyme, pour le compte des revues et journaux de l'Est, un grand nombre d'articles dans lesquels avec une indéniable franchise, une compétence non contestée et une verve de bon aloi, le polémiste défend avec courage les droits de la religion, de la justice et de la liberté.

Voici les principaux ouvrages de l'auteur qui ont été publiés en brochures ou en volumes :

La Vedette, conseils d'un rural à ses frères (broch. in-8); *Qui Vive?* causeries humoristiques d'un patriote lorrain (in-12) ; *Jeanne d'Arc, sainteté et patriotisme*, drame en cinq actes avec chœur (in-12) ; *Sainte Cécile* ou *Le triomphe de la virginité*, drame en 3 actes (in-12) ; *Marie-Antoinette* ou *Les sourires et les tristesses*, drame en 3 actes. (Ces trois pièces destinées aux maisons d'éducation de jeunes filles obtiennent un grand succès. L'auteur a également donné, pour jeunes gens, une édition in-8 du drame de *Jeanne d'Arc*) ; *La Terre Sainte et le Pèlerinage de Pénitence*, impressions et souvenirs (2 vol. in-12 avec cartes et plans). L'un des ouvrages les plus goûtés parmi ceux qui ont paru depuis dix ans. *Pourquoi la France demande la canonisation de Jeanne d'Arc* (broch. in-12) ; *La Vierge de Domrémy*, biographie populaire de Jeanne d'Arc (broch. in-18) ; *L'authenticité de la maison de Jeanne d'Arc*, étude d'archéologie et d'histoire sur la chaumière de Domrémy avec plan et gravures (broch. in-8) ; *Jeanne d'Arc modèle des vertus chrétiennes* (2 vol. in-12 de XXXVI-324 et 346 pages). Ce dernier ouvrage, avec le *Voyage en Palestine*, est celui qui a valu à l'auteur les plus élogieux témoignages. Il a été aussi honoré d'une médaille par la *Société Nationale d'Encouragement au Bien*. Ainsi que le déclarait à juste titre M. Ch. Des Granges, en publiant le portrait et la notice des écrivains sur Jeanne d'Arc :

« Né en plein pays de la Pucelle, près de Neufchâteau, M. l'abbé Mourot a puisé on peut le dire, dès son enfance, dans le sol natal lui-même, les sentiments d'admiration et de dévouement dont ses écrits débordent. Il suffit de le lire pour se convaincre que le Chevalier du Saint Sépulcre a droit aussi à une place d'honneur parmi les chevaliers de Jeanne d'Arc. »

Membre de plusieurs Sociétés archéologiques et littéraires, M. l'abbé Mourot, de concert avec les Missionnaires de Jeanne d'Arc, a fondé le Bulletin mensuel de l'œuvre du monument national de Domrémy qui a pour titre : *La Voix de Jeanne d'Arc*, et qui vient d'entrer dans sa cinquième année, avec le mois d'août 1895.

Naguère encore il publiait une étude magistrale sur la *Renommée universelle de Sainteté de Jeanne d'Arc* (grand in-8 de 32 pages), qui vient de servir d'introduction à un travail important du même publiciste : l'*Auréole de Jeanne d'Arc* ou *Choix des meilleurs panégyriques prononcés en l'honneur de la Pucelle* (in-8, chez A. Retaux, à Abbeville).

M. l'abbé Mourot édite en ce moment chez G. Picquoin à Paris, une brochure in-8 de plus de 200 pages : *Jeanne d'Arc la Bonne Lorraine et la Grande Française*, qui est une réponse vigoureuse et très documentée à la Jeanne d'Arc *Champenoise* de M. l'abbé Misset. Deux nouveaux livres paraîtront bientôt : 1° *Histoire du monument national de Domrémy, au Bois-Chesnu* ; 2° *Idéal et Copie* ou

Mois de Marie de Jeanne d'Arc en 31 lectures pour le mois de Mai ou du Saint Rosaire.

Dans ses moments de loisirs, M. l'abbé Mourot s'occupe de collectionner les monnaies et souvenirs romains de son village natal. Il a réuni en Album tout ce que la presse a publié sur Jeanne d'Arc. Le *Répertoire des Collectionneurs* de 1895, signale une série d'environ cinq mille articles qui se complète tous les jours.

Il fut avec M. l'abbé Deblaye, l'un des plus actifs collaborateurs de l'éminent architecte Ch. Fontaine, de Saint-Dié, pour la publication de ses travaux : *Recueil d'anciennes croix et de différents monuments du diocèse de Saint-Dié* (2 vol. in-4, 1875).

C'est dans le même temps que M. l'abbé V. Mourot, pour sauver de la destruction une des anciennes tours du château de Beauffremont où il avait succédé à son oncle, la transforma en chapelle ronde surmontée d'un campanile et la dédia à Saint Joseph. — Dix ans plus tard, lisons-nous dans l'*Étude sur les Vosges*, de M. l'abbé Chapiat : « *le vaillant curé bâtissait une nouvelle église romane, fort jolie, en luttant contre vents et marées, et en domptant des obstacles de toute espèce, à Monthureux-le-Sec.*

En arrivant dans sa nouvelle paroisse de Laveline, limitrophe de l'Alsace, il a senti, plus que jamais, s'aviver en lui, son culte déjà si ardent pour la *Libératrice de la France*. De concert avec les habitants et le concours de l'administration, il vient d'ériger, sur la place publique, une statue de la vénérable héroïne. Au sommet d'une pyramide de granit, sur les faces de laquelle sont inscrits les noms des soldats du pays, morts pour la France, Jeanne d'Arc, les yeux levés au ciel et serrant l'étendard sur son cœur, se dresse maintenant au bord de frontières mutilées. C'est la plus digne réponse que puisse faire la France aux ressouvenirs de ses vainqueurs d'hier !

LE NORDEZ (Mgr Albert-Léon-Marie), né à Montebourg (Manche), d'une famille de commerçants, fit ses premières études dans sa bourgade natale, chez les frères de la Miséricorde, et termina ses classes au collège de Valognes, d'où il entra au Grand-Séminaire de Coutances. Elève distingué dans chacun de ces établissements, il fut ordonné prêtre le 6 juin 1860 et envoyé comme professeur à l'abbaye de Montebourg, où il resta deux ans. En 1870, il était nommé vicaire de Saint-Nicolas de Coutances, devenait l'un des rédacteurs de la *Revue catholique* et, sous le pseudonyme de Léo Mary, déjà se révélait écrivain distingué. Bientôt (1872), Mgr Bravard lui confiait la mission de fonder à Coutances l'*Institution Saint-Jean*, dont il sut faire un collège vraiment modèle. Au milieu de ses multiples occupations de directeur, il trouvait le temps d'écrire et de publier : *M. Renan d'après lui-même* ou *Étude* *critique et psychologique à l'occasion de son dernier ouvrage « La Réforme intellectuelle et morale de la France »* (1872); *La liberté de l'enseignement supérieur devant l'Assemblée nationale* (1875); *Discours sur l'éducation* (1872-1875).

Cette même année, l'abbé Le Nordez, autorisé par son évêque, soucieux d'ouvrir un champ plus vaste à son activité, arrivait à Paris.

Après avoir passé par l'Ecole des Hautes-Etudes des Carmes, il obtint en 1877 une des chapellenies de Sainte-Geneviève. C'est à partir de ce moment qu'il commença cette série de prédications qui ne devait plus s'interrompre et lui attirait comme orateur sacré, avec le titre et les insignes de chanoine de la basilique de Saint-Christophore, un renom bien mérité. Voici ce que l'on pouvait lire dans le *Journal de Rome*, à la date du 28 mars 1882 : « M. l'abbé Le Nordez aborde les divers genres de prédication. Dans la conférence, il s'élève presque toujours au mouvement oratoire, à moins qu'il n'apporte trop d'art et de méthode dans le développement de sa pensée et qu'il ne fasse de son discours, ce dont il ne se défend pas assez, une étude ou un portrait de moraliste. Dans l'homélie, c'est un orateur original. Dans la paraphrase, son talent est supérieur. Dans la causerie intime, l'idée, l'expression, le ton même, sont d'un naturel charmant. »

Ces premières impressions ne firent que se confirmer quand l'orateur, maître désormais de ses moyens comme de son auditoire, commença, dans l'église Saint-Vincent-de-Paul, ses Conférences aux femmes chrétiennes, qu'il continua avec un succès toujours croissant pendant une période de quatre ans (1887-1891), sans préjudice de celles qu'il donnait entre temps à Sainte-Clotilde et à Saint-Eugène, si bien que, dès 1889, le cardinal Richard n'hésitait pas à appeler à la Métropole le prêtre qui avait su s'attirer d'universelles sympathies. Pendant que le P. Monsabré tenait aux hommes d'élite qui, le dimanche, se pressaient autour de la chaire de Notre-Dame, ces discours sur des plus hautes vérités du dogme catholique, le chanoine Le Nordez trouvait le moyen de faire aux femmes chrétiennes qui, le vendredi, débordaient de la grande nef, de très remarquables conférences sur des sujets moins abstraits mais non moins profitables : *Le sentiment dans la vie chrétienne de la femme*, et *Les sources de la foi*.

La chaire n'absorbait pas toute son activité. La noblesse obligée du discours chrétien ne lui permettait pas d'exposer comme il le souhaitait, familières à l'occasion, parfois avec incursions dans le domaine profane de la littérature et des arts, toutes les idées généreuses et fécondes de son esprit sagement libéral et ouvert à tous les progrès. Par la parole comme par la plume, il voulait pouvoir dire en tout, partout et toujours, ce qui lui paraissait vérité bonne à dire et utile à entendre. Dans ce but, il fondait successivement à Paris l'*Œuvre des Conférences Sainte-Geneviève*, spécialement destinées aux dames (1882) et la *Revue Fénelon*, organe de ces conférences (1886). Alors il donnait toute sa mesure et s'affirmait véritablement hors de pair : la modeste tribune de la salle ordinaire des réunions était le complément de la glorieuse chaire de Notre-Dame.

« Goûtez-vous l'esprit, celui qu'on trouve sans l'avoir cherché et qui est comme une illustration de la pensée — constate un chroniqueur parisien — allez entendre le fondateur des Conférences Sainte-Geneviève : il en sème ses causeries familières, dans le salon qu'il tient chaque semaine, à égale distance de l'hôtel de Rambouillet et du *Monde où l'on s'ennuie*. »

Cette œuvre déjà considérable n'allait, pourtant, bientôt plus être qu'une occupation secondaire dans la vie chaque jour davantage occupée de cet homme toujours en quête d'un progrès nouveau à réaliser.

Au printemps de 1887, le chanoine Le Nordez était à Vaucouleurs. Il visitait la crypte de cette chapelle castrale où Jeanne d'Arc, jadis tant de fois vint prier. Comme l'abbé Pereyve, comme Mgr Dupanloup, qui avaient fait le même pèlerinage, il fut remué à l'aspect lamentable de ces chères ruines encore plus sympathiques parce qu'elles apparaissaient plus méconnues. Il se promit de ne point se contenter de déplorer et de gémir. En rentrant à Paris, il donna une conférence dans laquelle, simplement, comme toujours, il laissa parler son esprit et son cœur. La quête, des plus abondantes, est aussitôt adressée à Mgr Gonindard, alors évêque de Verdun et bientôt remplacé par Mgr Pagis. Ce dernier, à peine installé, n'ambitionna d'autre titre que le titre d'évêque de Jeanne d'Arc. Il se donna corps et âme à la réparation de l'immortelle injustice dont la sublime enfant avait été la victime, et l'un de ses premiers soins est de s'assurer comme collaborateur celui dont le dévouement, s'il avait commencé par se traduire par de chaudes paroles, s'était ensuite affirmé par des actes fructueux.

Dès lors, le culte de l'Héroïne devenait l'objet principal des études et des efforts du chanoine Le Nordez. Il donnait en conférences et publiait : *Les Septante Paroles de Jeanne d'Arc* (1888); *Jeanne d'Arc et les vertus cardinales* (1889). Désormais, Jeanne d'Arc avait « droit de cité dans la chaire, » suivant la remarque d'un critique qui appréciait ainsi l'auteur et les volumes : « M. l'abbé Le Nordez a été fort heureusement inspiré lorsqu'il a eu l'idée, non pas de faire connaître, mais d'exposer la vie active, si courte et si grande, de l'héroïne dont le souvenir et le nom planeront éternellement sur notre histoire et même sur l'histoire du monde.

« Le prêtre qui, dans la mesure des moyens à sa disposition, sait rappeler l'attention du public sur un si grand nom et sur d'aussi grandes choses fait action noble et méritoire, et les approbations ne lui manqueront pas, les meilleures, celles de citoyens qui, comme nous, ne songent qu'à la grandeur du pays et voudraient sa régénération, non par des utopies aussi éphémères que dangereuses, mais par l'exemple de ses grandes annales trop oubliées et telles, cependant, qu'elles font et feront toujours l'admiration du monde entier. » (*Soleil* du 31 janvier 1889).

C'est aussi au cours de cette période d'études que le chanoine Le Nordez prononçait à Beauvais, en 1891, à propos des fêtes de l'Avent, en mémoire d'une autre Jeanne, Jeanne Hachette, un remarquable discours sur *le patriotisme des femmes*, à l'occasion duquel Mgr Péronne, d'enthousiasme, le nommait chanoine de la cathédrale de Beauvais.

« A la suite des prédications dont il vient d'être parlé — écrit alors le *Républicain* de Coutances (28 mai) — M. l'abbé Le Nordez était naturellement désigné pour prendre la parole dans la fête nationale du 8 Mai 1892, en commémoration de la levée du siège. C'était une épreuve. Il vient d'en sortir victorieux. Les journaux du Loiret le constatent. On se l'explique en lisant son œuvre. Il y court un souffle patriotique et libéral qui a dû fortement saisir les auditeurs. Ce que le Panégyriste a voulu voir dans son personnage, c'est « la Pacificatrice de l'heure présente ». Il a, dans le style insinuant et persuasif qui lui est familier, prêché la conciliation au nom de la Religion et de la France. Il est à souhaiter que sa voix soit entendue. »

A mesure, en effet, qu'il l'étudiait davantage, la figure de Jeanne d'Arc apparaissait de plus en plus au chanoine Le Nordez comme le symbole d'une pacification possible entre tous les enfants de cette France qu'elle aimait tant. L'*Œuvre populaire de Jeanne d'Arc* sortit de cette idée en 1893 : « Partant de cette pensée, disait le fondateur en annonçant sa nouvelle œuvre, que le nom de Jeanne d'Arc ne pénètre nulle part sans y faire entrer en même temps le respect de la religion et l'amour de la France, nous entreprenons de faire connaître et aimer l'héroïne parmi les gens du peuple, des villes et des campagnes, par l'entremise de ses enfants.

« Ayant, au milieu de notre société contemporaine, reçu de Dieu une mission pacificatrice, Jeanne d'Arc doit être *connue de tous et pénétrer dans toutes les classes de la société.* »

On vit bientôt le chemin qu'avaient fait ces idées généreuses quand Mgr Pagis, après l'avoir nommé chanoine titulaire de Verdun, conviait le champion de Jeanne pacificatrice à prendre la parole à l'occasion de la pose de la première pierre du Monument national de Jeanne d'Arc à Vaucouleurs. National, en effet, il l'était et il le restera, autant qu'inoubliable demeurera cette cérémonie dans laquelle on vit confondus en un élan sublime du patriotisme

le plus pur, les représentants les plus autorisés de la France, de l'Eglise, de l'Armée, de la Magistrature et de la Société.

Aussi personne ne fut-il étonné, alors que, par mandement en date du 6 janvier 1895, jour anniversaire de la naissance de la Pucelle, Mgr Pagis, nommant le chanoine Le Nordez vicaire général de Verdun, lui confia officiellement la mission de continuer et de parfaire, sous sa seule responsabilité, avec pleine et entière liberté, l'œuvre glorieusement commencée, mais qui n'en était encore qu'aux difficultés du début. On ne put davantage être surpris quand, au nouveau Directeur général, la confiance du Souverain Pontife Léon XIII, dans les vues duquel l'œuvre pacifiante de Vaucouleurs entrait si pleinement, fut hautement exprimée et prouvée par un éclatant témoignage. Le cardinal Langénieux, rentrant de Rome, était chargé par le Pape d'annoncer officiellement au chanoine Le Nordez son élévation à la plus haute prélature, et quelques semaines plus tard, après la prestation du serment faite à Rome par procureur, étaient confirmées au Directeur général de l'Œuvre du Monument national de Jeanne d'Arc à Vaucouleurs, les lettres qui le nommaient protonotaire apostolique *ad instar participantium*.

C'était la juste récompense d'une vie toute de travail consacrée au triomphe des plus nobles des causes : l'Eglise, Jeanne d'Arc et la Patrie.

Aux œuvres mentionnées au cours de cette notice, il convient d'ajouter : *La légende de l'abbaye de Montebourg* (1887) et les *Propos normands* (1888), qui montrent sous un jour particulier, dans tout ce qu'il y a de gracieusement enjoué, et finement ironique, l'esprit de Mgr Le Nordez; *Tiphaigne de la Roche*, ou *Un moraliste normand* (1890) ; Le *Frère de la miséricorde*, discours prononcé à l'abbaye de Montebourg pour le cinquantenaire de la fondation de l'Institut (1892); de nombreux articles sur l'éducation et la direction de la famille (*Revue Fénelon*, 1886-1893), sur Jeanne d'Arc et ce qui se rapporte à l'héroïne (*Chronique Jeanne d'Arc*, revue bimensuelle en cours de publication); et plus d'un millier de sermons, discours, homélies, etc., donnés tant à Paris que dans diverses villes de France grandes et petites, où Mgr Le Nordez fut souvent appelé.

GUYOT (Antoine-François), né au Roulier, canton de Bruyères (Vosges), diocèse de Saint-Dié, le 29 janvier 1822, Docteur en Théologie et en Droit canon, ancien professeur de théologie, chanoine honoraire, curé doyen de Gérardmer.

L'abbé Guyot appartient à une famille honorable et chrétienne. Il compte parmi ses ancêtres grand nombre de prêtres, de confesseurs de la la Foi, comme son aïeul Antoine Guyot, l'abbé Rivat, guillotiné à Mirecourt en

1793, des chrétiens contemporains fort distingués, comme le sénateur Louis Buffet.

L'abbé Guyot commença ses études sous la direction d'un curé de campagne, prêtre très capable, l'abbé Nicole. Il acheva ses études littéraires avec beaucoup de succès au séminaire de Chatel, et fit ses études philosophiques et théologiques au grand séminaire de Saint-Dié.

Ordonné prêtre en 1848, l'évêque de Saint-Dié, Mgr Manglard, le chargea malgré son jeune âge de fonder à Bruyères un collège qui

a depuis été transporté à Rambervillers, puis à Épinal. Il sut par son intelligence et une volonté énergique remplir sa mission et triompher de nombreux obstacles.

Lorsque l'établissement de Bruyères fut fondé, il le remit aux mains de prêtres expérimentés qui avaient quitté le collège catholique de Lamarche. Nommé vicaire de Raon-l'Étape, il y déploya son intelligence et son zèle, créa après une mission une conférence de St-Vincent de Paul qu'il dirigea avec persévérance un homme distingué de la région, M. Huin, avec lequel il se lia d'une amitié étroite. C'est lui qui a décidé Mlle Huin à se faire religieuse de la Providence de Portieux dont elle est aujourd'hui la supérieure générale.

En 1851, Mgr Caverot appela l'abbé Guyot à Saint-Dié pour y occuper la chaire de théologie dogmatique que M. l'abbé Joseph Marchal, devenu plus tard archevêque de Bourges, avait été obligé de quitter pour raisons de santé. L'évêque dit au jeune prêtre : « Devenez un vrai professeur, à la hauteur de la mission qui vous est confiée. »

Les études philosophiques et théologiques étaient alors en France superficielles. Les cours ne se faisaient pas en latin ; les élèves se contentaient d'apprendre de mémoire des manuels comme Bailly ou Bouvier, sans rien approfondir, sans s'exercer à une argumentation sérieuse. L'abbé Guyot, comprenant la faiblesse de cet enseignement, se livrait avec une ardeur extraordinaire à l'étude des théologiens les plus célèbres, comme Saint Thomas d'Aquin. Il avait pour collègue dans la chaire de philosophie un prêtre de valeur, esprit vif, aimant à scruter les nouveaux systèmes de philosophie, partisan de l'ontologisme et du traditionalisme. Il y eut entre le professeur de philosophie et de théologie dogmatique des luttes scientifiques qui passionnaient les élèves et sont restées célèbres dans les annales du grand séminaire de Saint-Dié. L'abbé Guyot entretenait des relations avec les professeurs des pays étrangers. Sur la fin de l'année scolaire 1855, il se rendit à Louvain où enseignait le docteur Ubachs, un des défenseurs de l'ontologisme. M. Guyot se fit remarquer en prenant part à une argumentation contre un candidat au doctorat de philosophie. Avec une clarté et une vigueur qui étonnèrent les auditeurs, il attaqua l'ontologisme et força son antagoniste à avouer son impuissance à répondre. Aussi la séance levée, Mgr de Ram, recteur de l'université, invita M. Guyot au dîner académique qui suivit cette séance.

Mgr Caverot étant allé à Rome en 1857, visita le séminaire français et à son retour il dit à M. Guyot : « J'ai le dessein de vous y envoyer pour étudier les méthodes d'enseignement théologique et canonique. » Le professeur fut au comble de ses vœux. Mais l'évêque avait compté sans le supérieur du séminaire ; ce vieillard respectable, prêtre de mérite, supérieur très régulier, mais sans connaissance sérieuse de la science sacrée, aimait à redire aux professeurs et aux élèves : *Scientia inflat*. Il s'opposa avec passion au départ de M. Guyot pour Rome. L'évêque ne voulant pas paraître subir complètement cette influence déraisonnable demanda au professeur de théologie dogmatique quel élève serait capable de suivre les cours de Rome. M. Guyot indiqua M. l'abbé Grandclaude.

Celui-ci resta deux ans dans la Ville éternelle, s'y distingua par son ardeur au travail, sa sagacité et l'élévation de son intelligence. Il revint au séminaire de Saint-Dié, docteur en théologie et en droit canon. Il professa d'abord la philosophie et composa un cours élémentaire. M. Grandclaude fut nommé professeur de théologie dogmatique. Il est actuellement supérieur du grand séminaire. Il a dirigé pendant de nombreuses années une revue intitulée : *Le Canoniste contemporain*. Il a publié un cours complet de droit canon en trois volumes, cours très savant, trop étendu peut-être comme manuel. Aussi on lui préfère généralement l'ouvrage d'un autre professeur de Saint-Dié, M. l'abbé Huguenin. M. Grand-claude est incontestablement un des premiers, sinon le premier, canonistes des temps présents.

Revenons à M. l'abbé Guyot, le promoteur de ce mouvement intellectuel dans le diocèse de Saint-Dié.

L'évêque lui avit promis qu'au retour de M. Grandclaude il irait à Rome. Il rappela cette promesse et au commencement d'octobre 1859 il se rendit au Séminaire français. Là il rencontra des élèves aussi âgés que lui, comme le baron de Meneval, qui avait été ministre de France à Munich, M. Albert de Briey, ancien gouverneur du roi des Belges, qui fut plus tard évêque de Saint-Dié. Il eut aussi de jeunes et illustres condisciples comme M. l'abbé Turinaz. Ce fut pour M. Guyot une année de travail opiniâtre et de grandes jouissances intellectuelles. Il suivait les cours du Collège romain et les cours de droit canonique de l'Apollinaire. Ses professeurs avaient pour lui des égards et de la considération ; ils admiraient le courage qui lui avait fait vaincre de grands obstacles et quitter sa chaire de de théologie pour venir s'initier aux méthodes et aux enseignements de la Ville éternelle. Le père Franzelin, devenu plus tard le cardinal Franzelin, lui donnait fréquemment des audiences dans lesquelles l'élève et le professeur discutaient certaines questions théologiques. A la fin de l'année scolaire, M. Guyot passa avec beaucoup de succès les examens de doctorat en théologie et en droit canon. Ce fut lui qui fut chargé de prononcer le discours de l'inauguration des grades au Collège romain. Il choisit pour sujet ; *le pouvoir temporel du Souverain Pontife*. Avant de quitter l'Italie, il voulut se rendre à Lorette pour y remercier la Vierge de l'appui qu'elle lui avait accordé. Il eut la satisfaction d'y rencontrer l'armée de Lamoricière qui défendit le Pape à Castelfidardo. M. de Ségur dans son livre intéressant : *Les Martyrs de Castelfidardo*, rapporte une lettre dans laquelle M. Guyot retrace ses appréciations et ses impressions sur l'affaire de Castelfidardo.

M. Guyot rentra au séminaire de Saint-Dié où il retrouva le vénéré Supérieur toujours aussi obstiné dans ses idées et ses dispositions à son égard. Il se mit sans retard à composer et à autographier son cours en latin. Les élèves aimaient cet enseignement clair, méthodique et élevé. Ils en ont conservé le souvenir. Si on eût laissé le courageux professeur travailler et réaliser le plan que lui avait tracé le cardinal Gousset, nous aurions un de nos séminaires de France, ce que l'on désire encore aujourd'hui, une théologie complète, dogmatique et morale, rédigée avec des vues d'ensemble et non une compilation indigeste de diverses théologies.

Après quelques années de travail opiniâtre, M. Guyot apprit que son cours autographié était interdit ; ou lui opposa le manuel d'une ancienne théologie de Thomas de Charmes, ou lui demanda même de collaborer à la réédition de cette théologie. Il s'y refusa, comprenant que l'évêque voulait sa sortie du Séminaire. C'est ce qui arriva. On proposa à M. Guyot de devenir curé d'une paroisse étendue des montagnes des Vosges, à Gérardmer. Il savait qu'il aurait pu être professeur dans une chaire d'université catholique, mais il préféra rester dans son pays. Donnant l'exemple de l'obéissance à l'autorité, il se mit à évangéliser la paroisse qui lui était confiée. Il organisa vigoureusement les catéchismes, fit un cours suivi de sermons à ses paroissiens, cours que plus tard des hommes compétents l'avaient prié de publier. Quand l'esprit révolutionnaire et impie leva la tête dans la paroisse, le curé sut dans divers journaux du pays déverser le ridicule sur les propagateurs de l'irréligion et détruire leur influence ; puis autant il avait été redoutable et vaillant dans la lutte, autant il se montra bon, conciliant après le combat. Aussi il gagna tous les esprits et tous les cœurs. Il a contribué à la fondation d'un orphelinat, d'une école libre de trois cents élèves et d'un hôpital.

Accoutumé à une vie laborieuse, le curé de Gérardmer se lève de bonne heure, partage son temps entre les occupations de son ministère, ses devoirs de prêtre et l'étude de la science ecclésiastique.

Il a composé divers ouvrages fort estimés. Il a publié d'abord : *La Raison conduisant l'homme à la Foi* (volume in-8° de 450 pages, paru chez Bloud et Barral, Paris) ; une lettre très élogieuse du père Félix est en tête de ce livre qui a fait plus d'une conversion et que l'on veut rééditer.

M. Guyot a publié ensuite un *Cours supérieur de Science Religieuse* à l'usage des hautes classes, des collèges, des lycées, des séminaires (1 volume in-8° écu, chez Bloud et Barral). Cet ouvrage est à sa deuxième édition ; il commence à être connu et il est déjà adopté dans beaucoup de grands établissements d'instruction secondaire. Il a reçu de nombreuses approbations. Mgr Turinaz, qui l'a introduit dans la célèbre école de St-Sigisbert, prétend qu'il comble une lacune. C'est le cours de religion le plus complet et en même temps le plus clair et le plus concis. Il traite supérieurement les questions contemporaines. Le cours supérieur de science religieuse de M. Guyot offre l'avantage d'un thème concis, et bien imprimé, de toute la théologie, cours que le professeur peut développer en puisant aux sources qui lui sont indiquées. Les développements du professeur souvent ne sont pas conservés, mais le livre reste. Nous croyons cet ouvrage appelé à beaucoup d'avenir.

M. Guyot vient de plublier encore un *Cours*

élémentaire de science religieuse, à l'usage des pensionnats et des catéchismes de persévérance, (1 volume in-18 de 182 pages, chez Blond et Barral). C'est un résumé clair et précis du cours supérieur. Mgr l'évêque de Saint-Dié lui prédit beaucoup de succès.

GRANDCLAUDE (Mgr EUGÈNE), Prélat de la Maison de Sa Sainteté, Vicaire-Général du diocèse de Saint-Dié et Supérieur du Grand-Séminaire de ce même diocèse, est né à Fresse, dans le département des Vosges, d'une famille modeste, mais honorable, le 23 août 1826.

Nous n'avons pas à le suivre ici dans ses premières études. Dans cet article, nous voulons montrer l'influence exercée par un publiciste ecclésiastique sur l'ensemble des sciences sacrées.

Mgr Grandclaude, après avoir terminé avec éclat ses études philosophiques et théologiques au Grand Séminaire de Saint-Dié, fut envoyé à Rome par Mgr Caverot, dans le but de puiser aux sources les plus pures les méthodes et les doctrines romaines.

Après quelques années passées dans la Ville éternelle, et employées avec une rare activité, M. l'abbé Grandclaude revint à Saint-Dié, dans le but de réformer d'abord l'enseignement philosophique qui se traînait dans les inepties de l'ontologisme, du traditionalisme, etc.

L'enseignement du jeune professeur frappa tous les élèves par sa netteté, sa clarté, sa précision et son exactitude; aussi Mgr Caverot chargea-t-il M. Grandclaude de rédiger un Manuel de philosophie. Cet ordre a donné lieu à la publication du *Breviarium philosophiæ scholasticæ*, ouvrage qui a été accueilli avec la plus grande faveur dans les séminaires et les écoles ecclésiastiques.

Huit éditions qui se sont succédées à bref délai, ont montré la réalité de cette appréciation publique. C'est M. l'abbé Grandclaude qui a été le véritable réformateur de la philosophie scolastique en France, car son *Breviarium* a été le premier ouvrage publié parmi nous pour divulguer cette philosophie. Dans de nombreux articles qui parurent habituellement dans la *Revue des Sciences ecclésiastiques*, il a combattu avec énergie l'enseignement philosophique de Louvain, de la Sorbonne, etc. Les Encycliques de Sa Sainteté Léon XIII ont finalement fait disparaître les erreurs que l'éminent publiciste avait si vigoureusement déracinées du sol français.

Disons encore qu'il a très activement collaboré à la rédaction de l'*Univers* pendant près de dix ans. On n'a pas oublié non plus ses solides et brillants articles dans la *Revue du Monde catholique*, ainsi que dans d'autres revues ecclésiastiques.

A l'époque si tourmentée du Concile du Vatican, le vaillant professeur de Saint-Dié a été un des plus énergiques champions de l'infaillibilité pontificale. Il publia d'abord un ouvrage qui a pour titre : *Les Principes de 89 et le Concile*, ouvrage vivement combattu par M. Lockroy dans le *Rappel* (30 septembre 1875). Pendant le Concile même parut l'opuscule *Catéchisme sur l'infaillibilité*, qui a été fort goûté à Rome et a eu sa part d'influence sur les esprits pour les détacher du faux libéralisme qui infectait alors assez largement le clergé français. Ces ouvrages ont été suivis d'un autre plus important qui a pour titre : *Les Principes du droit public*.

M. l'abbé Grandclaude s'est alors adonné avec une grande application aux études canoniques, auxquelles il s'est initié à Rome, en suivant les cours des célèbres professeurs de Angelis et de Camillis. Il était docteur en droit canonique de la *Faculté de l'Apollinaire*, et docteur en théologie du *Collège Romain*.

En 1878, il commença la publication de sa revue mensuelle : *Le Canoniste contemporain*, qu'il rédigeait seul, avec d'énormes fatigues, pendant près de douze ans. Quelques années auparavant, il avait revisé et complété la théologie dogmatique et morale de Thomas de Charmes, ouvrage d'ailleurs excellent, pour la mettre plus parfaitement en harmonie avec le haut enseignement des écoles de Rome.

Enfin il publia, en 1883, son principal ouvrage qui a pour titre : *Jus canonicum juxta ordinem Decretalium recentioribus Sedis Apostolicæ Decretis et rectæ rationi in omnibus consomem*. Ce cours complet de droit canonique (3 vol. grand in-8°) exerça une heureuse influence sur la discipline et fut comme le dernier coup porté au gallicanisme en France. La certitude rationnelle du droit sacré, sur tous les points fondamentaux, est montrée avec une telle évidence, que la plupart des objections vulgaires ne peuvent plus so soutenir, et que l'élévation d'idées qui a présidé à la confection du droit sacré, apparaît à tous les regards.

Des circonstances particulières ont appelé, en ces dernières années, l'attention de l'infatigable champion de la Vérité sur un sujet un peu différent de ceux qui l'avaient occupé jusqu'alors. Le rationalisme faisait invasion dans le domaine de la parole divine, pour en nier plus ou moins la véracité et l'intégrité. Pour prévenir les esprits trop superficiels contre les dangers dé cette doctrine, que l'on avait même vue poindre dans quelques-unes de nos universités catholiques, Mgr Grandclaude fit paraître, en 1893, un opuscule qui a pour titre : *La question biblique d'après une nouvelle école d'apologistes chrétiens*. Certains ecclésiastiques, trop étrangers aux études théologiques, prirent parti pour la fausse science et attaquèrent l'ouvrage ; mais la célèbre Encyclique Pontificale: *Providentissimus Deus*, vint aussitôt imposer silence à cette troupe de censeurs inconsidérés et sans doctrine. Comme ceux-ci avaient voulu parler au nom de la « science » d'ailleurs mal comprise, et des hypothèses plus ou moins aventurées de l'orientalisme, un dernier ouvrage, beaucoup plus considérable que le précédent, montra combien étaient vides et superficielles les nouvelles objections des adversaires. Dans cet écrit intitulé : *La Chronologie biblique des temps primitifs*, le pieux vétéran de l'orthodoxie en France montre quel péril ferait naître pour la vérité révélée l'engouement aveugle pour toutes les théories des orienta'istes, et, à cette occasion, il définit avec la dernière précision les caractères intrinsèques de la vraie et de la fausse science.

Mgr Grandclaude a été nommé chanoine honoraire en 1870, vicaire général, en 1878; et supérieur du Grand Séminaire, en 1882. Enfin, S. S. Léon XIII a daigné l'élever à la Prélature, en le nommant par un Bref des plus honorables, daté du 8 avril 1892, Prélat de sa Maison.

PIERFITTE (Abbé Marie-Charles), né le 15 février 1847, à Belmont-devant-Darnoy, il appartient à cette race vosgienne, forte comme son sol de granit, simple et franche comme la grande nature, vivant d'air pur et d'idées saines. D'abord simple ouvrier, il fait des sabots avec son père jusqu'à l'âge de 16 ans ; il porte sur les bancs du Séminaire ces habitudes de travail obstiné qui finissent par creuser le sillon. Vicaire de Vittel en 1872, il collabore avec son maitre, M. l'abbé Chapiat, à une petite monographie de cette station minérale.

Curé d'Anivelle (1877), puis de Portieux (1887), il devient l'un des rédacteurs les plus goûtés de la *Semaine religieuse*, où il se fait rapidement une spécialité dans un genre très ingrat, la *Nécrologie ecclésiastique*. Plusieurs furent tirées en brochures, mais toutes furent remarquées, et l'ensemble constitue un véritable monument élevé en l'honneur du clergé vosgien. *Notice sur l'abbé Thévenot* (Saint-Dié, Humbert, 1883); *L'abbé Chapiat, curé de Vittel* (Paris, V. Palmé, 1886); *Le R. P. Clerc, provicaire au Sut-Chuen* (Langres, Rallet, 1885); *L'abbé Hadol, curé de Mattaincourt* (Saint-Dié,Humbert,1886); *Le R. P.*

Stundhauser, supérieur de l'Institution Saint-Joseph d'Epinal (Saint-Dié, Humbert, 1890); *M. l'abbé Rémy Corret, curé de Docelles* (Saint-Dié, Humbert, 1892); *M. l'abbé Petitnicolas, chanoine de la cathédrale de Saint-Dié* (Saint-Dié, Humbert, 1892; *M. l'abbé Lecomte, directeur du couvent de Portieux* (Saint-Dié, Humbert, 1890); *M. l'abbé Mathieu, vicaire général honoraire, curé de Rambervilliers* (Saint-Dié, Humbert, 1890); *M. l'abbé Fr.-Nic. Maton, curé de Socourt* (Saint-Dié, Humbert, 1893); *M. l'abbé A. M. Barbier, provicaire dans la Cochinchine* (Saint-Dié,Humbert, 1894); *M. l'abbé Pitance, curé de Pauxcux* (Saint-Dié, Humbert, 1895); *M. l'abbé Feys, curé de Damvallier* (Saint-Dié, Humbert, 1895); *M. l'abbé Vautrin, curé de Vincey* (Saint-Dié, Humbert, 1895).

Presque chacune est un petit chef-d'œuvre en son genre, où l'on ne sait qu'admirer le plus, de la finesse de l'observateur, ou de la délicatesse de l'écrivain, qui sait rajeunir son cadre et mettre de la variété dans un sujet qui semble si peu s'y prêter. C'est dans son cœur naturellement qu'il puise cette éternelle jeunesse de pensée et de sentiment qui font de la plupart de ses petites monographies des pages intimes non seulement vécues, mais vivantes. Et puis, hâtons-nous de l'ajouter, l'auteur ne se contente pas de semer des fleurs sur la tombe de ses confrères dans le sacerdoce, il va cueillir dans le champ qu'ils ont cultivé une gerbe qu'il serre sur les greniers de l'église : c'est ainsi que la vie des prêtres lui sert de cadre où il fait entrer l'histoire du diocèse.

L'histoire de son pays, de ce pays vosgien qu'il aime tant, voilà sa véritable passion. Avec quelle piété filiale il recueille tous les souvenirs du passé, il étudie les monuments d'autrefois! *Le Collège de Rambervilliers et M. l'abbé Morel* (Saint-Dié, Humbert, 1888); *Le Prieuré de Relanges au XVIe siècle* (Saint-Dié, Humbert, 1895)); *La Justice à Vittel avant 1789* (Saint-Dié, Humbert, 1892); *Saint Faustin et Saint Jovite* (Saint-Dié, Humbert, 1895) ne sont, nous l'espérons bien, que des chapitres détachés de travaux plus importants qui restent en portefeuille.

Dans un autre genre, M. l'abbé Pierfitte avait fait paraître : *Cinq jours à Rome* (Epinal, V. Collot, 1890); *L'Alsace et la Lorraine à Lourdes* (Saint-Dié, Humbert, 1891), récits pleins d'humour et de coloris, où nous retrouvons cette originalité de bon aloi qui donne à M. Pierfitte une physionomie bien accusée. Aussi a-t-on pu dire que ce qui sort de sa plume porte sa griffe : il n'a pas besoin de signer.

Il est de ceux qu'un pseudonyme couvre mal, et il se vit souvent obligé d'en changer, quand il aborda le journalisme, — alors que le ministère d'une petite paroisse lui laissait quelques loisirs. Il se montra un polémiste redoutable: quelques coups de crayon le révélèrent même comme caricaturiste ; mais rien ne put le décider à cultiver ces dernières aptitudes, si grandes fussent-elles. Du journaliste, nous ne relèverons qu'un fait, la part principale qu'il prit à la fondation de la *Croix de Lorraine*, dont il rédigea l'article-programme.

L'homme d'esprit, chez lui, est doublé d'un homme de cœur : sa plume ne lui appartient pas plus que sa bibliothèque et son temps; tout est au service de ses amis, aussi en a-t-il autant que de confrères. C'est peut-être la figure la plus sympathique du clergé vosgien. Ses adversaires eux-mêmes ne lui marchandent pas les témoignages d'estime.

Dans une des dernières séances de la *Société d'Emulation des Vosges* (1894), M. Alfred Bourgeois crut devoir oublier un instant qu'il est rédacteur en chef du *Républicain des Vosges*, pour ne laisser parler que l'amateur d'histoire lorraine :

« Mais, messieurs, disait-il, permettez-moi de m'arrêter plus particulièrement sur une autre catégorie de vos nouveaux confrères, MM. l'abbé Olivier, l'abbé Pierfitte et l'abbé Vairel...

« M. l'abbé Pierfitte est déjà un vieux travailleur vosgien ; mais il est de ces travailleurs généreux qui sèment plus qu'ils ne récoltent ; il fait l'aumône de son labeur; il ne travaille pas pour lui. Sa prose alerte, parfois mordante, un brin caustique à l'occasion, s'est répandue en feuilles volantes ; ses nombreuses notes, accumulées par de patientes recherches, ont été distribuées à tous ceux qu'il fallait encourager et pousser à l'œuvre.

« Messieurs, c'est un triomphe que de posséder parmi nous M. l'abbé Pierfitte, car c'est une conquête que vous avez faite. Et c'est une conquête qui rapportera : je ne crois pas être indiscret en vous révélant que l'abbé Pierfitte et l'abbé Olivier ont entrepris des recherches préparatoires à une histoire documentaire de la ville de Châtel-sur-Moselle. »

La *Société d'Archéologie Lorraine* dont M. Pierfitte fait également partie, le délégua en 1884 au Congrès de Blois, où il prononça un discours dont on vota l'impression au procès-verbal (Compte-rendu, p. 590 et suivantes). Il ne faisait d'ailleurs que résumer une étude fort curieuse parue dans le journal *Le Vosgien* en 1883, où M. l'abbé Pierfitte revendiquait pour sa chère patrie vosgienne l'honneur d'avoir marché en premier dans le champ de l'instruction populaire et d'avoir donné, dès 1597, par l'organe du R. P. Fourier, curé de Mattaincourt, un cours complet de pédagogie, qui n'a pas vieilli depuis trois siècles !

Faut-il ajouter que M. l'abbé Pierfitte est un bibliophile : au prix de bien des sacrifices, il a formé une belle bibliothèque lorraine. Il est le frère de Nicolas Pierfitte, dont les chansons politiques méritèrent les éloges de Béranger ; et l'oncle de Georges Pierfitte, poète d'avenir, polémiste de talent, fondateur et rédacteur de *l'Eclaireur du Midi*.

VACANT (JEAN-MICHEL-ALFRED), né à Morfontaine, arrondissement de Briey (Moselle), le 23 février 1852, d'une famille de cultivateurs, écrivain ecclésiastique, professeur de dogme au Grand Séminaire de Nancy.

Adresse : Au Grand Séminaire de Nancy.

M. Vacant fit ses études littéraires et philosophiques au Petit Séminaire de Montigny-lès-Metz (1862-1870) et au Grand Séminaire de Metz (1871 et 1872). Son évêque, Mgr Dupont des Loges, l'envoya étudier la théologie à Paris, au Séminaire Saint-Sulpice (1872-1876).

Avant la création de l'Institut catholique de Paris, il existait à Saint-Sulpice, pour les élèves qui avaient terminé leurs études de théologie, un cours supérieur, appelé le *Grand Cours*, dont le programme variait au gré du professeur. M. Vacant suivit ce cours en 1875-1876. Le professeur, M. Renaudet, mit au mains de ses élèves, le Traité de la foi du cardinal de Lugo. Cet ouvrage exerça une profonde influence sur l'esprit du jeune étudiant. Les maîtres qu'il avait eus à Metz et à Paris, étaient cartésiens, et il avait adopté leurs opinions. Les savantes dissertations du cardinal de Lugo opérèrent une véritable révolution dans son intelligence. Il fut depuis lors un partisan de plus en plus convaincu des théories aristotéliciennes et des doctrines scolastiques. -

Cependant il n'avait pu consacrer à la théologie, durant son *Grand Cours*, tout le temps qu'il aurait voulu. On sait que les séminaristes de Saint-Sulpice s'initient à la pratique du saint ministère, dans les célèbres catéchismes de la paroisse de ce nom. De 1872 à 1878, M. Vacant n'avait eu à s'occuper que d'un petit catéchisme. Mais en 1875-76, il fut placé à la tête du catéchisme de première communion, dit *catéchisme de semaine*, et d'un nouveau catéchisme de persévérance, fondé en novembre 1875, le catéchisme du Sacré-Cœur.

Ce fut à la fin de cette année, le 10 juin 1876, qu'il reçut le sacerdoce, des mains du cardinal Guibert.

En exécution d'une clause du traité de Francfort, le Saint-Siège venait de rattacher son pays natal au diocèse de Nancy. L'évêque de Metz désirait néanmoins retenir M. Vacant auprès de sa personne; mais ce dernier tenait à rester Français, et comme il n'avait jamais eu aucun rapport avec le clergé de Nancy, il demanda à rester à Paris. Mgr Foulon, évêque de Nancy, ne voulut point y consentir et revendiqua ses droits sur son nouveau diocésain. Il le destinait à être professeur dans son Grand Séminaire, où il lui confia une chaire de théologie, après deux mois de vicariat à la paroisse Saint-Jacques de Lunéville.

M. Vacant enseigna l'apologétique de 1876 à 1890. En 1888 et 1889, il joignit à cet enseignement, celui de la morale générale. Depuis 1890, il fait le cours de dogmatique spéciale.

Cependant, au moment de sa nomination, le jeune professeur n'avait encore aucun grade. Il demanda donc d'aller passer deux ans au Collège romain. Mgr Foulon ne put l'y autoriser; mais il l'encouragea à composer des thèses dans ses moments de loisir, et à prendre ses grades en France. M. Vacant subit les épreuves du baccalauréat en théologie et en droit canon et de la licence en théologie, devant l'Institut théologique de Poitiers, en 1877 et en 1878. L'année suivante, le 5 août 1879, il subit celles du doctorat en théologie, devant la Faculté de Lille, qui venait d'être érigée canoniquement et dont il fut le premier docteur.

Les thèses qu'il présenta à Poitiers et à Lille offrent un caractère qui se retrouve dans la plupart des travaux qu'il a publiés dans la suite. Ce sont des essais de conciliation entre les doctrines admises à diverses époques. Dans sa thèse de licence, il compara les vues des apologistes modernes, qui font ressortir la certitude de la révélation, avec les théories du cardinal de Lugo et des théologiens du dix-septième siècle, qui mettent, au contraire, en lumière la liberté de la foi. Dans sa thèse de doctorat, il compare les théories inspirées par l'Aristotélisme, au sujet de notre connaissance naturelle de Dieu. Il chercha également à concilier les notions du naturel et du surnaturel, adoptées par Saint Thomas d'Aquin et par Duns Scott.

A partir de 1880, il donna un grand nombre d'articles à la *Revue des sciences ecclésiastiques*, dont l'entrée lui avait été ouverte par les professeurs de la Faculté de théologie de Lille.

Toutefois, il désirait se former davantage dans l'art d'écrire et se mettre plus immédiatement en contact avec les opinions contemporaines. C'est dans ce double but, qu'après avoir pris son baccalauréat ès-lettres à Lyon, il suivit deux ans (1882-1884), les cours de la Faculté des Lettres de Nancy, dans la section de philosophie. La consécration de ces nouvelles études lui fut donnée par la Faculté des Lettres de Paris, qui le reçut, dans les premiers rangs, à la session de licence d'avril 1884.

M. Vacant avait trouvé dans M. Victor Egger, qui enseignait alors à la Faculté de Nancy, un maître distingué de psychologie expérimentale. Il reconnut que les développements que cette science a reçus de nos jours, s'harmonisent parfaitement avec la psychologie de Saint Thomas d'Aquin. Il consigna une partie de ses vues à cet égard, dans une série d'articles, qui parurent de 1888 à 1890 dans les *Annales de philosophie chrétienne*, et qui ont été tirés à part sous le titre d'*Etudes comparées sur la philosophie de Saint-Thomas d'Aquin et sur celle de Duns Scott.*

Ces travaux philosophiques ne lui faisaient pas négliger la théologie. En 1886, la revue *La Controverse* mit au concours l'étude du *Magistère ordinaire et universel de l'Eglise*, dont le Concile du Vatican avait affirmé l'autorité. Le jury était composé de professeurs de la Faculté de théologie de Lyon. M. Vacant présenta un mémoire qui obtint le prix. Il se trouva dès lors en rapport avec M. l'abbé J.-B. Jaugey, directeur de *La Controverse*, et avec les professeurs qui avaient été membres du jury. M. l'abbé Jaugey lui demanda des articles importants pour son *Dictionnaire apologétique de la foi catholique*, qui parut en 1889, et pour deux revues : *La Science catholique* et *Le Prêtre*, qu'il fonda en 1888 et en 1890. Les professeurs des Facultés catholiques de Lyon lui demandèrent également sa collaboration pour *La Controverse*, qu'ils avaient achetée à M. l'abbé Jaugey, et à laquelle ils donnèrent le titre d'*Université catholique*. Ils confièrent au professeur de Nancy le soin de rédiger régulièrement dans ce recueil, une revue des questions et des publications théologiques.

A partir de 1890, M. Vigouroux, un de ses anciens maîtres de Saint-Sulpice, lui confia, de son côté, divers articles de son *Dictionnaire de la Bible.*

En s'adonnant à ces œuvres du dehors, ce prêtre zélé n'oubliait point qu'il se devait à ses élèves et à son diocèse. Les travaux des conférences ecclésiastiques sont examinés à Nancy par un comité dont le secrétaire centralise et publie chaque année les appréciations. M. Vacant fut secrétaire de ce comité pendant 14 ans (1877-1898), et s'acquitta, à la satisfaction générale, de cette tâche, parfois délicate. Il acquit la conviction que les prêtres des campagnes ont surtout besoin qu'on mette à leur portée les moyens d'étudier les sciences sacrées et de suivre le mouvement intellectuel contemporain. Encouragé par Mgr Turinaz, qui l'avait nommé chanoine honoraire quelques mois auparavant, il fonda donc, le 21 novembre 1890, une bibliothèque circulante pour le clergé du diocèse de Nancy. Outre les principaux ouvrages, relatifs aux questions actuelles et aux matières traitées chaque année dans les conférences ecclésiastiques, cette bibliothèque possède une trentaine de revues variées, qui passent chaque semaine d'un presbytère à l'autre, moyennant une modique cotisation.

M. Vacant est membre de quelques sociétés savantes; mais l'*Académie de Stanislas* est la seule aux travaux de laquelle il ait pris une part active. Il a été secrétaire de cette Académie en 1891 et vient d'en être élu président pour 1896.

Voici par ordre de dates, ses principales publications : *De certitudine judicii quo assentitur existentiæ revelationis* (thèse de licence en théologie; in-8° de 147 p., Nancy, Wagner; Paris, Taranne; 1878); *De nostra naturali cognitione Dei* (thèse de doctorat en théologie; in-8° de 334 p., Nancy, Wagner; Paris, Taranne; 1879); *Notes sur les Séminaires de philosophie en France* (in-8° de 46 p., Arras, Laroche; 1880); *Le mouvement et la preuve de l'existence de Dieu, par la nécessité d'un premier moteur, d'après la doctrine scolastique* (2 fascicules in-8° de 63 et 174 p., Amiens, Rousseau-Leroy; 1881); *Notes sur de prétendus ouvrages inédits de Bossuet conservés au monastère de la Visitation de Nancy* (in-8° de 16 p., Amiens, Rousseau-Leroy; 1882); *Les versions latines de la Morale à Nicomaque antérieures au XVe siècle, leur emploi, leurs caractères, leur parenté, leur date, leurs auteurs* (in-8° de 65 p., Amiens, Rousseau-Leroy; Paris, Taranne; 1885); *Le magistère ordinaire de l'Eglise et ses organes* (in-16 de 116 p., Paris et Lyon, Delhomme et Briguet; 1887); *Dictionnaire apologétique de la foi catholique*, par J.-B. Jaugey, avec la collaboration d'un grand nombre de savants catholiques (Paris et Lyon, Delhomme et Briguet; 1re édition en 1889; 2e édition en 1891 : 31 articles sur Dieu, l'âme, la liberté, la vie future, les fondements de la morale, les miracles); *Renseignements inédits sur l'auteur du Problème ecclésiastique, publié en 1698 contre M. de Noailles, archevêque de Paris* (in-8° de 50 p., Paris et Lyon, Delhomme et Briguet; 1890); *Etudes comparées sur la philosophie de Saint-Thomas d'Aquin et sur celle de Duns Scott* (in-8° de 207 p., Paris et Lyon, Delhomme et Briguet; 1891); *Dictionnaire de la Bible*, publié par F. Vigouroux, avec le concours d'un grand nombre de collaborateurs (Paris, Letouzey et Ané; 1891 et suiv. : articles *Ame, Ange, Baptême, etc.*); *Le cardinal Lavigerie*. Discours de réception à l'Académie de Stanislas (in-8° de 27 p., Nancy, Berger-Levrault; 1893); *Histoire de la Conception du sacrifice de la messe, dans l'Eglise latine* (in-8° de 60 p., Paris et Lyon, Delhomme et Briguet; 1894); *Etudes théologiques sur les Constitutions du Concile du Vatican, d'après les actes du Concile* (tome I et II; in-8° de 720 et 510 p., Paris et Lyon, Delhomme et Briguet; 1895). Ces deux volumes sont consacrés à la constitution sur la foi catholique; ils étudient presque toutes les questions diplomatiques qui ont été agitées depuis cinquante ans. Deux autres volumes seront consacrés à la constitution relative à la primauté et à l'infaillibilité du Souverain Pontife.

CHAPELIER (Abbé Charles), né à Antony, près Paris, le 6 février 1843, curé-doyen de Lamarche (Vosges), membre de plusieurs sociétés savantes.

M. l'abbé Chapelier était vicaire à Epinal

pendant la guerre franco-allemande. Durant six mois, il fut administrateur de la ville (1870-71). Lors de la conclusion du traité de Francfort, les Allemands ordonnèrent à cette occasion de mettre en branle les cloches de la cité. M. l'abbé Chapelier se refusa énergiquement à cette sonnerie, joyeuse sans doute pour les vainqueurs, mais qui eût ressemblé à un glas pour les oreilles des patriotes. Les Prussiens se vengèrent de ce refus en emprisonnant le digne abbé Chapelier.

En 1892, M. l'abbé Chapelier fut nommé curé-doyen de Lamarche, diocèse de Saint-Dié (Vosges).

M. Chapelier possède de magnifiques collections qu'il a réunies au prix de longues années de recherches et de sacrifices matériels importants.

Ses collections de documents se rattachent à trois questions : l'Histoire de la Lorraine, Jeanne d'Arc et le Bienheureux Pierre Fourier.

Sur l'histoire de la Lorraine, M. l'abbé Chapelier a réuni une collection incomparable. Le curé-doyen de Lamarche a rassemblé tous les documents imprimés touchant à la Lorraine et au moins deux cents manuscrits dont quelques-uns sont de la plus haute valeur.

Sur le Bienheureux Pierre Fourier, sa collection est également unique. Elle comprend tous les imprimés, un grand nombre de manuscrits et 133 gravures du bienheureux en types différents. Cette collection magnifique est évaluée à plus de 15,000 francs.

La collection de Jeanne-d'Arc sera bientôt complète. Il y manque peu d'imprimés. Une des parties les plus importantes est celle des gravures (plus de 4,000) se rapportant à l'histoire de la Pucelle. Ajoutons que M. l'abbé Chapelier a déjà dépensé 27,000 francs pour cette collection.

M. l'abbé Chapelier appartient à de nombreuses sociétés savantes parmi lesquelles nous citerons : l'Académie Stanislas, de Nancy, la Société d'Archéologie lorraine, la Société des Lettres, Sciences et Arts, de Bar-le-Duc, la Société d'Emulation des Vosges, la Société philomathique vosgienne, etc.

On lui doit des travaux très appréciés du monde savant: Les Origines d'Epinal (4 broch.); Remiremont (1 vol. in-8°); Jean Bédel, sa vie et ses œuvres (1 vol. in-8° de 160 p.). On sait que Jean Bédel fut le premier historien du bienheureux Pierre Fourier.

Ajoutons un grand nombre de brochures consacrées à l'histoire et à l'archéologie et dont le catalogue formerait une longue liste, et de non moins nombreuses études publiées dans les journaux et revues de la Lorraine.

Le clergé vosgien est riche en prêtres de valeur. Des hommes comme M. l'abbé Chapelier sont dignes de l'estime et de l'admiration de tous les travailleurs. Nous sommes heureux, quelle que soit la modestie de l'excellent abbé Chapelier de signaler ici un érudit qui a rendu des services si signalés à la science française.

NOGUÈS (L'abbé JULES-LOUIS-MOÏSE), curé de Dampierre-sur-Boutonne, Secrétaire de la Commission des Arts et Monuments historiques de la Charente-Inférieure, Associé correspondant national des Antiquaires de France, né à Rochefort-sur-mer (Charente-Inférieure), le 19 février 1845.

Adresse : Dampierre, Charente-Inférieure.

M. l'abbé Noguès est le septième et dernier enfant d'une honorable famille de modestes propriétaires. Après avoir fait ses études avec succès au petit séminaire de Montlieu et à l'Institution diocésaine de Pons, il entra au grand séminaire de la Rochelle (1865), où il fut nommé, l'année suivante, maître de chapelle. Au milieu des graves questions théologiques, il trouva un agréable délassement dans la culture de la poésie latine pour laquelle il eut toujours un goût particulier, et il collabora, entre temps, à l'Apis Romana (publication mensuelle latine, sous la direction du savant et distingué abbé Rainguet, supérieur du Petit Séminaire de Montlieu), qui lui doit un certain nombre de pièces fort originales.

Ordonné prêtre en 1870, il fut envoyé au Petit Séminaire de Matha, où il professa simultanément le dessin, la musique et les langues. Obligé, par raison de santé, de quitter l'enseignement, il fut placé comme vicaire à Saint-Pierre d'Oléron. Mais le ministère trop pénible de ce poste important l'obligea, au bout de quelques mois, à en partir. Mgr Thomas — plus tard archevêque de Rouen — lui offrit le vicariat de Saint-Vivien, de Saintes. Là, il entra en relation avec quelques hommes éminents que son aménité et sa parole simple et facile avaient charmés, et qui favorisèrent ses goûts artistiques et littéraires. Il publia alors quelques articles humoristiques, biographiques et archéologiques dans le *Courrier des Deux-Charentes*, le *Moniteur de la Saintonge* et, plus tard, dans le *Mellois*.

En 1878, M. l'abbé Noguès fut promu à la cure de Dampierre-sur-Boutonne, charmante résidence, située sur les limites de la Saintonge et du Poitou, avec Saint-Séverin pour annexe, — siège d'une antique et riche abbaye de chanoines réguliers de Saint Augustin, et dont le dernier abbé commandataire fut le poète Jacques Delille.

Chargé, en 1887, au nom de plusieurs Congrès catholiques, de faire des démarches près de son évêque (Mgr Ardin, actuellement archevêque de Sens), pour obtenir la création d'un cours d'archéologie sacrée au Grand Séminaire, M. l'abbé Noguès rédigea sur la question un rapport magistral, dont les supérieurs louèrent hautement le mérite. « Les considérations que vous faites valoir, lui fut-il répondu, entre autres choses, les autorités que vous citez, ne permettent aucun doute, aucune hésitation... » Néanmoins, le cours ne fut pas institué.

Pour pouvoir plus librement se livrer à ses études favorites, M. l'abbé Noguès refusa, en 1892, la direction du *Bulletin religieux* du diocèse. L'année suivante, il donna, sur l'invitation du supérieur, des conférences archéologiques au Petit Séminaire de Montlieu ; en 1895, il écrivit, pour le Petit-Office de sainte Eustelle, la fille spirituelle de saint Eutrope, la vierge martyre, patronne des catéchismes de persévérance du diocèse, les gracieuses poésies latines qui en forment l'hymnaire.

Une partie des publications de M. l'abbé Noguès ont paru dans le *Recueil de la Commission des Arts et Monuments historiques de la Charente-Inférieure*, la *Revue Poitevine et Saintongeoise*, etc. En voici la nomenclature :

La voix de l'Amitié (l'Amitié d'après Cicéron, saint Thomas, saint François de Sales, etc. ; in-12, Paris, Téqui, rue de Tournon, 29 ; 1878) ; *Le Châtelier de Saint-Séverin-sur-Boutonne*, deux éditions, 1880 ; *Monographie de Dampierre-sur Boutonne* (église et château, avec 3 planches hors texte ; petit in-8° ; 1882) ; *Le Petit Cours d'harmonie pratique des jeunes virtuoses*, (in-8°, Saintes, 1884) ; *Série de morceaux religieux et profanes* (1884 et années suivantes, sous le pseudonyme de *Moïse Blacksmallman*) ; *Quelques églises fortifiées de la Saintonge et de l'Aunis : Esnandes, Vandré, Contré*, etc. (1885) ; *Etude sur les voûtes dômicales, dites plantagenets* (à propos des voûtes dômicales de Vandré ; 1886) ; *Les Fers à hosties de la Saintonge : Le Fer de Dampierre-sur-Boutonne ; 1886*) ; *Rapport à Mgr l'Evêque de la Rochelle sur l'Enseignement de l'archéologie sacrée dans les grands séminaires* (1887) ; *Recherches historiques et archéologiques sur*

l'antique abbaye de Saint-Séverin-sur-Boutonne (in-8° ; 1887) ; *Excursion archéologique à Echillais, Trizay, Montierneuf, Brouage et Moëze* (1888) ; *Carmen Sylva*, traduction de l'anglais (*The woman's world*) ; *Le Bienheureux de Montfort d'après ses Cantiques* (in-8° ; 1888) ; *Compte-rendu de l'Excursion archéologique de la Commission des Arts, à Jonzac, Saint-Simon-de-Bordes, Agudelle, Allas-Bocage, Mirambeau, Nieul-le-Virouith et Plassac* (1890) ; *Sainte-Eustelle, son histoire, ses reliques et son culte* (petit in-8° ; 1891) ; *Les Anges dans le folklore saintongeais* (1891) ; *Les Mœurs d'autrefois en Saintonge et en Aunis* (2° édition, in-12, Prévost éditeur, Saintes; 1893) ; *Prêtre et Vierge*, poème couronné au Concours international de la *France littéraire* (1893) ; *Les Habitations rurales d'autrefois en Saintonge et en Aunis* (1893) ; *Les Cavaliers au portail des églises* (*Congrès archéologique de Saintes*, 1894) ; *L'Abbé Joseph Soullard, fondateur du Petit Séminaire de Matha, doyen, chanoine, chevalier de la Légion d'honneur, etc. Sa vie, ses œuvres, ses vertus* (in-12, Oudin, Poitiers, 1895)·

M. l'abbé Noguès est un des prêtres les plus érudits de la région de l'Ouest. Ses travaux de Folklore ont été hautement appréciés dans la *Tradition*, la *Revue des Traditions populaires* et plusieurs revues des deux mondes. Folkloriste de valeur, archéologue distingué, prêtre estimé, délicat : tel est M. le curé de Dampierre. Tant pis si cette appréciation gêne sa modestie. L'intérêt de la vérité historique nous oblige à l'affirmer.

BOSSEBŒUF (l'abbé Louis-Augustin), né le 4 juillet 1852, à Iteuil, près de Ligugé (Vienne), archiviste-historiographe du diocèse de Tours, président de la *Société archéologique de Touraine*.

Adresse : Tours, rue du Belvédère.

Ses goûts portèrent d'abord M. l'abbé Louis Bossebœuf vers les études de philosophie et de théologie, auxquelles il résolut, dans son profond amour de la France et de l'Eglise, de demander les moyens de préparer la pacification religieuse et politique de notre pays. Ses idées, devenues le programme même des catholiques à l'heure présente, sont développées dans le *Syllabus sans parti pris*, in-12 de 365 pages (1885), dont il parut une 2° édition sous le titre : *L'Encyclique Immortale Dei, le Syllabus et la société moderne*, in-12, LVI-365 pages (1886). Le caractère, la méthode et la portée de cette œuvre, à la fois neuve et traditionnelle, sont nettement indiqués par la division elle-même : le Syllabus contre le Syllabus, ou d'après l'école rationaliste, — Le Syllabus au-delà du Syllabus, ou d'après l'école fidéiste. — Le Syllabus en-deça, ou d'après l'école catholique-libérale, Le Syllabus dans le Syllabus, ou d'après son sens véritable.

L'ouvrage voyait le jour dix ans trop tôt.

Une coalition, formée de l'avant-garde de l'école ultra-catholique, réussit mystérieusement à obtenir un décret de la Congrégation de l'*Index*, le 14 décembre 1886. L'auteur se soumit humblement, s'en remettant à la Providence de l'heure où il pourrait présenter sa défense et exposer ses vues sur la Foi et la Science, l'Eglise et l'Etat, l'avenir du Catholicisme et de la Société.

Ce douloureux événement, dont il voudra quelque jour nous faire la confidence complète — suivant l'axiome du sage : *Curam habe de bono nomine* — orienta vers une autre direction l'esprit et les travaux de M. l'abbé Louis Bossebœuf. Dans la solitude champêtre de son vicariat de Montlouis (1875-1878) et de son presbytère de Marigny-Marmande (1878-1885), au diocèse de Tours, il avait puisé la passion de l'antiquité au contact des ruines d'abbayes et de châteaux-forts. L'histoire de la Touraine, si riche en souvenirs, qui forment la trame même des annales françaises, et ses monuments du plus grand intérêt, exerça bientôt un nouvel et plus vif attrait sur ses facultés. Nommé professeur d'histoire au Petit-Séminaire diocésain (1886-1891), il inspira à ses élèves un goût prononcé pour l'étude des choses du passé, bien faite pour reposer l'âme des agitations du présent.

Mais c'est surtout à sa plume que M. l'abbé Louis Bossebœuf recourut pour livrer à autrui le résultat de ses patientes recherches, marquées au coin d'une originalité absolument personnelle. Ses travaux parurent dans plusieurs périodiques de la capitale et de la province, voire même à l'étranger. Nous nous bornerons à citer les plus connus. A propos de Descartes, il publia trois Mémoires : *Origines de Descartes*; *Descartes et l'expérience du Puy-de-Dôme*; *Descartes et Fermat* (1889), que précédèrent ou suivirent : *Le Bénédictin Jacques Précieux* (1885); *Origine de Christophe Plantin* (1890); *Mgr Chevalier, son œuvre scientifique* (1894) et quelques autres biographies.

Parmi les hommes illustres de Touraine, Richelieu fixa tout particulièrement l'attention de M. l'abbé L. Bossebœuf. En puisant aux sources inexplorées, il a écrit : *Braye et la famille du Cardinal de Richelieu; Où est né le Cardinal* (1886); *Le Cardinal et son frère devant le juge de paix*; *Comment Armand du Plessis devint seigneur de Richelieu; Un Secrétaire du Cardinal* (Michel Lemasle) (1887); *Un évêque-curé à Braye; Les deux Armand au théâtre*. Les bords du Mable, où naquit le « grand Armand », eurent aussi leur histoire et l'on vit paraître : *Fondation de la paroisse N.-D. de Richelieu* (1884); *Saint Vincent de Paul en Touraine; Le Dimanche révolutionnaire ; L'Instruction primaire avant et sous la Révolution* (1884); *Le Cahier du Tiers-Etat en 1789 ; Le Château de Richelieu sous la Révolution* (1887), etc.

Le côté artistique attira spécialement l'historien tourangeau et lui inspira une série d'études, telles que : *Promenades au château de Richelieu* (en 10 visites); *Les artistes du château : architectes, sculpteurs, peintres, maîtres-menuisiers, serruriers, plombiers*, etc. (1886); *Richelieu et Philippe de Champagne* (1885); *Un artiste richelais à la Révolution* (Mausion); *Le Château de Richelieu et le musée de Tours*.

Arrivé au terme de cette tâche féconde, M. l'abbé L. Bossebœuf groupa tous les documents qu'il avait recueillis, dans l'ouvrage résumé : *Richelieu, monuments et souvenirs*, in-8, 72 p. (1888); puis, élargissant le cadre, il écrivit l'histoire complète de la région, dont Richelieu a été comme le centre et l'âme, sous le titre : *Histoire de Richelieu et des environs au point de vue civil, religieux et artistique*, avec une vue et un plan, in-8, XL-504 pages (1890), beau volume dédié à Mme la princesse de Monaco, duchesse de Richelieu, dans lequel se reflètent, comme dans une miniature, les annales même de la France, depuis les origines jusqu'à nos jours.

L'histoire, avec les superbes résidences princières ou seigneuriales et les mystérieux monastères qui en sont, pour ainsi dire, l'incarnation vivante, avait captivé trop puissamment les facultés de M. l'abbé L. Bossebœuf pour qu'il n'entreprît pas les monographies tout au moins des principaux monuments de l'Ouest de la France. On lui doit : *Le château et la Sainte-Chapelle de Champigny-sur-Veude*, in-8° de 112 pages, qui a eu trois éditions; *L'Abbaye bénédictine de Bois-Aubry; Oiron, le Château et la Collégiale*, in-8 de 98 p. (1889); *Fontevrault, son histoire et ses monuments*, in-8 de 104 p. (1890); *Saint-Aignan, Tésée et Montrichard*, in-8 de 82 p. (1890); *Montreuil-Bellay, le Puy-Notre-Dame et Asnières*, in-8 de 110 p. (1893); *Langeais et son château, monuments et souvenirs*, in-12 de 288 p. avec une vue (1894).

Cependant, au milieu de ses travaux ininterrompus, l'art dans ses diverses manifestations eut toujours le privilège de captiver l'historien. On le voit successivement : *Un missel de Marmoutier au XIe siècle*, in-4° de 82 p. avec planche (1889); *Histoire de cinq tableaux de Jean Cousin*, in-8 de 16 p. (1890); *Les Sculptures de Solesmes et l'Ecole de Tours* (1890); *L'Ecole de calligraphie et de miniatures de Tours des origines au Xe siècle*, in-8 de 136 p. (1891); *Clos-Lucé, séjour et mort de Léonard de Vinci*, in-8 de 124 p. avec une vue (1892); *La statue de la femme noyée à Amboise* (1892); *Michel-Ange et Catherine de Médicis* (1893); *Le portrait équestre de Henri II par F. Clouet au château d'Azay-le-Rideau* (1894) et diverses autres études entièrement neuves, dont plus d'une a pour toujours fait évanouir des légendes surannées.

Chargé d'organiser une section d'art à l'Exposition de Tours, en 1892, M. l'abbé L. Bossebœuf sut mettre en relief, dans une vaste galerie, les maîtresses œuvres de l'École des bords de la Loire, et en retracer les grandes lignes et les féconds enseignements dans le *Journal officiel*, dans une série d'articles où revit toute l'histoire artistique d'un passé qui resplendit d'un magnifique éclat.

Nous ne saurions entrer ici dans l'examen de ces travaux considérables, mais nous devons faire remarquer que l'auteur, d'une façon nette et solidement motivée, prend position entre les deux affirmations extrêmes, celle de l'éco'e ancienne qui attribuait presque tous nos beaux monuments aux ouvriers italiens, et celle de l'école moderne qui tend à refuser à ceux-ci presque toute influence artistique en France, à l'époque de la Renaissance.

Les annales de la capitale de la Touraine ont fourni à M. l'abbé L. Bossebœuf la matière d'études importantes, telles que : *Le premier sarcophage de Saint-Martin*; *Les Reliques de Saint-Martin en 1790*; *La Subvention de Saint-Martin*; *Saint-Éloi à Tours* (1893); *Le vieux Tours*; *Jeanne d'Arc à Tours*, d'après les registres de la ville (1888); *Les Rues de Tours, notes et renseignements, avec une nomenclature des vieilles enseignes* (1888); *Dix ans à Tours sous Louis XI, d'après les registres municipaux*, in-12 de 78 p. (1890); *L'Archevêché, la Cathédrale et le Cloître de Saint-Gatien*, in-12 de 64 p. (1895); *Journal d'un religieux proscrit* (1792-95); *Journal d'un habitant de Tours au XVIIIᵉ siècle*(1895).

Doué d'un esprit passionnément curieux, l'auteur de *La Touraine dans les Missions*, in-8 de 100 p. (1888) et de *La Touraine et les travaux de géographie*, in-8 de 18 p. (1892), a l'humeur voyageuse des chercheurs obstinés, insatiables d'apprendre. Pour se reposer de ses investigations dans les archives publiques et privées, il rédigea ses *Souvenirs de Bretagne* qui ont pour objet : *Guérande, Carnac, Auray, Kermaria, les tombeaux de Bonchamps et de Chateaubriand, Un Revenant de Quiberon, etc.*, (1885-1889).

De bonne heure, l'Italie exerça une invincible fascination sur ce dévot de l'Art. Durant une année, il la parcourut dans toutes les directions, partageant ses journées entre la visite des monuments et des musées, et les recherches dans les bibliothèques. En attendant de livrer au public sa riche moisson de notes et d'observations sous le titre : *Les Artistes français en Italie et les Artistes italiens en France*, il s'est plu à étudier quelques-uns des grands hommes, comme Torquato Tasso, et à décrire quelques-uns des monuments religieux, comme *Saint-Martin de Lucques, le Mont-Cassin, Saint-Martin des Monts à Rome, Saint-Martin de Palerme, de Naples* (1893-1894).

Au cours de ses travaux de longue haleine, M. l'abbé L. Bossebœuf a publié des notes d'histoire générale ou locale qu'on peut appeler avec lui *Miettes historiques*, et qui lui ont fourni maintes fois l'occasion de redresser des inexactitudes et des erreurs. Nous signalerons : *Les Errata du Dictionnaire d'Indre-et-Loire* (1883-1884); *Un chanoine prétentieux et Un chanoine réfractaire; Le cérémonial de la Sainte-Chapelle de Champigny* (1882); *Les Reliques de la Chartreuse de Liget* (1883); *Où est mort Richard-Cœur-de-Lion* (1883); *Malte-Brun et la Touraine* (1884); *La Touraine devant l'Académie* (1885; *L'Hiver de 1709*; *L'Église Saint-Laurent de Langeais* (1884); *L'Art antique à l'Exposition de l'Archevêché de Tours* (1887); *Une cassette de capucines* (1888); *Ce que racontent les vieilles pierres* (Champigny); *Le testament d'une duchesse au XVIIIᵉ siècle* (1890); *Journal d'un curé tourangeau au XVIIᵉ siècle*(1891); *Saint Martin dans les tapisseries et les verrières* (1894), etc.

D'une façon générale, nous dirons que M. l'abbé L. Bossebœuf a abordé les différents domaines des sciences : histoire civile et religieuse, archéologie, art, paléographie, épigraphie, linguistique, etc., sont autant de filons qu'il exploite avec une ardeur jamais ralentie.

Nous n'en finirions pas si nous voulions seulement mentionner les documents inédits communiqués, depuis une quinzaine d'années, par M. l'abbé L. Bossebœuf à la *Société archéologique* de Tours, ainsi qu'en témoignent ses publications de cette société savante, dont l'existence dépasse un demi-siècle et qui compte parmi les plus autorisées de France. Ces travaux l'ont appelé au poste de secrétaire-général, puis de président de cette compagnie, qu'il dirige depuis le mois de janvier 1895.

Une circonstance caractérise bien la trempe de caractère et l'indépendance d'esprit de ce travailleur infatigable, de ce passionné de l'étude pour l'étude : M. l'abbé L. Bossebœuf, en Bénédictin du temps passé, ignore le chemin des antichambres, quelles qu'elles soient, dans lesquelles on distribue les distinctions et les faveurs.

MESSIO (L'abbé J.-B. Adolphe), né non loin d'Amiens, à Béhencourt, lieu fertile en hommes de mérite, le 7 février 1815, de Messio Nicolas, et de Dumont Rosalie, descend d'une famille de Civita-Vecchia, établie en France depuis plusieurs siècles. Sous le pape saint Pie V, un orateur, Hiéronymo Messio, se distingua parmi les Romains. Les vocations sacerdotales et pieuses furent la note distinctive de cette race essentiellement tournée vers Dieu. A l'époque de la Révolution, une sainte fille de la Vierge d'Assise finit sa vie presque centenaire, en léguant à ses neveux des lettres qui sont gardées comme des reliques; l'abbé Messio, curé d'Avelay, resta dans ce poste jusqu'à la plus extrême vieillesse, toujours alerte et vigoureux. Au moment de partir pour l'exil, ce confesseur de la foi avait rejoint à Renneville un abbé Canaple, qui laissa des héritiers sacrés. L'un et l'autre dirent la messe, avec un petit verre de cristal, dépouille des moines de Corbie : car les calices étaient enlevés. Or, quatre-vingts ans plus tard, un success ur du vénérable Canaple, installé dans la cure de Renneville, notre abbé Messio, recevait en don gracieux ce cristal prédestiné.

Le doyen actuel de Sains a donc de qui tenir. On ne saurait oublier ici le saint curé d'Hérissart, qui nommait constamment celui-ci son cher neveu.

Tout au début du sacerdoce, l'abbé Messio reçut le double fardeau de Parvillers-Lequennoy, quittant la bibliothèque du Séminaire pour deux églises ruineuses. Si les novices du clergé recevaient des destinations conformes à leurs moyens, ils opéreraient des miracles; mais trop souvent, un amant d'archéologie n'a rien à sauver, tandis qu'un autre arrive dans un beau monument pour le déshonorer. Les supérieurs n'ont guère le temps de songer à ces sortes de choses. Quoi qu'il en soit, Adolphe Messio se fit architecte, maçon, charpentier et peintre; on dit même qu'il traita la sculpture avec un réel talent. Lorsqu'il fallut sortir du Santerre, deux jolies églises attestèrent son heureux travail. Ce n'était qu'un commencement.

Le grand évêque de Salinis l'appelant, dit qu'il lui donnait une populeuse paroisse, sans église, sans presbytère, sans terre, sans argent, et presque sans cimetière; mais surtout sans aucune paix. Chacun prophétisait l'échec le plus absolu. Un prêtre, cependant, n'a pas le désespoir facile. A force de méditer sur le sort de sa paroisse, il eut l'idée de rendre ses pauvres paroissiens propriétaires. En conséquence, il organisa, contre les possesseurs rapaces du sol, une grève des laboureurs. Plus un habitant ne consentit dès lors à devenir fermier. Au bout de cette lutte arriva la délivrance. Les maîtres, enrichis par la Révolution et réfugiés à Paris, n'ayant ni granges, ni charrues, ni chevaux, furent obligés de vendre les terres, avec un rabais énorme. Désormais, Renneville était chez lui. Tel fut le coup de fouet qui fit marcher toutes les questions ensemble et facilita le triomphe d'un curé splendidement populaire.

L'évêque d'Amiens lui donna, comme récompense, le doyenné le plus rapproché de son siège, et très précieux par ses souvenirs. Sains (de la Somme) est effectivement l'antique Sama, petite sœur de la grande Samarobrive gallo-romaine. Cette paroisse possède le tombeau magnifique et sept fois séculaire des apôtres de la Morinie Fuscien et Victorien, couchés aux côtés de leur hôte, l'intrépide Gentien. Depuis que S. Honoré, vers 555, a levé les reliques de terre, on a conservé les noms des pasteurs, tantôt réguliers, tantôt séculiers. Voici leur blason: Il porte: *d'azur, aux trois chevrons d'argent, accompagnés de trois étoiles d'or, deux en chef, une en pointe.*

L'abbé Messio résolut d'avoir un jour sa tombe unie à celle des martyrs. Plein de cette espérance, il reprit les livres, ses premières amours.

Le livre des Psaumes obtint sa préférence, à cause de son désordre apparent, et de ses difficultés jusqu'à présent inexpliquées. Une étude d'un tiers de siècle, poursuivie avec une incroyable obstination, aboutit au système suivant. Ce livre est chronologique; il n'est pas de psaume qui ne rappelle une idée contemporaine. Les fêtes variées de Sion, les expéditions militaires, les voyages, les situations politiques et personnelles, les constructions de la Capitale, coïncident constamment avec les cantiques appropriés. Ce qui a fourvoyé les interprètes, c'est l'obscurité des notes marginales, où l'on vit toujours ce qu'on n'y trouvera jamais. Lorsqu'on a corrigé les solécismes des traducteurs, le style devient compréhensible. Le livre des *Psaumes* est d'un auteur unique, d'une époque unique, d'un genre unique. C'est un poème unique.

La force des habitudes, la routine incurable des exégètes, la tentation de copier les devanciers, prolongeront les versions erronées, mais l'avenir, enfin, ouvrira les yeux. Le doyen de Sains pense sans chagrin qu'il faudra faire beaucoup attendre les lecteurs.

On devine bien que les discussions théologiques et liturgiques fournirent autrefois à l'abbé Messio de nombreux articles pour les journaux dévoués au Souverain Pontife, et qu'il a donné sa part dans les Sociétés scientifiques de notre patrie.

Ajoutons que le curé de Sains a prêché dans cent églises pour le moins, et qu'on aime encore à l'entendre.

Adressé : Sains, Somme.

MOREL (l'abbé Emile-Epiphanius), A. ◉, né au village de Plainville (canton de Breteuil, Oise), le 30 septembre 1842, d'une famille chrétienne, mais peu favorisée de la fortune ; curé de Chevrières (Oise), correspondant du ministère de l'Instruction publique, officier d'Académie, etc.

Adresse : Chevrières (Oise).

Son père, Pierre-Nicolas Morel, originaire du Cardonnois (canton de Montdidier, Somme), avait échangé la profession de vigneron, qu'avaient exercéees ancêtres, contre une échoppe de cordonnier. Sa mère, Marie-Madeleine-Elise-Victoire Sénéchal, était la fille d'un berger d'Ansauvillers (Oise). De bonne heure, il manifesta un goût très prononcé pour les livres qu'il dévorait avec une satisfaction marquée. Ses récréations favorites étaient les cérémonies de l'église qu'il aimait à reproduire en son particulier sous le toit paternel. C'est ainsi qu'il attira l'attention de M. l'abbé Charles-Henry Denant, nommé curé de Plainville en 1854. Après avoir reçu, pendant une année, des leçons de latin au presbytère, il entra en sixième au Petit-Séminaire de Saint-Lucien, près Beauvais (Oise). Sa santé ne tarda pas à s'altérer. Ses études en souffrirent. Il n'en obtint pas moins le second prix d'examen semestriel, en rhétorique, disputant le terrain à M. Henry Dubois, aujourd'hui curé-archiprêtre de Clermont (Oise).

Admis au Grand-Séminaire de Beauvais, au mois d'octobre 1860, il y resta jusqu'au 1er jan-vier 1865. A cette date, il alla professer la sixième au Petit-Séminaire de Saint-Lucien, sous la direction de M. l'abbé Catel. Le 8 octobre suivant, Mgr Joseph-Armand Gignoux, évêque de Beauvais, l'ordonna prêtre, à 23 ans, dans la chapelle du Grand-Séminaire, puis immédiatement le nomma vicaire de Pierrefonds, paroisse de 1.700 âmes, à la tête de laquelle se trouvait un prêtre de valeur, mais de santé débile, M. l'abbé Dominique Sohier. Le tact et le dévouement avec lesquels le jeune prêtre s'acquitta de sa mission prouvèrent que ses goûts pour l'étude ne l'empêchaient pas de s'adonner de tout cœur au ministère paroissial. M. l'abbé Sohier mourut le 15 mars 1866. L'abbé Morel resta auprès de son successeur, M. l'abbé Vasseur, jusqu'à la fin d'octobre de la même année. Le 1er novembre, il prit possession de la succursale de Jonquières, au doyenné d'Estrées-Saint-Denis (Oise). Il y passa six ans, entouré de l'affection de ses paroissiens, heureux d'avoir au milieu d'eux un prêtre actif, zélé, consacrant ses loisirs aux Sciences naturelles, notamment à la formation d'un herbier du département de l'Oise. Au décès de M. l'abbé Jean-Louis Buvrier, curé de Chevrières, le 22 juillet 1872, l'abbé Morel fut, sur la demande de M. l'abbé Charles Budin, curé doyen d'Estrées-Saint-Denis, désigné par Mgr Gignoux pour remplacer le défunt à Chevrières et Houdencourt. C'est là qu'il exerce le saint ministère depuis 23 ans.

L'église de Chevrières et celle d'Houdencourt sont de beaux édifices, dignes d'être étudiés, tant au point de vue archéologique qu'à raison des souvenirs qui s'y rattachent. Le nouveau curé voulut connaître tout le passé de ces édifices en même temps que l'histoire de sa paroisse. Il y mit une ardeur de bénédictin. Si les documents faisaient défaut à Chevrières, ils étaient abondants au château du Fayel. M. le Comte Artus de Cossé-Brissac, député de l'Oise, héritier des titres des seigneuries de Chevrières et d'Houdencourt, les mit à la disposition de M. l'abbé Morel avec une bonne grâce parfaite, l'encouragea dans ses recherches et l'introduisit aux Archives et à la Bibliothèque nationales. Aussi en 1878 parut-il, dans le Bulletin de la Société historique de Compiègne, un demi-volume de 144 pages in-8°, sous ce titre : Houdencourt, Seigneurie et paroisse. — Première partie : La Seigneurie. La seconde partie : La Paroisse, comprenant encore 186 pages in-8°, n'a été publiée qu'en 1882. C'est une œuvre de débutant, dans laquelle on peut trouver à reprendre ; mais telle qu'elle est, l'œuvre atteste une puissance de travail de bon augure pour l'avenir. L'Histoire d'Houdencourt (Houdencourt, Seigneurie et Paroisse, Compiègne, Henri Lefebvre, imprim., 1882, 380 p. grand in-8°) a été ainsi appréciée dans une analyse présentée à la Société Académique de l'Oise, par son Secrétaire perpétuel, M. le chanoine Pihan, le 20 novembre 1892 : « On se demande comment un village qui ne compte pas 300 habitants peut faire l'objet d'une intéressante monographie. Les matériaux, selon toute vraisemblance, n'en doivent pas être considérables. Peu nombreux, se dit-on, sont les documents ; mince sera la plaquette qui les réunira. Il y a donc grande surprise d'avoir à feuilleter un volume grand in-8° de plus de 300 pages, rempli de faits, de dates, de biographies, d'anecdotes et de renseignements de toutes sortes, parfaitement divisé, rédigé avec méthode et sobriété. Si l'auteur, avec une rare conscience qui ne peut que l'honorer, ne nous prévenait qu'il a mêlé à ses pièces justificatives des chartes dont il est à peine question dans son texte, si de plus en une longue liste d'additions et corrections, il ne nous avertissait des découvertes faites par lui, pendant l'impression du volume, on ne se douterait pas qu'on a entre les mains une œuvre d'essai, car c'est bel et bien une œuvre de maître. Il y a dans ce livre de quoi contenter le chercheur le plus affamé de renseignements. C'est pourquoi il a été l'objet d'une appréciation aussi flatteuse que méritée d'un juge compétent, M. Charles Jourdain, qui en a rendu compte dans le *Bulletin du Comité des travaux historiques*. « On le peut considérer, a dit avec raison M. le Comte de Marsy, président de la *Société française d'Archéologie*, comme un modèle à suivre pour les monographies des communes rurales. » *(Journal de l'Oise, 10 janvier 1893).*

L'intention de M. l'abbé Morel est bien de nous donner des travaux analogues sur le Fayel, Chevrières et les autres communes du canton d'Estrées-Saint-Denis. Déjà, pour nous faire prendre patience, il a publié en 1883, dans la *Picardie*, une étude nourrie de documents sur *la Seigneurie de Francières (La Seigneurie de Francières*, Amiens, Delattre-Lenoël, édit., 1883, 47 p. in-8°). Les sires de Francières ont eu dans la région une situation prépondérante. Leur généalogie complètement inédite embrasse une période de quatre siècles, de 1150 à 1584. Des épisodes, parfois tragiques, rompent la monotonie du récit, le plus souvent emprunté aux archives monastiques *(Journal de l'Oise, ibid.).*

Disons tout de suite, au risque de nous brouiller avec l'ordre chronologique, qu'en mars 1895, M. l'abbé Morel a donné un charmant volume de 128 pages grand in-8°, orné de quatre planches : *Le Château du Fayel et ses Seigneurs* (Compiègne, H. Lefebvre, imprim.). Cette monographie, vrai petit chef-d'œuvre du genre, a valu à son auteur ce mot délicat de M. Léopold Delisle, le savant administrateur de la Bibliothèque nationale : « Je crois devoir vous dire combien m'ont paru intéressants et précis les détails que vous avez donnés sur plusieurs personnages du xive et du xve siècle, dont l'histoire est liée à celle du château du Fayel. »

En 1884, la *Picardie* servait à ses lecteurs une notice sur *la Maison d'Avène de Fontaine et de Roberval* (Amiens, Delattre-Lenoël, édit., 38 p. grand in-8°). M. l'abbé Morel n'a pas manqué d'insérer dans ce travail, d'apparence purement généalogique, des listes seigneuriales fort bien dressées sur Roberval et Fontaine-les-Cornu. M. L. Delisle, à propos de cette publication, écrivit au curé de Chevrières : « C'est avec un véritable plaisir que je vois avec quelle conscience vous recherchez l'exactitude dans toutes vos compositions historiques. »

Le dénombrement de la terre de Rhuis et Saint-Germain-lez-Verberie vers 1390, qu'il a fait entrer, encore en 1884, dans les *Mémoires du Comité archéologique de Senlis* (Senlis, Ernest Payen, imprim., 72 p. grand in-4°) nous montre ce qu'était une petite terre au xive siècle. On y étudie avec intérêt l'économie du régime féodal, le système des impôts, des droits et redevances, ainsi que les diverses coutumes de l'époque. Dans cette monographie, plusieurs pages également sont consacrées à une liste soignée des possesseurs de la terre de Rhuis et Saint-Germain, de 1390 à la Révolution.

En 1887, M. le curé de Chevrières a fait paraître une œuvre de longue haleine, aussi considérable, plus considérable encore à certain point de vue que l'histoire d'Houdencourt. Nous voulons parler des *Écoles dans les anciens diocèses de Beauvais, Noyon et Senlis* (Compiègne, H. Lefebvre, imprim., 160 p. grand in-8°). Il faut avoir lu attentivement ce volume pour se rendre bien compte des recherches infinies qu'il a demandées. A-t-on assez répété qu'avant 1789 l'Église se plaisait à entretenir les villageois dans l'ignorance, afin de mieux les asservir ? Naguère encore, n'était-il pas admis que, jusqu'en 1830, rien ou presque rien n'avait été fait pour l'instruction du peuple ? Il fallait faire justice de ces affirmations hasardées. *L'Histoire des écoles* dans la région qui forme aujourd'hui le département de l'Oise est donc venue à son heure, afin de nous faire admirer le zèle déployé par l'Église, à travers les âges, pour l'instruction de la jeunesse de toutes les classes et de toutes les conditions. Cette monographie cependant est une œuvre d'érudition et non de polémique. L'auteur s'efface pour laisser parler les documents. Sa thèse devient ainsi irréfutable. Il démontre supérieurement une fois de plus que les écoles, grandes et petites, ont été l'un des moyens par lesquels les évêques, suivant le mot de Gibbon, ont formé la France comme les abeilles façonnent leur ruche.

Aussi Monseigneur J.-M. Péronne, évêque de Beauvais, acceptant la dédicace de cette histoire, envoya-t-il à l'auteur cette approbation motivée : « Votre étude sur *les Écoles* n'est pas seulement un ouvrage de science qui accuse de nombreuses et consciencieuses recherches, mais c'est aussi, c'est surtout une œuvre de légitime défense contre ces accusations injustes et haineuses que nos prétendus libres penseurs ne cessent de jeter à la face de l'Eglise catholique, en répétant sur tous les tons, dans leur superbe ignorance, qu'avant la Révolution de 1789 et 1793 la France était dans les ténèbres du chaos en matière d'instruction et que l'Eglise a toujours été l'ennemie de la lumière et de la science. »

Une œuvre non moins intéressante que prépare depuis plusieurs années déjà l'abbé Morel, c'est une histoire de la *Liturgie dans les anciens diocèses de Beauvais, Noyon et Senlis.* Les fragments qui en ont été présentés à diverses reprises, aux Congrès des Sociétés savantes à la Sorbonne, nous font bien augurer de l'ensemble. Nous appelons de tous nos vœux la publication de cette étude de réelle valeur scientifique, où les vénérables traditions de nos églises seront mises en lumière au grand profit de la religion catholique.

En 1891, M. le curé de Chevrières a refondu plusieurs articles qu'il avait précédemment livrés à l'*Echo de l'Oise*, sur *la Jacquerie dans le Beauvaisis*, principalement aux environs de Compiègne. Le *Cabinet historique de l'Artois et de la Picardie*, auquel il a envoyé sa nouvelle rédaction, en a fait une charmante plaquette de 30 pages grand in-8°. Les Jacques y sont étudiés sur le vif. Le commentaire est si sobre que la notice ne semble contenir que des extraits des *lettres de rémission.*

Notons encore diverses questions traitées aux séances de la Société historique de Compiègne et publiées, soit à la suite des comptes-rendus de ces séances, soit ailleurs : *Le Cardinal Pierre d'Ailly* (Echo de l'Oise, 16 juin 1882); *Les foires de Compiègne (Ibid.,* 18 avril 1890); *Le chef de Sainte Anne en l'abbaye d'Ourscamp* (Ibid., 24 juillet 1891); *Les suites d'un orage à Longueil Sainte-Marie* en 1687 (Ibid., 8 septembre 1891); *La Maréchale de la Mothe-Houdencourt,* 1697-1773. *Son testament* (Ibid., 15 novembre 1892); *Les foires du canton d'Estrées-Saint-Denis* (Comptes-rendus de 1892); *Les chapellenies de Remy (Ibid.); La fondation d'une école ecclésiastique à Remy,* en 1700 (Ibid., 1893); *La charité au XVIIᵉ siècle* dans le diocèse de Beauvais (Ibid., 1894); *Etienne Marcel et le grand Ferret* (dans l'*Annuaire de l'Oise* de 1894 ; Beauvais, D. Père, édit., 32 p. in-8°); *Les aventures d'un vieux missel de Jonquières* (Comptes rendus de 1895); *Un témoin de l'ancienne liturgie romaine-beauvaisienne (Ibid.); Charlotte et Marguerite d'Armagnac.* Documents inédits (*Bulletin historique et philologique du Comité des travaux historiques,* au Ministère de l'Instruction publique, 1894); *Quatre chartes communales du XIIᵉ siècle (Nouvelle Revue historique de droit,* 1895); etc., etc.

Ces multiples travaux n'ont pas empêché l'abbé Morel de se livrer à la polémique, mais toujours dans le domaine de l'histoire ancienne. C'est ainsi qu'il a mis au jour sur les *Origines du prieuré d'Elincourt-Sainte-Marguerite* des documents d'une incontestable authenticité, qui ont singulièrement contredit certaines pages fantaisistes de l'histoire d'Elincourt-Sainte-Marguerite de M. Peyrecave.

Au mois de juin 1892, M. le curé de Chevrières a lu, au Congrès des Sociétés savantes, à la Sorbonne, sur *Jean-François de la Rocque, Seigneur de Roberval, vice-roi du Canada,* une étude qui lui a valu de chaudes félicitations. Deux éditions en ont été données, l'une par la Société historique de Compiègne, en 1892 (Compiègne, H. Lefebvre, imprim., 46 p. grand in-8°), et l'autre, en 1893, par le *Comité des Travaux historiques* dans son *Bulletin de Géographie* (Paris, Ernest Leroux, édit., 28 p. grand in-8°). L'édition de la *Société historique de Compiègne* a été offerte au *Congrès international des Américanistes,* réuni, en octobre 1892, au couvent de la Rabida (Andalousie), à l'occasion du quatrième centenaire de la découverte du Nouveau-Monde. La personnalité du Seigneur de Roberval, vice-roi du Canada, était si peu connue jusqu'ici que cette monographie a été comme une révélation. Composée presque en entier de documents inédits, puisés tant aux *Archives nationales* qu'aux archives du château de Roberval, elle contient des pages extrêmement curieuses sur la découverte et le premier essai de colonisation du Canada, comme aussi sur les tribulations qu'essuya le Seigneur de Roberval tant dans ses préparatifs de départ que dans son voyage au Nouveau-Monde.

Une autre publication encore est appelée à faire grand honneur à M. l'abbé Morel. C'est celle du *Cartulaire de l'abbaye de Saint-Corneille de Compiègne.* Déjà le premier fascicule, paru en 1894 (Compiègne, H. Lefebvre, imprim., 80 p. in-4°), nous permet de juger de cette œuvre magistrale, bien annotée, bien commentée et digne de figurer parmi les meilleurs travaux de cette nature.

Le monde savant n'a pas manqué de faire bon accueil à notre infatigable curé. Admis dans la Société historique de Compiègne, le 18 mars 1875, l'abbé Morel a été nommé vice-président de cette Société aux élections pour le renouvellement de son bureau, le 15 décembre 1881. Il est devenu membre associé du Comité archéologique de Senlis en 1882, membre du Comité qui a préparé dans l'Oise l'Exposition universelle de 1889, correspondant du Ministère de l'Instruction publique, d'après un arrêté du 5 avril 1892, correspondant de la Société académique de l'Oise, la même année, enfin correspondant de la Société archéologique et historique de Noyon, en 1895.

Monseigneur Joseph-Maxence Péronne, évêque de Beauvais, le nomma membre de la *Commission d'examen des Conférences ecclésiastiques et des jeunes prêtres,* en 1889. Il lui réservait une mozette de chanoine honoraire pour la fête de Saint-Joseph, 19 mars 1892. « Continuez, Très Cher Monsieur le Curé, lui écrivit-il à ce sujet, continuez vos savants et intéressants travaux. Vous unissez la vie d'étude des Bénédictins à l'exercice du ministère pastoral, et vous êtes des prêtres dont saint Paul a dit : « *Qui bene præsunt presbyteri duplici honore digni habeantur : maxime qui laborant* IN VERBO ET DOCTRINA. (Que les prêtres qui gouvernent bien soient doublement honorés, principalement ceux qui travaillent à la prédication de la parole et à l'instruction (I. Tim. V, 17). »

Le prélat est mort, le 20 février 1892. M. l'abbé Morel n'a pas reçu ses lettres de chanoine.

Il a été proclamé officier d'Académie à la séance de clôture du Congrès des Sociétés savantes à la Sorbonne, le 8 avril 1893. Quelques jours après M. L. Delisle, comme président du *Comité des travaux historiques*, lui annonça l'envoi du brevet en ces termes : « Je suis chargé de vous remettre le diplôme d'officier d'Académie, titre qui vous a été décerné par Monsieur le Ministre, sur la proposition de la Section d'histoire du Comité des Travaux historiques. Vous verrez là, je l'espère, un témoignage de l'estime que nous ont inspirée de longue date vos travaux sur tant de points de l'histoire de la Picardie. » C'était doubler le prix de la distinction. Notre laborieux compatriote méritait bien ces palmes académiques pour ses patientes et incessantes recherches, dont il a tiré et tire tous les jours un si bon parti. Chacun s'est plu à le reconnaître.

Ne vous flattez pas cependant, si vous allez le visiter, de le trouver au milieu des livres et des parchemins. Son église et sa sacristie qu'il soigne avec une sorte de coquetterie, les malades auxquels il prodigue les secours matériels avec les secours spirituels, les enfants des catéchismes à l'instruction desquels il consacre de longues heures par semaine et les autres devoirs du ministère paroissial font souvent taire ses goûts particuliers. L'érudit disparaît alors pour ne laisser voir que le curé de campagne.

GILLY (S. G. Mgr JEAN-LOUIS-ANTOINE-ALFRED), né à Anduze (Gard), le 23 mai 1833, nommé Évêque de Nîmes par décret du 24 avril 1889, préconisé le 27 mai et sacré le 21 juillet ; précédemment vicaire général de Nîmes. Décédé à Nîmes le 6 janvier 1896.

Mgr Gilly est mort le 6 janvier 1896, après une assez longue maladie, n'ayant survécu que peu de temps à son vénéré métropolitain Mgr Vigne.

Le prélat défunt n'a occupé qu'un seul siège épiscopal. La carrière épiscopale de Mgr Gilly a été courte puisqu'il occupait depuis moins de sept années l'évêché de Nîmes. Mais ce furent, si nous pouvons ainsi dire, sept années d'abondance, au point de vue des œuvres fondées ou vivifiées par le zèle pastoral de ce prélat aussi

bien que de sa production littéraire et théologique.

Littérateur et théologien de premier ordre, Mgr Gilly a publié, en effet, nombre d'ouvrages, la plupart inspirés par une étude approfondie de l'Écriture Sainte, et par lesquels il accrut la gloire répandue sur le siège de Nîmes par ses deux éminents prédécesseurs : Mgr Plantier et Mgr Besson.

Mgr Jean-Louis-Antoine-Alfred Gilly est né le 23 mai 1833, à Anduze, dans le diocèse même où il devait passer sa vie tout entière.

Il était professeur au Grand-Séminaire de Nîmes lorsqu'il fit paraître, en 1867, son premier livre : *Introduction à l'Écriture Sainte*, d'après des travaux allemands et italiens (notamment ceux de Reus et de Schrader).

Il devint plus tard supérieur de ce même Grand-Séminaire, mais dut bientôt résigner ces importantes fonctions, Mgr Besson ayant appelé dans son diocèse, dès 1874, Messieurs de Saint-Sulpice.

Nommé chanoine titulaire de la cathédrale, le futur prélat s'appliqua avec une ardeur nouvelle et plus de loisirs à ses travaux favoris. En 1885, Mgr Besson l'attacha comme vicaire général à l'administration diocésaine. Enfin, il fut promu à l'évêché de Nîmes par décret du 24 avril 1889, préconisé le 27 mai et sacré le 21 juillet de la même année.

Il est infiniment rare que le Souverain Pontife accepte de placer à la tête d'un diocèse un prêtre qui est né dans ce diocèse. L'exception consentie en faveur de Mgr Gilly est peut-être le plus bel éloge que l'on puisse faire de ce prélat.

L'HOTE (abbé JEAN-BAPTISTE-EDMOND), né à Plainfaing, canton de Fraize (Vosges), le 9 janvier 1846, professeur au grand séminaire de Saint-Dié, chanoine honoraire de la cathédrale, écrivain, hagiographe.

Adresse : Saint-Dié, Vosges.

M. l'abbé Edm. L'hôte, né de parents chrétiens, fit ses études classiques dans les petits séminaires du diocèse. Il entra ensuite au grand séminaire de Saint-Dié, où il se fit remarquer par son travail et son intelligence. Il fut ordonné prêtre le 31 juillet 1870, à la veille des terribles événements de la guerre franco-allemande.

Nommé vicaire à Gérardmer en 1870, il resta dans ce poste jusqu'en 1872. A cette époque, il fut envoyé par son évêque à Neufchâteau, paroisse Saint-Nicolas (1872-1874).

L'attention de ses supérieurs avait été attirée sur ce jeune prêtre laborieux et savant. En 1874, Mgr Caverot nomma l'abbé L'hôte professeur au grand séminaire, fonctions qu'il a toujours conservées depuis.

M. l'abbé L'hôte est doublé d'un écrivain de valeur. Il s'est appliqué aux études historiques locales et tout particulièrement à l'hagiographie du diocèse de Saint-Dié.

4

La plupart de ses travaux ont paru dans la *Semaine religieuse* de Saint-Dié depuis 1877, et comprennent près de1.200 pages de texte compact. On y remarque, en 1894, une solide et complète réfutation de *Jehanne des Armoises de M. Gaston Save*, et, en 1895, une réponse très complète à la *Jeanne d'Arc Champenoise* de M. l'abbé E. Misset. M. l'abbé L'hôte réfute les unes après les autres toutes les assertions de son éminent adversaire. M. l'abbé Misset a répondu dans deux brochures à M. l'abbé L'hôte. Ce dernier a continué cette lutte courtoise par deux *Réponses* au directeur de l'Ecole Lhomond (v. *Sem. rel.* de Saint-Dié, 1895).

Les *Analecta Bollandiana* ont inséré deux des travaux du savant professeur de Saint-Dié : *Præfitio in Vitam sancti Deodata; les Reliques de saint Dié.*

L'abbé L'hôte a publié, à l'occasion du 12e centenaire de la mort de saint Dié, une brochure intitulée : *Notice sur la Vie et le Culte de saint Dié* (1879).

Il a été fait un tirage à part du *Père Sigis*, épisode de la Révolution (in-8, 80 p.) et de l'étude sur *Notre-Dame de Saint-Dié* (in-8 de 100 p.), parue d'abord dans la *Semaine religieuse*. Ce dernier ouvrage, illustré, remanié et complété, a donné une nouvelle édition grand in-8 de 16 pages (1894). Une troisième édition (1894) contient, de plus, un récit des fêtes célébrées cette même année à l'occasion de la réouverture de l'église Notre-Dame à Saint-Dié.

M. l'abbé L'hôte publie actuellement dans la *Semaine religieuse* un travail de longue haleine, solide, consciencieux, digne en tous points de l'éminent érudit : *La vie des saints, bienheureux, vénérables et autres pieux personnages du diocèse de Saint-Dié.* Ce travail comprend environ une centaine de notices. On en fait un tirage à part.

M. le chanoine L'hôte a pris pour sa devise d'écrivain et d'historien : Des faits, non des phrases. Les amis des lettres ne peuvent que l'en féliciter.

L'HUILLIER (Abbé), hagiographe, prêtre habitué, à Charmes, Vosges.

L'abbé L'huillier a reçu le jour, au commencement de 1826, dans la petite commune de Regney, relevant au spirituel de la paroisse de Bettegney-Saint-Brice, dans les Vosges.

Après avoir pris ses premières leçons de langue latine auprès du bon curé de son pays d'origine, — leçons, dans ce cas, bien souvent incomplètes, — il fut envoyé au Petit Séminaire de Senaide, et présenté pour entrer en classe de quatrième. Sa prodigieuse mémoire et son jugement droit et ferme ne manquèrent pas de le faire remarquer, tant de ses condisciples que de ses professeurs, principalement dans les cours supérieurs de philosophie et de théologie. On peut dire qu'il fut un des élèves de prédilection de MM. Sublon et Marchal, qui enseignaient alors avec distinction dans les chaires du Grand Séminaire de Saint-Dié, celui-ci les vérités dogmatiques, et le premier les règles de la morale. L'un et l'autre devaient se retrouver ensemble vicaires généraux de Mgr Caverot qui avait succédé, comme évêque du diocèse, à Mgr Manglar. M. Marchal était destiné à devenir un peu plus tard évêque de Belley et ensuite archevêque de Bourges.

La trempe d'esprit de M. l'abbé L'huillier s'était déjà révélée dès ses basses classes par son goût et ses aptitudes pour les sciences exactes.

Ce fut presque au sortir des bancs du Grand Séminaire, et sans avoir eu besoin de se livrer à des études supplémentaires dans ce but, que M. l'abbé L'huillier fut reçu licencié en théologie à la célèbre Université Catholique de Fribourg-en-Brisgau. Il aurait alors désiré pouvoir continuer ses cours de science ecclésiastique et obtenir le complément de ses grades. Mais c'est à peine si, à cette époque, on avait seulement connaissance de l'existence du Séminaire français à Rome, et aucun membre du clergé vosgien n'avait encore pris le chemin de la Ville Eternelle, en vue d'y poursuivre ses études théologiques. Ce ne fut qu'une douzaine d'années plus tard que M. l'abbé Grandclaude, qui y fut envoyé par Mgr Caverot, devait voir dans la suite un certain nombre de prêtres déodatiens s'engager sur ses traces glorieuses et entraînantes. Tous ces ecclésiastiques sont revenus portant au front la couronne distinctive et symbolique du docteur, et forment actuellement, dans le Diocèse de Saint-Dié;

autour de leur chef, non moins modeste qu'illustre, Mgr Grandclaude, un auguste Sénat
de savants distingués dans la pure et saine
doctrine de l'Eglise Catholique Romaine.

Par la nécessité des circonstances, M. l'abbé
L'huillier dut donc alors se consacrer exclusivement aux travaux du ministère paroissial.

Au lendemain de son ordination de prêtrise,
il fut envoyé comme auxiliaire à M. le curé de
Mattaincourt pour administrer la paroisse pendant que le titulaire et ses vicaires successifs
prenaient le bâton de pèlerin pour parcourir la
France et une partie de l'Europe, en vue de
recueillir les offrandes des fidèles, nécessaires
à l'édification de l'église monumentale qu'on
élevait sur le tombeau du Bienheureux Pierre
Fourier. Chaque fois qu'on eut besoin de lui
pour remplir le même office, — ce qui se répéta
à différentes reprises, — on savait le découvrir
partout où il avait été envoyé, et le faire revenir à Mattaincourt.

Quand la basilique élevée en l'honneur du
saint prêtre de la Lorraine fut terminée,
M. l'abbé L'huillier se vit nommer curé de
Frain, où il eut le bonheur de faire construire
une belle église gothique à la place de la véritable grange qui avait servi jusque-là d'édifice
religieux. Et ce qu'il y a de tout particulièrement à noter dans cette construction de l'église
de Frain, c'est que ce sont les hommes qui
ayant été nommés tout exprès, à une époque
d'élections survenue dans les circonstances,
membres du Conseil municipal, dans un sentiment d'hostilité contre le projet d'une nouvelle
église, furent amenés par le zélé et conciliant
pasteur à réaliser et à conduire à bonne fin
l'œuvre susdite. Ce fut à force d'attentions et
de saintes industries de la part de M. l'abbé
L'huillier envers ces nouveaux édiles que fut
remportée la consolante victoire qui aboutit à
les embraser d'un zèle admirable pour la réus-
site d'une entreprise qui, à l'origine, avait fait
l'objet de leur non moins fervente opposition.

Après un ministère de douze ans, exercé
dans cette première paroisse, l'administration
diocésaine, dont faisait partie M. Marchal, en
qualité de vicaire général, songea à transférer
M. l'abbé L'huillier à la cure de Provenchères-
sur-Fave. On crut sans doute qu'il fallait à cette
paroisse une main non moins ferme que douce
et prudente pour la remettre complètement
sur pied, et refaire une nouvelle paroisse avec
ce qu'en était plus qu'un lambeau, car elle
venait d'être partagée en deux, par la distraction de la *Petite-fosse*, qui en était, ainsi qu'on
l'a justement dit, le plus beau et le plus riche
fleuron.

M. l'abbé L'huillier se trouvait à Provenchères en l'année terrible 1870, lorsque après
la reddition de Strasbourg, l'armée badoise, qui
en avait fait le siège, s'avançait triomphale-
ment dans l'intérieur de la France. Elle faisait
son entrée dans les rues de Provenchères, le
6 octobre, sur les trois heures de l'après-midi,
par un soleil splendide, sous les rayons duquel

brillaient d'une *grise blancheur* le casque, le
sac et tout l'uniforme des soldats prussiens,
couverts d'épaisses couches de poussière.

L'effroi qui précédait la marche envahissante
de l'ennemi était extrême. Le maire était alité,
l'adjoint avait disparu; l'instituteur avait pris
la fuite, dans la conviction que ces hommes du
Nord se saisissaient de tous les instituteurs
qu'ils rencontraient et les forçaient de marcher
avec eux.

Voyant qu'on ne trouvait aucun représentant de l'autorité civile à qui il pût adresser la
parole, le général de Verder commençait à
s'irriter, à faire des menaces et à laisser entendre qu'on allait mettre le feu à la localité.
C'est alors que quelques paroissiens eurent
l'heureuse idée de courir au presbytère, et de
prier M. le Curé de s'avancer sur la voie publique pour recevoir les interrogations du chef
de l'armée badoise. Après les réponses pleines
de calme et brillantes de sincérité et de franchise de M. l'abbé L'huillier aux questions qui
lui furent faites, un ton visible de sérénité et
d'apaisement parut sur le front et sur les lèvres
du vainqueur de Strasbourg, et la paroisse de
Provenchères n'eut à déplorer aucun désastre
causé par le passage de l'armée ennemie, qui,
le lendemain, allait livrer le combat de la Bour-
gonce.

Devenu curé de Bussang quelques années
après, M. l'abbé L'Huillier fut assez heureux
pour réussir à recouvrer et à reconstituer le capital des fondations religieuses, qui, à son arrivée dans la paroisse, se trouvait totalement
fondu et englouti, ayant été imprudemment
engagé dans de folles opérations industrielles.

Au cours de leurs longs pèlerinages à Notre-
Dame de Lourdes, les pieux fidèles d'Alsace-
Lorraine ont eu, plusieurs années de suite,
l'édifiante satisfaction d'entendre, en différents
endroits, la belle et éloquente parole de M. l'abbé
L'huillier : à Tours, dans la basilique de Saint-
Martin ; à Paris, au Sacré-Cœur de Montmartre,
et à la Grotte de la Vierge miraculeuse, au pied
des Monts Pyrénéens. Ces instructions remarquables furent honorées des éloges publics de
plus d'un prince de l'Eglise.

Infatigable au travail, M. l'abbé L'huillier
consacrait les loisirs que lui laissaient ses occupations pastorales à se livrer à des études
approfondies sur les origines religieuses et les
premiers témoins de la foi dans cette partie
de la Gaule-Belgique qui devait former plus
tard la noble terre de Lorraine. Approuvés par
l'Autorité diocésaine, les fruits de ses patientes
recherches ont été livrés à l'impression et forment deux splendides volumes in-8° de plus de
quatre cents pages chacun. Cet ouvrage, intitulé : *Vie de Saint Libaire*, qui a mérité les
attentions des savants, est aujourd'hui entièrement rapidement enlevés. Les trois cents exemplaires ont été rapidement enlevés. Les amateurs, prêtres
et laïques distingués, qui se sont empressés d'en
faire l'acquisition, habitent, pour le plus grand
nombre, les villes de Nancy, Lunéville, Toul,

Epinal, Saint-Dié, Rambervillers, Bains et Plombières.

Membre de la *Société d'Archéologie lorraine* de Nancy, M. l'abbé L'huillier n'aurait-il pas eu tort, quoiqu'il eût agi dans un humble sentiment de lui-même, de ne pas s'empresser de répondre aux offres qui lui ont été faites, de plus d'un côté, par d'autres Sociétés savantes?

Adresse : L'abbé L'huillier, prêtre habitué à Charmes, Vosges.

HOULLIER (Abbé ALPHONSE-MARIE), né à Amiens le 20 janvier 1849, curé de Fins, Somme.

Par sa grand'mère, Zoé Béranger, M. l'abbé Houllier a des rapports de consanguinité avec le célèbre chansonnier qui sut élever la chanson à la hauteur de la poésie lyrique (1780-1857). Les lois de l'atavisme se sont trouvées réalisées en faveur du poète des *Sonnets* et de tant d'autres œuvres marquées au coin de l'inspiration. L'astre du grand chansonnier descendait à l'horizon de la vie, à l'heure où se dessinait dans sa propre famille une sorte de lumière parhélique, miroir vivant des traits anciens.

Au Petit Séminaire de Saint-Riquier, le jeune lévite se distinguait déjà par ses goûts littéraires. Ses études furent brillantes; il occupa toujours les premières places. La poésie faisait ses délices. Ses auteurs favoris, après les classiques, furent Lamartine, V. Hugo, Alfred de Musset, Shakspeare, Byron, Gœthe, Schiller et le Dante.

Aux fêtes des Professeurs, aux solennités scolaires, le compliment d'usage, la composition de circonstance, signés toujours du jeune Houllier, se déroulent en alexandrins imités des modèles.

C'est dans ce courant d'idées que se passèrent les années d'études du jeune poète. La vocation ecclésiastique ne pouvait que s'épanouir dans une âme remplie d'idéal, vivant avec Chateaubriand, parmi les splendeurs du *Génie du Christianisme*. A seize ans, A. Houllier était à la tête des Congrégations; ses Maitres lui confiaient une part d'autorité sur ses camarades, la plupart ses aînés.

Centule (Saint-Riquier) et son histoire semblent apporter aux âmes un souffle d'héroïsme; c'est Charlemagne promenant son ombre séculaire dans les murs du vieux monastère; c'est saint Angilbert rénovant le cloitre; c'est Bec-Etoile, la guerrière, repoussant l'ennemi des remparts; c'est l'Evêque Daveluy versant en Corée son sang généreux; l'Amiral Courbet, vainqueur aux mers de Chine. Ces gloires, ces noms illustres forment l'auréole et la devise de l'écusson du Petit Séminaire. Ces souvenirs guidèrent le jeune étudiant en clergie.

Les années du Grand Séminaire d'Amiens en furent la continuation. On peut dire qu'il n'oublia pas la poésie. Une grande facilité de travail permettait au Séminariste de ne point s'attarder aux leçons de chaque jour. Le poète se mit aussitôt à la traduction des *Psaumes* en vers français, C'était plutôt une paraphrase qu'une version à la manière de Clément Marot. D'autres y avaient excellé. L'abbé ne prétendait ni les imiter, ni les surpasser. Il ne poursuivait qu'un but : étudier, approfondir la poésie renfermée dans l'œuvre de David, aiguiser l'outil du rythme et se préparer à une versification rapide. Quelques années plus tard, un exégète picard, le savant abbé Messio, devait éditer une traduction littérale des *Psaumes*, avec un commentaire curieux et savant. Avant de publier son travail, M. l'abbé Messio crut bon de consulter son jeune confrère, alors curé de Guyencourt. Celui-ci ne put qu'adresser à son supérieur ses humbles félicitations, à peine mitigées de quelques critiques, dont il eut la satisfaction de voir qu'on avait tenu compte.

Au Séminaire, les *Psaumes* de l'abbé Houllier étaient lus en classe d'Herméneutique sacrée; mais le Professeur les livrait sous le couvert de l'anonyme.

Le 27 janvier 1873, l'abbé Houllier recevait l'onction sacerdotale des mains de Mgr Bataille. Quelques jours plus tard, il tenait sa nomination de chapelain de Notre-Dame de Brebières. Les deux années de son vicariat à Albert furent remplies par les prédications. Une œuvre surtout lui tenait à cœur; il la mena à bonne fin, sous la direction de M. l'abbé Friant, Curé-Doyen : l'œuvre du Patronage, si florissante alors. En dehors des ouvriers et apprentis, fréquentant le Cercle catholique, un certain nombre de jeunes gens d'une culture et d'un milieu plus élevés, se pressaient autour de l'abbé Houllier, chaque dimanche, se plaisant à converser avec lui, à provoquer ses lumières. Le jeune vicaire dut quitter la Paroisse, ce fut un deuil parmi la jeunesse, qu'il avait su charmer par sa franchise, sa loyauté et ses bonnes manières.

Dans ses *Sonnets à Notre-Dame*, l'abbé Houllier écrit :

Alors, je vous donnai les prémices, Marie.
Nouvel Éliacin, dans le temple d'Albert,
Je consacrai ma vie et gagnai le désert. :
Ce silence où Dieu parle, où l'âme se marie
Aux effluves du Ciel. L'offrande de jadis
S'est changée à Brebière en lévitique lis.

Où la joie et la reconnaissance débordent du cœur du nouveau Prêtre c'est quand un ordre de son Evêque l'attache au sanctuaire de Brebières.

PRÉMICES SACERDOTALES

Nouveau Prêtre de Dieu, les mains encore humides
Des saintes onctions; à peine descendu
De l'autel où ma bouche au calice avait bu,
Pour la première fois, les espèces limpides;
Aux épaules le lin des dentelles candides,
Et l'or des ornements le matin revêtu ;
A l'appel du Prélat quand je me suis rendu,
Voilà que se présente à mes regards lucides...
Quoi donc? La Vierge, Albert, songe délicieux,
Plein de réalité, sur la terre, les cieux :
De Notre-Dame enfin je suis nommé Vicaire.
Je vivrai donc auprès du béni Sanctuaire.
Les prémices de mon Sacerdoce seront
A Marie. Auréole autour d'un jeune front !

Ce grand bonheur devait être court. Le jeune Vicaire d'Albert fut nommé curé à Monsures. Grâce à M. l'abbé Houllier, à la place d'une vieille maison isolée, prêtée provisoirement par le château, se dresse aujourd'hui en plein cœur de village un joli presbytère d'une valeur de 25,000 francs. L'abbé vint à bout des hésitations, des indécisions, des malentendus. « Je suis venu ici, déclarait-il, pour construire un presbytère; c'est mon œuvre, je le ferai malgré tout, mais je n'en jouirai pas moi-même. Tout pour la Paroisse! » Le jour où le presbytère était enfin achevé, le curé partait pour Amiens ; Mgr Bataille l'appelait au vicariat de la Cathédrale.

Pendant son séjour à Monsures, M. Houllier trouva le temps d'écrire une tragédie en vers et en 3 actes : *S.S. Gervais et Protais* (1878, Delattre-Lenoël, Amiens). La genèse de cette pièce remonte aux années d'Albert, dont l'Eglise a pour patrons secondaires les S.S. Gervais et Protais. L'ancienne *Conférence littéraire* d'Amiens, sous la plume de M.M. Lecomte, sénateur du Nord, a fait un éloge non suspect de ce travail. Les Patronages et Cercles catholiques de Paris et de la province s'en sont emparé et l'ont donné à la scène. Pendant l'hiver de 1878, le Cercle de la rue Leroux à Amiens, le Patronage Saint-Sever à Rouen et bien d'autres, représentèrent plusieurs fois *Gervais et Protais*, dans leurs soirées de bienfaisance ; partout l'œuvre produisit le meilleur effet.

Avant d'appeler M. Houllier au vicariat de la cathédrale, Mgr Bataille avait exigé du candidat qu'il fût théologien, prédicateur et prêtre honoré. Le poste de vicaire à la cathédrale d'Amiens fut donc adjugé, dans la circonstance, comme au concours et au plus méritant.

Quatre sortes d'œuvres se partagèrent la vie de M. Houllier pendant son vicariat à Amiens : les travaux du ministère paroissial en prirent la meilleure part, avec la direction du Patronage de la rue de Noyon; le professorat libre et la composition littéraire absorbèrent le reste de son temps.

Dans une Eglise de 10,000 âmes, tous les moments du prêtre sont comptés. Si bien doué que soit l'orateur, il a besoin de préparation. C'était le cas pour l'abbé Houllier, très recherché dans les grandes églises d'Amiens et les principales communautés. Son genre est fait de forme gracieuse, sur un fond solide de doctrine, avec de la virilité dans l'allure et une parole sonore. S'il eût vécu dans le monde, il eût été sans peine excellent orateur de réunions publiques; car son éloquence est entraînante autant que populaire, d'une clarté parfaite et d'une autorité incontestable. Dans ces conditions, l'abbé Houllier devait se dévouer aux labeurs de la chaire. Et cependant, il lui fallait encore trouver du temps pour l'Aumônerie du Patronage, de nombreux jeunes gens ne voulant point d'autre confesseur. Chaque jour, plusieurs élèves venaient prendre près de lui des leçons préparatoires au Baccalauréat. En trois années, il fit faire à l'un d'eux ses études complètes de grammaire, d'humanités et de philosophie.

Restaient seules les heures de la nuit pour la composition des œuvres littéraires : deux en 1879, une en 1880, sans compter les inédites. C'est d'abord une grande tragédie en vers en 5 actes, *Saint Firmin, martyr*, qui recueille les suffrages de la Presse (Mendel, éditeur, à Paris). L'Evêque d'Amiens avait annoté les épreuves de sa propre main.

La même année, l'auteur publia une *Biographie de Mgr Bataille*. Cet ouvrage lui avait été confié par l'Administration diocésaine et le public l'accueillit avec faveur. Mgr Fallières, vicaire général d'Amiens, recommanda le livre dans une *Préface* pleine de bienveillance. Les Maisons d'Education et les fidèles du diocèse eurent bientôt épuisé l'édition entière (Delattre-Lenoël, Amiens, 1879).

En 1880, M. Houllier publia un roman historique de longue haleine : *Floreda, ou l'Eglise d'Amiens au IVe siècle* (Delattre-Lenoël, Amiens). M. le chanoine Corblet en fit dans la *Revue de l'Art chrétien* un grand éloge. Ce roman fait partie de la galerie inaugurée par le Cardinal Wiseman; tout en conservant son originalité propre dans le fond et son tour de main personnel dans la forme, Floreda est sœur de Fabiola, mais non pas jumelle; toutes deux reconnaissent la même mère l'Eglise, mais le génie des auteurs diffère essentiellement. L'édition de *Floreda* est très soignée. Le livre fut vite adopté par les maisons d'éducation ; on en fit un prix d'honneur. C'est qu'en effet la composition matérielle de cet ouvrage est magnifique ; trois belles gravures le décorent, dont une à l'eau-forte représentant le Castillon ou ancien château d'Amiens, par Mme Marie Cahon-Duclos, une artiste en renom et deux belles lithographies : Julien l'Apostat et la Pierre tombale de Floreda — sorties des ateliers de M. L. Houllier, frère de l'auteur, imprimeur-lithographe à Paris. Parmi les approbations nombreuses décernées à *Floreda*, il faut placer en première ligne un Bref de S. S. le Pape Léon XIII.

M. Houllier prit trois années de repos, ou plutôt de travail modéré, exigé par le surmenage intellectuel. Il fit donc un peu de journalisme et quelques petits travaux en vers et en prose, qui sont restés inédits.

En 1884, dans son modeste Presbytère de Guyencourt, où la maladie l'a confiné, il sent sa verve refleurir en même temps que revient la santé, et il écrit des vers, toujours des vers, dont une pièce destinée au maître Gounod.

La réponse du Maître fut négative : « Trop tard, disait-il, je suis trop vieux ! » En sorte que le livret attend encore un musicien. *Guillaume de Champfleury*, opéra mystique en 4 actes, a été imprimé par l'auteur même sur une presse Paul Abat.

De 1884 à 1891, rien que des œuvres inédites. L'abbé, non sans motifs, se sent pris de découragement. Sa santé s'est remise et il attend l'emploi de ses facultés. On ne lui a permis d'aller à Guyencourt que pour un an ou deux, et voilà qu'il s'éternise dans un poste infime. On lui avait écrit pourtant : « Vous passez par une petite porte, pour entrer dans une grande. » (Lettre de M. Fallières à l'abbé Houllier.) L'abbé prit son parti en brave : il veut vivre avant tout, de la vie de l'esprit, et il se remet au travail. Pendant les années de son libre professorat, M. Houllier est devenu helléniste ; il traduit les auteurs grecs à livre ouvert, Sophocle a ses préférences. Une grande tragédie du Maître ancien n'a pas encore été traduite, du moins en vers français; il est vrai qu'on la dit intraduisible, surtout littérairement; c'est *Œdipe à Colone*. M. Houllier se met à cette œuvre. En 1891, l'ouvrage était imprimé par l'auteur. Le grand maître de l'Université en personne, M. Léon Bourgeois, n'hésita pas à formuler, dans une lettre officielle, ses félicitations autorisées. La traduction littérale en vers français d'*Œdipe à Colone* est certainement un tour de force qui fait grand honneur à M. l'abbé Houllier. La *Revue universelle polyglotte* lui décerna une médaille de mérite. L'Athénée Oriental lui ouvrit ses rangs, entre de Meissas et Maspero. L'Académie de Toulouse le voulut compter parmi ses membres honoraires.

Au milieu de ces succès légitimes, un deuil cruel frappa l'abbé Houllier dans son cœur et dans ses espérances ; ce fut la mort de l'évêque

d'Amiens, Mgr Bataille, qui l'avait honoré de son amitié. Le 9 juin 1879, la carrière de l'abbé Houllier fut brisée. L'Evêque bien-aimé venait de rendre sa belle âme à Dieu. Lorsque le prêtre ami fit aux sœurs affligées de l'auguste défunt sa visite de condoléances, avec l'offrande de son œuvre biographique, celles-ci lui dirent : « Vous êtes, Monsieur, celui qui perd le plus après notre frère, car il vous destinait au Vicariat-Général. »

L'Abbé est philosophe. A Fins, où l'Autorité l'a placé depuis trois ans, il s'occupe d'art et de poésie. S'improvisant architecte, il a restauré une misérable église de village, qui rappelle maintenant par le bon goût de sa décoration une jolie chapelle de couvent. Il collabore de temps en temps à la Presse locale, où on lui fait une place honorable. Une nouvelle Biographie très importante portant sa signature est en cours de publication dans le *Messager de Notre-Dame d'Albert*.

En ces derniers temps, les *Sonnets à Notre-Dame de Brebières*, de M. l'abbé Houllier, ont obtenu un vif succès. Cent deux sonnets, un poème de 1,400 vers sur un rythme périlleux, c'était un tour de force ! L'ancien vicaire d'Albert a retrouvé le cher culte d'antan et ses premières amours. Il chante l'hosanna du triomphe, à la vue des merveilles qui s'opèrent aujourd'hui sur le vieux sol pétri de miracles. Des flots de poésie s'échappent à la fois de sa plume et de son cœur. Parlant des Sonnets, M. le chanoine Franqueville, un sujet épiscopal, s'exprime ainsi dans le *Nouvelliste de la Somme* (16 janvier 1896) : « Nous signalons ce curieux travail dû à un ecclésiastique de valeur. Cent deux sonnets ! Si Boileau a pu dire qu'un seul vaut un poème, il y a des chances pour que dans un si grand nombre de sonnets nous trouvions l'équivalent en plaisir de plusieurs grands poèmes. Quand, en particulier, il s'agit de ceux de M. l'abbé Houllier, ces chances augmentent singulièrement, car l'auteur joint à une imagination féconde en inventions et en images une réelle habileté de versificateur. Il connaît du sonnet « les rigoureuses lois » et surmonte en maître les difficultés qu'elles présentent.

« Cette œuvre paraît un monument élevé en l'honneur de Notre-Dame de Brebières. Elle sera pour le lecteur une source d'émotions de toute sorte, pieuses, littéraires, artistiques; et pour l'auteur, qui nous fournit une nouvelle preuve de son talent, un sujet de légitime satisfaction. » A défaut d'autres satisfactions, l'abbé Houllier a le bonheur de vivre en poète, c'est-à-dire dans le bleu de l'idéal ; ce qui lui permet de planer au-dessus des mesquines réalités de ce monde. Ame sensible par excellence, ce poète ne sait qu'aimer, même ses ennemis. Mais, qu'importe! pourvu que son âme demeure dans la paix sereine ! Les intellectuels ne vivent pas de la vie de tous; la rosée du ciel et le miel des doux pensers leur suffisent. Loin de les décourager à tout jamais, l'amertume des épreuves leur est un excitant de nouveau zèle.

Ad meliora! telle est leur devise; c'est celle de l'abbé Houllier.

On doit encore à l'abbé Houllier une foule d'opuscules sur des sujets divers. Dans ces derniers temps, le poète semble se rattacher un peu à l'école symboliste, si l'on en juge par quelques pièces du livre des Sonnets, comme : *Lumière astrale*, *Musique des Couleurs*, etc.

Un mot seulement sur le caractère de l'homme et sur ses opinions. 1849 est la date de sa naissance. Il semble qu'il tienne un peu de cette époque héroïque, où soufflait le vent des grandes libertés. Fidèle aux principes qui sont la base de la Religion et de la Société, il comprend pourtant les aspirations et les besoins de notre époque. Républicain de la veille, par ses instincts démocratiques, il se sent à l'aise dans l'aristocratie du talent et du mérite. Le sang vif et généreux, qui lui court à fleur de peau et lui conserve jusque dans l'âge mûr les ardeurs et les apparences de la jeunesse, a pu le porter parfois aux illusions du zèle, jamais il ne l'a fait sortir de la voie droite; et si son cœur bat bien fort, c'est pour l'Eglise et la Patrie.

CHEVALLIER (Abbé Alfred-Adolphe), né à Saint-Masmes, canton de Beine (Marne), le 19 juin 1845, curé de Montbré et de Trois-Puits (Marne).

Adresse : Montbré, près Reims (Marne).

M. l'abbé Chevallier fit ses études au Séminaire de Reims, et fut ordonné prêtre, le 8 avril 1871, par Mgr Landriot. Le 15 avril suivant, il était nommé curé de Cuisles, Baslieux et Jonquery.

Pendant les quatorze ans qu'il passa dans ce poste, il recueillit de nombreuses notes et plus de 400 dessins sur les églises du canton de Châtillon-sur-Marne, et sur les carreaux vernissés encore nombreux dans la contrée. Ces notes lui valurent trois récompenses à l'*Académie de Reims* (Médailles d'or, de vermeil et d'argent) et une médaille de vermeil à l'Exposition scolaire d'Epernay, en 1884.

En 1882, M. l'abbé Chevallier fut reçu membre de la *Société française d'Archéologie* que dirige si heureusement M. le comte de Marsy.

Le 28 janvier 1885, il fut nommé curé de Tramery, Bouleuse et Poilly.

Pendant les huit ans et demi qu'il occupa ce poste, il recueillit de nombreuses notes et plus de 900 dessins sur les 38 communes du canton de Ville en Tardenois. Pendant ce temps, il publia une *Description du carrelage émaillé trouvé en 1888 rue du Cardinal de Lorraine, 5, à Reims*, publication accompagnée d'une magnifique reproduction du carrelage.

Il a publié également une *Description de la vallée de l'Ardres*, en un volume d'environ 160 pages in-8, accompagné d'une soixantaine de planches. Il a aussi rédigé une *Etude sur les carreaux vernissés*, avec un album renfermant plus de 700 dessins de pavés, étude qu'il publiera prochainement.

Tous ces travaux le firent déclarer hors concours par l'*Académie nationale de Reims* dont il était membre correspondant depuis le 22 novembre 1887.

En 1885, M. l'abbé Chevallier fut reçu membre associé du *Conseil héraldique de France*.

Par ses travaux, il collabore à la rédaction et à l'illustration du *Répertoire archéologique de l'arrondissement de Reims*.

En 1893, le 19 juin, il fut nommé curé de Montbré et de Trois-Puits.

Là, il a commencé l'étude des édifices du canton de Verzy et il rédige pour le Petit-Séminaire de Reims un *Album d'archéologie diocésaine* qui renfermera de 12 à 1,500 dessins tous pris dans le diocèse de Reims.

M. l'abbé Chevallier a fait paraître dans l'*Almanach de la Marne, de l'Aisne et des Ardennes pour 1896* une *Description du Rétable de Montbré* avec une vue de ce rétable. Il continue toujours ses études historiques et archéologiques.

« M. l'abbé Chevallier, nous écrivait dernièrement un des plus célèbres savants français, est un des meilleurs archéologues de la Champagne. Qu'il continue son œuvre fructueuse pour la plus grande gloire de l'Eglise et de la Science. »

HAMARD (Pierre-Julien, abbé), chanoine de Rennes, naquit en 1847, à Saint-M'hervé, petite commune située près de Vitré (Ille-et-Vilaine), et fit ses humanités au collège de cette ville (alors dirigé par les Missionnaires du diocèse). Il entra à vingt ans à l'Oratoire de Rennes, sorte de maison de hautes études, qu'un ancien vicaire général, M. l'abbé Guitton, avait fondée quelques années auparavant dans le but de permettre à un certain nombre d'ecclésiastiques studieux de cultiver, en vue de la défense religieuse, les sciences sacrées et profanes.

Son cours de théologie terminé, et devenu prêtre en 1872, M. l'abbé Hamard s'adonna à l'étude de la géologie et de l'archéologie préhistorique, deux sciences qui ont entre elles de nombreux points de contact, puisqu'il est prouvé que l'homme remonte à la dernière partie des temps géologiques, à l'époque quaternaire. Pour s'essayer en quelque sorte dans ce genre de publications, il fit paraître en 1876 une traduction, longuement annotée, de *Geology and Revelation*, du docteur Molloy, aujourd'hui recteur de l'Université catholique d'Irlande. Cet ouvrage, qui avait été accueilli avec faveur en Angleterre, obtint un succès encore plus grand en France, où il eut cinq éditions en quelques années.

Plus récemment, en 1890, il a traduit également un autre ouvrage non moins intéressant, du même auteur, *Gleanings and Science*.

Toutefois, la question de l'homme primitif, de son état moral et de son antiquité, intéressait spécialement M. l'abbé Hamard, qui finit par se cantonner dans ce genre d'études. De là, de nombreux travaux personnels publiés dans divers recueils ou en brochures. Signalons spécialement l'*Homme tertiaire* (Revue des Questions scientifiques de Bruxelles, 1879), où, l'un des premiers, il réfuta méthodiquement les arguments invoqués à l'appui de l'hypothèse qui reporte l'existence de notre espèce jusqu'à l'époque géologique dite tertiaire. On peut dire que sa thèse a fini par triompher, car il n'est plus guère de géologues ni de préhistoriens à l'heure actuelle qui prétendent faire remonter l'homme au delà des temps quaternaires.

Toujours pour combattre cette tendance à vieillir outre mesure l'humanité, M. l'abbé Hamard discuta, dans une brochure spéciale (*Le Gisement du Mont-Dol*, 1871), la portée d'une découverte qu'on venait de faire dans son département. Il s'appliqua à établir que les animaux dont les débris avaient été trouvés au Mont-Dol, en compagnie de silex travaillés par l'homme, pouvaient, pour la plupart, malgré leur aspect quaternaire, ne pas remonter fort au delà de l'ère chrétienne. De là une polémique assez vive qu'il eut à soutenir dans les feuilles locales et qu'il continua, en 1880, dans une nouvelle brochure qui parut sous le titre d'*Études critiques d'Archéologie préhistorique*.

Dans le même but, celui de réagir contre les exagérations de la nouvelle école, il avait publié, deux ans auparavant (1878, toujours chez le même éditeur parisien, M. Haton, 35, rue Bonaparte), une traduction française de *Rude stone Monuments*, de James Fergusson. Non pas qu'il partage toutes les vues de l'auteur anglais, mais la tendance de ce dernier à rajeunir des monuments que d'autres se plaisent à vieillir excessivement, s'accordait avec ses opinions personnelles. Et puis, cet ouvrage était le seul qui contînt une étude comparative détaillée des dolmens, menhirs et autres monuments mégalithiques.

Presque en même temps, il écrivait dans la *Controverse* une série d'articles sur la civilisation primitive et les débuts de l'humanité, articles qui ont paru depuis en volume, sous le titre : *L'Âge de la pierre et l'homme primitif* (1883). Le but spécial de l'auteur est de montrer que ni la paléontologie, ni l'archéologie préhistorique n'autorisent à croire à l'origine simienne de notre espèce.

La question de l'antiquité de l'homme ou de la date de son apparition s'imposait à M. l'abbé Hamard. Il la traita avec méthode et détails dans la *Controverse et le Contemporain* (1886-87). Malheureusement, cette étude est restée enfouie dans cette Revue, disparue depuis quelques années. Espérons que l'auteur l'en exhumera un jour pour la publier à part, avec les compléments imposés par les progrès de la science.

Nous devons signaler encore parmi les publications scientifiques de M. l'abbé Hamard : 1° de nombreux articles, non toujours signés, de l'excellent *Dictionnaire de la Foi catholique* de l'abbé Jaugey (Delhomme et Briguet, 1887); 2° Diverses notes d'archéologie et de sciences, insérées dans le *Cosmos* (1886 et 1889); 3° Des études sur la *Place de l'homme dans la création*, et sur les *Caractères distinctifs de l'animalité*, dans la *Revue des Questions scientifiques* (1875); 4° Un article sur l'*Origine du monde* (*Controverse et Contemporain*, 1885), où il défend le système de Laplace contre les attaques de M. Faye; 5° Dans le *Dictionnaire de la Bible* (en cours de publication, Paris, Letouzey), les articles : *Adam* et *Cosmogonie*; 6° Une série de bulletins scientifiques, publiés périodiquement dans la *Controverse* et dans la *Science catholique*.

M. l'abbé Hamard, qui a parcouru à diverses reprises l'Europe entière, plus certaines parties de l'Asie et de l'Afrique, a publié quelques-unes de ses notes de voyage, notamment deux volumes in-8° de 400 à 500 pages, qui ont pour titres : *Une Course aux Capitales* (1885) — et *Par-delà l'Adriatique et les Balkans* (1890). — Il a pris part à de nombreux congrès scientifiques ou archéologiques. Il est membre à vie de l'*Association française pour l'avancement des Sciences* et fait ou a fait partie de la *Société scientifique de Bruxelles*, de la *Société française d'archéologie*, de la

Société géologique de France, de la *Société archéologique d'Ille-et-Vilaine*, de la *Société polymatique du Morbihan*, etc.

RENOU (Mgr René-François), ✠, né à Bourgueil, diocèse de Tours, le 2 décembre 1844, précédemment archiprêtre d'Amboise, préconisé le 19 janvier 1893, sacré à Tours le 6 avril suivant et installé le 26 du même mois Évêque d'Amiens, Assistant au trône pontifical.

Telle est la notice de Mgr Renou dans l'ordo diocésain.

Le père du Prélat était meunier et petit propriétaire agricole. Le moulin marchait à une époque et dans un pays où le cylindre n'avait pas encore détrôné la meule. C'est assez dire qu'on ne faisait pas de la poudre d'or. Mais le fils, devenu prince de l'Eglise, ne renie pas la médiocrité de son origine; au contraire, il se plaît à évoquer, dans les conversations familières, les années de son enfance vécue sur les rives fleuries du ruisseau argenté où clapotait la roue du moulin paternel. Ce joli moulin appartient à son frère. L'Evêque s'est réservé seulement un arpent de terre, où il rêve d'aller finir ses jours.

Quoi qu'il en soit, le jeune Renou se distingua de bonne heure par les éminentes qualités de son esprit et de son cœur. Ainsi se trouve réalisée, une fois de plus, la parole de nos Saints Livres : « L'enfant suivra sa voie, dont il ne se détournera jamais dans la vie. »

Le Dictionnaire biographique de la Somme résume ainsi la vie de Mgr Renou depuis ses plus tendres années jusqu'à son intronisation sur le siège de Saint Firmin :

« Après de brillantes études au Petit-Séminaire de Tours, il entra au Grand-Séminaire de la même ville. Là surtout se développèrent ces qualités généreuses, qui ont fait un prêtre d'élite et un évêque éminent.

« Ordonné prêtre le 6 juin 1868 et nommé vicaire à Saint-Ours-de-Loches, M. l'abbé Renou commence dès lors cette vie étonnante d'abnégation et de dévouement qui s'impose à l'admiration de tous.

« Tout à la fois vicaire, aumônier du collège, aumônier de la prison, au besoin professeur de seconde et de rhétorique, son activité suffit à tout. Survienne une terrible épidémie, il se multipliera encore, il se donnera sans compter avec ses forces; et, atteint lui-même de la maladie, c'est à peine s'il consentira à prendre l'indispensable repos que la prudence conseille et que le médecin ordonne.

« Arrive l'année terrible, la patrie est en danger; le cœur généreux du jeune et zélé vicaire ne peut demeurer insensible aux malheurs de son pays : il part, et la funeste campagne de 1870-71 le voit se dévouer comme aumônier des mobiles d'Indre-et-Loire.

« Loches garde le souvenir de sa charité; Baulle (près Beaugency) et Saint-Mélaine (près Laval) conservent la mémoire de son patriotisme. Intrépide devant l'épidémie, M. l'abbé Renou fut simplement un héros sur les champs de bataille; personne ne fut plus brave et plus dévoué que lui. Toujours calme au milieu du sifflement sinistre des obus et des balles, il encourageait ceux qui l'entouraient par d'ardentes paroles, et quand un soldat tombait, il se penchait sur lui pour murmurer à son oreille de douces et consolantes exhortations. Un officier supérieur, en admiration devant un acte du plus héroïque courage, lui promettait un jour, sur le champ

de bataille, la croix de la Légion d'honneur. Généreux à l'excès, il refuse et demande qu'on la décerne à un pauvre soldat blessé étendu à ses pieds. Vingt ans après, on s'est enfin souvenu et l'étoile des braves brille sur le cœur vaillant de l'ancien aumônier militaire.

« La paix est signée. Le 15 mars, M. l'abbé Renou quitte son brave régiment; les enfants, les faibles et les pauvres jouiront désormais de son dévouement et de toutes les générosités de son cœur et l'on pourra dire de lui en toute vérité que par son amour des pauvres et de tout ce qui a besoin d'être secouru, il est un prêtre à part.

« Channay recueille pendant neuf années (1871-1881), les riches prémices de son ministère pastoral. C'est là qu'il fonde une des premières écoles libres de la Touraine. Nommé curé-doyen de Ligueil (1881-1886), il contribue grandement à donner de l'extension à l'Ecole ecclésiastique fondée par M. Marcault, son vicaire (devenu depuis son secrétaire particulier), Ecole qui a donné des prêtres nombreux au diocèse de Tours.

5

« Il est transféré à Amboise en 1886, avec le titre d'Archiprêtre et de Chanoine honoraire de l'Eglise métropolitaine de Tours. En 1889, Mgr Meignan le nomme curé de la cathédrale ; mais une pétition signée de onze cents hommes le retient au milieu de ses chers paroissiens. M. l'abbé Renou y exerçait avec fruit toutes les fonctions du saint ministère quand un décret présidentiel du 26 novembre 1892 le désigna pour l'Evêché d'Amiens. »

Toute la presse catholique applaudit à ce choix excellent et le diocèse privilégié se félicita de son bonheur. La critique même fut désarmée et ne trouva rien à opposer aux éminentes qualités de l'élu. Nous allons le voir à l'œuvre.

En attendant, voici les armoiries du nouveau prélat : Mgr Renou porte : *D'or, au manteau de gueules, tranché par une épée d'argent tenue par une main dextre, maintenue par une main senestre à senestre, le tout surmonté d'une cuirasse antique au naturel.* La devise est : *Indutus loridam charitatis.*

A l'arrivée de Mgr Renou à Amiens, le clergé du diocèse manquait un peu de direction. Des événements fâcheux, sur la nature desquels il est inutile d'insister, avaient contribué à diviser, sinon les cœurs, du moins les esprits. Dans son 1er Mandement, à sa 1re Allocution d'arrivée, l'envoyé de Dieu rallia sans peine les intelligences et les volontés en un faisceau compact qui n'est pas prêt de se rompre désormais. Il nous semble le voir encore, l'Evêque bien aimé, mitre en tête et crosse à la main, fièrement campé dans la chaire de Notre-Dame d'Amiens, lançant sa voix bien timbrée et sympathique, dont les ondulations sonores et caressantes parvenaient à plus de 8,000 auditeurs.

Le clergé, représenté par plus de 400 prêtres, comprit alors qu'il avait un protecteur et un père. Quant aux fidèles, ils durent se retenir d'applaudir ; tous les visages s'épanouirent et un mot sortit des lèvres, murmuré avec conviction et reconnaissance : « Nous avons un bon Evêque. » Aussi, lorsqu'il descendit de chaire et traversa la grande nef, promenant son gracieux sourire sur l'assistance et les yeux émerveillés sur la superbe basilique, on se pressa d'instinct autour de lui dans une poussée de foi et d'amour.

De même que c'est au pied du mur qu'on attend le maçon, de même un Evêque est jugé par ses œuvres de zèle. Mgr Renou a répondu à l'attente, au-delà de toute espérance.

Dans ses rapports avec le pouvoir civil, il s'est montré vrai patriote autant que politique éclairé. Les leçons du passé ne lui sont pas étrangères. L'exemple du Clergé aux Etats-Généraux, refusant à Louis XVI ce qu'il devait accorder plus tard à la Convention et se sacrifiant lui-même trop tard pour sauver la France de la Révolution, cet exemple est bien fait pour nous montrer la voie.

Quand il a été question de surcharger d'impôts les congrégations religieuses, le prélat a publié une lettre très éloquente de rappel à la justice et à la raison ; il a averti nos gouvernants du danger moral qu'il y a pour la société dans la spoliation des biens de l'Eglise. Nos législateurs ont passé outre. D'autres, espérons-le, réformeront ce qu'il y a d'excessif dans les mesures fiscales en usage aujourd'hui.

En tout cas, Mgr Renou n'a pas cru devoir prêcher la résistance. Il n'est pas l'homme des Croisades, violentes dans la forme et dangereuses dans leur résultat. Mais il n'a pas renoncé à plaider la cause des congréganistes pauvres ; et puisqu'il est toujours, avec la loi la plus rigoureuse, certains accommodements, nous avons lieu de croire que sa politique de persuasion et de charité « obtiendra beaucoup plus que toutes les sorties véhémentes des Savonaroles modernes. »

La politique de Mgr Renou n'est pas éloignée du mot de Saint Paul : « Se faire anathème pour ses frères ». C'est par excellence la politique de l'héroïsme dans le dévouement. Des anathèmes en retour, Mgr Renou n'a pas dû en recueillir beaucoup, au cours de sa campagne pacifique. Tout le monde, au contraire, se plaît à lui rendre justice, comme à l'homme le plus droit, le plus loyal et le plus dévoué.

Les habiles — il s'en trouve toujours — l'attendaient à ce détour du chemin qui s'appelle l'administration diocésaine. Comment allait-il s'acquitter de ce devoir capital ? On peut dire que le prélat est sorti victorieux de cette épreuve. Sur le clergé, le prélat ne veut dominer que comme un père sur ses enfants. Donc, arrière les mauvais vouloirs, les jugements de parti-pris ; plus encore arrière les violences et les tyrannies ? Ce sera trop d'un cas unique, en trois ans, où un sujet s'entête à la résistance insensée, malgré les appels réitérés de la charité la plus sincère. Un journal sans crédit dans la capitale s'est fait l'écho d'un oriflamme guerre qui sonne mal au milieu de la paix universelle ; tant pis pour lui ! L'opinion est faite dans le clergé ; elle est absolument unanime : Mgr Renou est le père de ses prêtres et il ne permettrait pas qu'on touchât sans raison à un seul cheveu de leur tête. Son expérience les éclaire, sa charité les nourrit, son dévouement les arrache aux dangers de toutes sortes qui les menacent.

La politique du pasteur dans le gouvernement de ses ouailles s'inspire uniquement de la charité qui dévore son âme. Aux gens du monde il se recommande par un libéralisme de bon aloi. Aux intellectuels il s'impose par la grande valeur de son esprit ; car il se montre également prédicateur éloquent et persuasif, ami des lettres et fin lettré lui-même, chaud partisan de la science et des savants.

L'homme d'esprit s'est fait assez connaître

dans la Chaire et dans le Livre. L'*Histoire de la garde-mobile d'Indre-et-Loire* et les premiers fascicules de l'*Histoire de la ville d'Amboise* révèlent un écrivain consommé. Quant à son talent oratoire, on a pu en juger en maintes circonstances.

La Picardie peut donc être fière de M. Renou.

Et maintenant, pour bien juger l'Evêque, il faut le prendre au cliché, au milieu de ses tournées pastorales.

Quand Mgr Renou part en voyage, son premier soin est de prendre sur lui-même une bourse bien garnie; son vicaire général doit en porter une autre. Et en avant, la pluie d'argent sur son passage! Les pauvres le savent bien et ils se pressent nombreux autour de lui. Une cavalcade campagnarde arrive au galop de ses lourds coursiers. A l'entrée des communes, la poudre parle, mais c'est l'évêque qui la paie double. A la dernière heure du jour on arrive dans la paroisse où se donnera le lendemain la confirmation, car il a fallu s'arrêter dans toutes les églises, entrer dans tous les presbytères, sur le parcours. C'est ainsi que Sa Grandeur a trouvé moyen de parler, dans sa journée, quinze, vingt, vingt-cinq fois, chaque fois qu'un compliment a été lu, toutes les fois qu'une réception a été faite. Les derniers speechs sont lus à la porte d'une église, à la lueur vacillante d'une bougie. Si la demi-obscurité gêne l'orateur improvisé, c'est Monseigneur qui parle à sa place et il parle encore pour répondre.

Demandez au prélat si toute cette représentation le fatigue? « Jamais » répond-il. Et le lendemain il recommence. Un millier de confirmants attendent l'onction. L'Evêque les catéchise, sermone l'auditoire, accomplit la cérémonie, retourne au presbytère, bénit sur son passage tous les enfants.... et les parents, s'arrête pour discourir, pose, au besoin, et pour faire plaisir, devant un appareil photographique, et ne rentre définitivement pour déjeuner qu'après avoir reçu les prêtres du canton, les conseillers municipaux, les membres de la Fabrique, toutes les autorités locales, toutes les Sociétés de bienfaisance ou autres. Quand l'heure est enfin venue de se mettre à table, au milieu de ses prêtres, Monseigneur Renou paraît, l'air souriant, les traits reposés. Sa parole, vive, alerte, pleine d'à-propos, assaisonnée souvent du sel le plus fin, fait explosion dès l'abord et jette dans l'assistance une gaîté de bon ton. Chacun se sent à l'aise devant cette franchise, au contact de cette bonté exubérante, diffuse de soi, que chacun peut se partager en tranches de charité, en portions égales de sympathie, à la table du vrai père de famille. En guise de digestion et de repos, le vigilant Evêque, sitôt le repas achevé, entreprend la visite paroissiale et rend à chacun de ceux qui lui ont rendu visite sa politesse empressée. Dans les rues qu'il traverse, des groupes nombreux stationnent ; il s'arrête, cause un instant, bénit et va plus loin, porter à d'autres sa parole et ses bénédictions. A l'heure du départ, heure de beaucoup dépassée, de nouveau les populations se groupent autour de leur Evêque bien-aimé : on lit encore un compliment ; des artistes entonnent une cantate et une musique joue le plus bel air de son répertoire. Réponse du Prélat à chacun et à chacune, distribution de médailles et d'images ; nouvelle pluie de petites pièces à tous les ayant-droits, tellement que le portemonnaie se vide et que, parfois, il arrive qu'on soit dans la nécessité d'emprunter à un brave curé: telles sont les dernières occupations d'une journée bien remplie et Monseigneur repart pour une nouvelle étape.

A la vue des dons incessants de sa charité, on se demande d'où vient l'argent qui permet à Mgr Renou tant de libéralités. Quelques-uns prétendent — les mauvaises langues, sans doute — qu'il lui arrive quelquefois de manquer d'argent pour ses propres besoins ; c'est donc qu'il va jusqu'au bout de ses ressources. Mais nous croyons savoir que le Prélat a des moyens personnels de s'enrichir pour les pauvres. Il refuserait, dit-on, les rochets de dentelle, les mîtres chargées de pierreries que la piété des riches fidèles voudrait lui offrir et demanderait qu'on lui en donnât la valeur pour ses pauvres. Ce trait qualifie l'homme. C'est ainsi qu'il trouve de l'argent pour tout et pour tous : les pauvres, les serviteurs, les œuvres du dedans et celles du dehors, les cotisations de Sociétés, etc. A propos de Sociétés, il est intéressant de savoir que Mgr Renou est de toutes les compagnies d'archers, de fanfares, et d'harmonies qu'il rencontre sur son chemin et dont il accepte, tantôt la présidence, tantôt le simple sociétariat. Chaque année, son budget doit s'en trouver grevé de pas mal de billets bleus. — Mais, qu'importe! il a eu le bonheur de faire plaisir.

Pèlerin infatigable dans son diocèse, à l'occasion des confirmations et des moindres cérémonies où l'amour de ses prêtres l'appelle, Mgr Renou est également très amateur de pélerinages au dehors. Une année, il conduit à Lourdes les fidèles d'Amiens, une autre année, il organise une excursion pieuse au tombeau de Saint-Martin-de-Tours, à N.-D. d'Auray. L'année suivante, c'est N.-D. de Boulogne qui reçoit l'évêque d'Amiens accompagné d'un nombreux clergé et de 8.000 fidèles. Encore un peu, il se laissait emporter à Jérusalem sur la parole d'un bon évêque Missionnaire. En trois ans, il a fait deux visites *ad limina*. Soit qu'il parcoure son diocèse, soit qu'il traverse la France, partout il rencontre de vieux amis, qui le saluent et qu'il reconnaît toujours ; ce sont ses compagnons de guerre de 1870. Oh ! alors, quelles chaudes poignées de main et quelles émotions vraies ! Chez lui, la mémoire n'est jamais en défaut, pas plus que le cœur, son regard perçant ne saurait s'égarer : il reconnaît à première vue, et le nom du survenant arrive de suite sur ses lèvres.

Physiquement, Mgr Renou est superbement doué : haute taille, port majestueux, traits empreints d'intelligence et de douceur ; apparence de force que les faits démontrent. Avec cela, l'air d'un ascète, un vrai sujet de vitrail antique. Autrement, le Prélat n'a rien d'archaïque ; au contraire, c'est un des plus jeunes évêques de France. L'allure est juvénile et les idées sont progressistes. Enfant du quatrième État, il aime le peuple et ses sympathies personnelles sont acquises à la République. Le gouvernement le sait très bien et voilà pourquoi l'on ourdit en haut lieu une conjuration qui aurait pour but de faire entrer l'évêque d'Amiens dans quelque Église métropolitaine.

En attendant, Mgr Renou se livre avec plus de zèle et d'activité que jamais aux devoirs de sa charge pastorale. Il est toujours l'homme de la démocratie, l'ami sincère de ses prêtres, le fils de la Papauté, le patriote généreux. Comme tous les évêques d'Amiens, il est aumônier du corps des pompiers de la ville épiscopale, et ce n'est certes pas une sinécure: au premier coup de tocsin signalant un incendie, il est sur le lieu du sinistre, prêt à se dévouer, encourageant par sa présence la population au sauvetage.

Quelle activité prodigieuse chez cet homme ! Pas un jour ne se passe qu'il ne prêche ou préside quelque cérémonie, qu'il n'assiste à quelque réunion de charité ou d'utilité publique. Tout le monde a droit aux services que lui permet de rendre sa haute influence. S'il sort, on l'entoure, il prend des notes, promet et tient sa parole.

S'il demeure au palais, les visiteurs affluent, de jour en jour plus pressés. A dix heures du soir, Mgr n'a pu encore réciter le saint-office. Il est vrai qu'on se couche tard et qu'on se lève tôt à l'Évêché. Malgré tout, il faut aller vite pour tout faire. Un jour, dans le Ponthieu, Mgr Renou a donné cent sous à une marchande de légumes, dont la voiture barrait la route, pour qu'elle laissât passer le carrosse épiscopal ; il donnerait bien dix francs à qui lui retarderait, comme Josué, le coucher du soleil.

Que dire encore ? Rien, sinon qu'il faut estimer heureux le diocèse qui le possède, mais plus heureux encore celui qui le gardera.

GODIN (Abbé ANICET), Doyen d'Albert (Somme), Chanoine honoraire d'Amiens et de Saint-Brieuc, né en 1840.

Nous avons demandé à un prêtre du diocèse d'Amiens, prédicateur distingué et écrivain délicat, d'écrire pour nous la biographie de M. l'abbé Godin et des ecclésiastiques les plus éminents de la région picarde. Nous laissons la parole à notre dévoué collaborateur :

« Le Clergé picard s'honore de compter dans ses rangs ce prêtre sympathique, dont la voix chaude se prête si bien à l'éloquence de la Chaire. On ne sait trop qu'admirer en cet homme vraiment supérieur de l'imagination féconde qui en a fait un artiste, des aptitudes littéraires qui le rendent écrivain, du caractère personnel qui le place au premier rang de l'aristocratie sacerdotale. Son zèle est ardent,

son esprit est vaste et libéral, sa piété lui vaut la confiance des âmes religieuses, la sainte audace de ses entreprises lui fait une place à part auprès de la Vierge de Brebières. Dans la splendide Basilique d'Albert, on aime à rencontrer un tel gardien : l'homme est à la hauteur de l'œuvre.

« L'Abbé Godin fit ses études au Petit Séminaire de Saint-Riquier et au Collège de Montdidier. Ses goûts littéraires s'y affirmèrent hautement. A la sortie du Grand Séminaire d'Amiens, dont il fut un des brillants élèves, le jeune prêtre fut nommé professeur à l'Institution ecclésiastique de Roye. La ville épiscopale pouvait seule offrir un champ d'action suffisant à l'activité de l'abbé Godin.

« La paroisse de Saint-Jacques, gouvernée par M. l'abbé Boulenger, devait être le champ providentiel de l'habile ouvrier. C'est là que fut appelé et que demeura quinze ans l'abbé Godin.

« M. l'abbé Perrin venait de quitter l'Aumônerie de l'École normale pour celle du Lycée. M. Godin lui succéda, en même temps qu'il prenait possession du vicariat de Saint-Jacques. Le nouvel aumônier se fit bientôt connaître par sa grande valeur. Il en imposait aux élèves et il conquérait en même temps l'estime des maîtres. Le Directeur, M. Bonvallet, avait mis sa confiance dans ce prêtre d'élite. Il lui accorda un ascendant légitime. L'abbé en profita pour le plus grand bien de ses élèves qui n'oublieront jamais leur dernier aumônier, en qui ils saluaient le vrai modèle du prêtre lettré, savant et modeste.

« Le Vicariat de l'abbé Godin à Saint-Jacques d'Amiens fut surtout marqué par des fondations d'écoles libres. Chassés des Écoles, les Frères et les Sœurs n'eurent qu'à franchir les seuils hospitaliers du zélé vicaire qui devint, de fait, l'administrateur paroissial, auprès de son vieux curé, M. Boulenger. Oh! la belle Paroisse, que celle de Saint-Jacques, à l'époque où s'épanouissaient les œuvres de l'abbé Godin ! Avec lui, deux autres vicaires formaient une trinité de talent et de mérite exceptionnels. J'ai nommé MM. Morel et Jules Godin, l'un et l'autre grands orateurs et fins lettrés.

« Dans la Chaire de N.-D. d'Amiens, M. Godin prêcha un Avent remarquable qui consacra sa juste réputation. L'auteur de cette Notice, jeune Séminariste à cette époque, n'a pas oublié cette voix vibrante, ce geste large et facile, cette physionomie inspirée, ce fonds admirable de doctrine, cette forme insinuante, ce style plein d'idéal, toutes ces qualités précieuses qui révélèrent le talent du jeune vicaire de Saint-Jacques.

« Amiens offrait alors une véritable floraison de sujets exceptionnels dans le jeune clergé. Citons pour mémoire l'abbé Hautbout, exégète distingué et prédicateur élégant à l'Aumônerie du Sacré-Cœur ; M. Perrin, théologien et sociologue à l'Aumônerie du Lycée ; l'abbé Franqueville, théologien, canoniste littérateur et

excellent conférencier dans la Chaire d'histoire
de la Providence ; l'abbé Allart, prédicateur
populaire et profond penseur, au Vicariat de
Saint-Remi ; l'abbé Carpentier, à Saint-Germain, d'une éloquence peu commune ; le jeune
abbé Houllier, poète inspiré, improvisateur
facile, écrivain fécond, à Notre-Dame ; les deux
MM. Morel et Jules Morelle, déjà cités ; d'autres
encore, plus ou moins disciples de ces jeunes
Maitres. Or, parmi cette pléiade, l'abbé Godin
se montrait comme un précurseur et un expert.

« Après la mort de M. Boulenger, sa place
était marquée à la première cure d'Amiens.

« Hélas ! nous dit le chanoine Brettes, il fut
envoyé en disgrâce, de la situation morale la
plus brillante à la position réelle la plus difficile
à tenir. Il y avait, certes, de quoi décourager un
simple héros. La tentation du découragement
a frappé en effet au cœur l'abbé Godin et lui a
porté de terribles coups. Mais il n'est pas un
héros vulgaire. Il est prêtre, c'est-à-dire héros
français comme nos soldats au service de la
patrie, comme nos saints au service de Dieu.
Il se recueille, pleure un peu, prie beaucoup,
voit très clair, veut très fort et part résolument
pour accomplir à lui seul l'œuvre surhumaine. »
(*Sermon du 3 juin 1895*).

« On a compris l'allusion, mais il faut faire
connaître en deux mots les circonstances de
l'événement :

« Le vicaire-administrateur de Saint-Jacques
avait des promesses formelles de l'autorité
diocésaine : il devait succéder à son vénérable
curé. Mais voilà qu'à l'heure psychologique
le Promoteur de l'évêché est absent d'Amiens :
il fait une cure à Vichy. On va profiter de son
éloignement pour soutenir une autre candidature. C'est M. l'abbé Frimnt, doyen d'Albert, un
prêtre très méritant du reste, qui est choisi
pour Amiens ; l'abbé Godin passe à Albert. Où
est la disgrâce ? pourrait-on dire. Elle est
surtout dans ce qui reste à raconter :

« Le Gouvernement hésite à approuver la
nomination de l'abbé Godin à Albert. Que
s'est-il donc passé ? Le vicaire général de Saint-
Jacques, usant de son droit rigoureux, a fondé
sur la paroisse des Ecoles libres très florissantes,
non dans un but d'opposition au pouvoir civil,
mais sous l'inspiration d'un grand cœur de
prêtre libéral. Qui pourrait lui faire un crime
de son zèle et de sa charité ? Il ne peut y
avoir, sur ce point, qu'un malentendu que
dissipera heureusement un vrai libéral doublé
d'un homme de grande valeur, dont les conseils
pèseront de tout leur poids dans l'esprit du
maire sénateur d'Amiens, l'opposant d'hier,
l'ami de demain, grâce à l'intervention de
M. Albert Toulet, constructeur-mécanicien et
maire d'Albert.

« Albert Toulet, Godin, deux noms qui
passeront à la postérité, dans les pages de
l'histoire locale. L'un a fondé la prospérité
matérielle d'Albert, l'autre lui a donné sa
splendeur morale. L'un et l'autre ont travaillé
efficacement au bonheur d'une population

ouvrière, qui trouve son pain de chaque jour
dans les chantiers de M. Toulet et de ses
successeurs, et puise la sève divine de l'âme
dans les sources ouvertes par le digne pasteur
aux pieds de Notre Dame.

« Ces deux hommes étaient faits pour se
comprendre et pour s'aimer. La tombe, creusée
prématurément sous les pas du premier, a dû
arracher des larmes de regret, peut-être même
de découragement au second. Mais, comme le
dit le chanoine Brettes, celui-ci est parti résolument pour accomplir l'œuvre surhumaine.

« Cette œuvre, c'est la reconstruction d'une
Eglise en l'honneur de N.-D. de Brebières. L'ancien temple ne tient plus debout ; en tous cas, il
est désormais indigne de la Vierge de Picardie,
insuffisant surtout pour les foules qui se
pressent toujours plus nombreuses à Albert,
au point qu'on doit célébrer en plein air les
solennités du Pélerinage.

« Ecoutez l'auteur des *Sonnets à Notre-
Dame* (M. l'abbé Houllier) :

L'eau du fleuve jamais ne retourne à sa source.
Dès lors, vers d'autres lieux l'avenir prend sa course.
L'ancien temple n'est plus qu'un provisoire abri.

Des pèlerins en chœur écoutez donc le cri :
Faisons monter des murs au niveau de la grâce !
Qu'un nouveau Salomon vienne y marquer sa trace !

Salomon a paru. Les murs de l'ancien
temple s'écroulent,

Comme jadis au son de la trompe sacrée,
Les murs de Jéricho tombèrent ; la clameur
De la foule montant, telle qu'une marée,
Eut enfin le pouvoir décisif et vainqueur.

« Mais où puiser les trésors nécessaires à la construction du Palais de la Vierge? Le *Poème de Notre-Dame* va nous l'apprendre :

Dans l'or et les amis que l'on ait confiance !
Le pieux bâtisseur ne met son espérance
Qu'en la Vierge Marie et ses fils dévoués;
Tels ses fermes appuis, ses moyens avoués.

« Il n'en faudra pas moins beaucoup d'argent, des millions. Le curé d'Albert ne s'en préoccupe pas.

« Demandez-lui comment ces deux millions sont venus, il vous répondra : « Je n'en sais rien, Notre-Dame les a envoyés. » Comment viendra le demi-million qu'il faut pour achever l'entreprise ? Il vous dira : « Je ne le sais pas davantage; Notre-Dame l'enverra. » Comment il a mis la main sur un architecte capable de concevoir et d'exécuter un plan si merveilleux, il vous dira : « Cela s'est fait tout seul, la Providence y a pourvu. » (L'abbé Brettes, *Sermon du 3 juin 1895*).

« L'architecte est M. Duthoit, un homme de génie et de foi. Son portrait nous est tracé par l'abbé Houllier :

Sous le ciel d'Orient il avait amassé
Des trésors; il voulait les semer sur la terre...
Et son regard cherchait où trouver un parterre
Qui fût digne du don par sa main dispensé.

Un idéal surgit, trop longtemps éclipsé...
Notre-Dame, vivante au sein d'un doux mystère.
Duthoit saisit sa coupe, et du divin cratère
Un flot d'or s'échappa sur la Vierge versé.

. . . .

« Un chef-d'œuvre naissait sur le vieux sol d'Albert.

« Nous sommes en 1883, juste un an après la nomination de l'abbé Godin au décanat d'Albert. Le chantier de la Basilique est ouvert. On y travaillera quinze ans pour achever l'œuvre. En 1887, une juste récompense est accordée au bâtisseur. L'évêque d'Amiens le nomme chanoine honoraire de sa cathédrale. Peu après c'est le tour de Mgr Fallières : n'ayant pu faire de l'abbé Godin un curé de Saint-Jacques, il en fait un chanoine de Saint-Brieuc.

« Que de cérémonies superbes se sont succédées à Albert, depuis la pose de la première pierre de la Basilique, en passant par la translation de la Vierge miraculeuse, pour arriver à la bénédiction de la Chaire et plus tard à la consécration de l'Église même. Quand tout sera fini, on pourra relire les paroles du chanoine Brettes, dans le sermon cité plus haut : « Comment est-il parvenu, à lui tout seul, à soulever la population de l'Artois, de la Picardie et des Flandres ; comment a-t-il transformé un sanctuaire étroit et misérable en ce chef-d'œuvre superbe qui fait l'orgueil du Nord, l'admiration de Paris et qui fera demain l'espoir et la consolation de la France entière? Le plus étonné c'est lui-même. »

« Pour assurer humainement le succès de son entreprise, le curé d'Albert doit avoir recours à la publicité. C'est pourquoi le *Messager de Notre-Dame de Brebières* est fondé en 1883. Ce sera le journal officiel de l'œuvre. Directeur et rédacteurs se confondent en l'unique personne de l'abbé Godin. Ce bulletin mensuel débute par un article de fond d'un style imagé, chaud, entraînant; de l'éloquence pure, de l'or en barre. C'est une lave brûlante qui embrase les cœurs; c'est une harmonie qui charme les esprits ; c'est un ressort puissant qui soulève les volontés. Comme nos pères, après un sermon de Pierre l'Ermite, on est prêt à crier : « Dieu le veut ! »

« Parfois, et c'est une bonne fortune, le bulletin se fait l'écho des grandes prédications en honneur dans la Basilique. C'est ainsi qu'on passe en revue les prédicateurs en renom, comme Mgr Pagis, les abbés Garnier, Brettes, Gayaud, Jules Morelle, ou le R. P. Léon des Capucins de Versailles. Aucun des faits glorieux accomplis à Brebières n'est passé sous silence. Les *Éphémérides* sont les Annales du passé, devant servir à l'instruction de l'avenir. Plus loin, s'ouvre la correspondance. C'est un singulier sujet d'édification, que toutes ces lettres inspirées par une foi vive et une ardente charité.

« Rien ne manque à la Revue. Et puis, quelles inventions sublimes du génie chrétien ! Sous forme de lys, de roses, de violettes, de boutons d'or, de colombes et d'agneaux, tous les anges de la charité sont députés par l'homme de Dieu aux âmes riches de foi et de générosité. Aucun de ces appels qui ne soit entendu et réalisé par une pluie d'or, digne du Pactole.

« — Aide-toi, le ciel t'aidera — L'abbé Godin pratique loyalement ce proverbe ; il donne tout de lui; il demande tout aux hommes; il attend tout de Notre-Dame qui lui a permis de construire un chef-d'œuvre d'architecture, splendide musée d'art qui renferme d'autres chefs-d'œuvre de peinture, de sculpture, d'orfèvrerie, de mosaïque. En ce palais, tout est ruissellement d'or et de lumière. Les 102 sonnets de l'abbé Houllier suffisent à peine à décrire, à côté des miracles de la foi, les miracles d'art enfantés dans le marbre et le bronze.

Quand paraît aux vitraux le soleil du matin,
Les candélabres d'or ruissellent de lumière.

« Il faudrait citer tous les *Sonnets* du poète de Notre-Dame sur la symbolique décoration de la Basilique, pour se rendre compte des splendeurs de cette église incomparable, auquel rien ne manque, ni la lumière astrale pour faire resplendir le soir les nefs et les voûtes profondes, ni les rayons diurnes du soleil pour mettre un nimbe et des flots d'or autour du front de la Vierge aimée. D'autres lumières encore s'allument près d'Elle, dans les régions sereines de la pensée : les poètes lui font un lampadaire éclatant de mille feux pendant que des fantômes célestes semblent agiter leurs ailes et faire palpiter l'âme de ce lieu.

« Parler des fêtes de septembre, c'est rappeler les innombrables pèlerins qu'apportent, chaque année à Albert, les trains incessants, les chemins de terre et tous les moyens de locomotion, les processions, les fêtes vraiment royales.

« Ne perdons pas de vue l'auteur du miracle lapidaire qui s'appelle N.-D. d'Albert : c'est l'abbé Godin et lui seul, en quelque façon. Quel sens exquis de l'art, quelle richesse d'âme, quelle patience et quel courage il a fallu à cet homme pour réaliser un tel prodige !

« La Picardie est fière de cette grande figure de prêtre, à qui rien ne manque des dons de la nature et des perfections de la grâce.

« Ce serait peu ajouter à la gloire de l'abbé Godin que de dire qu'il est l'auteur d'un délicieux *Mois de Marie*, où se trouve résumée et commentée heureusement l'histoire de Notre-Dame de Brebières. Sa plus belle page de littérature est le *Messager*, page toujours renouvelée sans redites, toujours lumineuse sans déclin. Mais son œuvre par excellence, celle qui le qualifie absolument et fixe à jamais son nom aux fastes de l'histoire, c'est la construction de Notre-Dame d'Albert.

« La modestie de l'abbé Godin est si grande qu'il a fallu lui faire violence pour lui arracher l'*imprimatur* de cette notice. Encore n'a-t-il à la fin consenti que pour la plus grande gloire de Notre-Dame et parce qu'il s'agissait pour l'auteur de compléter lui aussi une œuvre qui lui était chère. N'est-ce pas à lui que le pieux bâtisseur écrivait, dès le début : « Notre-Dame n'a point oublié et ne saurait oublier que c'est à vous qu'Elle doit le premier coup de clairon de la grande publicité qui se fait à l'heure présente autour de nous.

« Or, voilà qu'est donné le dernier coup de ce même clairon. Puisse-t-il faire lever les têtes et répandre dans la Chrétienté toute entière le bruit des merveilles opérées à Brebières. »

MARCHAND (abbé ALFRED-MARIE-FRÉDÉRIC), né à Forest-l'Abbaye, le 21 juin 1830, sur la lisière de la forêt de Crécy, canton de Nouvion, dans l'arrondissement d'Abbeville, Somme.

Adresse : Airaines, Somme.

Les parents de M. l'abbé Marchand étaient des chrétiens pratiquants qui jouissaient de l'estime générale dans leur pays. Son père, François-Toussaint Marchand, était menuisier et jouissait d'une honnête aisance, fruit de son travail et d'une sage économie. N'ayant qu'un garçon, il était disposé à s'imposer tous les sacrifices pour assurer son avenir. Lorsque un jour son fils lui annonça que ses inclinations le portaient vers le sacerdoce, il prit son enfant en particulier et lui dit avec bonté : « Tu veux être curé, mais sais-tu bien ce que c'est qu'un curé ? Un curé, c'est un homme qui a charge d'âmes ; il répond sur la sienne des âmes qui lui sont confiées ; s'il laissait perdre, par sa faute, une de ces âmes dont il a la charge, il

en répondrait sur la sienne devant le bon Dieu. Voilà ce que c'est qu'un curé. Maintenant, prends le temps de la réflexion, et quand tu auras bien réfléchi, si tu persévères dans tes goûts, tu me le diras. ».

Ce noble langage ne méritait pas de tomber dans l'oubli. Il contraste avec celui que tant de parents tiennent à leurs enfants en les poussant vers le sacerdoce pour des mobiles trop humains.

Ce fut sous la salutaire impression de ces paroles qu'un an plus tard le jeune Alfred informa son père de la persévérance de ses goûts et qu'il lui fut accordé de commencer ses études latines sous la direction de deux vénérables curés, amis de la famille. Plus tard, l'enfant entra au Petit Séminaire de Saint-Riquier (Centule), où il se distingua par son travail.

Les deux premiers prix de *Philosophie de l'histoire* et d'*Archéologie* qu'il remporta, entre autres, en terminant son cours de Philosophie, étaient déjà l'indice de l'attrait qui le dirigerait plus tard dans ses études particulières.

Entré au Grand Séminaire, il y fut bientôt chargé des importantes fonctions de Maître des cérémonies. C'était à l'époque du retour du Diocèse à la liturgie romaine, sous la haute direction de Mgr de Salinis. Ces importantes fonctions exigèrent du jeune séminariste une étude particulière et approfondie de cette branche de la science ecclésiastique. Les connaissances qu'il y acquit furent plus tard utilisées par ses supérieurs, qui l'appelèrent dans la *Commisssion des Conférences ecclésiastiques*, où il fut chargé de la partie liturgique.

N'étant encore que Diacre, la confiance de ses maîtres l'appela au Petit Séminaire de Saint-Riquier pour y remplir les délicates fonctions de surveillant et de Professeur d'histoire naturelle. — Toutefois il ne tarda pas à quitter cet établissement pour remplir les fonctions de vicaire à la paroisse de Saint-Germain d'Amiens, sous la direction du pieux abbé Solente, qui lui conserva toute sa vie une affection paternelle.

Il y avait près de huit ans que l'abbé Marchand remplissait les fonctions de vicaire, ne songeant pas à regarder au delà, lorsque M. l'abbé Morel, vicaire général de Mgr Boudinet, eut à faire choix d'un curé pour la paroisse du Plessier-Rozainvillers, son pays natal. De sérieuses difficultés survenues dans cette paroisse rendaient ce choix difficile. Les vues de M. Morel se fixèrent sur le vicaire de Saint-Germain; son choix fut ratifié par Mgr Boudinet.

En vain M. Solente voulut conserver son dévoué vicaire et tenta toutes les démarches pour y parvenir; en vain, de son côté, l'abbé Marchand manifesta son désir de rester avec son curé non moins dévoué : « Je ne puis rien refuser à mon vicaire général, qui a fait ce choix ! » répondit invariablement Monseigneur.

Ainsi, M. l'abbé Marchand fut installé curé du Plessier-Rozainvillers par M. Morel, assisté de M. Voclin, doyen de Moreuil.

Sous la prudente direction du nouveau curé, toutes les difficultés furent bientôt aplanies et la paix refleurit dans la paroisse.

L'abbé Marchand sut profiter de ces heureuses dispositions et de la confiance qu'il avait su inspirer à tous, pour entreprendre la restauration de l'église, restauration que son successeur devait conduire si brillamment à bonne fin. Aidé par la générosité des fidèles, il eut l'heureuse chance de pouvoir se rendre acquéreur, pour une somme relativement minime, de tous les vitraux historiés de l'église Sainte-Anne d'Amiens, expropriée par le chemin de fer du Nord, et d'en orner toutes les fenêtres de l'église du Plessier.

Le jeune curé s'était donné tout entier à sa paroisse, aussi tout le temps que ne lui prenait pas le ministère paroissial, il voulut le lui consacrer encore sous une autre forme.

Dans ses moments de loisir, il se mit à compulser les archives, les vieux papiers, à recueillir les traditions, pour retrouver et conserver tout ce qui intéressait ce pays. De ses recherches sortit la *Notice sur le Plessier-Rozainvillers* (imprimée à Abbeville en 1880). Mentionnons dans cette notice le chapitre consacré à l'*Histoire du Jansénisme au Plessier*. Si, quelque jour, un écrivain entreprend l'histoire complète des Jansénistes, il fera bien de ne pas oublier ce chapitre, qui sera, peut-être, un des plus intéressants de son histoire.

En 1876, l'importante cure de la petite ville d'Airaines étant devenue vacante, Mgr Bataille y nomma M. l'abbé Marchand, qui fut agréé par le Gouvernement.

Dans sa nouvelle paroisse, il poursuivit ses études historiques et archéologiques avec une ardeur qu'aiguisait l'importance du sujet. Connaître les origines de cette ville, autrefois fortifiée, l'histoire de ses châteaux-forts, élucider la question des arènes dans cette localité : autant de sujets qui occupèrent, en les charmant, les rares loisirs d'un laborieux ministère.

Ces études, qu'on ne peut jamais dire terminées, formeront, dans un jour très prochain, l'*Histoire de la ville d'Airaines*, attendue impatiemment par les érudits et les historiens de la Picardie. Le *Mouvement communal à Airaines* (imprimé à Abbeville en 1888) n'est qu'un chapitre détaché de cette histoire.

Ces différents travaux, écrits avec science, dans un style soutenu, valurent à M. l'abbé Marchand l'honneur d'être appelé à faire partie de plusieurs Sociétés savantes, parmi lesquelles nous citerons la *Société des Antiquaires de Picardie*, à Amiens, et la *Société d'Emulation d'Abbeville*, qui compte des savants comme MM. Ernest Prarond, Alcius Ledieu, Emile Delignières, etc.

M. Marchand a collaboré au *Dimanche, Semaine religieuse du Diocèse d'Amiens*, où, sur la demande de Mgr Jacquenet, il fit paraître plusieurs études sur les *Sanctuaires d'Airaines*, consacrés à la Vierge, en particulier sur l'intéressante *Eglise de N.-D. d'Airaines*, classée parmi les Monuments historiques.

D'autres articles, toujours concernant l'histoire d'Airaines, ont été publiés dans différents journaux du département.

Ses goûts pour l'architecture ne le laissèrent point indifférent pour l'entretien et la restauration des belles églises confiées à son zèle et à sa sollicitude.

Par ses soins intelligents et éclairés, le chœur de l'église paroissiale de Saint-Denis fut artistement restauré dans le style de ce monument et enrichi d'un splendide autel en marbre blanc dont les sujets, sculptés en marbre de Carrare, sont d'un fini qui fait l'admiration des connaisseurs ainsi que la gloire de l'artiste.

En même temps que M. l'abbé Marchand se livrait à ces différentes occupations, il ne négligeait pas les devoirs de son ministère. Doué de grandes aptitudes naturelles pour la prédication, il aime à en remplir les devoirs. Assez fréquemment, il a été appelé à prendre la parole dans des circonstances solennelles. C'est ainsi qu'il fut chargé de prononcer le *Panégyrique de Saint Firmin*, premier évêque du Diocèse, dans la cathédrale d'Amiens, en présence de Mgr Guilbert, plus tard archevêque de Bordeaux.

Il ne faut donc pas être surpris si, un jour, la confiance de son évêque lui fit proposer la direction de l'importante cure de Saint-Honoré d'Amiens, qui comptait alors près de 12,000 habitants.

Ayant exposé respectueusement à l'autorité diocésaine les motifs qui, selon lui, militaient en faveur de son maintien à Airaines, ses raisons furent agréées.

M. l'abbé Marchand continue d'administrer sa paroisse dans l'union la plus parfaite avec les différentes autorités civiles qui se sont succédé depuis bientôt vingt ans qu'il en est le curé. « Je ne demande rien aux hommes, dit-il; je n'espère que de Dieu seul la récompense de mes travaux. »

LÉVY (Joseph), né le 28 octobre 1859, à Zimmerbach, près de Colmar (Haute-Alsace), curé de Lorenzen (Basse-Alsace).

M. l'abbé Joseph Lévy appartient à une de ces vieilles familles israélites d'Alsace dont les mœurs curieuses ont été si bien décrites par Daniel Stauben. Ses ancêtres se convertirent au catholicisme. Ils reçurent l'instruction religieuse au couvent de Marbach, près d'Egisheim, et furent baptisés à Soultzbach (vallée de Munster), le 1er février 1733, comme le montre le curieux document ci-joint :

« Extractus e libro baptismali Ecclesiæ (tunc) parochialis ad Sanctum Joannem-Baptistam in Sulzbach, de capitulo ultra Colles Othonis-Buhl, in valle Sancti Gregorii Monast.

« Hodie prima Februari, anni millesimi septingentesimi trigesimi tertii, baptizatus est Philippus Josephus, filius legitimus, ætatis suæ quatuor annorum Joannis Theobaldi Levi (hodie cum suo infante baptizati et infra inscripti) et defunctæ Judææ nomine Judula Israel conjugum. Patrini fueruntprænobilis et clarissimus Philippus Stephanus Larcher, Præfecturarum vallium Orbeys uti et Heiteren satrapa et ornata et pudica virgo Magdalena Wimpf ex Munster.

Sign. : Philippe-Etienne Larcher;
    Magdalena Wimpf;
    Etual, ut parochus baptizans.

« Eodem die mensis et anni ut supra, baptizatus est Joannes Theobaldus, Judæus ex Hœusseren, ætatis suæ vigenti septem annorum, uxoratus, doctrina orthodoxæ fidei in inclyta abbatia Marbacensi sufficienter imbutus, filius legitimus Samuelis Levi et Rachelis Levi adhuc Judæorum conjugum, in pago Hagenthal, Ditionis Pfirtensis habitantium. Patrini fuerunt, plurimum spectabilis, honestus et perdoctus Dominus Joannes Theobaldus Beck, archigrammateus in oppido Weyhr, et praefectura inde dependente, et honesta ac honorata Domina Joanna Francisca Baudinot uxor Domini Valentini Wimpf, Archigrammateus in civitate et valle Munster.

    J. Beck;
    Jeanne-Françoise Baudinot;
    Etual, ut parochus baptizans.

« Præsentes extractus e libro supra nominato de verbo ad verbum fideliter transcripti sunt, quod propriæ manus subscriptione et sigilli consueti appositione attestor.

« Datum in Sulzbach, die XX nov. 1892.
    Grad, par. succ. »

M. Joseph Lévy fit d'excellentes études classiques au Gymnase catholique de Colmar et au Collège libre de Lachapelle-sous-Rougemont (territoire de Belfort), de 1871 à 1878. Il fit sa

rhétorique auprès de M. Burtz, curé de Wihr-au-Val, ancien professeur au Petit Séminaire de Zillisheim. De là, il passa au Grand Séminaire de Strasbourg (1879 — août 1885). Ses études furent malheureusement interrompues, à plusieurs reprises, par la maladie. M. Joseph Lévy fut ordonné prêtre, le 19 décembre 1885, par Mgr Stumpf. Le jeune abbé fut nommé maitre d'études au Petit Séminaire de Zillisheim (11 janvier 1886 — août 1886), puis vicaire à Herbitzheim (14 octobre 1886—31 juillet 1893). A cette dernière date, l'Administration diocésaine chargea de la cure de Lorenzen, M. l'abbé Lévy qui avait choisi cette petite paroisse pour pouvoir continuer ses études historiques et archéologiques.

M. l'abbé Joseph Lévy est l'auteur d'un grand nombre de travaux de haute valeur, qui l'ont classé parmi les savants alsaciens les plus appréciés.

On lui doit : *Geschichte des Klosters, der Vogtei und Pfarrei Herbitzheim* (1 vol. de 298 p., avec 3 grav. et 1 plan; Strasbourg, 1892); au commencement de 1896, il a ajouté un supplément à cette histoire d'Herbitzheim (Sarreguemines). Le *Bonus Pastor*, de Trèves, dit que l'Histoire d'Herbitzheim *est un travail de bénédictin*. Le *Polybiblion* de mai 1893 en donna un compte rendu très élogieux. « Herbitzheim, dit le critique du *Polybiblion* est une modeste paroisse du diocèse de Strasbourg, sur la Sarre, dans l'arrondissement de Saverne. Un monastère y fut fondé vers 740; la cure actuelle date, comme construction, de 1597. La prétendue Réforme y pénétra dès 1522. Vicaire actuel, M. Lévy a reconstitué l'histoire de cette petite localité et l'a dédiée à son curé. C'est d'un fort bon exemple. Dans bien des diocèses, les ordonnances synodales prescrivent aux desservants de recueillir les souvenirs de leurs paroisses respectives ; ces prescriptions donnent lieu à la publication de bien peu de monographies. Je donnerai volontiers celle de M. Lévy comme un modèle de recherches persévérantes et fructueuses : bonne division, tableaux chronologiques, pièces justificatives, rien n'y manque, pas même une lettre de félicitations d'un professeur du Grand Séminaire de Strasbourg. »

M. l'abbé Lévy a reçu une récompense de 1,000 francs du gouvernement allemand, après la publication de son *Histoire de Herbitzheim*. Le même travail le fit recevoir membre correspondant de l'*Académie de Metz* (séance du 26 avril 1894).

En 1895, M. l'abbé Lévy publia ses *Notes sur l'ancien archiprêtré de Bouquenom* (Saarunion) ; Rixheim ; broch. de 41 p. L'auteur se propose de traduire, en le complétant, ce travail en allemand. Il a sous presse : *Der Convertit Johann Heinrich Winzheimer, gewesener evangelischer Pfarrer in Bockenheim*. Vers la fin de la présente année, paraîtra son *Histoire de Saarunion* et les *Droits des catholiques dans l'ancien bailliage de Harskirchen*. M. Lévy a collaboré aux journaux étrangers : *Numismatisch-sphragistischer Anzeiger* (Hannover, 1888) ; *Elsaessisches Samstagsblatt* (Strasbourg, 1889, 1890 et 1891), *Bulletin ecclésiastique de Strasbourg* (1891), *Stimmen aus dem Elsass* (1892), Strasbourg ; *Metzer katholisches Volksblatt* (1892), *Saargeminder Zeitung* (1893-96), *Volksfreund* (1894, Strasbourg), *Revue catholique d'Alsace* (1895), le *Katholik* de Mayence (1896). Il y a publié des études importantes, parmi lesquelles nous citerons : *Le Testament de Jean Waldt*, curé de Zillisheim, 1608 ; *Le Tabernacle de l'église de Domfessel*, 1826 ; *La collégiale de Münster* (Lorraine) ; *Les héroïnes de l'Alsace-Lorraine ; Le nombre Sept ; Les reliques de N. S. Jésus-Christ ; Le pays de la Saare ; L'église de Saint-George et la chapelle de la Croix de Zimmerbach*, son pays natal ; *La conversion de mes ancêtres*, etc.

M. Lévy possède une belle collection de monnaies et une collection de timbres-poste.

Pendant son séjour à Herbitzheim, en septembre 1889, M. l'abbé Lévy a découvert, auprès du village, un autel païen dédié à Mercure ; il envoya ce monument au Musée de la *Société archéologique et historique de l'Alsace*.

Le 29 avril 1893, il a donné également au Musée de Colmar un grand tableau en bois sculpté du XVIᵉ siècle, représentant *L'Assomption de la Sainte Vierge*, et provenant de l'ancienne abbaye des bénédictins de Münster. Au mois de décembre 1892, M. l'abbé Lévy s'adressa au Collège romain de Rome pour son doctorat, mais sa santé ne lui permit pas de se préparer à cet examen. Au commencement du mois de janvier 1893, il a prononcé un discours au café

Stoskopf de Sarreguemines ; il y parla des salines de Salzbronn.

A Lorenzen était un cimetière mixte. En 1895, M. Lévy demanda une place pour la sépulture des catholiques ; on la lui accorda. Une belle croix en pierre ombragera sous peu les tombes de ses chers défunts.

A Mackwiller, annexe de Lorenzen, se trouve une église mixte. M. Lévy fit des démarches auprès de l'autorité épiscopale pour avoir un sanctuaire entièrement catholique. On lui accorda quelques milliers de marcs ; la commune vota également 1,500 marcs ; une quête faite en Lorraine devra couvrir le reste du montant. Encore quelques mois et les catholiques de Mackwiller auront leur propre église sous la protection de saint Gall.

L'érudit abbé a fait de nombreux voyages en Alsace et en Lorraine allemande. Il a vu, pour ainsi dire, tous les endroits importants des deux provinces. Il a fait de nombreux pèlerinages : à Notre-Dame-des-Ermites (Suisse) ; à Notre-Dame de la Pierre, près de Bâle (Suisse) ; à la procession dansante d'Echternach (grand-duché du Luxembourg) ; à Trèves (Exposition de la sainte Robe de N. S., 1891).

Dans ses *Voyages scientifiques*, il a vu, *Allemagne* : Sarrebrück, Trèves, Coblenz, Arenberg, Wiesbade, Francfort-sur-le-Mein, Mayence, Worms, Kaiserslautern, Deux-Ponts, Fribourg, Karlsruhe, Rastadt, Stuttgart, etc. *France* : Nancy, Pont-à-Mousson, Sedan, Reims, Soissons, Paris, Versailles, Saint-Germain-en-Laye, Poissy-sur-Seine, Belfort, etc. ; *Luxembourg* : Luxembourg, la capitale du duché ; *Belgique* : Arlon ; *Suisse* : Bâle, Zurich, le mont Rigi, Küssnacht, Lucerne, Zug, etc.

Il a vu également les expositions de Paris (1889), l'exposition des timbres-poste de Paris, septembre 1892, l'exposition de Coblenz, 1891 ; l'exposition des tableaux de Stuttgart, 1895 (je ne parle pas des expositions du pays annexé). M. Lévy est membre de la *Société des monuments historiques de l'Alsace* et de la *Société historique de Sarrebrück* (Prusse).

DOBY (L'abbé AUGUSTE-JEAN-BAPTISTE), 2ᵉ vicaire de Saint-François-Xavier, né à Bourbonne-les-Bains, le 26 novembre 1848, naturaliste, collectionneur, écrivain, membre de plusieurs Sociétés savantes.

Les ancêtres de M. l'abbé Doby vinrent s'établir à Bourbonne vers 1630. Son père, Barthélemy Doby, né le 8 novembre 1819, est aujourd'hui le seul survivant d'une famille de six enfants, tous garçons, dont l'aîné, Dominique Doby, a rempli avec éclat, pendant de nombreuses années, les fonctions d'adjoint au maire de Bourbonne. Sa mère, Marguerite Maillard, morte le 17 mai 1884, appartenait à une des plus anciennes familles de Bourbonne, et était cousine-germaine de Mᵐᵉ l'amirale Pierre. M. l'abbé Doby commença ses humanités à Bourbonne, mais le mauvais état de sa santé l'obligea à venir les achever à Paris, au Petit-Séminaire de Notre-Dame-des-Champs, les médecins ayant déclaré que le climat de Langres lui serait nuisible. Doué d'un remarquable esprit d'observation, il se distingua de bonne heure par ses aptitudes pour les Sciences naturelles, particulièrement pour la Géologie. Ses meilleures récréations étaient celles qu'il prenait, les jours de congé, dans les galeries du Muséum d'Histoire naturelle.

Ses humanités terminées, M. l'abbé Doby entra au Séminaire de philosophie à Issy, où, pendant deux années, les élèves étudient la philosophie et les sciences naturelles. C'était bien le milieu qui convenait à son genre d'esprit et à ses goûts. Dès les premières leçons, le professeur, étonné des connaissances de son nouvel élève, le nomma aussitôt préparateur du cours de Sciences naturelles, et le chargea d'organiser les excursions géologiques que les séminaristes font, pendant l'année, aux environs de Paris.

Ce n'est pas sans regrets que, sa philosophie terminée, M. l'abbé Doby quitta Issy pour venir à Paris, au Séminaire de Saint-Sulpice. Il savait que, dans cette maison, il lui faudrait abandonner ses études scientifiques pour se consacrer exclusivement à la théologie. Il fit résolument ce sacrifice et s'appliqua si bien à l'étude des Sciences ecclésiastiques qu'il fut nommé, l'année suivante, maître de chapelle au Séminaire.

Ordonné prêtre le 18 décembre 1869, M. l'abbé Doby fut envoyé à l'Ecole des Carmes pour préparer sa licence ès-sciences naturelles. Admis bientôt à l'Ecole pratique des Hautes-Etudes, il se livra avec tant d'ardeur au travail que ses professeurs le jugèrent capable de se présenter à l'examen de la licence à la fin de l'année. Mais la guerre, déclarée au mois de juillet, vint renverser ces beaux projets. Dès la nouvelle de la déclaration de guerre, M. l'abbé Doby demanda à partir comme aumônier. Il fut alors envoyé à Bourbonne en qualité d'aumônier de l'Hôpital militaire. Il y resta tout le temps que dura la guerre, prodiguant, avec un zèle souvent téméraire, ses soins aux blessés. Nous trouvons dans les archives de l'Hôpital militaire le document suivant qui montrera beaucoup mieux que nous ne pourrions le faire les dangers auxquels sa bravoure l'exposa :

« L'officier d'administration comptable de l'Hôpital militaire de Bourbonne atteste et certifie que M. l'abbé Doby, aumônier de cet établissement, s'est trouvé, en remplissant les devoirs de son ministère, dans les conditions suivantes :

« Le 15 novembre 1870, M. l'abbé Doby avait accompagné une évacuation des blessés ou malades sur l'hospice de Langres, avec mission de revenir le jour même continuer son service au milieu des blessés et varioleux dont l'Hôpital était rempli à cette époque. La statistique médicale accuse 484 cas de variole épidémique.

« A son retour, M. l'abbé Doby tomba dans une embuscade prussienne, composée de près de 500 hommes qui, au village de Bânes, près de Langres, surveillait les avant-postes de cette ville avec l'intention de s'en emparer, si la vigilance eût pu être mise en défaut.

« Par un hasard malheureux pour lui, les forts de la ville ayant connu la présence de

l'ennemi, firent tonner le canon au moment où M. l'abbé Doby, revenant de Langres, traversait le village de Bânes.

« Furieux de se voir découvert, le colonel prussien, qui avait reconnu dans le jour la présence à Bânes de deux ecclésiastiques venus de Langres, crut à une trahison, et, sous l'influence de cette idée, fit arrêter M. l'abbé Doby, revêtu de sa robe de prêtre et porteur du brassard de Genève.

« Grossièrement interrogé et ne soupçonnant pas la terrible situation où il se trouvait, M. l'abbé Doby chercha en vain à s'expliquer. Colère, emporté et d'une violence extrême, le colonel prussien le condamna à être passé immédiatement par les armes.

« Saisi aussitôt, il fut traîné au milieu des boulets français qui pleuvaient sur le village, poussé le long d'un mur, et allait être fusillé, lorsque, par un miracle providentiel, les deux ecclésiastiques firent leur apparition, amenés par le bruit de cet événement.

« M. l'abbé Doby, reconnu innocent, ne fut libre qu'après de longs pourparlers, et arriva à Bourbonne encore tout ému de cette scène où sa vie avait été si grandement en danger.

« Pour compléter le compte rendu de ce fait où M. l'abbé Doby joua sa vie, il peut être ajouté que, dans l'exercice de ses fonctions d'aumônier, il contracta dans les salles de l'Hôpital, la variole qui, très mortelle à cette époque, mit de nouveau ses jours en danger.

« *Signé* : É. Mouscadet.

« Le sous-intendant militaire : H. Létang. »

Après la Commune, M. l'abbé Doby rentra à Paris, à l'Ecole des Carmes, et l'année suivante, au mois de juillet, il se présentait à l'examen pour la licence. Quelques semaines après, M. Jules Simon, alors ministre de l'Instruction publique, le chargeait, sur la proposition de ses professeurs, d'accompagner dans les Basses-Alpes la *Société géologique de France*. Mais M. l'abbé Doby était prêtre, et le feu sacré de la science avait fait place à un autre feu plus sacré : l'amour des âmes. Quand sa mission fut terminée, il écrivit à l'archevêque de Paris pour lui demander d'entrer dans le ministère, non pas comme vicaire dans une paroisse, mais comme aumônier dans une communauté religieuse où il pourrait tout à la fois s'occuper des âmes et continuer ses travaux scientifiques. Après deux mois d'attente, l'abbé Doby reçut sa nomination non pas d'aumônier, comme il l'espérait, mais de vicaire à Sainte-Marie des Batignolles. Malgré ses répugnances pour le ministère paroissial et la crainte de ne pas réussir, n'ayant pas dirigé ses études de ce côté, il accepta et prit possession au mois de janvier 1873. C'était une nouvelle vie qui s'ouvrait pour lui et de nouvelles études qu'il fallait entreprendre. Il laissa de côté la science, se remit à la théologie qu'il avait un peu oubliée, étudia l'Ecriture sainte, les Pères de l'Eglise, et se lança ensuite dans le ministère avec une ardeur d'autant plus grande qu'elle avait été plus longtemps contenue. Les paroissiens de Sainte-Marie se rappellent encore ce jeune prêtre, vif, alerte, toujours courant, et dont la parole convaincue les a si souvent remués. Malgré ses longues stations au confessionnal, la visite des malades et les œuvres nombreuses dont il était chargé, M. l'abbé Doby trouvait encore le temps de publier des articles dans le *Petit Journal* et d'assister aux examens de l'Hôtel-de-Ville pour l'obtention du certificat d'études primaires. Mais le meilleure santé ne pouvait résister à ce surmenage. L'estomac, qu'il avait toujours eu délicat et qui l'avait forcé, à plusieurs reprises, d'interrompre ses études au Petit-Séminaire, fut atteint de nouveau et, cette fois, si gravement, que les médecins lui ordonnèrent une année de repos. M. l'abbé Doby sollicita alors un congé. Il avait demandé au ministre de l'Instruction publique d'accompagner, comme géologue, la mission scientifique chargée d'observer le passage de Vénus sur le soleil ; mais la place étant déjà donnée, il se rendit en Espagne, où il suivit, pour le compte de deux journaux français, les opérations de la guerre carliste. Au mois d'octobre 1875, sa santé s'étant rétablie, il fut rappelé par son archevêque et envoyé, comme vicaire, à Saint-Thomas-d'Aquin. La loi sur la liberté de l'Enseignement supérieur venait d'être votée. Une assemblée d'Evêques avait décidé la création à Paris d'une Université libre. Mgr d'Hulst, qui connaissait la valeur scientifique de M. l'abbé Doby, le chargea de seconder M. de Lapparent dans la formation des collections de Minéralogie et de Paléontologie. M. Doby accepta avec enthousiasme la proposition du Recteur et consentit même à se dépouiller de la riche collection de roches et de fossiles qu'il possédait, précieux souvenir de ses joies d'autrefois. La moitié des échantillons fut envoyée à l'Institut Catholique et forma le noyau de cette collection sans rivale qui fait aujourd'hui la gloire de cet établissement ; l'autre moitié fut partagée entre la Sorbonne, le Muséum et l'Ecole communale de Bourbonne-les-Bains. M. l'abbé Doby voulait ainsi payer à ces divers établissements la dette de reconnaissance qu'il leur devait pour les services qu'ils lui avaient autrefois rendus. Ce don d'une collection de roches à l'école primaire de Bourbonne fut mentionné avec éloges par le *Petit Journal* et ensuite par toute la presse parisienne. Les collectionneurs eurent à cœur d'imiter cet exemple, et c'est ainsi que, sur l'initiative de l'abbé Doby, les musées scolaires furent créés en France. Le maire de Bourbonne adressa au sujet de cet envoi, la lettre suivante à M. Doby :

« Bourbonne, le 17 juillet 1876.

« Monsieur l'Abbé,

« Vous avez bien voulu donner à la Bibliothèque scolaire de Bourbonne une importante et très précieuse collection de minéralogie. Je viens vous en faire, au nom des maîtres, des familles et de tous ceux qui s'intéressent au développement de l'instruction, mes remerciements les plus vifs.

« Votre don est à lui seul tout un Musée. Nous n'avions qu'une bibliothèque assez modeste, la voici tout d'un coup richement dotée. Je suis d'autant plus heureux de cette bonne pensée et de cette bonne fortune, que je fais tous mes efforts pour développer ici le goût de l'étude et ne classes une sérieuse action. Ma tâche serait bien facilitée par des actes de générosité éclairée comme celui que vous venez d'accomplir en notre faveur.

« Veuillez agréer, monsieur l'Abbé, l'assurance de mes sentiments les plus distingués.

« Le maire de Bourbonne,

« Th. Ymbert. »

Pendant cinq années, M. l'abbé Doby s'occupa activement des collections de l'Institut Catholique, achetant de ses deniers des échantillons de roches ou de fossiles pour combler les vides, et, quand sa caisse était épuisée, provoquant des souscriptions pour en acquérir de nouveaux.

En même temps, il s'efforçait par des articles dans le *Journal Officiel*, le *Bulletin français* et l'*Illustration*, en les accompagnant de gravures, de ramener l'attention publique sur la station thermale de Bourbonne-les-Bains, autrefois florissante, mais abandonnée depuis l'Empire, pour les stations similaires du Midi de la France. L'idée de cette réclame lui était venue à la suite de découvertes gallo-romaines faites dans l'établissement des Thermes civils. Tous les journaux de la Haute-Marne ont reproduit ces articles et en ont parlé avec éloges. Nous citons entr'autres l'*Union* :

« C'est à M. l'abbé Doby, écrit ce journal, que l'on doit de connaître, dans le monde savant, les découvertes qui ont été faites à Bourbonne. Nous renvoyons pour plus amples détails à la collection du *Journal officiel*. Trois articles de M. Doby ont paru au sujet des fouilles de Bourbonne, dans ce journal. Ces articles, on les retrouvera aux dates des 19 janvier, 6 avril 1875 et 12 février 1876. M. l'abbé Doby n'a signé qu'un de ces articles, le second n'est suivi que de ses initiales, le troisième a paru sans signature. Ils ont été reproduits par plusieurs journaux de France, l'*Illustration* entre autres, et de l'étranger. Nous n'en pouvons malheureusement donner, dans ce supplément, qu'un résumé succinct. M. l'abbé Doby a rendu, dans cette circonstance, non seulement un grand service à la science, mais encore à sa ville natale dont il a fait connaître, dans une large mesure, l'excellence des eaux thermales consacrée par une réputation de plus de deux mille ans. M. l'abbé Doby nous permettra de le remercier d'avoir bien voulu nous donner la possibilité de publier ses savantes études. »

L'effet de ces articles fut tout autre que celui qu'il en attendait. Ils ne réveillèrent pas l'attention publique; ils excitèrent la curiosité des savants et particulièrement de M. Léon Renier, qui y fit une abondante moisson de documents précieux pour son important ouvrage sur les *Inscriptions latines de la Gaule*, en même temps que l'illustre savant découvrait dans l'auteur de ces articles un archéologue de valeur. Sur le conseil de M. Léon Renier, M. l'abbé Doby s'adonna à cette science avec l'ardeur qu'il met en toutes choses; et, en 1877, obligé, pour raisons de santé, de passer l'hiver dans l'extrême Midi, il eut la bonne fortune de découvrir, dans les environs de Fréjus, plusieurs inscriptions latines inédites, et sur des fragments de poterie samienne, vingt-quatre noms de potiers gallo-romains que M. le baron de Witte communiqua, en son nom, à l'*Académie des Inscriptions et Belles-Lettres*. Les richesses minérales que renferme l'Esterel révélèrent bientôt à M. Doby que son amour pour la Géologie n'était pas éteint. Pendant plusieurs semaines, il explora ces montagnes et envoya à M. de Lapparent la série la plus complète des porphyres de cette région, plus deux cents espèces fossiles du quaternaire de Biot.

A son retour du Midi, M. l'abbé Doby continua de s'occuper de l'Institut Catholique; mais bientôt les fidèles de Saint-Thomas-d'Aquin, qui venaient à lui chaque jour plus nombreux, lui firent comprendre qu'il leur devait tout son temps. Il prit donc congé de M. de Lapparent et se donna tout entier à sa paroisse. Il fut chargé d'un grand nombre d'œuvres : l'Œuvre des Tabernacles; l'Adoration nocturne; le Comité des Écoles de l'ancien X\ arrondissement; etc. Jamais les Œuvres ne furent aussi florissantes que de son temps. Il en fonda même de nouvelles, entre autres, la *Confrérie du Saint-Sacrement pour les hommes*, qui comptait cent vingt membres, et dont le règlement sert vit de modèle à tous ceux qui ont été faits depuis dans les diverses paroisses de Paris. La place de second vicaire de la paroisse étant devenue vacante, les fidèles de Saint-Thomas-d'Aquin espéraient que l'administration diocésaine, en récompense des services immenses que M. l'abbé Doby avait rendus, lui donnerait cette place; M. Doby n'étant que quatrième vicaire, pour le nommer second, il fallait le faire passer pardessus le troisième; l'administration diocésaine n'avait aucune raison d'agir de la sorte envers un prêtre qui n'avait pas démérité. Le troisième vicaire fut donc nommé second, et, au mois de février 1890, M. l'abbé Doby reçut à son tour sa nomination de second vicaire de la paroisse Sainte-Elisabeth. C'était un titre seulement que l'administration diocésaine voulait lui donner en récompense de ses nombreux services. Elle savait que la paroisse de Sainte-Elisabeth, envahie depuis longtemps par le haut commerce et par les Juifs, où le ministère actif est à peu près nul, ne convenait ni à ses aptitudes ni à son zèle. Aussi se promettait-elle de le rappeler, soit à Saint-Thomas-d'Aquin, soit dans une des paroisses voisines, dès qu'une place de second ou de premier vicaire serait vacante. M. Doby attendit cette place pendant trois ans, consacrant les nombreux loisirs que lui laissait son ministère à la composition d'un ouvrage sur la *Numismatique Romaine*, et aux paroissiens de Saint-Thomas-d'Aquin, qui ne pouvaient se passer de sa direction et de ses conseils. Enfin, au mois de décembre 1893, une place de second vicaire étant devenue vacante à Saint-François-Xavier, à la suite de la nomination du titulaire à la cure de Montrouge, M. l'abbé Doby fut nommé dans cette paroisse.

M. l'abbé Doby est membre actif d'un grand nombre de Sociétés savantes, parmi lesquelles: la *Soc. de l'Histoire de Paris et de l'Ile de France*, la *Soc. française de Numismatique et d'Archéologie*, la *Soc. des Cent Bibliophiles*, etc.

M. l'abbé Doby est auteur d'une *Étude épigraphique sur Bourbonne-les-Bains*, d'un *Traité de Numismatique* qui va prochainement paraître, et de nombreux articles publiés dans des Revues et Journaux scientifiques.

Dans le cours de ses voyages, M. l'abbé Doby a réuni un grand nombre de souvenirs, dont il a composé un curieux musée. Plus de douze cents pièces de monnaies grecques, gauloises, romaines et françaises, un grand nombre d'assignats et la série complète des assignats de cent francs; des vases grecs, étrusques et gallo-romains, des émaux de Limoges, etc. Nombreux documents sur la Révolution.

Nous citerons parmi les collections de M. l'abbé Doby :

MANUSCRITS. Bible (Ancien et Nouveau-Testament du XIII° siècle, magnifique in-octavo, avec toutes les initiales peintes. — Vita Christi, du XIV° siècle de 133 pages, relié en peau de truie, fermoir du temps. — Bréviaire du Mans du XIV° siècle, initiales dorées, superbe écriture et parfaite conservation. — Livre d'Heures du XV° siècle, douze grandes miniatures et treize petites, reliure du temps. — Recherches sur Bourbonne-les-Bains, sans nom d'auteur, manuscrit in-8° de 319 pages, probablement du commencement de ce siècle, relié en veau. — Avertissement pour les officiers des Bailliages et Siège Présidial de Langres, contre M. Gilbert de Montmorin de Saint-Hérem, évêque de Langres, pair de France; in-folio de 66 pages; nombreuses corrections, signé Tarjet. — Lettre des Capucins de Bourbonne à Mgr d'Orléans, régent de France, lui demandant sa protection pour les faire mettre sur l'état des aumônes de sel que Sa Majesté donne à tous les couvents de Capucins, de France, signée F. Joseph de Nogent, prêtre capucin, Xénon de Bourbonne, prêtre capucin; in-4° de 2 pages, 18 septembre 1728. — Obituaire fait en exécution et la Conformité du Règlement de Mgr l'Archevêque de Besançon, du 20 septembre 1740, pour les annonces du prône de chaque dimanche. — Registre des places de l'Eglise de Bourbonne en 1780. — Extrait des Gros fruits du bailliage de Langres; curieux manuscrit donnant l'indication des fruits et de leur prix, de l'année 1700 à 1793 inclusivement.

LIVRES IMPRIMÉS. Collection de Bibles, depuis les commencements de l'imprimerie jusqu'en 1700; ouvrages et documents nombreux sur Bourbonne, Langres et le département de la Haute-Marne.

OUVRAGES SUR BOURBONNE. Aimoin; Bacot; Callet; Lettre de M. Baux, fils, de la ville de Nismes, sur l'analogie des eaux de Bourbonne-les-Bains en Champagne à celles de Balaruc en Languedoc, écrite à M. Gautier, inspecteur des Grands Chemins, Ponts et Chaussées du Royaume, Lettre de 11 pages. Journal des Savants. — Relation du grand incendie arrivé à Bourbonne-les-Bains, en Champagne, le premier mai de cette année 1717. In-4° de 7 pages · — Baudry, 3 exemplaires; Don Calmet; Charles; — Factum pour Messire Nicolas Desmaretz, ministre d'Etat, commandeur des ordres de Sa Majesté, chevalier, marquis de Maillebois, de Bains, etc., et dame Magdeleine de Béchameil, son épouse. Parties saisies, Deffendeurs et demandeurs, Contre les Pères Supérieur et Religieux de Saint-Antoine de Besanzon, soi-disans Propriétaires des Domaines et biens dépendans de l'Hôpital de Saint-Antoine de Bourbonne, opposans à fin de charge et de réformation de la saisie réelle de la Terre et marquisat de Bourbonne, Demandeurs et Défendeurs; Et les Curé, Syndics et Communautés des Habitants et Directeurs de l'Hôpital de Bourbonne-les-Bains, opposans aussi à fin de Charge, Intervenans, Demandeurs et Deffendeurs. Mai 1718; in-folio de 46 pages de l'imprimerie Knapen, à Paris. — Réponse aux Mémoire et sommaire imprimez des Religieux de Saint-Antoine de Besanzon. signifiez le 6 mai 1719. Pour messire Nicolas Desmaretz, ministre d'Etat, etc., et Dame Madeleine de Béchameil, son épouse, Défendeurs et Demandeurs. In-folio de 17 pages, de l'imprimerie Knapen. — Juvet, Termis de Borboniensibus apud Campanos specimen medio-practicum, sive de legitimo circa illos tractatu-practico prolegomena; in-4° de 86 pages, 2 exemplaires. — Réponse pour le sieur Chevalier. négociant à Bourbonne-les-Bains, à un mémoire de l'adjudicataire général des Fermes; in-4° de 42 pages. MDCCLXX. — Précis pour le sieur Voillequin, archer, Garde de la Connétablie et maréchaussée · e Franse, résidant à Bourbonne-les-Bains, accusé et appelant; contre M. le Procureur-Général, 1783.

Règlement concernant le mode d'administration de l'établissement thermal. 1819. — Mougin-Montrol; Prat; Petitot; Renard; Le Molt; Bullard; Bergef de Xyvrey (lettre à M. Haas; 2 exemplaires; Album des Baigneurs de Bourbonne-les-Bains, 12 lithographies par Richome; Souvenir de l'Etablissement militaire de Bourbonne-les-Bains, 9 lithographies par Richome; — Rhodes; Athènes (Guide général des Baigneurs aux eaux minérales de Bourbonne-les-Bains); Magnin; Cabrol et Tumisier; E. Renard; E. Bongard (Des eaux salines chaudes de Bourbonne-les-Bains); Drouot; E. Bongard (Essai de Bibliographie et d'Histoire); Roret; Causard (Bourbonne et ses eaux minérales, 1re, 2e et 3e édition); Emile Magnin; Chabouillet; Lacordaire (Les Seigneuries et Féaultés de Bourbonne); E. Bongard (Annuaire-Guide); E. Bongard (La Cure thermale à Bourbonne-les-Bains); Causard (Bourbonne, son avenir); Constantin; Mercier; Balley.

ENVIRONS DE BOURBONNE. Observations pour le syndic et habitants de Coiffi-le-Château, prenant le fait et cause du sieur Jenniot, leur ancien syndic; Contre Me Nicolas Besoncenet, avocat à Langres; in-4° de 11 pages; 1784. Précis pour le syndic et habitans de Coiffi, prenant le fait et cause du sieur Jenniot, leur ancien syndic; Contre Me Thomas, procureur en la Prévôté royale de Coiffi, In-4° de 17 pages; 1784. — Arrest de la Cour du Parlement qui condamne Jean-Baptiste Pierron à être pendu, par l'Exécuteur de la Haute-Justice, à une potence qui, par cet effet, sera plantée dans la Place publique de Coiffy-le-Château, pour vols domestiques et *avec effraction, de denier comptan;* in-4° de 4 pages; 1779. — *Arrest de la Cour du Parlement qui condamne Pierre Champion, vigneron; Jean Claude Thomas et Antoine Thomas (tous trois de Melay) à être pendus en la place publique dite Champeau, de la ville de Langres, pour vols avec effraction.* In-4° de 4 pages; 1780. — *Mémoire pour le sieur Milleton, Prieur du prieuré de Saint-Pierre de la Ferté, et, en cette qualité, curé Primitif et gros Décimateur de Soyer, intimé, contre M. Jean Gy, vicaire perpétuel de Soyer, appelant,* In-folio de 7 pages; 1748. — *Mémoire pour le sieur Milleton, Prieur-Commandataire du prieuré de Saint-Pierre de la Ferté-sur-Mance, et, en cette qualité, seigneur de Soyer, intimé; Contre le sieur Gy et la demoiselle sa femme, appelant d'une sentence du bailliage de Langres.* In-folio de 9 pages; 1750. — *Mémoire pour le sieur Milleton, Prieur et intercenant et appelant comme d'abus; Contre Léger Philibert, prètre-chapelain de l'Eglise de Saint-Martin de Langres, ci-devant secrétaire de M. l'Evêque de Langres, se disant pourvu du Canonicat qui a vaqué par la mort du sieur Charles, Défendeur et intimé.* In-folio de 16 pages; 1751.

LANGRES. *Arrest du Conseil d'Etat du Roy qui supprime les droits de péage et rouage... du lieu appelé la Croix-de-Mendres, près la ville de Langres.* In-4° de 4 pages; 18 janvier 1729. — *Arrest du Conseil d'Etat du Roy, qui condamne les Curé, Chapelains, Clercs et Marguilliers de l'Eglise de Saint-Pierre et Saint-Paul de la ville de Langres, à payer la somme de trois cents livres pour droit d'amortissement, au cinquième du terrage qu'ils ont acquis, quoique par la Contrainte, le Droit n'eût été tiré qu'au sixième; et attendu que le terrage est en Franc-aleu Roturier. Du 27 juin 1730.* In-4° de 7 pages. — *Arrest du Conseil d'Etat du Roy, qui ordonne... que tous Bourgeois et Habitans de la Ville de Langres, tenans Pensionnaires au jour, mois, semaine et à l'année, soit que lesdits Pensionnaires soient Etudians ou non au Collège public de ladite Ville, payeront les Droits de Détail de tous les vins, tant de crû que d'achat, qui seront consommés dans leurs maisons, et souffriront les visites et exercices des Commis. Du 11 septembre 1753.* In-4° de 7 pages. — Arrest de la Cour du Parlement qui condamne Juré, prêtre, chapelain de la Paroisse Saint-Pierre de la ville de Langres; Neret, vicaire général du diocèse de Langres; Nincy et Hutinet, à aumôner au pain des prisonniers de la Conciergerie du Palais, Chacun la somme de trois livres. Du 11 septembre 1755. Curieuse pièce in-4° de 4 pages. — Ordonnance du bailliage et siège présidial de Langres, enjoignant aux supérieures et religieuses des Maisons Conventuelles de la Visitation, des Annonciades, des Ursulines et des Dominicaines de cette ville qui auroient entre les mains des Lettres ou Escrits tendans à for-

mer une Association en faveur de la ci-devant Société de Jésus, de les remettre incessamment au greffe du Tribunal, à peine d'être réputées complices de ladite Association. Du 11 décembre 1762. In-4° de 4 pages. — *Mémoire pour M. l'Evesque, Duc de Langres, Pair de France; Contre les Notaires Royaux établis à Langres, Demandeurs et Défendeurs. En présence des Doyens, Chanoines et Chapitre de l'Eglise de Langres,* etc. In-4° de 39 pages; 1763. — *Lettres patentes du Roy, contenant Confirmation et Règlement pour l'administration du Collège de la Ville de Langres. Données à Compiègne, au mois d'août 1763.* In-4° de 8 pages. — *Lettres patentes du Roy, portant Règlement pour le Collège de la Ville de Langres. Données à Versailles le 10 avril 1783.* In-4° de 4 pages, 2 exemplaires. — Compte Rendu aux Chambres assemblées, par M. Delaverdy, concernant le Collège que les ci-devant soi-disant Jésuites possédaient à Langres. Du 19 mars 1763. In-4° de 14 pages. — Arrest de la Cour du Parlement qui homologue et ordonne l'exécution d'une ordonnance rendue par les officiers du Bailliage de Langres, par laquelle il est fait défense de sonner les cloches pendant les orages. 21 mai 1784. In-4° de 4 pages. — Au Roy et à Nosseigneurs les Commissaires généraux, députez par Sa Majesté, par arrêt du 30 avril 1737. In-folio de 40 pages; 1740. L'Evêque de Langres contre les Pères de l'Oratoire. — Loi relative à l'organisation du troisième bataillon de la Garde nationale de Langres. Du 19 août 1792. In-4° de 2 pages. — Décret de la Convention nationale du 24 octobre 1792. Répartition des prisonniers de guerre, qui ont été mis en dépôt à Langres. In-4° de 2 pages. — Mémoire à l'appui de la demande formée par la ville de Langres, afin d'obtenir l'érection du Collège communal en Collège royal. In-4° de 11 pages sans date. — *Arrest de la Cour du Parlement, qui condamne Madeleine Demongeot à être pendue et étranglée, jusqu'à ce que mort s'ensuive, par l'Exécuteur de la Haute-Justice, à une potence qui sera plantée dans la Place publique de Chaumont en Bassigny, pour avoir, le 1er février dernier, homicidé l'enfant mâle dont elle est accouchée, et avoir persévéré dans l'intention de cet homicide depuis le moment qu'elle s'est reconnue enceinte.* In-4° de 4 pages; 1778. — Arrêté du Directoire du département de la Haute-Marne, concernant le retour du Roi à Paris. — Du 23 juin 1791, huit heures du soir. In-4° de 4 pages.

Nombreux documents concernant Chaumont, Vassy, Saint-Dizier, etc.

RÉVOLUTION. Plusieurs numéros de tous les journaux qui ont paru, entre autres : *Le Père Duchesne,* 34 n.; *Journal du Diable,* 18 n.; *Le Vieux Cordelier,* de Camille Desmoulins, 29 n.; *La Chronique scandaleuse,* 60 n.; *Journal du Palais-Royal,* 3 n.; *Fusée volante,* 7 n.; *Journal de France.* 2 n.; *Journal* de la Râpée, 6 n.; La Tribune du Peuple, 3 n.; Le Contempteur, 1 n., le seul paru; Le Contre-Poison des Jacobins, 8 n.; Le Déclin du jour, 6 n.; Écouteur aux portes, 2 n., complet; Encore un, 3 n.; Esprit public, 6 n.; Évangéliste du jour, 7 n.; L'Ingénu, 3 n.; Sottises et Vérités de la semaine, 5 n.; Procureur général du Peuple, 7 n.; Diminution des vivres, 1 n.; Confédération nationale du 14 juillet 1790, 2 n.; Le Fouet national, complet. — Journaux et documents complets : Le Journal de Marat; Le Mercure de France; L'Abréviateur universel; Le Réviseur impartial; Le Journal à deux liards; Le Contre-Poison; L'Orateur plébéien, par Feuilletie et autres; Le Journal des Débats, depuis sa fondation jusqu'en 1792; L'Ami des Patriotes; Journal de Sabatier, du 9 juillet au 15 octobre 1796; Opinions des députés sur le Jugement de Louis Capet; Liste générale de tous les conspirateurs qui ont été condamnés à mort par le Tribunal Révolutionnaire; Bulletin du Tribunal Révolutionnaire; Liste générale de tous les condamnés par les Tribunaux Révolutionnaires à Paris et dans les principales villes de France; Almanach des Prisons; Tableau des Prisons de Paris; Calendrier du Père Duchesne; Almanach des honnêtes gens; Liste générale de tous les membres composant le Consulat, le Sénat-Conservatif; le Tribunal; le Corps Législatif; le Ministère et le Conseil d'État; Dix cartons de documents divers sur la Révolution. Pièce rare et curieuse : un bonnet de nuit en batiste ayant servi à Louis XVI, dans la prison du Temple, quelques jours avant sa mort. — Journaux de 1848; Journal Officiel de la Commune et le Père Duchesne. — pièces de cinq francs en argent frappées par la Commune, 1871.

NUMISMATIQUE. Deniers de 145 familles consulaires, quelques pièces rares. Série complète des Empereurs romains, depuis Auguste jusqu'à Honorius, et d'Honorius jusqu'à Valentinien III, pour les empereurs d'Occident; série dans les trois métaux. Plusieurs pièces rares, entre autres, un médaillon d'Hadrien du plus grand module. Monnaies grecques et gauloises dont un grand nombre en or. Monnaies françaises, depuis Charlemagne jusqu'à Napoléon Ier.

ÉMAUX. Mise au tombeau par Pierre Reymond; émail de Limoges du xvie siècle. Plaque rectangulaire, H. 0,204. — L. 0,170. — Coupe du xvie siècle ; au fond de la coupe, sujet religieux (l'Annonciation); à l'extérieur, sujet mythologique (Amour semant des cœurs). Très belle pièce d'un émailleur limousin.

CÉRAMIQUE. Assiettes à fond jaune avec personnages, vieux Chine, plats, assiettes, soupières, vases, commode en faïence de Strasbourg; porcelaines du Japon; vases et bustes en porcelaine de Sèvres.

M. l'abbé Doby, comme le lecteur a pu s'en convaincre, est l'un des prêtres les plus intelligents et les plus laborieux du diocèse de Paris. Il était juste de l'indiquer ici.

MERCIER (Le R. P. Victor-François-Marie), de la Compagnie de Jésus, né à Saint-Brieuc (Côtes-du-Nord), le 16 avril 1838.
Adresse : Poitiers.
Le R. P. Mercier, après de solides et brillantes études au Petit Séminaire de Tréguier, entra dans la Compagnie de Jésus et fit son noviciat à Angers. Ses supérieurs l'envoyèrent à Rome, en 1869, où il suivit, avec une élite de jeunes jésuites italiens, français, belges, allemands, espagnols, portugais, les célèbres cours du Collège Romain. Quand les troupes de Victor-Emmanuel eurent franchi la brèche de la Porta Pia, il alla continuer ses études théologiques en Angleterre et revint en France en 1871.

Successivement professeur de littérature à l'École préparatoire Sainte-Geneviève, et de philosophie au Collège de Vaugirard, à Paris, il abandonna l'enseignement pour exercer la charge de préfet des études à Brest et à Cantorbéry. En 1878, il fut nommé Recteur de l'École libre Saint-Joseph, à Poitiers; au moment des discussions sur le fameux article 7 de la loi d'enseignement secondaire, il eut à lutter contre le mauvais vouloir de l'administration académique. Grâce au dévouement de nombreux jeunes gens, qui n'hésitèrent pas à interrompre leurs études de droit pour remplacer leurs anciens maîtres comme professeurs et surveillants, le collège Saint-Joseph put braver impunément l'orage suscité par les décrets contre les congrégations religieuses.

Les discours que le R. P. Mercier eut occasion de prononcer dans plusieurs circonstances solennelles, révélèrent en lui un orateur à la parole chaude et convaincue. Nous signalerons, parmi ceux qui ont eu l'honneur de l'impression : un Panégyrique de Sainte Thérèse, un autre de Sainte Radegonde, des allocutions sur la Foi et l'Espérance, un discours sur l'Idée chrétienne, un autre sur l'Éducation, et un remarquable Rapport, lu à l'Assemblée provinciale du Poitou, en 1889.

Appelé à Angers, en 1891, comme Directeur général des internats des Facultés libres fondées par Mgr Freppel, il contribua, après la mort de l'éloquent évêque, à maintenir une œuvre qui est devenue de plus en plus prospère, et dont les départements de l'Ouest apprécient tous les jours davantage les heureux résultats.

Au milieu d'une vie très active, le P. Mercier sut trouver le temps nécessaire pour se livrer à des travaux personnels qui ne tardèrent pas à le faire connaître comme écrivain. Il a donné de nombreux articles de littérature et d'histoire aux Études religieuses, à la Revue du Monde catholique, à la Revue des Facultés de l'Ouest, à la Correspondance catholique, et à la Semaine religieuse de Poitiers.

De 1889 à 1895, il a publié des ouvrages de piété et d'histoire, parfaitement accueillis des lecteurs, et dont la variété montre toute la souplesse de son talent : Madame de Mainte-

non, in-12 (1869) ; *La Ligue à Quimper*, in-12 (1870) ; *La Vierge Marie, d'après Mgr Pie*, in-12 (1881) ; *Concordance de l'Imitation de Jésus-Christ et des Exercices spirituels de saint Ignace*, in-12 (1885) ; *Chroniques de l'Ordre des Carmélites en France*, deuxième série, 4 grands in-8° (1887-1888) ; *Xavérine de Maistre*, 2 in-12 (1888) ; *Campagne du « Cassini » dans les mers de Chine*, in-8° (1889) ; *Marin et Jésuite*, 2 in-8° (1889) ; *Projet de campagne en faveur des missions catholiques*, in-8° (1889) ; *La Vénérable Jeanne de Lestonnac*, in-8° (1891) ; *Marin et Jésuite*, illustré, grand in-3° (1892) ; *La Mère Thérèse de Saint-Joseph*, in-8° (1892) ; *Léon Ducoudray*, in-12 (1893) ; *Lamennais*, in-12 (1894) ; *Manuel des Exercices*, in-12 (1894) ; *Questions actuelles*, in-8° (1895) ; *Guérison de Caroline Esserteau*, in-12 (1895) ; *Historique de la dévotion à Saint Joseph*, in-8° (1895) ; *Saint Joseph, époux de Marie, père nourricier de Jésus, patron de l'Eglise*, in-12 (1895) ; *Jeanne d'Arc à Poitiers*, in-8° (1896).

A la mort de Mgr Pie, son légataire universel confia au P. Mercier le soin de publier les œuvres posthumes du grand cardinal. Il fit paraître, en 1891, deux volumes des *Œuvres sacerdotales*, et, en 1894, le dixième et dernier volume des *Œuvres épiscopales*.

Il prépare en ce moment un grand ouvrage sur les *Origines de la Compagnie de Jésus en France*, qui demandera plusieurs années de recherches en France et à l'étranger.

GOUTHE-SOULARD (S. G. Mgr François-Xavier), ※, né à Saint-Jean-le-Vêtu (Loire), le 1ᵉʳ septembre 1820, nommé par décret du 2 mars 1886 archevêque d'Aix-en-Provence (*Aqua Sextiæ*), préconisé le 10 juin suivant, sacré à Lyon le 25 juillet.

Adresse : Aix, Bouches-du-Rhône.

L'archevêché d'Aix, érigé au 1ᵉʳ siècle de l'ère chrétienne, comprend le 2ᵉ et le 3ᵉ arrondissement du département des Bouches-du-Rhône.

Il a pour suffragants les diocèses de Marseille, Fréjus et Toulon, Digne, Gap, Ajaccio et Nice.

François-Xavier Gouthe-Soulard est né à Saint-Jean-le-Vêtu, canton de Noisétable, arrondissement de Monbrison (Loire), au diocèse de Lyon. Ses parents étaient de modestes cultivateurs. « Je me souviendrai toujours, dit Mgr Gouthe-Soulard des sacrifices que s'est imposés ma bonne et pieuse mère pour faire de moi, d'abord un fervent catholique, et ensuite un digne serviteur de Dieu dans le sacerdoce. Aucun détail de ses soucis et de ses tendres soins n'est sorti de ma mémoire et de mon cœur ; ces souvenirs sont comme d'hier... »

De bonne heure, l'enfant fut mis à l'école. Son instituteur était un laïque. Plus tard, Mgr Gouthe-Soulard lui a consacré un discours ému

qui fait le plus grand honneur au maître et à l'élève.

Dans son mandement d'installation, Mgr Gouthe-Soulard pose la question : Qui êtesvous? ... « Rien de plus facile que de vous répondre : la vie de votre archevêque peut se résumer en trois lignes : il a été professeur, vicaire, aumônier, desservant, fondateur d'une

nouvelle paroisse, vicaire-général et enfin curé d'une nombreuse population ouvrière. La Providence l'a fait passer par les principales fonctions sacerdotales ; c'est une faveur insigne dont il lui est sincèrement reconnaissant ; s'il a su en profiter, il a dû acquérir une expérience qui ne lui sera pas inutile dans le gouvernement de son diocèse. »

La biographie du futur archevêque tient, en effet, dans ces trois lignes. Xavier a fait ses études classiques et théologiques à Saint-Jodard, à Alix (Rhône), et au grand séminaire de Saint-Irénée, à Lyon. Prêtre vers 1845, il fut successivement professeur à l'*Institution des Minimes*, vicaire à Saint-Nizier (Lyon) ; curé-fondateur de la paroisse de Saint-Vincent-de-Paul à Lyon ; vicaire-général de Mgr Achille Ginouilhac ; enfin curé de Saint-Pierre de Vaise. Homme simple, bon, spirituel, aimable, il se signalait, comme curé, par l'art habile avec lequel il savait captiver les populations, et, comme pasteur, par une charité vraiment apostolique. A Vaise, il avait fondé deux belles écoles pour les petits garçons et les petites filles, un ouvroir, un service fait par les sœurs de Saint-Vincent-de-Paul pour les malades et

6

les pauvres, visite à domicile, un fourneau économique.

A l'époque où Xavier Gouthe-Soulard commençait à dépasser de la tête le commun des prêtres, on lui avait fait une certaine réputation compromettante de libéralisme. C'était une imputation calomnieuse ; sans être gallican, on pouvait bien n'être pas infatué de l'empire de Napoléon III. Bien avant la définition du concile du Vatican, vers 1850, étant vicaire, Xavier avait choisi pour sujet de thèse doctorale, devant la faculté de théologie de Lyon : *Les preuves de l'infaillibilité personnelle du Pape en matière de foi et de morale.*

A différentes reprises, il avait été question de lui pour évêque ; il avait été désigné, notamment pour Langres, à la mort de Mgr Guerrin. A chaque présentation, il se rencontrait quelque obstacle qui empêchait la nomination d'aboutir. Le gouvernement de la République le nomma archevêque d'Aix.

Quand Xavier sut que le gouvernement et le Saint-Siège étaient d'accord pour sa nomination à Aix, il écrivit au Nonce di Rende, puis au Pape pour décliner cette charge. Sur un ordre formel du Pape, notifié par le cardinal Jacobini, le curé de Vaise dut courber la tête sous le joug.

On connaît le rôle important joué depuis cette époque par Mgr Gouthe-Soulard dans toutes les questions et les conflits soulevés entre l'Eglise de France et les Pouvoirs publics.

La question des écoles fut surtout la thèse de prédilection de l'éminent archevêque. Allocutions, discours, mandements, tout fut mis en œuvre par le prélat pour combattre les lois nouvelles qui chassaient de l'école l'enseignement religieux. Dans les œuvres de Mgr Gouthe-Soulard, il n'y a pas moins de huit discours pour bénédiction de nouvelles écoles. Ces allocutions sont de petits chefs-d'œuvre de bon sens, de bon cœur et de belle humeur. Au reste, les *Discours et Allocutions sur les écoles* de Mgr Gouthe-Soulard, publiés en volume, ont obtenu un succès qui n'est pas encore arrêté.

En 1891, des incidents fâcheux troublèrent les pèlerinages français à Rome. La population romaine insulta les pèlerins qui durent rentrer en hâte en France. M. Fallières invita les évêques à s'abstenir d'accompagner les pèlerinages.

Mgr Gouthe-Soulard répondit au ministre, le 8 octobre 1891, par une lettre qui eut un immense retentissement.

Le prélat fut cité devant la Cour d'appel de Paris pour y répondre du délit d'outrages. « Un évêque n'outrage jamais, disait le cardinal Guibert. — Mon affirmation est un fait public. C'est la vérité absolue. J'étais révolté des cris de : Vive Sedan ! A bas le Pape ! Mort aux Français ! J'ai écrit sous l'empire de cette indignation très légitime, très catholique, très française, sans vouloir dire un mot pour la personnalité du ministre. »

Tel est le résumé de la défense de Mgr Gouthe-Soulard.

Le 24 novembre 1891, Mgr Gouthe-Soulard comparut devant la Cour d'appel et présenta sa défense avec l'assistance de Mᵉ Boissard. Il fut condamné à 3,000 francs d'amende, et le gouvernement confisqua son traitement.

Donnons, pour terminer, cette appréciation formulée dernièrement par un écrivain :

« L'archevêque d'Aix est personnellement un saint homme, un bon curé devenu archevêque, sans faste dans son intérieur, n'ayant pas même une voiture pour ses courses, s'estimant trop heureux pourvu qu'il défende la cause de la jeunesse et serve les pauvres : il est adoré dans son diocèse, et de ses curés.

« Son ministère épiscopal n'offre qu'une particularité : il a produit un nouveau catéchisme, illustré, contenant l'histoire de l'Eglise, l'exposé de sa doctrine et la pratique de son culte. C'est la base d'opération du ministère pastoral, le secret de toutes les puissances de la religion, comme sa négligence ou son oubli est la cause de tous les revers. »

RICHARD DE LA VERGNE (S. E. R. Fran-çois-Marie-Benjamin ; Cardinal), né à Nantes, le 1ᵉʳ mars 1819.

Nommé évêque de Belley par décret du 16 octobre 1871, préconisé le 22 décembre suivant, sacré le 11 février 1872, nommé coadjuteur de Paris avec future succession par décret du 7 mai 1875, préconisé en cette qualité dans le Consistoire du 5 juillet 1875, Archevêque de Larine *in partibus infidelium*. Archevêque de Paris le 8 juillet 1886, et créé Cardinal-Prêtre de la Sainte-Eglise-Romaine, du titre de Sainte-Marie *in viâ latâ*, dans le Consistoire du 24 mai 1889.

Le diocèse de Nantes est placé sous la protection de saint Pierre, patronage précieux pour un enfant prédestiné au sacerdoce.

Issu d'une famille noble et riche, François-Benjamin ne s'en souvint que pour s'attacher davantage à la pratique de ces deux vertus éminemment chrétiennes : humilité et charité. Il abdiqua son titre de noblesse, convaincu que, devant Dieu, il n'en est d'autre que celle qui vient du cœur et des bonnes actions. Quant à la grande fortune que lui laissa son père, les pauvres de Nantes et de Paris savent ce qu'elle est devenue.

François-Benjamin fit ses études secondaires au Petit-Séminaire de Nantes, et ses études théologiques à Saint-Sulpice ; il les compléta à Rome, à une époque où la coutume n'en était pas encore établie.

Il montra partout les qualités solides et brillantes qui l'ont distingué plus tard : esprit ouvert, parfaitement équilibré, scrutant d'un œil prompt et sûr tous les systèmes, toutes les philosophies.

A son retour de Rome, Benjamin retourna dans son diocèse natal, où il exerça pendant vingt ans le saint ministère. « Jamais, dit l'auteur des *Profils bretons*, jamais n'a été plus belle figure de prêtre. La tête, aux yeux énormes, profondément encastrés dans l'orbite et voilés par des cils très longs ; les joues creuses, le front très fortement bossué, presque angulaire ; l'oreille bien attachée ou plutôt détachée; les lèvres fines, toujours serrées l'une contre l'autres, très discrètes, que j'ai toujours trouvées chez les hommes appelés par leurs fonctions à connaître beaucoup de choses, et à en dire peu. Une grande taille, un peu courbée, la démarche qui semble fatiguée, mais rien n'est trompeur comme ces faux mourants. La main fine et bien proportionnée, est une main de prélat habituée à bénir. »

A Nantes, quand le siège de Saint-Emilien fut vacant, deux candidatures furent proposées : Nicolas Fournier fut évêque de Nantes et Benjamin Richard, évêque de Belley ; tous deux en étaient dignes : *Quoniam prœvenisti eum benedictionibus dulce dignis posuisti super caput ejus coronam de lapide pretioso*.

Sur le siège de Belley, François Richard se montra le fidèle serviteur de Saint-François-de-Sales. A Paris, comme coadjuteur, il sut éviter adroitement les écueils de cette fonction difficile.

Archevêque de Paris, Mgr Richard a continué l'œuvre de ses prédécesseurs.

Il a soutenu les œuvres existantes et les soutient toujours avec intelligence et dévouement. L'héritage était lourd et la tâche complexe. Mgr Richard n'a pas fait regretter ses prédécesseurs.

Le diocèse de Paris est un vaste champ ouvert à son zèle et à ses talents d'administrateur ; d'une part, douze ou quinze cents prêtres rassemblés de partout et, de l'autre, trois millions de chrétiens, plus ou moins fidèles, trois cents couvents d'hommes et de femmes où prient et travaillent soixante-quinze mille personnes vouées à la vie parfaite. Mgr Richard réunit toutes les qualités exigées pour être le chef du diocèse le plus populeux de France. Le travail et la foi ont mis le prélat à la hauteur de toutes ses fonctions. Gardien de la vérité qui demeure dans cette Ville-Lumière où passent tant d'hommes, tant de systèmes, éphémères comme eux, il sait, qu'aujourd'hui comme autrefois, malgré les difficultés de l'heure présente, le Christ vaincra toujours, et appuyé sur le bouclier inébranlable de la foi, fort de la prière, cette arme invincible, les yeux fixés sur la citadelle de pardon et de supplication que domine le mont des Martyrs, il attend le triomphe définitif, sans illusions, mais sans faiblesse.

Mgr Richard a publié plusieurs ouvrages, entre autres : l'*Histoire de saint Cloud et de sa mission aux temps apostoliques*, la *Vie de la B. Françoise d'Amboise, duchesse de Bretagne*, les *Saints de l'Eglise de Nantes*. Ce sont trois ouvrages d'histoire qui ont surtout un but de piété et d'édification. D'un style simple, sobre, d'une remarquable pureté, ils révèlent les sérieuses qualités de l'écrivain et de l'érudit.

Le cardinal Richard a compris et rempli son devoir épiscopal. De sa personne, il a su inspirer une estime respectueuse. Tout le monde rend hommage à sa vertu. Sa gestion administrative, parfaitement correcte, n'a soulevé aucune affaire, ni même provoqué aucune réclamation publique : tant il a pris à cœur d'appliquer en tout et toujours cette maxime : *Dulciter in modo, fortiter in re*. En compagnie de ses collègues, il a signé la réclamation officielle des cardinaux, et il a pris, avec Mgr Langénieux, l'initiative de la protestation contre la loi d'abonnement.

Est-il besoin de dire aussi que dans la poitrine de l'Archevêque bat un cœur profondément français. En des circonstances particulièrement douloureuses, lors des funérailles du malheureux président Carnot, qui n'a gardé le souvenir de ce discours vibrant de patriotisme, empreint d'une -i noble douleur, et rempli de considérations si profondes, exprimées dans la concision harmonieuse de l'homme qui sent, du philosophe qui pense et de l'apôtre qui parle ! Ce jour-là, l'âme de la France entière parlait par la bouche du cardinal Richard, et de longtemps les voûtes de Notre-Dame n'avaient entendu d'accents si pathétiques.

Mgr Richard a merveilleusement compris les besoins et les aspirations de cette époque tourmentée et, bien des fois, a dû lui monter aux lèvres, la divine parole empreinte de tant de miséricordieux amour : *Misereor super turbam*. Ce n'est pas chez lui le cri stérile de la piété impuissante, mais la parole féconde où retentissent des appels qui provoquent les actes et les remèdes.

Mgr Richard restera comme une des gloires les plus pures de l'Episcopat français et de l'Eglise catholique, à côté des illustres prélats qui l'ont précédé dans le poste honorifique, mais si chargé de responsabilité, de premier pasteur de la première ville du monde après la Ville Eternelle, foyer de toute vérité et de toute consolation.

HÉBRARD (Mgr PIERRE), ✠, né à Cassenueil (Lot-et-Garonne), le 22 avril 1835, Protonotaire Apostolique, vicaire général d'Agen, docteur en Théologie et en Droit canon.

Mgr Hébrard, actuellement vicaire général d'Agen, et archidiacre des arrondissements d'Agen et de Villeneuve, a fait ses études classiques et théologiques dans les deux Séminaires d'Agen ; il était licencié en théologie quand il sortit du Grand Séminaire.

Ordonné prêtre en 1859, il fut successivement vicaire de Monflanquin, curé de Roumagne et curé-archiprêtre de Lauzun.

Les travaux du ministère pastoral ne l'empêchèrent pas de continuer les hautes études ecclésiastiques pour lesquelles il avait un grand

attrait. Il prit le grade de docteur en théologie
au mois d'août 1863. Ayant été reçu, en 1865,
bachelier et licencié en Droit canon, il devint
docteur en Droit canon au mois d'août 1866.

Les thèses qu'il a soutenues pour obtenir ces
différents grades, sont : pour la Licence en théologie: Thèse théologique : *Existit mysterium
sanctissimæ Trinitatis* (Agen; impr. Noubel,
1859, in-8, 82 pages); Thèse historique : *De
l'établissement et des progrès du Christianisme jusqu'à la chute du Paganisme* (Agen;
impr. Noubel, 1859; in-8, 82 pages). — Pour le
Doctorat en Théologie : Thèse théologique :
De satisfactionis Christi perfectione (Toulouse, impr. Troyes, 1863, in-8, 96 pages);
Thèse historique : *Les Jugements de Dieu au
Moyen âge* (Toulouse, ibid., 1863, in-8, 94 pages). — Pour la Licence en Droit canon : *De
privilegio fori, quod Clericis jure divino
competere vindicatur.* — Pour le Doctorat en
Droit Canon : Thèse latine : *De origine Paro-
chorum.* Thèse française : *Les Articles Organiques et le Concordat de 1801.*

En 1871, Mgr d'Outremont, évêque d'Agen,
nomma M. l'abbé Hébrard chanoine titulaire
de sa cathédrale et l'appela dans le Conseil
épiscopal en le faisant vicaire général honoraire. M. Hébrard était en même temps Promoteur de l'Officialité diocésaine.

A la vacance du Siège, qui se produisit par
la translation de Mgr d'Outremont à l'Evêché
du Mans, en 1874, M. l'abbé Hébrard fut élu
par le Chapitre, conformément aux prescriptions du Concile de Trente, seul vicaire capitulaire pour administrer le diocèse jusqu'à l'arrivée du successeur. En 1879, il devint chanoine
théologal.

Sur les pressantes instances de Mgr Cœuret-
Varin, qui venait d'être nommé évêque d'Agen,
il se démit, en 1885, de sa stalle de chanoine et
devint vicaire général titulaire et archidiacre.

En février 1887, le pape Léon XIII le nomma
Protonotaire apostolique *ad instar participantium*, et Mgr l'évêque d'Agen le fit, à cette
occasion, chanoine d'honneur de sa cathédrale.
Le 28 octobre 1889, il fut décoré par le pape
Léon XIII de la croix *Pro Ecclesia et Pontifice.*

Il est membre de la *Société des Sciences,
Lettres et Arts d'Agen*, dont il a été plusieurs
fois président.

Voici les principaux écrits et ouvrages qu'il
a publiés : *Mandement de M. le Vicaire capitulaire élu par le Vénérable Chapitre de
l'Eglise cathédrale d'Agen, pour l'administration du Diocèse pendant la vacance du
Siège* (6 janvier 1875; Agen, impr. P. Noubel,
in-4); *Lettre au clergé du Diocèse, à l'occasion de la mort de M. l'abbé Bordes, chanoine
honoraire, ancien vicaire général* (15 janvier 1875; Agen, ibid., in-4); — *Les Articles
organiques devant l'Histoire, le Droit et la
Discipline de l'Eglise* (Paris, Lecoffre, 1870;
in-8 de XII-548 p.); — *Sainte Jeanne de Valois et
l'Ordre de l'Annonciade, précédé d'une In-

troduction sur la Vie religieuse (Paris, Poussielgue frères, 1878; in-12, XII-474 p.); cet ouvrage a été traduit en italien par Mᵐᵉ Mariana
Nistri (Firenze, typographia Mariano Ricci,
1884; gr. in-12, de 343 p.); — *Histoire de Sainte
Jeanne de France, duchesse d'Orléans et de
Berry;* 1464-1505 (Paris, Charles Poussielgue;
1890, in-8, XXIV-527 p.); — *Le Catéchisme du
Jubilé de Claude Joly, évêque d'Agen,* revu,
corrigé, mis dans un ordre nouveau et consi-

dérablement augmenté (Paris, Vivès, 1879;
in-18, XXV-177 p.); — *Le Couvent des Sœurs de
Saint Joseph ou des Pauvres Filles orphelines
d'Agen.* 1641-1818 (Agen, 1886, gr. in-8 de
70 p.); — *Un ancien évêque d'Agen inconnu
jusqu'à nos jours,* suivi d'un appendice sur
les souscriptions du cinquième concile de Paris.
615 (Agen, 1882; gr. in-8, 38 p.); — *Encore un
évêque d'Agen inconnu jusqu'à nos jours.*
Note critique sur le premier concile de Clichy.
628 (Agen, 1891; gr. in-8 de 48 p.); — *Les Pré-
bendes de l'abbé de Bellile de Jaubert.* 1752-
1775 (Agen, 1894; gr. in-8, 57 p.); — *Panégyrique de Saint Phébade, évêque d'Agen,* prononcé dans la chapelle du Grand Séminaire
d'Agen, le 26 avril 1881 (Agen, 1881; gr. in-8,
30 p.); — *Panégyrique de Sainte Jeanne de
Valois,* prononcé dans la chapelle du monastère
de l'Annonciade, à Villeneuve-sur-Lot, et dans
l'église de Sainte-Eulalie, à Bordeaux (Agen,
1883; gr. in-8, 26 p.); — *Le Bienheureux Cha-
nel dans sa préparation au Sacerdoce.* Conférence prêchée dans la chapelle du Grand Séminaire d'Agen, à l'occasion du Triduum de la

Béatification, le 9 novembre 1890 (Agen, 1891; gr. in-8, 17 p.); *Une Lettre à M. le Docteur Descrimes*, qui sert d'introduction à la troisième édition des *Réflexions sur la Libre-Pensée*, par le Docteur Descrimes (Agen, 1885; in-18, 105 p.).

Mgr Hébrard a publié, dans la *Semaine catholique d'Agen*, de nombreux articles biographiques, bibliographiques et autres. La *Revue de l'Agenais* et le *Recueil des Travaux de la Société des Sciences, Lettres et Arts d'Agen* ont reproduit de savants Mémoires de Mgr Hébrard sur différents sujets ayant trait à l'histoire de l'Agenais.

REURE (l'abbé Claude-Odon), né à Saint-Martin-d'Estreaux (Loire), le 13 décembre 1848, licencié en théologie, docteur ès-lettres, professeur de littérature latine à la Faculté libre des lettres de Lyon.

Adresse : 58, rue Pierre Dupont, à Lyon.

M. l'abbé Reure, après de bonnes études au petit-séminaire de Saint-Jodard (Loire), entra en 1871 dans la maison des prêtres de Saint-Irénée à Lyon, qui a donné un grand nombre d'évêques à l'Eglise de France, et prit les grades de bachelier, puis de licencié en théologie devant la Faculté de théologie de Lyon.

Entré en 1874 à l'Ecole ecclésiastique des Hautes-études, il en sortit en 1875 licencié ès-lettres, et fut nommé professeur de Seconde à l'Institution des Chartreux, à Lyon, où il professa ensuite la Rhétorique et la Philosophie jusqu'en 1891, mais avec une interruption d'une année, pendant laquelle il fut nommé directeur de l'Ecole Saint-Maurice, à Vienne.

En 1893, M. Reure soutint ses thèses pour le doctorat ès-lettres devant la Faculté d'Aix. Dans sa thèse latine *(De Scriptorum cum romanis imperatoribus inimicitiis)*, il étudiait les formes diverses de la littérature d'opposition sous les Césars, et la politique des empereurs romains envers les écrivains hostiles. — Dans sa thèse française, beaucoup plus considérable *(les Gens de lettres et leurs protecteurs à Rome)*, il faisait l'histoire du patronage littéraire à Rome depuis les origines de la littérature latine jusqu'à son entière décadence au IVe et au Ve siècle.

Au mois d'octobre 1891, M. l'abbé Reure fut appelé, comme chargé de cours, à professer un des cours de littérature latine à la Faculté catholique de Lyon, et fut nommé professeur titulaire en 1892. Il exerce encore aujourd'hui les mêmes fonctions.

Tout en s'occupant particulièrement d'études sur la littérature latine, M. Reure a consacré une partie de ses loisirs à l'histoire de sa province natale, le Forez, sur laquelle il a réuni une collection précieuse de livres, de brochures et d'estampes. Reçu en 1894 dans la *Société historique et archéologique de Diana*, à Montbrison, il a collaboré assidûment au *Bulletin* de cette Société savante, une des plus florissantes de

la province. M. Reure a aussi donné des articles littéraires et historiques au *Roannais illustré*, à la *Revue lyonnaise*, à la *Revue du lyonnais*, aux *Archives historiques du Bourbonnais*, à l'*Université catholique*, etc.

On doit à M. l'abbé Reure les publications suivantes : *Histoire de la littérature latine* (in-12), 1re édition, 1884 ; 4e édition 1895). — *Histoire du château et des seigneurs de Châteaumorand*, illustrée de neuf planches hors texte (in-4°, 1888). — *De Scriptorum cum romanis imperatoribus inimicitiis* (in-8, 1891; thèse de doctorat). — *Les gens de lettres et leurs protecteurs à Rome* (in-8, 1891, thèse de doctorat). — *Histoire du château et des seigneurs de Lalière*, augmentée de pièces justificatives (in-8, 1893). — *Excursion archéologique de la Diana en 1893* (in-8, 1893).

M. Reure est également l'auteur de nombreux discours ou brochures sur l'art, l'éducation et l'histoire du Forez : *Un Collège à Lyon au IXe siècle* (1881, in-8). — *Charlemagne, sa cour et l'Académie du Palais* (1883, in-8) — *La vie scolaire à Rome* (1887, in-8). — *Le Reliquaire de Saint-Louis de Carthage* (1887, in-8). — *Un petit problème de l'histoire du Forez et du Bourbonnais : les Exempts de Diemières* (1889, in-8). *Jean Bonnassieux, sculpteur forézien* (1893, in-8). — *Les deux procès de Jeanne d'Arc et le manuscrit d'Urfé*, (1894, in-8). — *La maison Nazarier de la Fayolle et le Livre de raison d'Etienne Nazarier* (1894, in-8). — *Fragment de généalogie de la maison d'Urfé, tiré d'un manuscrit de la Bibliothèque nationale* (1895, in-8), — *Les méfaits de la maison de Châtelus, suivis d'un appendice sur Jean de Châtelus* (1895, in-8). — *M. Armand-Calliat à l'Exposition de Lyon* (1895, in-8). — *Notes sur les incursions des bandes Anglo-Gasconnes en Forez, 1386-1389* (1896, in-8).

ANGERS-BILLARDS (Mgr Achille), C. ✠, C. ✠, C. ✠, ✠, ✠, ✠, chorévêque d'Antioche, chanoine, prélat mitré de Carthage, grand officier de l'Ordre royal de Mélusine de Jérusalem, etc., etc., est né au Havre le 23 mars 1826. Il fut baptisé le 25, jour de l'Annonciation. Cette date sacrée était comme le présage de cette longue et martiale existence, consacrée au professorat des belles lettres, à l'audacieuse prédication de l'Evangile, aux combats du journalisme, et à cet hymne perpétuel que, depuis le 8 octobre 1874, chante sans défaillance ni repos, l'hériophante de la *Libératrice Normande*, sur la colline du Mont de la Place.

Mgr Anger-Billards avait été élevé à bonne école. Il est fils d'un militaire du premier Empire, qui avait bravement payé de sa personne, de son patriotisme et de son sang, dans les rudes guerres de Hollande, à Deventer surtout, à Anvers, et dans les héroïques journées des campagnes de France. Jusqu'à 20 ans, le jeune homme avait grandi au milieu des récits homériques de l'épopée impériale. A cœur de nuit, les vieux officiers, pour la plupart blessés et mutilés, s'entretenaient devant lui, de leurs exploits. Leur foi égalait leur vaillance.

La génération de Louis XVI, sous la Restauration, revivait tout entière, à ce foyer royaliste.

Il eut le bonheur de passer toute sa jeunesse, comme le rapporte M. Ch. Buet, avec les derniers représentants de l'ancienne société française, où il apprit, dans un naturel parfait, les traditions familiales de la courtoisie, de l'urbanité la plus exquise. Cette excellente société patricienne, de nom et de vaillance, venait tour à tour à *Numance*, à *Angerville*, à *Billards*, trois vieux manoirs de la famille. Le jeune étudiant puisa dans les longues conversations, de nuit et de jour, avec ses grands parents, avec les de Saint-Clair, les de Chenedollé, les de Percy et de la Ferrière, dont la célèbre Mᵐᵉ Sweitchine faisait ses délices, le bon ton, les manières distinguées et cet agrément

Al. Boël

des relations, dont l'aménité n'a jamais affaibli dans le vieux prélat, ni les principes, ni les fidélités sacrées, ni les audaces d'une éloquence et d'une plume, qui se font, plus que jamais, honneur de leurs intransigeances, dans un temps de capitulations, de peur et de vénalité. Mgr Angers-Billards eut à Vire, un excellent professeur de rhétorique, le célèbre abbé Scelles, qui savait tout par cœur, et qui professait sans livres. On y venait de loin.

M. Guernier, professeur de dessin et de peinture, ancien élève de l'Ecole de Rome, a laissé aussi, dans le souvenir de son disciple, des traces ineffaçables. Mgr Angers-Billards dit souvent de son ancien maître : *C'était un penseur et un bon poète par l'imagination. Je lui dois autant qu'à mes deux professeurs de Rhétorique et de Philosophie. Je n'oublierai jamais la manière ingénieuse avec laquelle il m'apprenait à découvrir, dans le fameux tableau des Sabines, de David, tout le génie que le grand artiste y avait mis.*

L'influence de cette instruction et de cette puissante éducation de famille, domina et dirigea toute sa vie, l'écrivain, le philosophe, le prêtre et l'homme. Tous ces éléments fondus ensemble, ont contribué à former un immuable tempérament à l'abri des défaillances.

Mgr Billards n'a jamais trahi un ami, mais il a eu quelquefois à se plaindre de la malhonnêteté des faux amis, auxquels la peur, la bassesse, l'intérêt égoïste et l'ambition vénale donnent la volage mobilité des feuilles d'automne, qui voltigent dans l'air, en proie à tous les souffles de la tempête.

Nous ne déplairons pas au Prélat normand en disant, qu'il ne fut jamais un *rallié* à la République.

Eclairé par l'étude et l'expérience, et ne trouvant aucun motif de tourner le dos aux séculaires traditions de son pays et de sa famille, mis en demeure par la tentation, au lieu de mollir, il rétrécit encore les nœuds sacrés par lesquels il tenait, dès sa naissance, à la vieille royauté de ses pères.

Pour aller au fond des choses et des évènements de l'histoire, comme il allait dans ses études psychologiques, jusqu'au plus profondes bases du cœur humain, Mgr Angers s'était fait, dès sa jeunesse, une méthode personnelle, pour arriver à supputer, à leur chiffre intellectuel, rationnel et moral, tous ces figurants qui occupent la scène contemporaine, et dont les crimes ou les vertus héroïques jettent, de ce théâtre vivant, sur le monde et sur les âges futurs, l'éclat de leur génie, de leur héroïsme, de leur sainteté, ou les flammes incendiaires qui ne laissent que des désolations ou des débris.

Mgr Angers se livre nuit et jour à l'étude profonde de la philosophie, de l'histoire, des sciences physiques et chimiques, qu'il appelle souvent dans ses écrits *la seconde création du monde.*

Mais ce qu'il y a de très spécial en ces études, c'est qu'il les fait converger toutes et d'une manière inflexible, vers le souverain principe théologique, *Dieu Créateur et Rédempteur.*

Selon cet écrivain, tout ce qui dévie de cette *trajectoire*, se perd comme une non-valeur, et le voyageur de la vie humaine, qui ne met pas le Cap sur cet astre divin, peut faire, à la vérité, de grands pas, mais des pas hors de la route normale, qui le conduisent au désert stérile ou à l'abîme.

C'est sous la direction de cette boussole, que les tumultes du monde n'ont jamais affolée, que Mgr Angers a écrit, depuis tantôt cinquante ans, assez d'articles, pour qu'on en composât plus de 10 volumes in-8°.

Dans ses lectures réfléchies, approfondies, méditées, il allait toujours au plus forts et aux meilleurs, à ceux qui, par la pensée originale et personnelle, s'approchaient de la Vérité et des vérités, pour en écrire et en parler *ex visu et auditu !* Au choc de l'âme de ces puissants, son âme étincelait, retentissait, et s'épandait en considérations élevées, comme les flots bruyants d'un fleuve, qui ne rompt ses digues, que pour inonder la plaine de ses eaux fécondes.

Au sortir des études et du Grand Séminaire, Mgr Angers fut nommé directeur au Pensionnat ecclésiastique de Vire, où il eut pour disciples des hommes qui, par leur talent supérieur, se sont fait de grands noms dans le monde, soit dans le Sacerdoce, soit dans les lettres, soit dans les sciences, l'armée et la politique. Si l'on doit juger de la valeur du maître par l'illustration de ses élèves, Mgr Angers fut à coup sûr un grand maître !

Ce fut pendant qu'il professait, successivement, à Caen, au collège libre de Sainte-Marie, la philosophie et la rhétorique, qu'il commença anonymement ses combats de la plume, qu'il continue depuis plus de 40 ans, sans relâche ni trève. Il a successivement écrit dans l'*Univers*, l'*Ordre et la Liberté*, dans une quantité de journaux de Province, des articles fort remarqués, en tout ou en partie reproduits par la presse provinciale et parisienne.

Ce prélat batailleur mena sa principale campagne de 1855 à 1865, en faveur des Eglises unies d'Orient. Le but était de faire rendre par la Sublime Porte, au nouveau Patriarche latin de Jérusalem, les attributions et les privilèges, dont les titulaires de ce siège illustre avaient été investis notamment dans les *Capitulations* et les *Croisades*. Cette longue série d'articles, publiés dans *La Terre-Sainte*, traduits aussitôt en syriaque, en turc et en grec moderne, firent beaucoup de bruit, et furent un des éléments qui déterminèrent le hardi Prélat, qui avait conduit à bonne fin, son ardente et persévérante campagne.

Mgr Billards, en sa longue carrière de publiciste, a toujours pris le parti du faible opprimé, contre le despotisme, et contre l'iniquité des puissants. Ce prélat aurait pu mettre comme devise, autour de son blason, qu'il a conquis à

la pointe de sa plume, le vers fameux de Lucain :

Victrix causa Diis placuit, sed victa Catoni !

Le vainqueur plaît aux Dieux mais Caton le méprise !

Les Princes, descendants des anciens Rois et Empereurs d'Orient, récompensèrent aussi à l'envi, l'écrivain qui, sans peur, parlait sans cesse des droits imprescriptibles, en vertu desquels les trônes perdus de Jérusalem, de Constantinople, de Chypre et d'Arménie, revenaient à leur royale postérité.

Ces Princes et ces Altesses Royales, qui mettaient la gratitude au rang des vertus souveraines, conférèrent à Mgr Angers les brevets d'Officier, de Commandeur, de Grand Officier de leurs divers ordres royaux et militaires, que les héros des Croisades avaient fondés, pour récompenser toute vaillance, qui combattait en Orient, pour le maintien de la civilisation chrétienne, et de la prépondérance française en Egypte, en Palestine et en Asie.

Quoique épuisé par les travaux du professorat, la prédication, et une publicité incessante, Mgr Angers-Billards rêvait les âpres beautés de l'Apostolat dans les pays lointains. Mais plusieurs maladies, survenues à des intervalles très rapprochés, le contraignirent de renoncer à ses desseins. Avec l'agrément de Mgr l'évêque de Bayeux, Mgr Bravard, évêque de Coutances, confia aux soins et à l'activité de l'ancien professeur, le Sanctuaire de N.-D. de la Délivrance.

La chapelle de la *Délivrance* se trouve à 4 lieues de l'Océan, et tout près de la petite ville de Saint-Sauveur le Vte (Manche). Elle s'élève sur une haute esplanade de la montagne, d'où l'on découvre un des plus pittoresques paysqu'il soit possible de voir. L'horizon lointain et très large, ne s'arrête qu'aux collines du Cotentin. Du sommet de la montagne, le regard plonge sur la riche vallée de l'Ouve, et sur la vieille citadelle, bien conservée, de S. S. le Vte.

Ce fut au pied de ces remparts, que se termina en 1450, après Formigny, la cruelle guerre de *Cent ans.* Les Anglais avaient fait, du haut donjon de Chandos, leur boulevard inexpugnable. A bout de force et de sang, les Normands promirent à la Sainte-Vierge de lui bâtir une église, si Elle les rendait vainqueurs. Ils le furent. Ce fut en 1510, que les Normands érigèrent ce Sanctuaire, comme trophée et comme monument de leur gratitude.

Depuis 22 ans, Mgr Angers-Billards s'en est fait le restaurateur, et en a rajeuni les glorieux souvenirs dans le Cotentin et la Normandie. Le vieux et fidèle serviteur de la *Libératrice Normande*, avait tout-à-fait pris à cœur la mission sacrée, que lui ont successivement confiée Mgr Bravard et Mgr Germain, évêques de Coutances. Mais on lui suscita quelques ennemis, dont les intentions n'allaient à rien moins qu'à affamer le chapelain et à ruiner de fond en comble, le pèlerinage de la *Délivrance!* Le vieillard a su se sacrifier, combattre intrépidement , confondre les ennemis de la Délivrance, et la faire triompher.

L'œuvre restauratrice a été comprise et acclamée.¹ La Délivrance, patronne de la bravoure et de nos guerriers, a vu, depuis quelques années, arriver à son Sanctuaire, avec de riches croix d'honneur, plus de soixante bannières et drapeaux. Ce sont les hommages d'autant d'illustres familles, de généraux, d'amiraux et de quelques villes. Deux fois, le très regretté général du Temple, ami de M. le chapelain, a présidé la fête patronale du 8 septembre. Cette solennité est militaire, et attire une foule immense.

Mgr Augers-Billards a publié : *Souvenir des fêtes des 27 et 28 octobre*, au château d'Hémesvez, poésies latines et françaises (Caen, 1868) ; *Le 18ᵉ anniversaire de la Fondation du Collège Sainte-Marie* (Caen, 1869) ; *L'infaillibilité du Pape*, poésie latine (Lyon) ; *Le Mont Saint-Michel*, poésie française (Caen) ; *Le Mont Athos et le monachisme grec schismatique ; Terre-Sainte ; L'histoire des saints du diocèse de Coutances et Avranches ; Vingtième anniversaire de la mort de Virgile* (discours français couronné par l'Académie royale de Mantoue) ; *Lettre sur le Mandement de prise de possession de Mgr Germain, évêque de Coutances ; Trois lettres à M. Goblet*, ministre ; *La première à son E. M. Thévenet*, ministre des cultes ; *La Parole du Pape*, série d'articles fort remarqués en France et à Rome ; Divers articles nécrologiques, notamment celui de Mgr Nardi, reproduit à Rome ; d'innombrables articles de littérature, de philosophie, d'hagiographie, de politique, publiés dans les journaux de Paris, de Smyrne, d'Athènes, de la Manche et du Calvados ; *Mes conversations avec Jules d'Aurevilly ; Histoire de N.-D. de la Délivrance* (Cherbourg) ; *Notice sur Catherine de Longprey* (Cherbourg, 1890) ; *Compte-rendu* des fêtes du 8 septembre à la Délivrance ; etc.

Si quelque chose doit consoler les derniers jours de la vie belliqueuse du prélat, c'est de voir, après vingt-deux ans d'un zèle constant, le Sanctuaire de la Délivrance sortir de sa poussière, de ses délabrements et de son abandon.

De magnifiques voûtes ogivales, en style du XIIIᵉ siècle, remplacent le plafond vermoulu qui menaçait ruine. L'arcade en plein cintre, entre la nef et le chœur, est transformée en ogive.

L'ancienne porte d'entrée, un affreux carré de pierre brute démoli, cède la place à un splendide portail qui, lui soul, par sa beauté, son élégance, son élévation, ses proportions avec des colonnettes rentrantes, ressemblera à un poème désormais durable, que les siècles et ces pierres parlantes chanteront à la gloire de la *Libératrice normande*.

Il manquait un grand orgue. Ce grand orgue est arrivé et gronde, en sublimes harmonies, le *Magnificat* et les *Hymnes* que deux hommes de talent génial ont composées en l'honneur de la Vierge qui sauva le pays, en 1450.

MUGNIER (L'abbé Arthur-Marie-Lucien-Théodore-François-Xavier), né le 27 novembre 1853, à Lubersac (Corrèze), prédicateur, conférencier, écrivain, second vicaire de Notre-Dame-des-Champs (Paris).

M. l'abbé Mugnier appartient à une vieille et honorable famille originaire de la Lorraine. Après de brillantes humanités au Petit-Séminaire de Nogent-le-Rotrou, il obéit à une vocation fermement arrêtée et entra, la guerre de 1870-71 terminée, au Grand-Séminaire d'Issy et de Saint-Sulpice, où il compléta ses études. Ordonné prêtre en 1877, M. l'abbé Mugnier exerça, pendant trois ans, les fonctions de professeur au Petit-Séminaire de Paris.

S. E. le cardinal Guibert l'appela bientôt au ministère paroissial en le nommant vicaire à Saint-Nicolas-des-Champs.

Il occupa ce poste pendant dix-huit mois et passa ensuite à Saint-Thomas-d'Aquin où il resta douze années.

Dans cette paroisse importante, il sut mener de front avec un égal succès les occupations les plus variées. Ayant succédé à Mgr de Ségur, à la tête de l'*Association des jeunes gens du Faubourg Saint-Germain*, il organisa des retraites des fêtes, des banquets, des conférences qui furent suivis par la jeunesse de ce quartier et qui lui acquirent une grande popularité.

L'abbé Mugnier dirigea avec non moins de succès une Conférence de jeunes gens appartenant aux meilleures familles de la paroisse et dont le but est le soulagement des pauvres de Belleville et de la Villette. Avec le concours de nos artistes parisiens les plus distingués, il organisa des fêtes de charité pour procurer à cette œuvre les ressources qui lui étaient indispensables. Pendant ce temps, M. l'abbé Mugnier trouvait encore le moyen de prêcher dans différentes églises de Paris, de collaborer à plusieurs journaux et revues et de faire des conférences historiques et littéraires, dans l'œuvre des *Conférences de Sainte-Geneviève*, rue de Rennes, puis plus tard, au Cercle catholique des Étudiants du Luxembourg.

Il y parla successivement avec une magnifique éloquence servie par des connaissances littéraires élevées et par un goût judicieux, d'*Octave Feuillet*, d'*Émile Augier*, des *Mémoires écrits par les femmes au XVIIᵉ et au XVIIIᵉ siècle*, des *Sœurs des grands hommes*, des *Femmes sur l'échafaud, il y a cent ans*, de *Mᵐᵉ Récamier* et de *Mᵐᵉ Swetchine*, de *Bourdaloue et de ses admiratrices, du sentiment de la nature dans les auteurs mystiques*, etc., etc. Quelques-unes de ces conférences ont été réunies en volumes par leur auteur.

On trouve à la librairie Pillu-Vuillaume (9, rue Soufflot, Paris), les conférences qu'il a publiées sur la *Baronne de Krudener*, sur l'*Enthousiasme*, sur *Mᵐᵉ Craven* et sur *Mˡˡᵉ de Lamartine*.

L'abbé Mugnier, en rapport depuis long-temps avec l'auteur des *Récits d'une sœur* et la nièce du grand poète, a communiqué au public ses souvenirs personnels. La plupart des journaux, le *Figaro*, le *Gaulois*, l'*Univers*, le *Monde*, ont rendu hommage, en de nombreux articles, à ces conférences et au conférencier.

L'une de ces conférences-études, consacrée à la *Musique religieuse de Richard Wagner*, a été, sur l'initiative de la veuve de l'illustre compositeur, traduite dans la célèbre revue allemande : *Bayreuther Blätter*, par le fils du baron Franckenstein, l'ancien chef du centre à la Diète germanique.

Au mois de mars 1895, à l'apparition du roman : *En Route*, qui fit tant de tapage, le public lettré se demandait si M. J. Karl Huysmans était réellement converti, comme son livre semblait l'indiquer. L'abbé Mugnier, qui avait envoyé l'auteur à la Trappe d'Igny, trois ans auparavant, et qui avait gardé avec le néophyte les meilleures relations, fit alors, pour éclairer l'opinion, une conférence qui eut un grand retentissement en France et à l'étranger.

Tout en accentuant de nombreuses réserves et en déclarant que le roman renfermait bien des pages qu'il eût voulu déchirer, l'orateur affirmait que Durtal et M. Huysmans ne font qu'un et que l'auteur avait certainement opéré une évolution, dans l'ordre religieux. Les incrédules durent enfin battre en retraite lorsque l'ancien disciple de Zola écrivit, quelques mois après, la préface d'un *Catéchisme liturgique* en collaboration avec un directeur du Séminaire de Saint-Sulpice.

Bordeaux voulut entendre l'abbé Mugnier traiter le même sujet. M. l'abbé Mugnier déféra à ce désir. Une foule immense remplissait, le 6 mars 1896, la grande salle de l'Athénée choisie par le conférencier. Tous les journaux résumaient le lendemain les impressions bordelaises : L'orateur s'est distingué par « l'originalité de la forme et du fond, comme « par la délicatesse spirituelle des analyses. Il « a une langue ferme et châtiée, un sentiment « très pénétrant de l'œuvre, d'heureuses trou-« vailles expressives. » (*Gironde, Nouvelliste*, etc.).

Un an après la mort du regretté abbé Charles Perraud, M. l'abbé Mugnier prononçait, dans la chapelle des Frères de Saint-Jean de Dieu, l'éloge funèbre de son maître et ami. Ces pages émouvantes ont été publiées en brochure chez Téqui (29, rue de Tournon).

Enfin nous retrouvons l'orateur sacré à Nohant (Indre), bénissant, avec l'assentiment de Mgr l'archevêque de Bourges, une cloche offerte à l'église de son pays par la belle-fille de George Sand. Il fit, à cette occasion, un discours plein de tact et d'éloquence qui eut le don de réunir les suffrages les plus divers.

En juillet 1893, M. l'abbé Mugnier était, en récompense de son zèle, nommé second vicaire dans la paroisse lettrée de Notre-Dame-des-Champs, où il prouvait, de toutes manières, que l'aptitude aux travaux de l'esprit n'est pas incompatible avec les fonctions administratives et qu'un écrivain peut se doubler d'un apôtre.

ARMAND (Abbé ANICET-JOSEPH), curé de Coullemelle, par Quiry-le-Sec (Somme).

M. l'abbé Armand naquit à Fricamps, canton de Poix (Somme), le 25 décembre 1855, de parents pauvres, mais chrétiens. Quoique fils d'un simple ouvrier, des indices sérieux joints au mystère qui entoure le berceau de son père, semblent indiquer qu'il appartient à une famille de condition plus élevée.

Après avoir fait ses études au petit séminaire de Saint-Riquier, puis au Grand-Séminaire d'Amiens, il fut ordonné prêtre le 11 juin 1881 et envoyé à Poix pour y remplir les fonctions de vicaire. Deux ans après, en 1883, il fut nommé curé de Guibermesnil et La Bossière, et, quatre ans plus tard, en 1887, transféré à Coullemelle où il exerce encore actuellement.

Intelligent autant que modeste, M. l'abbé Armand est un de ces hommes qui gagnent beaucoup à être connus. Dès sa jeunesse, il se fit remarquer par son ardeur pour l'étude, et son premier maître fondait sur lui les plus belles espérances, quand, tout à coup, le jeune homme, ayant manifesté le désir de se faire prêtre, le quitta pour entrer au Petit-Séminaire où il se fit bientôt remarquer par son travail, sa piété, son caractère franc et loyal. On attendait beaucoup de lui; malheureusement, son état de santé l'obligea plusieurs fois à interrompre ses cours.

Ordonné prêtre en 1881, il quitta le Grand-Séminaire, après y avoir jeté les bases d'une Association sacerdotale appelée à faire un grand bien aux membres du clergé séculier.

Vicaire dans des circonstances particulièrement difficiles, il fut à la hauteur de la situation, donna du premier coup la mesure de sa valeur, sut se concilier l'estime et l'affection de tous et imposer le respect à ses adversaires. Aussi son souvenir est-il toujours vivant dans cette petite ville de Poix où son départ a causé d'unanimes regrets.

Curé de Guibermesnil, il consacra à l'étude les loisirs que lui laissait la pratique du ministère sacerdotal. Il reprit ses études classiques, et revit tous ses auteurs afin de combler les lacunes qui existaient dans son éducation. Plus d'une fois il fut surpris, occupé à ce dur labeur, par celui même qui écrit ces lignes.

Travailleur ardent et infatigable, il n'est donc pas étonnant qu'il soit versé dans toutes les branches de la science ecclésiastique.

A la demande d'un de ses supérieurs, il rédigea un travail important sur l'*Hexameron*, autrement dit sur l'Œuvre des six jours de la Création, travail absolument complet qui prouvait bien que l'auteur était très au courant des progrès des sciences, et des découvertes modernes, et que son savoir était fort étendu.

Toujours original, M. l'abbé Armand y émet avec netteté des opinions absolument personnelles, car, s'il professe un grand respect pour les maîtres qui font autorité, il sait aussi revendiquer bien haut pour les jeunes, la liberté de penser et de dire. Après tout, n'est-ce point là la condition du Progrès ?

M. l'abbé Armand s'est aussi révélé orateur de talent et a, en diverses circonstances, prononcé des discours qui furent fort appréciés. Il vise, avant tout, à être pratique : le style est clair, la phrase courte, l'action modérée, la voix forte.

Le rédacteur de la notice insérée dans le *Dictionnaire biographique de la Somme* (Jouve, Paris; 1893, n° 13) dit que : « M. l'abbé Armand a publié sous un pseudonyme quelques articles remarqués. » Ce n'est point exact. On avait voulu le pousser de ce côté, mais il s'en défendit toujours en répondant : « Non, le terrain est trop glissant; le présent est trop triste, et l'avenir si sombre, que je préfère vivre avec les vieux. »

De fait, il vit avec le Passé. La chapelle de Rue, l'église de Poix, près desquelles il vécut durant plusieurs années, éveillèrent en lui le désir de connaître à fond les vieux monuments picards. Il étudia l'Histoire et l'Archéologie locales. Nul ne connaît mieux que lui les belles voûtes de l'église de Poix; c'est à sa courageuse intervention que l'on doit le rétablissement, dans leur état primitif, des jolies rosaces qui ornent la croisée d'ogive à chaque travée du chœur et du transept de cette belle église.

Lors des travaux exécutés dans cet édifice en 1883, il profita de cette circonstance et, grâce aux échafaudages, put voir de près ces sculptures si intéressantes et prendre des notes sur place. Nous en attendons la publication, non sans raison, car M. l'abbé Armand « dont les connaissances en histoire et en archéologie locales sont si étendues » dit M. Alc. Ledieu, bon juge en pareille matière (*Le Maréchal de Mailly;* Paris, Picard, 1895, page 53), est un archéologue et un historien d'une valeur

réelle. Seulement, il est trop modeste, il est de ceux qui travaillent pour les autres, qui fournissent des matériaux à qui en veut sans songer à leur propre gloire et tous les auteurs ne ressemblent pas à M. de Fignères qui, en terminant son travail dit : qu'« il tient à reconnaître publiquement la dette de reconnaissance qu'il a contractée envers M. l'abbé Armand, curé de Coullemelle. La part considérable que notre érudit collaborateur a prise à l'*Armorial des Communes de la Somme,* ajoute-t-il, constitue la meilleure partie de ce travail. » (in *Cabinet historique de l'Artois et de la Picardie,* viii° année; 1893-1894, page 207).

M. l'abbé Armand est membre de la *Société d'Emulation d'Abbeville* (1888), de la *Société des Antiquaires de Picardie* (1893), et du *Conseil héraldique de France* (1893).

On doit au distingué curé de Coullemelle : *Notice sur S. G. Mgr Renou, évêque d'Amiens* dans le *Diction. biograph. de la Somme,* publié par H. Jouve (Paris, 1893), et quelques autres notices — des meilleures — insérées dans le même Dictionnaire, et dans celui de l'Oise. — *Armorial du département de la Somme*, publié en collaboration avec M. R. de Fignères (in *Cabinet Historique de l'Artois et de la Picardie ;* 1893-1894, tirage à part, Abbeville, 1895). Cette publication a valu aux auteurs les lettres les plus flatteuses. — *Le Droit de Présentation à la cure de Beaucamps-le-Jeune, Somme* (in *Cabinet historique de l'Artois et de la Picardie*, 1893 ; tirage à part, Lille, 1894). On y trouve des détails très intéressants sur le droit de patronage et sur les seigneurs du lieu. — *La Croix de Broyes*. Notice manuscrite lue à l'assemblée générale de la *Soc. des Antiquaires de Picardie*, le 29 novembre 1894 (*Biblioth. de la Société*). — Cf. : *Annuaire du Conseil héraldique de France* (année 1894 : p. 311. — d° année, 1896 ; p. 341). — *Album archéologique* publié par la *Soc. des Antiquaires de Picardie* (xiᵉ fascicule, 1896).

. M. l'abbé Armand a d'autres travaux importants en préparation.

M. l'abbé Armand nous en voudra peut-être d'avoir attiré l'attention sur lui. Mais l'intérêt de la vérité historique l'exigeait.

Les travailleurs qui, comme lui, honorent le clergé français, ne doivent pas être oubliés ici. Que M. l'abbé Armand s'en console et nous pardonne.

LAVEILLE (l'abbé Auguste-Pierre), Directeur et professeur de théologie au noviciat de l'Oratoire (L'Hay, par Bourg-la-Reine, Seine), né au Val-Saint-Père, près Avranche (Manche), le 2 janvier 1856.

Tout enfant, il errait, un livre à la main, le long des grèves bleuâtres de la baie du Mont Saint-Michel, parmi les tamarins qui en bordent les rives. Il a puisé dans le spectacle de ces horizons superbes l'amour passionné de son pays natal, l'attrait pour la poésie et la légère teinte de mélancolie qui caractérise son talent.

Après de brillantes études au collège d'Avranches, où il ne manqua pas une seule année de remporter le prix d'excellence avec une abondante moisson de couronnes, il obtint, en juillet 1874, le prix d'honneur de rhétorique au concours des lycées et collèges du ressort de l'Académie de Caen. L'année suivante, muni du double diplôme de bachelier ès-lettres et de bachelier ès-sciences, il entra au Grand Séminaire de Coutances, où, dès le premier examen public, ses maîtres le placèrent, en quelque sorte, hors concours, en lui décernant une note exceptionnelle. Ses goûts le poussaient, dès lors, vers la philosophie et vers l'histoire. N'ayant pas à sa disposition les ressources nécessaires pour étudier avec fruit cette dernière science, il se consacra à la philosophie avec une telle ardeur, qu'il fut choisi comme collaborateur par son professeur, M. l'abbé Brin, qui préparait alors un *Cours de Philosophie*, suivi actuellement dans plusieurs séminaires.

Prêtre à vingt-trois ans, l'abbé Laveille demanda à son évêque, Mgr Germain, l'autorisation de continuer ses études littéraires et philosophiques en vue de l'enseignement public. Cette autorisation ne lui fut pas accordée, à cause des nécessités du ministère. Mais ses supérieurs avaient distingué le jeune prêtre éminemment sérieux, travailleur, pieux et doux, et ils lui confièrent le poste très envié de vicaire de Saint-Hilaire-du-Harcouët.

C'est une petite ville d'environ quatre mille habitants, où l'abbé Laveille fut bientôt apprécié. Obligé un peu contre son gré, de se livrer aux occupations du ministère paroissial, il voulut, du moins, le faire avec conscience. Doué de rares aptitudes pour la prédication, il réunit bientôt dans la vaste église, un auditoire aussi nombreux que sympathique, qui devait lui rester fidèle pendant tout son séjour à Saint-Hilaire. Ce séjour, d'ailleurs, ne devait pas être de longue durée. Informé des succès oratoires du jeune prêtre, Mgr Germain l'appela, au bout de deux ans, comme vicaire, à l'importante paroisse de Notre-Dame-de-Saint-Lô.

Dans ce nouveau milieu, plus lettré, mais, par suite, plus difficile que celui qu'il venait de quitter, son talent ne pouvait que grandir. Il eut vite conquis son nouvel auditoire ; chargé de faire des conférences religieuses aux hommes du monde qui, d'ordinaire, fréquentaient la messe de midi, il produisit sur eux une impression dont, après quinze ans, on se souvient encore.

Mais les mêmes nécessités diocésaines qui l'avaient engagé dans les occupations du ministère paroissial allaient l'arracher à une vie dont il commençait à apprécier les consolations, pour donner enfin satisfaction à ses anciens goûts d'enseignement. La chaire de philosophie du Petit Séminaire de Mortain était subitement devenue vacante. L'administration épiscopale la lui offrit. A bien des égards, c'était lui demander un acte de dévouement. L'abbé Laveille n'hésita pas. Pour répondre aux désirs de ses supérieurs et à la secrète vocation qui l'attirait depuis longtemps vers l'étude, il sacrifia un brillant et fructueux ministère et se renferma dans les rudes et obscures fonctions du professeur.

Il était désormais dans sa véritable voie. Pendant six ans, il enseigna la philosophie avec un succès toujours croissant. Sur quinze élèves, à peu près, qu'il présentait, chaque année, au baccalauréat, douze, en moyenne, étaient admis ; il lui arriva même, deux années de suite, de les faire recevoir sans aucune exception.

L'abbé Laveille a composé, à Mortain, son premier livre. C'est un manuel très méthodique, très clair, à l'usage des aspirants aux examens, intitulé : *Traité élémentaire de Philosophie*, grand in-8 (1886). C'est là aussi qu'il a donné suite, pour la première fois, à son ancien attrait pour l'histoire, en étudiant les origines de l'enseignement ecclésiastique en France. De ces études est sortie une importante brochure intitulée : *L'Eglise institutrice de la France sous la monarchie mérovingienne* (1888).

Les travaux philosophiques de l'abbé Laveille, et spécialement le manuel que nous venons d'indiquer, avaient attiré sur lui l'attention de Mgr l'évêque d'Assise, qui, en 1892, lui adressait des lettres de chanoine honoraire.

A cette époque, le distingué professeur avait dû renoncer à sa carrière. Dès 1888, une laryngite opiniâtre lui avait interdit à peu près complètement la parole publique. Obligé d'accepter un poste d'aumônier à Saint-Lô, il essaya de se consoler de cette impuissance prématurée en s'adonnant de plus en plus à l'étude. Placé à proximité des Archives départementales de la Manche, il y rechercha spécialement les pièces qui pouvaient avoir trait à l'histoire de l'Enseignement dans le département, et publia, en 1891, une brochure intitulée : *L'Instruction primaire dans l'ancien diocèse d'Avranches avant la Révolution*. Ce travail lui valut les plus vives félicitations de M. Léopold Delisle.

Mais les assujettissements de son poste ne lui permettant pas de se livrer avec suite à ses travaux, il quitta, en 1892, le diocèse de Coutances pour entrer dans la Congrégation de l'Oratoire.

Il a publié, depuis quatre ans, une bonne partie des travaux pour lesquels il amassait depuis longtemps des matériaux. Citons notamment : *L'Eglise et les Belles-Lettres* (in-12 de 400 pages, 2ᵉ édition) ; *Vie du général de Lamoricière*, gr. in-8 illustré, 2ᵉ édition) ; *La Civilisation chrétienne, études sur les bienfaits de l'Eglise*, en collaboration, 2 gros vol.in-8ᵒ illustrés) ; et, dans un autre ordre d'études : *Les*

écoles de Cherbourg avant la Révolution et les origines du Lycée de Cherbourg*, in-8ᵒ, mémoire lu au *Congrès des Sociétés savantes* en 1895) ; *Le Collège de Mortain depuis ses origines jusqu'à nos jours*, mémoire lu au même Congrès en 1896, in-8; *Histoire de la Congrégation de Savigny*, par dom Claude Auvry, publiée avec une introduction et des notes par A. Laveille (3 volumes gr. in-8ᵒ). — Ce dernier ouvrage paraît actuellement sous les auspices de la *Société de l'Histoire de Normandie*.

Ajoutons à ces nombreux travaux divers articles publiés dans des Revues parisiennes : *Jean-Marie de Lamennais*, dans la *Correspondance catholique* du 15 juin 1893; *Lamennais, directeur des âmes*, dans le *Clergé français* du 15 mai 1896 et numéros suivants; *Lamennais intime*, dans la *Revue du Monde catholique*, numéros de juin, juillet, etc.,1896; *Lettres de Lamennais*, dans la *Quinzaine*. Ces divers articles étaient en quelque sorte la primeur d'un volume paru récemment à la librairie Plon, sous ce titre : *Lamennais intime* (correspondance inédite, in-8ᵒ).

L'abbé Laveille se propose de publier, dans un avenir prochain, divers travaux importants, notamment une *Vie de Jean-Marie de Lamennais, fondateur de Frères de Ploërmel*, 2 volumes,et une *Histoire de l'Abbaye Blanche et du Petit-Séminaire de Mortain*, in-8 illustré.

Archéologue distingué, bibliophile intelligent, amateur délicat, il a réuni dans la maison de sa famille une riche bibliothèque avec quelques tableaux de valeur et une curieuse collection d'estampes anciennes.

L'abbé Perreyre, l'un des ancêtres de l'abbé Laveille dans la Congrégation de l'Oratoire, disait souvent : « Parlez-moi des valétudinaires; ceux-là travaillent. » Aucune vie ne lui donnerait plus complètement raison que celle que nous venons de retracer.

SUEUR (abbé Achille-Anatole-Ambroise LE), curé d'Erondelle (Somme), né à Villers-Campsart, canton d'Hornoy (Somme), le 6 décembre 1854, d'une ancienne famille, anoblie au xvıᵉ siècle par les charges.

Sa famille compte, parmi ses membres, un mayeur d'Abbeville, Nicolas Le Sueur, un secrétaire du roi, Anthelme Le Sueur (1652), un grammairien, Jean Langlet, professeur d'humanités au collège Sainte-Barbe, aumônier de Mᵐᵉ Adélaïde, un chanoine de la cathédrale d'Amiens, Masson, un professeur de rhétorique au collège Cardinal-le-Moine, l'abbé Thomas de la Cour, un capitaine de grenadiers, Masson de Beaumont, dit le Grenadier, un régisseur des biens des ordres royaux, Henry Le Sueur.

Sa famille maternelle compte de son côté, parmi ses membres, un conseiller et médecin du roi, Guillaume Le Febvre de Belloy, un officier des écuries de l'Empereur, mort en Russie, Auguste du Mesnil, un doyen de la Faculté de théologie et curé de Saint-Louis-enl'Isle de Paris (xviiͤ siècle), Jacques Leullier, un grand-maître du collège Cardinal-le-Moine, Claude Leullier, frère du précédent, deux recteurs de l'Université de Paris (xviiiͤ siècle), Jacques Robbe (1710), François-Michel Le Bel (1755).

Son grand-père et son père appartinrent quelque temps à l'enseignement. C'est au milieu de ces souvenirs qu'il fut élevé par un père d'une honorabilité parfaite et d'une intelligence élevée qui voulut, avant tout, donner à ses deux fils et à ses deux filles une éducation chrétienne.

Tout jeune, l'abbé Le Sueur entra au Petit-Séminaire de Saint-Riquier (Centule) où il fit ses études, puis au Grand-Séminaire d'Amiens, qu'il quitta, après trois années, pour devenir professeur au collège Saint-Stanislas d'Abbeville. Il n'y resta que deux ans, juste le temps nécessaire pour atteindre l'âge canonique de la prêtrise.

Ses supérieurs le nommèrent, en 1878, vicaire de Ham, où il trouva un curé remarquable et un collaborateur distingué qui est resté son ami, l'abbé Danicourt, le spéléologue bien connu. C'est pendant ses quatre années de vicariat et sous l'inspiration de son éminent collègue, qu'il commença à s'occuper d'archéologie, à recueillir des objets anciens dont il compléta plus tard la collection.

Envoyé ensuite à Erondelle, en 1882, il voulut développer, dans la solitude du presbytère, son goût pour le travail et l'étude. Modeste, sans ambition, peu connu de ses supérieurs, il s'est créé, dans sa retraite, un intérieur charmant, où il reçoit une société choisie.

Les longs loisirs que lui laisse un ministère peu chargé, lui ont permis de s'adonner tout d'abord à la science archéologique. Il vit bientôt plusieurs de ses travaux couronnés par la *Société des Antiquaires de Picardie* : une *Notice historique sur Fontaine-sur-Somme* (1888), une autre sur *Molliens-Vidame* (1890).

Membre des *Antiquaires d'Amiens*, de la *Société d'émulation d'Abbeville*, de la *Société française d'archéologie*, il n'a cessé, chaque année, de fournir son contingent de recherches, qu'impose le règlement à chacun des membres de ces diverses Sociétés.

L'histoire locale lui a fourni bien des sujets d'études. C'est ainsi qu'il s'attacha, par exemple, à cette personnalité étrange de la Fronde, le *maréchal d'Hocquincourt*, dont il publia une *Notice biographique et historique*, très sérieusement fouillée (1889).

D'aimables relations lui ont permis de dépouiller les archives de familles amies, qui amenèrent la découverte et la publication d'une *Correspondance inédite de Maupertuis avec les savants de son temps*, précédée d'une préface très étudiée (1895).

Ses connaissances sur le xviiiͤ siècle lui ont fait entreprendre un livre sur *La Condamine et son temps d'après ses papiers inédits*, qui va bientôt paraître.

C'est ainsi que dans le silence de la retraite et l'amour de l'étude, il s'est acquis des connaissances qui, en ornant son esprit, sont utiles à la science. « Je n'ai d'autre but, disait-il à un ami, en parlant de sa vie studieuse, que de m'empêcher de m'encroûter, de nourrir mon esprit, d'être utile aux autres, et surtout de faire voir que l'étude et la science, si peu importantes qu'elles soient chez moi, sont encore l'objet des recherches et de la prédilection du clergé picard. »

Très gai, très jeune d'aspect, d'allures et de caractère, l'abbé A. Le Sueur, aime ses confrères qui le lui rendent bien. Amateur de belles choses, fin connaisseur, sans cesse on lui demande conseil sur les décorations, les changements, les embellissements des églises. Il a publié en 1886 une étude très bien faite sur *Les anciens vitraux du Ponthieu*.

En 1895, il publia dans l'*Echo de la Somme*, une série d'articles sur *La peinture religieuse au Salon des Champs-Elysées*.

Très populaire, au milieu de gens qu'il aime et qu'il connaît à fond depuis quinze ans, il observe avec soin leurs aspirations, leurs besoins, leurs nécessités, qu'il transforme ensuite, après réflexions et comparaisons, en articles de journaux ou de revue. Pendant une année, il publia dans l'*Echo de la Somme*, des études morales intitulées : *Mon Village*, sous un pseudonyme de famille qui a intrigué bien des chercheurs.

Très charitable, très compatissant, il a recherché les moyens pratiques de venir en aide à la misère du paysan. Ses articles intitulés :

l'*Assistance publique dans les campagnes* (in *Echo de laSomme ;* 1895) ont été très remarqués.

Ses relations et ses amitiés lui ont fait connaître un monde plus élevé et ses observations lui ont fait éditer un livre diversement apprécié, mais très bien écrit et pensé : *Le Jeune homme chrétien dans le monde.*

Tels sont la vie et les travaux de ce petit curé de campagne, dont nous n'avons pu tirer ces quelques renseignements que par l'insistance et la pensée qui nous presse de faire voir au monde ignorant et prévenu, combien est belle et féconde la vie du prêtre qui sait utiliser ses loisirs au profit de la Science.

CHEVALIER (Cyr-Ulysse-Joseph), ✷, I. ✿, chanoine honoraire de Valence et de Lyon, professeur à l'Université catholique de cette dernière ville, correspondant de l'Institut, etc., est né le 24 février 1841, à Rambouillet (Seine-et-Oise), où son père, chirurgien major de l'armée, se trouvait alors en garnison.

Adresse : 3, rue des Clercs, Romans (Drôme).

La famille Chevalier est l'une des plus anciennes de Romans, où elle a toujours occupé un rang distingué. M. Ulysse Chevalier père a fourni une très honorable carrière, non seulement dans l'armée, où la croix de la Légion d'honneur vint récompenser ses mérites, mais aussi dans les lettres, où il s'est fait un nom comme chroniqueur et historien. Il fut le premier maître de celui qui devait être tout à la fois l'héritier de son nom et de son goût pour les recherches de l'érudition. Le jeune Ulysse avait douze ans lorsque son père rentra dans ses foyers. Placé alors au collège de Romans, il y acheva ses études classiques, lesquelles étant terminées, il entra, en 1862, au grand-séminaire de cette ville, qui se trouve tout vis-à-vis la maison paternelle. Il en sortit sous-diacre à la fin de l'année scolaire 1865, et ne fut ordonné prêtre qu'aux quatre-temps de la Pentecôte, 30 mai 1867. M. l'abbé Chevalier n'avait pas attendu cette époque pour se livrer aux études où il devait bientôt acquérir un si grand renom. Dès la fondation de la Société archéologique de la Drôme, en janvier 1866, il fut l'un de ses membres actifs, et le premier volume du *Bulletin* contient déjà de ses articles. Le 22 décembre de la même année, il devenait membre correspondant de l'Académie Delphinale, et le 5 février suivant, toujours avant son ordination sacerdotale, membre de la Société de l'Histoire de France.

Outre les exemples et les encouragements de son père, M. l'abbé Chevalier avait encore, pour le guider dans ses débuts, les sages conseils et la grande science de M. Émile Giraud, ancien député, auteur de l'*Histoire de l'abbaye de Saint-Bernard et de la ville de Romans.* Cet homme éminent prit en grande affection le fils de son ami et en fit son disciple. Il mit à sa disposition sa riche bibliothèque et sa vaste

érudition, et, en même temps, il le mit en rapport avec les principaux savants de la capitale avec lesquels il était, lui-même, en relations suivies. Sous d'aussi heureux auspices, M. l'abbé Chevalier ne pouvait manquer de faire de rapides progrès dans la science vers laquelle il se sentait entraîné par une irrésistible voca-

tion et les merveilleuses aptitudes qu'il avait reçues de Dieu pour la cultiver et l'acquérir en furent singulièrement développées. De 1866 à 1868, plus de vingt brochures ou articles de longue haleine émanèrent de sa plume; la plupart avaient pour objet quelque point d'histoire dauphinoise ; quelques uns aussi avaient trait à l'histoire générale, et même des considérations d'un ordre plus relevé, notamment sur *la Religion catholique et la société* (Besançon, Bouvalot, 1867, in-8). Toutefois, cette première série de publications n'en comprend aucune qui dépasse les proportions d'une brochure. En 1868, il fit paraître, sous les auspices de l'Académie Delphinale, un volume de chartes et de *Documents sur le Dauphiné :* ce qui, joint à ses publications précédentes, lui valut le titre de Correspondant du ministère de l'Instruction publique pour les travaux historiques, qui lui fut conféré le 12 octobre 1868, et un an après le premier prix au concours ouvert par l'Académie Delphinale pour les meilleurs travaux sur l'histoire de la province. En novembre de la même année 1868, il obtenait encore une mention honorable au concours des antiquités nationales. Dès lors, les Sociétés savantes lui ouvraient leurs rangs de tous côtés. A cette date, il faisait partie de huit, dont trois étrangères; actuellement, il n'y en a pas moins de treize qui s'honorent de le compter parmi leurs membres dont quatre d'Italie, deux d'Espagne et six de différentes autres contrées, y compris la Société académique Indo-Chinoise.

A partir de 1869, les volumes alternent avec les brochures. Ce sont surtout des Cartulaires et des documents originaux annotés. Après le volume publié par l'Académie delphinale, mentionné plus haut, nous voyons paraître successivement les *Cartulaires de S. André-le-Bas* (1869); *de Léoncel* (1869); *de Montélimar* (1871); l'*Inventaire des Archives des Dauphins de Viennois* (1871); les *Ordonnances des Rois de France et autres princes souverains, relatives au Dauphiné* (1871); le *Cartulaire du Prieuré du Bourg-lès-Valence* (1872); *Choix de documents inédits sur le Dauphiné* (1874); *Visites pastorales des Evêques de Grenoble de la maison de Chissé* (1874); *Actes capitulaires de l'Eglise S.-Maurice de Vienne* (1875); *Cartulaire des Hospitaliers et des Templiers en Dauphiné* (1875); etc., etc.

Enfin, en 1876, il lança l'annonce de son *Répertoire des sources historiques du Moyen Age*, dont le premier volume, comprenant la *Bio-Bibliographie*, parut en cinq fascicules successifs, sous les auspices de la Société bibliographique de Paris, de 1877 à 1888. Cet ouvrage capital mit le sceau à la réputation de son auteur, et lui valut, dès l'apparition du premier fascicule, les suffrages unanimes du monde savant. Tout les organes de la presse scientifique en firent l'éloge. L'édition fut bien vite enlevée, et réclamée surtout en Allemagne et en Amérique. Ce fut principalement en considération de cet ouvrage que M. l'abbé Chevalier fut décoré de la Légion d'Honneur, par décret du 21 avril 1877. De son côté, Mgr l'Evêque de Valence, voulant reconnaître un mérite qui honorait si fort son clergé, le créa chanoine honoraire, en novembre suivant. Déjà deux missions scientifiques en Angleterre et deux nouvelles mentions au concours des Antiquités nationales lui avaient valu, d'abord, en avril 1869, le titre d'officier d'Académie, et en 1875, celui d'officier de l'Instruction publique.

En septembre 1880, M. l'abbé Chevalier fonda, pour le diocèse de Valence et pour les diocèses circonvoisins, un *Bulletin d'Histoire ecclésiastique et d'Archéologie religieuse*, qui depuis lors, n'a pas cessé de paraître par livraisons semi-mensuelles, avec la collaboration de quelques ecclésiastiques de ces mêmes diocèses. Outre les fascicules périodiques paraissant tous les deux mois, il y a un fascicule supplémentaire, consacré le plus souvent à la publication de quelque document plus considérable ou plus étendu.

Au milieu de ses travaux littéraires, M. Chevalier ne pouvait oublier son caractère sacré. A peu de distance de Romans, la chrétienne population des Granges avait fait construire une église. Il fallait un prêtre dévoué pour la desservir. M. Chevalier fut cet homme. A partir de mai 1870, il vint y célébrer la sainte messe et y faire les baptêmes, mariages et enterrements. Il fit mettre la dernière main à l'église, construire la cure, clore de murs le cimetière, et, de plus, il appuya de toute son influence les démarches faites pour obtenir l'érection de cette église en succursale. Cette érection eut lieu en août 1878. Sa mission aux Granges se trouvait dès lors achevée; il demanda donc à se retirer, pour faire place à un succursaliste en titre, d'autant plus que sa santé laissait en ce moment beaucoup à désirer. Il y resta cependant encore jusqu'à Noël inclusivement, et ce ne fut qu'en janvier suivant que le premier curé des Granges vint prendre possession du presbytère érigé par ses soins.

Lorsque, en septembre 1881, les Jésuites qui dirigeaient le Grand Séminaire de Romans en eurent été exclus par ordre administratif, M. l'abbé Ul. Chevalier fit partie du nouveau personnel destiné à les remplacer. Toutefois, pour que son temps lui fût ménagé le plus possible, il ne fut chargé que d'un cours d'archéologie, qui était pour ainsi dire un complément au cours d'histoire ecclésiastique que faisait son cousin, M. l'abbé Jules Chevalier.

Cependant de nouvelles distinctions, et des plus honorables, continuaient d'arriver spontanément à l'auteur du *Répertoire des sources historiques du Moyen âge*. En juin 1882, l'Université de Leipsick le déclarait *Philosophiæ doctor et bonarum artium magister*, titre qui n'est que très rarement conféré à des étrangers. L'Université de Louvain, à son tour, le proclamait, cinq ans après (7 janvier 1887), docteur en théologie, *honoris causâ*, sans autre examen que celui de ses œuvres. En juillet suivant, il échangeait sa chaire du Grand Séminaire de Romans contre celle d'histoire ecclésiastique aux Facultés catholiques de Lyon. Enfin, le 30 décembre de la même année, il était créé correspondant de l'Institut pour l'Académie des Inscriptions et Belles-Lettres. En juin 1888, ses travaux bibliographiques lui valaient le prix Brunet.

A partir de 1891, nous voyons M. l'abbé Chevalier se livrer tout spécialement à l'étude de la littérature liturgique. Il en fit l'objet de son cours aux Facultés catholiques de Lyon, et de son discours de réception à l'Académie des Sciences, Belles-Lettres et Arts de Lyon, qu'il prononça le 13 janvier 1891. Ce fut dans le but de rechercher des documents liturgiques qu'il entreprit, en septembre 1891, en compagnie de quelques membres de la Société Archéologique de Tarn-et-Garonne, un voyage en Espagne, dont il publia, à son retour, une intéressante relation sous ce titre : *Souvenirs d'une excursion archéologique en Espagne* (Lyon, Vitte, 1892. In-8° de 56 p.); trois ans après, en 1894, il en fit un autre dans le nord-est de la France, en Belgique, en Hollande, et sur les bords du

Rhin, dont le récit n'a malheureusement pas été publié. La plus importante publication de M. l'abbé Chevalier, dans ce dernier ordre d'idées, est un *Repertorium hymnologicum* (Louvain, Lefever, 2 vol. in-8°, 1892-96), dans lequel il a recueilli les titres par *incipit* de plus de 22,000 hymnes ou proses, tirées des bréviaires et missels de tous les diocèses, tant manuscrits qu'imprimés, depuis le moyen âge jusqu'à nos jours.

Tel est en raccourci et *per summa* le *Curriculum vitæ* de M. l'abbé Chevalier. Ceux qui voudront connaître par le menu ses états de service, ses titres et ses œuvres devront consulter la Notice autobiographique qu'il a publiée sous ce titre et qui porte, à cette date, à 112 numéros la nomenclature de ses ouvrages et à 32 le nombre des Revues ou publications périodiques auxquelles il a collaboré. Depuis lors, il y aurait une dizaine d'articles à ajouter à sa bibliographie, qui s'augmente à tout instant de nouveaux travaux. En ce moment, l'infatigable érudit rédige le tome II du *Répertoire des sources historiques du Moyen-Age*, qui comprendra la *Topo-bibliographie*. Déjà, deux fascicules ont paru, et les autres suivront sans trop d'interruption. Il a aussi en vue la réimpression d'anciens documents liturgiques, notamment du Bréviaire de Saint-Barnard-de-Romans, dont on prépare en ce moment la copie. Enfin, il a fait un appel à tous les détenteurs de cantiques pour la rédaction d'un répertoire pour ce genre de littérature religieuse, analogue à celui qu'il a publié pour l'hymnologie latine.

ARDIN (Mgr PIERRE-MARIE-ETIENNE), ✠, Assistant au Trône Pontifical, Comte romain, Prélat domestique de Sa Sainteté Léon XIII, nommé Evêque le 12 février 1880, préconisé le 27 du même mois, sacré le 1er mai suivant. Transféré à l'évêché de La Rochelle par décret du 11 janvier 1884, préconisé le 27 mars suivant. Transféré à l'archevêché de Sens par décret en date du 2 avril 1892, préconisé le 11 juillet, a pris possession de son siège, le 20 août 1892.

Mgr Ardin est né à Clairvaux, diocèse de Saint-Claude, le 26 décembre 1840. Clairvaux est une jolie bourgade, coquettement située sur une colline dominant deux vallées ombreuses: deux lacs qui vont se déverser dans l'Ain, font miroiter au soleil leurs eaux limpides; tandis que sur l'autre versant, on entend la grande voix d'un torrent qui roule ses eaux tourmentées, au milieu de gigantesques rochers.

Sur tout le parcours de la rivière, sont établies de nombreuses usines: moulins, forges, scieries, papeteries.

C'est dans une de ces usines que naquit Mgr Ardin, le jour de la fête de Saint-Etienne.

Son père, mort aujourd'hui, dirigeait lui-même une vaste papeterie dont il était le propriétaire. Cette industrie, longtemps prospère, fut ruinée, comme tant d'autres, par la création des chemins de fer qui, en déplaçant les centres commerciaux, ont fait la fortune de quelques localités aux dépens de beaucoup d'autres.

Clairvaux n'est plus maintenant qu'un chétif village, et rien ne rappelle aujourd'hui l'activité commerciale d'il y a cinquante ans.

Les parents de Mgr Ardin, jouissant de l'estime de tous, étaient de ces fiers chrétiens malheureusement trop rares aujourd'hui: le jour de la naissance de l'enfant fut aussi celui de son baptême: la vieille église, ruinée par le temps et se ressentant, même à une si grande distance, des combats et des sièges soutenus jadis par les montagnards contre l'armée française, menaçait de s'effondrer, aussi; l'enfant fut porté dans la chapelle si vénérée de Notre-Dame-de-l'Isle, et, c'est dans cet antique sanctuaire, seul vestige d'un château féodal, qu'il reçut le baptême; on lui donna les noms de Pierre-Marie-Etienne.

Le jeune Ardin ne resta pas longtemps au pays de sa naissance; dans les hautes montagnes qui enserrent Saint-Claude habitait alors la grand'mère de celui qui, quarante ans plus tard, devait présider aux destinées de trois diocèses de France: Oran, La Rochelle et Sens.

Les grand'mères sont jalouses de l'affection de leurs petits-enfants, et cet égoïsme leur sied bien. A peine sorti de la première enfance, Mgr Ardin fut confié à Mme Roy, sa grand'mère, tant aimée, et c'est sous la direction de cette femme, qui cachait un si grand cœur sous une enveloppe austère, que l'enfant grandit et vécut avec l'insouciance de son âge jusqu'au jour où, ayant manifesté des germes de vocation, il fut placé au séminaire de Nozeroy.

Le jeune Ardin passa cinq années dans cette maison, où des maîtres dévoués formaient les enfants à la vie laborieuse et austère qui devait, pour la plupart, être leur lot quelques années plus tard.

Nozeroy (Nazareth, selon des étymologistes qui soutiennent parfaitement leur dire) est une petite ville perdue dans les hautes montagnes. Une ceinture de remparts l'étreint, et c'est en passant sous d'antiques portes voûtées, en frôlant des herses et en marchant sur des ponts-levis qu'on entre dans ce village qui possède de précieux vestiges du régime féodal.

Les couvents étaient nombreux jadis dans cette charmante localité, et les habitudes de piété se sont conservées intactes dans cette population rude et forte qui, respirant sans cesse un air vif et pur, a acquis une endurance qui fait de l'homme des montagnes un type accompli de fierté généreuse.

Mais il y a un revers à la médaille; s'il est charmant, l'été, de courir dans la forêt, et c'était la grande distraction des élèves du Petit-Séminaire; la vie, pendant l'hiver, était vraiment pénible. La neige couvrait tout, et la bise du nord soufflait, froide et glacée, dans les corridors de l'ancien monastère qui sert maintenant de séminaire. La plupart des élèves, dans cette atmosphère saine, se fortifient, mais quelques-uns y souffrent et s'étiolent : ce fut le cas du jeune Ardin, que l'état de sa santé obligea de chercher un climat plus doux, fatigué qu'il était par une croissance précoce.

Sa famille avait, depuis quelques années, quitté le Jura et habitait Versailles. Ce ne fut pas sans regret que le jeune séminariste abandonna Nozeroy pour entrer en rhétorique au séminaire de Versailles.

Le diocèse de Versailles avait alors à sa tête un homme comme l'Église de France en compte trop peu : Mgr Mabile, précédemment évêque de Saint-Claude.

Sous une apparence froide et sévère, Mgr Pierre Mabile cachait un cœur ardent et bon.

Il avait connu, dans son premier diocèse, la famille de l'abbé Ardin, sans connaître le jeune séminariste lui-même.

Le titre de compatriote, aussi bien que les succès dans les études, attirèrent l'attention du vieillard, qui n'hésita pas à s'attacher M. Ardin en qualité de secrétaire, dès que celui-ci eut achevé ses études théologiques au grand séminaire de Versailles.

D'abord, secrétaire intime, puis secrétaire général de l'évêché, M. Ardin sut, par son tact, sa prudence et sa consciencieuse application, s'attirer l'affection sérieuse du vieil évêque et se gagner la confiance du clergé versaillais.

Aussi, quand après quelques années, Mgr Mabile voulut reconnaître le mérite de son secrétaire en le nommant chanoine honoraire, il n'y eut dans, tout le diocèse, qu'une seule voix pour applaudir à cette distinction que chacun jugeait bien méritée.

Plus tard, le canonicat honoraire se changea en canonicat titulaire, et les dignités romaines, à la prière du vénérable évêque de Versailles, vinrent chercher le jeune chanoine qui venait de montrer ce que son cœur de prêtre renfermait de patriotique dévouement.

Les jours néfastes de 1870-71 avaient trouvé M. Ardin aumônier du Palais de Versailles, et Versailles n'a pas oublié les belles cérémonies auxquelles les fidèles étaient conviés fréquemment, et qui, toutes, avaient un but pratique : des blessés à secourir, des infortunes à consoler, des œuvres catholiques à soutenir.

La belle chapelle du palais de Versailles a connu, en ce temps-là, des jours prospères, maintenant, et par la force des circonstances, bien finis! La Chambre des Députés, l'Assemblée Sénatoriale ont quitté Versailles, et la ville rêve encore à son grandiose passé et se dolente sur ses rues trop larges et son parc désert.

Mais il y a vingt ans, il n'en était pas de même, et Versailles était ville importante, siège du Gouvernement.

On tenait alors à honneur, de venir assister aux offices religieux, et c'était belle chose que de voir, à la reprise des Travaux parlementaires, les Autorités constituées se réunir dans la cour d'honneur, autour de la statue de Louis XIV, escortant le Chef de l'État qui se rendait à la chapelle du palais où l'Office religieux allait être célébré.

Les Chefs de l'État y sont venus dans cette chapelle où le Grand Roi avait prié; ils s'appelaient alors Thiers, Mac-Mahon, Grévy.

Au seuil de la splendide chapelle, l'aumônier, Monseigneur Ardin, car il avait ce titre en vertu de sa nomination à la prélature romaine,

attendait députés et sénateurs et les introduisait dans le sanctuaire éblouissant de lumières.

Et pendant que le jeune aumônier présentait à l'adoration des fidèles l'Hostie consacrée, les tambours battaient aux champs, les clairons sonnaient et les cœurs étaient émus, car les commandements militaires résonnent bien sous les voûtes d'une église, et si le soldat est beau sous son harnais de guerre, il doit être encore plus admiré fléchissant le genou devant l'autel catholique.

Mgr Ardin aimait l'élément militaire, : il avait vu le soldat de très près pendant la terrible période de l'invasion; il avait vu l'armée française rentrer précipitamment à Paris ; il avait assisté à l'entrée triomphale des Prussiens à Versailles; il avait encore dans l'oreille les sons éclatants des fifres allemands jouant leurs airs les plus joyeux en l'honneur de leur roi, proclamé empereur dans la salle des Glaces.

Le cœur patriote de l'abbé Ardin avait souffert de ces tristes choses qui angoissaient la France ; il n'en faisait que mieux son devoir, car l'invasion l'avait trouvé à son poste, et pendant de longs mois, le palais des rois de France était devenu un immense hôpital.

Ils étaient là, couchés pêle-mêle, les frères

8

ennemis, dans les salles du Musée comme dans les grands corridors : le Bavarois catholique souffrait à côté de l'enfant de Bourgogne ; le grave Poméranien était le compagnon de lit du Provençal blessé ; l'exaltation de la bataille était passée ; il n'y avait plus sur les grabats que des jeunes hommes blessés au service de leur patrie, qui attendaient pour mourir d'avoir reçu des mains de l'aumônier le Sacrement qui aide à l'âme à quitter sa mortelle enveloppe.

Et l'aumônier, dont le cœur bon et généreux saignait à la vue de tant de misère, ne ménageait pas ses forces et ne marchandait pas ses soins : la nuit comme le jour, il faisait sa ronde avec une exactitude égale à celle des médecins allemands.

Lui seul pourrait raconter tout ce qu'il vit de beau et de noble dans ces cœurs qui, pour un grand nombre, devaient cesser de battre après un court séjour dans l'ambulance improvisée ; lui seul pourrait dire les arguments qu'il tirait de son cœur et qu'il employait avec une éloquente persuasion, pour consoler ces jeunes gens qui mouraient loin des leurs en appelant, dans le délire de la fièvre, leur mère qui les attendait bien loin et les pleurait d'avance.

Ce ministère de dévouement, l'aumônier de Versailles le remplit longtemps, et la paix était faite entre les deux grandes Nations depuis des mois, qu'il s'asseyait encore au chevet de ces moribonds, car le palais-hôpital ne désemplissait pas.

Aussi, quand l'ennemi eut évacué le sol de France ; quand le calme fut revenu dans les esprits ; quand, enfin, des hommes sages songèrent à récompenser les dévouements dont ils avaient été témoins, on pensa à l'abbé Ardin, aumônier volontaire, et sur sa noble poitrine qui abritait un si vaillant cœur, on déposa la croix de la Légion d'honneur.

Une fois encore, la chapelle du palais de Versailles devait avoir une grande cérémonie, le sacre de Mgr Pierre-Marie-Étienne Ardin.

Un décret du 12 février 1880 l'avait nommé à l'évêché d'Oran ; il avait été préconisé le 27 du même mois, le sacre eut lieu le 1er mai.

Aucune autre église ne pouvait être mieux choisie que la chapelle du palais. L'aumônier se servant des hautes relations qu'il avait dans le monde politique comme dans le monde artistique, avait obtenu du Gouvernement, alors qu'il siégeait à Versailles, les fonds nécessaires pour la restauration extérieure et l'ornementation intérieure de l'édifice religieux.

Ces travaux furent exécutés sous la direction de M. Questel, membre de l'Institut. Ils durèrent longtemps, et pendant de longues années, les merveilleuses sculptures de la chapelle royale restèrent cachées sous les échafaudages.

La chapelle était dans tout l'éclat de sa beauté primitive, quand elle ouvrit, le 1er mai, ses portes dorées à l'élite de la société versaillaise. Ils étaient nombreux les amis qui étaient accourus de tous les points du diocèse pour être les heureux témoins de l'élévation de celui que, pendant vingt ans, ils avaient toujours vu remplissant son devoir, quelque dur qu'il pût être.

Le prélat consécrateur était Mgr Legain, évêque de Montauban, qui était assisté de Mgr Vigne, archevêque d'Avignon, et de Mgr Goux, évêque de Versailles. Mgr Besson, l'éminent évêque de Nîmes, était aussi présent en sa qualité de compatriote et d'ami.

La famille du nouveau Prélat était représentée par sa mère, par son frère et par sa sœur qui attendaient, avec une émotion facile à comprendre, la bénédiction du fils, du frère que la jeune Église d'Afrique allait bientôt leur enlever.

Le diocèse d'Oran avait envoyé deux de ses prêtres : le R. P. Abram, fondateur et Supérieur de l'orphelinat de Misserg-hin, et M. Irlandès, Supérieur du Grand-Séminaire.

Quelques semaines plus tard, le quai d'Oran présentait une animation singulière. Une foule nombreuse, composée de prêtres et d'officiers, attendait l'arrivée du navire qui venait de France et qui s'approchait rapidement, lançant dans les airs des nuages de noire fumée.

Et quand le bateau eut évolué dans le port, quand la passerelle fut installée, celui qui, avant tous les autres passagers, descendit à terre, fut Mgr Ardin, qui prenait possession de son nouveau diocèse.

Rien n'avait été négligé pour que la réception du Prélat fût grandiose : une haie de soldats en armes l'escortait ; le front découvert et dans une respectueuse attitude, les officiers le suivaient ; les ecclésiastiques, dont beaucoup étaient venus du fond de la province Oranaise, saluaient avec affection leur évêque et s'inclinaient sous sa bénédiction.

Ils ne devaient pas tarder à connaître et à apprécier le Pontife que la Providence leur envoyait, et ce n'est pas sans émotion que Mgr Ardin, qui pourtant a rencontré à La Rochelle comme à Sens, tant de sympathies, se rappelle les généreuses et solides amitiés qu'il a trouvées sur le sol d'Afrique.

Pendant que le cortège se rendait à la vieille mosquée arabe, qui est devenue depuis la conquête, une cathédrale dédiée à Saint-Louis ; pendant qu'une foule nombreuse composée d'Arabes au long burnous blanc, d'Espagnols, d'Italiens, de Maltais, se pressait, dans les rues étroites pour contempler le nouveau Prélat dont la haute taille dominait son entourage, le canon tonnait dans la forteresse, les cloches lançaient dans les airs leurs joyeuses envolées, et la musique du régiment de zouaves jouait la *Marseillaise*.

Il ne serait pas juste de faire ici un rapprochement avec le même air guerrier qui fut joué quelques années plus tard sur la terre d'Alger. La *Marseillaise* exécutée à Oran en l'honneur de l'évêque qui entrait pour la première fois dans sa ville épiscopale, n'était pas le prélude de la *Marseillaise algérienne*. Ce serait faire preuve complète d'ignorance des règlements militaires d'alors, que de penser que l'hymne national eût, en la circonstance, la moindre apparence politique. Les règlements étaient suivis, car les officiers, en Algérie comme dans la mère-patrie, sont esclaves de la discipline, et cet air belliqueux qui rappelait tant de grandeurs et de victoires, était écouté par tous, prêtres, soldats ou colons, avec une patriotique émotion.

Pendant quatre ans, Mgr Ardin dépensa sans compter, ses forces dans le diocèse d'Oran : il visita régulièrement les paroisses, si éloignées qu'elles fussent de la ville épiscopale ; il voyait ses prêtres et savait bien vite les apprécier et s'en faire aimer ; il n'interrompait jamais une tournée de confirmation une fois qu'elle était commencée. Rien ne l'arrêtait dans l'accomplissement de son devoir, ni la fatigue, ni les dangers qui, dans certains cas, peuvent être sérieux.

Mgr Ardin était dans le Sud-Oranais, à Saïda, quand les tribus arabes se soulevèrent. Ce n'aurait été que prudence de s'arrêter dans la plus proche place fortifiée ; certes, sous le ciel brûlant d'Afrique, nos soldats n'ont pas de ces préjugés qui ont encore cours en France, contre ceux qui représentent la religion. L'accueil fait par les soldats de France à un évêque se présentant au bivouac aurait été certainement très cordial ; mais s'arrêter, mais reculer, ne faisait pas l'affaire de Mgr Ardin : escorté des quatre spahis indigènes que l'autorité militaire mettait en ce temps-là à la disposition de l'évêque en tournée d'inspection (style des bureaux militaires), il continua sa route, confiant dans la Providence, et s'en remettant pleinement à la loyauté de l'officier arabe qui commandait le petit détachement, la route fut poursuivie. Sans doute, dans les rochers et sous les chênes-liège, on apercevait bien quelques indigènes à la mine sombre et farouche, qui regardaient passer la voiture de l'évêque ; mais leur physionomie s'éclairait quand ils reconnaissaient le Marabout-Kébir, comme ils disaient en leur langage, et les fusils ne partaient pas.

Arrivé dans la paroisse où Monseigneur voulait aller, la réception fut ce qu'elle était partout ailleurs : un simple militaire était là, sous les armes, pour prendre l'évêque à l'entrée du village et le conduire à l'église. Les tribus soulevées n'étaient pas loin. Une tribu importante dont les sentiments français laissaient à désirer, était campée dans le voisinage, et profonde fut la stupéfaction de tous quand on vint prier Monseigneur de vouloir bien dîner sous la tente du scheik des Flittas.

Que signifiait cette invitation ? Etait-ce un piège ? On ne savait trop..., car il faut compter, là-bas, avec la duplicité arabe.

L'évêque d'Oran n'hésita pas à accepter l'invitation et pénétra sous la tente du chef, escorté du commandant militaire et du sous-préfet de cet arrondissement, qui est plus grand qu'un département de France.

L'accueil fut cordial... Après le dîner, servi à la mode arabe, on causa, et le résultat de cette entrevue de l'évêque et du chef indigène fut que la tribu des Flittas ne suivit pas le mouvement insurrectionnel et resta fidèle à la France.

Mgr Ardin rentra à Oran, où des travaux plus grands l'attendaient.

L'Église d'Oran ne comptait pas alors beaucoup d'années : trois évêques seulement avaient régi le diocèse. Beaucoup de choses restaient à faire : des ordonnances à édicter, des paroisses à délimiter, des règlements à donner au clergé.

Mgr Ardin ne mentit pas à sa devise qui était celle de l'apôtre travailleur : « *Instaurare omnia in Christo.* » Il commença par composer des statuts pour le clergé.

Ce travail sérieux, entrepris par l'évêque d'Oran, fut mené rapidement à bien. C'est là, peut-être la chose la plus importante de l'épiscopat de Mgr Ardin.

Il est très beau de se mettre à la tête d'œuvres qui ont un grand retentissement ; c'est bien mériter de l'Église que de travailler de mille façons à glorifier le Pape et l'aider à accomplir des grandes œuvres de zèle et de charité générales ; mais c'est assurément le premier devoir d'un évêque de penser à ses prêtres, en leur donnant un règlement destiné à les sauver d'eux-mêmes et des autres.

Appelé par Mgr Ardin, dont il était l'ami, depuis de longues années, le R. P. Olivier, l'éminent dominicain, dont les succès oratoires sont connus de tous, prêchait la Retraite ecclésiastique ; on profita de la présence des prêtres oranais pour les réunir en synode ; des commissions sont nommées, des sous-commissions sont formées. On émet des vœux : on les accepte s'ils sont justifiés, on les rejette s'ils manquent de but pratique.

Ce travail, dont la révision est confiée à quelques prêtres intelligents et laborieux, est ainsi l'œuvre de tous ; aussi, les prêtres d'Oran ayant participé tous à la composition des règlements ecclésiastiques, les acceptèrent avec une joyeuse soumission et les observèrent avec fidélité.

Depuis la publication des Statuts Synodaux d'Oran, plusieurs diocèses de France ont rédigé des statuts ; c'est ainsi que, grâce à l'impulsion donnée par l'évêque d'Oran, la discipline se raffermit, les liens entre les évêques et le clergé se resserrent ; selon nous, et c'est aussi l'avis d'un certain nombre d'hommes autorisés et compétents, cette restauration de la discipline est peut-être le plus beau titre de mérite de Mgr Ardin, évêque d'Oran.

A quelques kilomètres d'Oran se trouvait une immense propriété achetée jadis à l'Etat par le R. P. Abram, qui avait rêvé d'en faire le berceau d'un Orphelinat agricole. En ce temps-là, les orphelins étaient nombreux en Algérie : l'époque de la conquête n'était que d'hier, les Arabes, ne pouvant se plier aux habitudes françaises, se révoltaient souvent, et quand ces rudes natures sortent de leur calme qui n'est jamais qu'apparent, la poudre a vite parlé, qui fait des orphelins.

Aidé par la générosité de la mère-patrie, à laquelle les colons d'Afrique ne font jamais appel en vain, le R. P. Abram se mit à l'œuvre ; bien des désillusions vinrent le trouver, le vieux et saint moine, les débuts furent pénibles, mais sa ténacité fut telle qu'elle surmonta tous les obstacles.

Aujourd'hui, l'orphelinat de Misserghin est en pleine prospérité : trois cents enfants y sont hospitalisés, les religieux sont au nombre de soixante ; la paix est celle d'un monastère, l'activité, celle d'une ruche laborieuse.

Le Père n'est plus là pour jouir de son œuvre ; mais n'en est-il pas toujours ainsi ? La Providence permet toujours à l'homme de commencer, mais rarement de finir. Le R. P. Abram est mort depuis quelques années, mais sa fondation est prospère et témoigne par sa vitalité de l'impulsion qu'elle a reçue sous l'épiscopat de Mgr Ardin.

Sa Grandeur aimait cette œuvre, qu'elle voyait à son début, et l'évêque d'Oran ne tarda pas à découvrir dans le bon et saint fondateur, un esprit d'élite et un cœur d'or.

Par les soins de l'évêque, la règle fut en quelques points modifiée, l'approbation demandée à Rome fut obtenue ; des jeunes filles pieuses furent attachées à l'établissement ; plus tard, elles se formèrent en communauté, et c'est sous l'habit de saint François qu'elles accomplissent sérieusement et sans bruit les devoirs que le Tiers-Ordre impose à ceux qui composent une fraternité.

D'autres soins sollicitaient le zèle de Mgr Ardin ; il y eut dans toute l'Eglise de France une période pénible qui est encore présente à tous les souvenirs : ce fut l'époque où les congrégations étaient dispersées.

A Oran, tout près de l'évêché, les Pères jésuites dirigeaient un grand collège ; pour en éviter la fermeture, qui n'aurait été que le prélude de la ruine, Monseigneur prit les Pères comme siens, en fit les auxiliaires de son clergé diocésain, et quand les autorités civiles, escortées d'agents, se présentèrent, derrière la porte, on trouva l'évêque ; mais la maison ne contenait plus que deux religieux : l'un était infirme et l'autre aveugle.

Le collège était sauvé.

A se dépenser comme le faisait le jeune évêque d'Oran, sans compter avec les fatigues qui atteignent infailliblement tous ceux qui sont nouvellement débarqués de France, on s'use vite ; le courage reste le même et le zèle n'en est en rien diminué, mais le corps souffre, et la plus simple prudence humaine exige un repos complet et un séjour prolongé sous un climat plus tempéré.

Mgr Ardin fut atteint de fièvres paludéennes au cours d'une visite pastorale.

Pendant plusieurs jours, sa vie fut en danger. En France, un journal, voulant paraître mieux informé que les autres, annonça même sa mort.

La nouvelle était heureusement fausse ; les bons soins qui furent prodigués au prélat, et aussi sa robuste constitution, le sauvèrent.

Mais, de l'avis des sommités médicales, il fallait quitter le sol africain, qui redonne parfois la santé aux faibles, mais qui, trop souvent, tue les forts.

On le savait au ministère des cultes et à la Nonciature ; aussi, voulant récompenser le zèle apostolique de l'évêque d'Oran, d'un commun accord, le Nonce du pape et le ministre des cultes le nommèrent évêque de la Rochelle.

Le décret officiel est daté du 11 janvier 1884.

Ce fut grande peine pour Monseigneur quand il dut quitter le diocèse d'Oran, où il avait passé quatre ans.

Quatre années bien remplies comptent pour beaucoup dans toute existence, et l'on dit couramment que les années d'Afrique comptent doublement.

En cet espace de temps, l'évêque d'Oran avait su s'attirer de nombreuses amitiés ; la preuve en est dans la conduite qui lui fut faite, conduite aussi triomphale que l'avait été son arrivée ; du reste, sauf les absences justifiées par la mort ou par les changements de résidence, Monseigneur voyait autour de lui pour l'adieu ceux qu'il avait vus, en débarquant, lui souhaiter la bienvenue. Les officiers supérieurs du gouvernement d'Oran étaient sur le quai : c'étaient des généraux ; qu'ils nous permettent de les nommer : ils s'appelaient Detrie, Céroz, Thomassin.

Ils avaient bien vite compris le noble caractère et admiré la rectitude de jugement de l'évêque qu'ils perdaient. Les ecclésiastiques de la ville étaient aussi présents.

Tous ont gardé de Mgr Ardin le meilleur souvenir ; la preuve en est dans les visites que lui font ses Africains, comme Sa Grandeur les appelle, prêtres ou soldats. Les uns sont venus à la Rochelle, les autres viennent à Sens ; tous se souviennent des jours d'Algérie, et ce n'est pas chose rare que de voir un glorieux soldat, revenant d'une laborieuse campagne, donner l'accolade en public à l'archevêque de Sens.

Ce fait est connu, et personne ne s'en étonne : la soutane du prêtre est si bien à sa place près de la tunique du soldat !

Mgr Ardin fit son entrée solennelle à la Rochelle au printemps de 1884.

Son prédécesseur était nommé archevêque de Rouen, où, depuis, la mort est venu le saisir dans le triomphe de son élection au Cardinalat.

Respirant l'air pur et vivifiant de la mer, la santé de Sa Grandeur ne tarda pas à s'améliorer, et bientôt les fièvres des pays chauds ne furent plus qu'un lointain souvenir.

Mgr Ardin aime à sortir sans voiture ; il le faisait à Oran, ce qui étonnait les Algériens ; il le fit encore à la Rochelle, ce qui ne laissa pas que de surprendre les Rochelois. Monseigneur retrouvait en Aunis ce qu'il aimait tant à Oran : la mer. Sans doute, l'Océan diffère par bien des côtés de la Méditerranée et le bras de mer qui vient mourir au seuil des maisons de la Rochelle ne reflète pas perpétuellement l'azur d'un ciel toujours bleu.

Mais c'était encore la grande *mare*, comme disent les marins; c'était la même masse d'eau sans cesse en mouvement, qu'elle soit remuée par la brise qui mollement pousse les vagues et les porte à la rive, soit que, furieux, le vent de tempête l'arrache de leur lit et les précipite avec fracas contre la tour des Quatre-Sergents, qu'elle menace de renverser.

C'est toujours la mer, avec ses vivifiantes senteurs, et c'est la santé que viennent chercher tous ces étrangers que chaque été ramène en si grand nombre à la Rochelle.

Mgr Ardin se rendit compte bien vite de ce que serait son ministère en Aunis et en Saintonge; il s'aperçut aussitôt qu'il avait avec lui un clergé pieux, fidèle à ses devoirs et attaché à ses évêques. Il prévit aussi des difficultés qu'il fallait surmonter.

Eu homme d'action, il résolut de faire tout son devoir, et, résolument, il se mit à l'œuvre. Il commença comme il avait débuté à Oran; les statuts synodaux n'étaient plus qu'un souvenir qui allait se perdant dans l'oubli; l'édition était depuis longtemps épuisée, et ce n'était que dans la bibliothèque des prêtres avancés en âge qu'on rencontrait cet ouvrage.

Mgr de la Rochelle consulte son clergé réuni en synode; les décisions débattues et prises, la rédaction en est confiée à un ecclésiastique de grand savoir et de haute vertu qui mourut à la peine : il se nommait M. le chanoine Gendre et était aumônier du pensionnat dirigé par les religieuses de la Providence à Saintes.

Le grand souci de Mgr Ardin fut toujours l'œuvre des séminaires; à Oran, il avait construit une vaste maison qui pouvait abriter le nombre d'étudiants nécessaire au recrutement du clergé diocésain.

Dans le diocèse de la Rochelle, il trouvait trois maisons destinées à cet usage : Montlieu, Pons et le grand séminaire, situé dans la ville épiscopale et dirigé par les lazaristes.

Les maisons étaient depuis longtemps fondées et le nombre des élèves était considérable; il ne s'agissait donc que d'assurer l'existence quotidienne d'un si grand nombre de jeunes gens.

La tâche était lourde ; elle n'épouvanta pas l'évêque de la Rochelle.

Il fonda sur des bases nouvelles l'œuvre des séminaires, œuvre qui, chaudement et souvent recommandée par Sa Grandeur, ne tarda pas à donner de consolants résultats.

Chacune de ses instructions pastorales, et Mgr Ardin les prodiguait, car il savait qu'un évêque doit se tenir en communication avec les prêtres et les fidèles qui lui sont confiés, et il pensait avec raison qu'un père a toujours le droit de parler à ses enfants, chacun de ses mandements traite des sujets élevés; tantôt c'est une paraphrase éloquente des encycliques pontificales, tantôt des instructions détaillées sur le mode de fonctionnement de l'œuvre des séminaires et des campagnes. Les œuvres, ayant trait plus spécialement à la piété, l'occupent aussi.

L'influence protestante est encore aujourd'hui prépondérante à la Rochelle; on la reconnaît au peu d'extension qui est donné au culte des morts et à la dévotion à la Sainte Vierge.

Pour réveiller dans les âmes le culte des défunts, culte qui se manifestait seulement par de superbes mausolées et des amas de couronnes, Mgr Ardin fonde l'œuvre de Notre-Dame-du-Suffrage, qui a pour but de faire prier pour les morts; pour aviver la piété envers la mère du Christ, il entre pieusement dans les vues du Pape en prescrivant à ses prêtres, plusieurs années de suite, de donner au mois du Rosaire toute la solennité possible.

Il en est des sociétés comme des individus : chacun de nous éprouve de temps à autre le besoin de réfléchir, de songer aux choses sérieuses, de regretter le passé, de réformer le présent et de préparer l'avenir. Quand un homme a l'autorité suffisante pour réunir dans cette même idée la plupart de ceux qui habitent la même paroisse, quand sa voix est écoutée et qu'il amène un certain nombre d'auditeurs autour de la chaire catholique, cela s'appelle une Mission.

Or, Mgr Ardin avait toute autorité pour cela ; il savait par les renseignements que lui fournissaient les bons et zélés curés de sa ville épiscopale que les Rochelois, privés de missions depuis longtemps, accueilleraient l'ouverture d'une station religieuse avec faveur.

Se souvenant des immenses succès qui couronnaient les prédications du bienheureux Grignon de Montfort, dont on avait à la Rochelle célébré la béatification avec tant d'enthousiasme, Monseigneur appela les RR. PP. Rédemptoristes.

Ils vinrent, ces excellents religieux, et, au nombre de douze, évangélisèrent la ville, prêchant dans chacune de ses paroisses.

Le succès dépassa toutes les prévisions, et une splendide croix, plantée sur un piédestal de granit, atteste encore par les soins dont elle est l'objet, combien la mission produisit d'heureux fruits, dont l'effet se reconnaît encore après plusieurs années.

Pendant huit ans, Monseigneur dépensa son zèle dans le diocèse de la Rochelle.

Ses diocésains l'entouraient d'une affection filiale; ses curés l'aimaient, respectant cette main qui frappait parfois, mais qui ne demandait qu'à bénir.

Tous avaient une crainte, qui s'est manifestée à plusieurs reprises, notamment lorsque le siège archiépiscopal de Bordeaux fut devenu vacant par suite de la mort du cardinal Guilbert.

De toutes parts, on semblait redire à Sa Grandeur les paroles des disciples au Maître : « Restez avec nous. »

La destinée a ses mystères : Mgr Ardin, par décret du 2 avril 1892, fut nommé au siège archiépiscopal de Sens, vacant par la mort du cardinal Bernadou.

Le 6 septembre, la ville de Sens présentait une animation extraordinaire, les maisons étaient pavoisées d'oriflammes; les rues étroites de l'ancienne cité étaient remplies par une grande foule accourue de tous les points du diocèse; dans l'antique beffroi de la Métropole, les grosses cloches, Savinienne et Potentienne, sonnaient lentement; sur la haute tour, le drapeau aux trois couleurs flottait joyeusement sous la brise d'automne.

La ville recevait son nouvel archevêque. Le siège archiépiscopal était resté vacant pendant de longs mois, et depuis trop longtemps le trône où s'était assis le cardinal Bernadou était voilé de deuil.

Un évêque est un père, et quand le père disparaît, la famille est en pleurs; il n'est aucun de nous qui n'ait éprouvé cette étrange sensation de vide qui étreint le cœur quand on entre dans une maison qui a perdu son chef, le silence impressionne, la solitude est pesante et la maison semble trop grande.

Ainsi en était-il de la ville de Sens après la mort du cardinal Bernadou; les offices à la Métropole n'avaient plus cette solennité que leur donnait la présence de l'archevêque; sous la sage direction des vicaires capitulaires, les affaires ecclésiastiques ne souffraient pas, mais les prêtres et les fidèles ne sentaient plus à la tête du diocèse l'archevêque qui seul a autorité pour régir et gouverner. Les Sénonais s'attachent à leurs archevêques, et, quoi qu'en pense certaine impiété qui est de mode aujourd'hui, sans son archevêque, la ville de Sens était une famille sans père et une reine sans couronne.

Aussi, les Sénonais se réjouissaient-ils grandement à la pensée qu'un archevêque leur était rendu, et c'était pour témoigner de leur fidèle soumission au pontife qu'ils s'étaient réunis en si grand nombre sur le parvis de la Métropole, désireux de s'incliner sous la main bénissante du nouvel archevêque.

Par une heureuse coïncidence, le jour de l'entrée solennelle du Pontife dans la cathédrale de Sens était aussi le jour de l'ouverture de la retraite ecclésiastique : ainsi s'explique le grand nombre de prêtres qui formaient au nouvel archevêque une escorte d'honneur.

La cérémonie d'intronisation est trop connue pour qu'une description détaillée soit ici nécessaire.

Après le baisement de main, Mgr Ardin monta dans la grande chaire où il donna lecture de sa première Lettre pastorale au clergé et aux fidèles du diocèse de Sens ; puis, touché à la vue de cette foule qui remplissait la Métropole, il adressa quelques mots, esquissant à grands traits le rôle e l'évêque dans nos jours

troublés, et demandant à tous, prêtres et laïques, de l'aider de leurs prières.

Monseigneur, dans ces quelques mots dictés par le cœur, sut montrer ce qu'il était: d'une très grande bonté. Il en a donné maintes preuves, notamment à Saint-Denis-du-Sig, un jour où, évêque d'Oran, il voulut présider lui-même les obsèques de 26 ouvriers qui avaient péri dans une inondation : en face de ces 26 cercueils rangés devant l'église, trop petite pour une cérémonie où tous les hommes de cœur d'Oran s'étaient rendus, touché de la misère où cette catastrophe plongeait tant de familles, l'évêque parla pour consoler, mais le cœur de l'homme saignait.

Depuis cette époque, des années ont passé : le souvenir de cette catastrophe est resté vivant dans le cœur du Prélat, qui n'en parle jamais sans une réelle émotion.

Mgr Ardin est archevêque de Sens depuis quatre ans, et pendant ce laps de temps, il a montré que l'activité dont il avait fait preuve toute sa vie n'avait pas diminué : son vaste diocèse le connaît, car, donnant au mot « évêque » toute sa signification, il a voulu visiter, en pasteur zélé, toutes les paroisses que la Providence lui avait confiées.

Ses prêtres l'aiment et le vénèrent car ils le voient à l'œuvre et le jugent par ses actes plus que par ses paroles ; comme tous les hommes laborieux, Mgr Ardin ne parle pas beaucoup, il préfère traiter les affaires sérieuses dans le silence du cabinet.

Mais les actes sont là et montrent jusqu'à l'évidence que l'archevêque de Sens est fidèle à la devise qu'il a choisie le jour de son sacre.

Certes, elle est belle, cette devise : *Instaurare omnia.* — Mais elle demande une constante application, et une grande force de volonté pour être mise en pratique, Mgr Ardin ne l'a pas fait mentir et en poursuit, sans jamais se lasser, la réalisation.

La cathédrale de Sens est connue de tous, et les « Indicateurs », si communs aujourd'hui, ont vanté ses vastes proportions, la légèreté de ses voûtes faisant un contraste si frappant avec la massivité de ses colonnes, son trésor, si riche en objets précieux.

Mgr Ardin a admiré sa cathédrale de Sens dès le premier jour et il l'aime; aussi, il s'attache à l'embellir, à la restaurer et, chaque année, de grands travaux sont entrepris pour conserver à l'antique monument son lustre et sa solidité.

Par les soins de l'archevêque, plusieurs chapelles, négligées depuis longtemps, sont aujourd'hui rajeunies :

Sainte-Croix a ses chapiteaux et son dallage refaits.

Saint-Savinien a retrouvé son cachet ancien et montre ses colonnettes si gracieuses dans leur forme élancée ;

Sainte-Appolline et *Saint-Martial* ont subi une « transformation » complète, et quelques mois ne seront pas écoulés que la chapelle

Saint-Martial ne soit ornée d'un vitrail du xive siècle, perdu depuis longtemps dans les greniers de la Tour de Plomb.

Sous l'inspiration de l'archevêque de Sens, une souscription fut ouverte parmi les fidèles de la paroisse Saint-Étienne, en vue d'installer dans l'immense Métropole un calorifère. — L'appel de Sa Grandeur fut entendu et la cathédrale de Sens est maintenant abordable, même pendant les jours les plus rigoureux de l'hiver.

La cathédrale de Sens possède un trésor aussi précieux, au point de vue artistique qu'au point de vue religieux : les nombreux visiteurs qu'amène la saison d'été, admirent ces tapisseries de haute-lice, ces coffrets, si finement sculptés, et une collection d'émaux qui va tous les jours s'agrandissant.

A côté de ces objets d'art d'une valeur inestimable, l'âme pieuse s'agenouille devant les reliquaires de la Vraie Croix, donnés à la métropole, l'un par Charlemagne, l'autre par saint Louis, ce dernier don fait en souvenir du mariage du saint roi, lequel s'est fait en l'église cathédrale.

Il y a quelques années, il fut beaucoup question dans la presse d'un incident sans aucune portée qui fut soulevé à propos d'une vieille tenture ayant appartenu, disent quelques-uns, à un saint anglais. A ce sujet, l'encre a beaucoup coulé. L'orage s'est apaisé, sans troubler en aucune façon la sérénité d'âme de Mgr Ardin.

Le résultat fut le contraire de celui qu'on se proposait. L'attention de l'archevêque de Sens, fortement sollicitée, se porta sur le trésor.

La salle qui renferme tant de souvenirs religieux fut agrandie, restaurée ; de vastes et belles vitrines abritent les objets précieux.

De plus, le splendide palais synodal, dépendant de l'Archevêché, a reçu, lui aussi, une destination pratique : à ses murs, jusqu'alors dénudés, est appendue une collection rare d'anciens tableaux, représentant les archevêques successifs de l'Eglise sénonaise. La place d'honneur est donnée à Pierre Roger qui fut Pape sous le nom de Clément VI.

Le dernier portrait qui termine cette introuvable collection représente Mgr Ardin.

Les traits du prélat respirent l'indulgence dans la force : le regard est droit et franc.

Les séminaires de Sens et de Joigny ont une grande part dans les affections de Mgr Ardin, et cela se comprend, car le père de famille doit sans doute donner des siens aux aînés dans le sacerdoce, mais toute la tendresse de son cœur s'en va à cette phalange d'enfants et de jeunes hommes que la prêtrise attend et qui se préparent par la prière et l'étude à la vie du curé en paroisse, vie qui est faite si dure aujourd'hui à presque tous les prêtres.

Son grand séminaire de Sens, Mgr Ardin l'aime, et il prouve son affection par les améliorations qu'il apporte dans les règlements,

qu'il sait adoucir, et dans les intelligentes restaurations qu'il fait exécuter.

Les séminaristes, il y a quatre ans, n'avaient aucun endroit pour se retirer pendant les longs après-midis des jours de promenade ; les routes poudreuses de la campagne de Sens, qui, par leur nature crayeuse, rappellent que la Champagne n'est pas loin, étaient leur seul refuge. L'archevêque de Sens, aussitôt après son installation, voulut remédier à cet état de choses, que, non sans raison, il ne jugeait pas bon, et maintenant, l'ermitage de Saint-Paul, aux portes de la ville, attend, deux fois la semaine, les élèves du grand séminaire, en leur offrant frais ombrages et bon repos.

Le petit séminaire n'est pas oublié ; cette institution, indispensable à tout diocèse, était, il y a quelques années, installée à Auxerre, ville jadis épiscopale qui ne peut se consoler de n'être pas le siège de l'archevêché ; les bâtiments du séminaire appartenaient en partie à la ville, et la municipalité d'alors revendiqua ses droits.

Pris de court, le cardinal Bernadou s'ingénia ; aidé par les prêtres et les fidèles qui souffraient de voir leur vieil et tant vénéré archevêque en butte aux tracasseries que son âge aurait dû lui éviter, Mgr acheta à Joigny une caserne de cavalerie ; à la hâte, de grands travaux d'appropriation sont exécutés, et, à la rentrée d'octobre qui suivit, les élèves du séminaire d'Auxerre s'installaient à Joigny.

Et maintenant, les travaux de restauration sont terminés ; dans la maison qui abrite une jeunesse pieuse et studieuse, on n'entend, au lieu du clairon de jadis, que les sons de la cloche bénie qui appelle les jeunes lévites au travail et à l'oraison.

Et ce n'est pas sans un plaisir bien compréhensible que Mgr Ardin se rend, de temps à autre, dans son cher petit séminaire.

A l'entrée de l'antique caserne, les maîtres et les élèves attendent le prélat et lui font une bruyante ovation ; la chapelle, élégante et gracieuse, est à l'entrée ; une allée de grands arbres ombrage la cour et, tout au fond, une statue de la Sainte Vierge domine les cours et les jardins.

Les réceptions, dans les maisons d'éducation, sont toujours bruyantes ; les enfants aiment le bruit, et, pour eux, une fête n'est pas complète si elle n'est pas accompagnée de manifestations extérieures, tels qu'applaudissements prolongés, hourras retentissants, musique et cantates, et le soir, à Joigny, quand l'archevêque de Sens demeure quelques jours au séminaire, l'allée des grands arbres s'illumine et de gracieuses luciolles courent dans la verdure ; la Vierge est auréolée de lumières et le canon tonne.

Eh oui ! le canon tonne au séminaire de Joigny, dans les grandes circonstances ; c'est peut-être là le seul souvenir que la maison religieuse ait gardé de son passé belliqueux.

Sur le tertre qui domine la maison, au pied

de la Vierge qui semble bénir les enfants qu'elle a faits siens, une vieille couleuvrine est couchée sur un affût primitif. Cette antique machine a servi, il y a quelques siècles de cela, au siège de Sergines! Comment est-elle venue s'échouer à Joigny? Quoi qu'il en soit, la bombarde ancienne parle encore très fort, et ses détonations ne sauraient déplaire à Mgr Ardin; cela lui rappelle le temps lointain où il disait la messe à Versailles pendant que le canon prussien, tirant sur Paris assiégé, faisait trembler les vitres de la chapelle.

Depuis quatre années, Mgr Ardin est archevêque de Sens, évêque d'Auxerre, primat des Gaules et de Germanie.

Le prélat est dans toute sa vigueur et toute sa force.

Ses diocésains, qui l'estiment et qui l'aiment, se demandent parfois si le pontife, sous la houlette duquel il fait bon vivre, ne sera pas ravi à leur affection... Ils le verraient partir avec d'amers regrets, et tous semblent se dire: « L'avenir est à lui. » Mais, Monseigneur, vous souriez en entendant cela et votre discret sourire semble répéter avec le poète : « L'avenir n'est qu'à Dieu. »

DUVER (le R. P. Jean-Évangéliste-Marie), ✠, prêtre de l'Oratoire de saint Philippe de Néri, curé de Saint-Germain de Rennes, chanoine honoraire de l'église métropolitaine de Rennes, est né le 22 décembre 1826, dans le département d'Ille-et-Vilaine, à Saint-Aubin-du-Cormier, où son père a, pendant de longues années, exercé la médecine avec un grand dévouement et s'est acquis l'estime et la confiance de toute la population.

Il commença ses humanités au petit Séminaire de Saint-Méen et les acheva à Rennes, à l'institution Saint-Vincent-de-Paul, tout récemment fondée par Mgr Godefroy-Saint-Marc, qui venait d'être nommé évêque de Rennes, et qui plus tard, tout en restant sur son même siège, a été élevé à la dignité d'archevêque et enfin au cardinalat.

C'est au grand Séminaire de Rennes qu'il fit ses études ecclésiastiques, sous la direction de professeurs éminents : Mgr Nouvel, mort évêque de Quimper, qui faisait le cours de théologie morale; M. l'abbé Milochau, qui professait la théologie dogmatique; M. l'abbé Guitton, qui enseignait l'Ecriture Sainte. Là, il eut la bonne fortune de commencer des relations très intimes et très constantes avec le directeur, M. l'abbé Brune, l'un des prêtres les plus distingués du diocèse, qui non seulement était très versé dans les sciences sacrées, mais qui était encore archéologue, peintre, musicien, architecte, et qui est mort doyen du chapitre métropolitain.

Au sortir du grand Séminaire, il fut nommé professeur à l'institution Saint-Vincent-de-Paul, dont il avait été un des premiers élèves. Pendant la semaine, il donnait ses soins à sa classe, et consacrait souvent la journée du dimanche à la prédication dans la ville et dans les environs. Quant aux moments de loisir qui lui restaient, il les employait à l'étude de la peinture. La vie des moines du moyen âge, qui, dans les cellules de leurs monastères, s'appliquaient à peindre les scènes de l'Evangile et de la vie des Saints, qu'ils avaient contemplées dans leurs méditations, lui paraissait un idéal plein de charmes. S'efforçant de marcher sur leurs traces, il a fait un certain nombre de tableaux religieux qu'il a donnés à des églises, à des presbytères, à des maisons amies.

Après neuf ans passés dans l'enseignement, il fut appelé à se consacrer au saint ministère et fut nommé vicaire dans une des paroisses de la ville de Rennes, la paroisse de Saint-Etienne. Il fut ensuite choisi pour aumônier de la com-

munauté du Sacré-Cœur de Rennes, où on le chargea de la direction des religieuses, en même temps que de celle du pensionnat.

En 1867, il alla à Rome et fut agrégé à l'Oratoire de saint Philippe de Néri, par les RR. PP. Oratoriens de la maison de Sainte-Marie in Vallicella. Depuis ce moment, il appartient toujours à leur famille religieuse.

En 1870, il fut installé par Mgr Saint-Marc curé de la paroisse Saint-Germain, située au centre de la ville de Rennes, et fut en même temps nommé chanoine honoraire de l'église métropolitaine. Dès lors, l'administration des sacrements, les instructions à donner au peuple, les catéchismes à faire aux enfants, le soin des malades et des pauvres, l'entretien des écoles chrétiennes absorbèrent à peu près tout son temps. Néanmoins, il dut joindre à ces fonctions la direction de plusieurs communautés religieuses.

A diverses reprises il fut désigné comme directeur spirituel de pèlerinages. Ainsi, il a conduit ses paroissiens et les habitants de Rennes à Lourdes, à la basilique du Sacré-Cœur de Montmartre, à N.-D.-des-Victoires, à Paray-le-Monial, à Sainte-Anne d'Auray, à Argenteuil.

Une de ses joies a été de faire de son église un centre de dévotion envers la Très-Sainte Vierge. A tous les titres sous lesquels on l'honorait déjà, il a joint celui de Notre-Dame du Bon Conseil et a inauguré un tableau de cette madone bénit par Notre Saint Père le Pape Léon XIII lui-même. Mgr Guillaume Pifferi, de l'ordre des Augustins, évêque de Porphyre, un des prélats qui ont les relations les plus intimes avec le Souverain Pontife, est venu plusieurs fois à Saint-Germain pour encourager cette dévotion. Les fêtes de la Très-Sainte Vierge sont célébrées à Saint-Germain avec beaucoup de solennité, et les réunions très nombreuses qui y ont lieu pour prier la Mère de Dieu attirent toujours une grande foule de fidèles. Elles contribuent puissamment à entretenir la foi et la piété.

En 1889, le curé de Saint-Germain a reçu du Souverain Pontife Léon XIII la décoration et la croix *pro Ecclesia et pro Pontifice*.

Tenant à restaurer et à orner son église, il y a refait plusieurs autels, il y a placé un grand nombre de statues, plusieurs tableaux et des verrières d'art, dont quelques-unes, sorties des ateliers de M. Duhamel-Marette, à Evreux, sont d'un grand prix, deux entre autres, l'une représentant la vie de saint Philippe de Néri et l'autre la vie de saint Germain, évêque d'Auxerre.

La *Société archéologique d'Ille-et-Vilaine* le compte au nombre de ses membres. Volontiers il prend part aux études auxquelles on se livre dans cette association, et il s'efforce d'enrichir le musée archéologique d'objets qui rappellent les souvenirs et les gloires de l'ancienne province de Bretagne. Lorsque cette société, qui compte maintenant plus d'un demi-siècle d'existence, a eu la pensée de célébrer le cinquantième anniversaire de sa fondation, il l'a réunie dans son église et, au milieu d'une nombreuse assistance, il a célébré le saint sacrifice de la messe pour tous les membres décédés.

Le curé de Saint-Germain a écrit plusieurs notices biographiques, qui ont paru dans diverses revues. Il a fourni des renseignements pour la composition d'un certain nombre d'ouvrages historiques et a collaboré avec les auteurs qui ont publié l'*Histoire du général de Sonis*, l'*Histoire de l'abbé Combalot* et celle du *Cardinal Mermillod*. En ce moment, il met la dernière main à une *Vie du bienheureux Jean-Juvénal Ancina, de l'Oratoire de saint Philippe de Néri*, mort évêque de Saluces, récemment béatifié par Notre Saint Père le Pape Léon XIII, et à une *Vie de sainte Catherine de Bologne*, religieuse de l'ordre des Clarisses, dont le nom ne se trouve pas seulement dans le *Martyrologe des Saints*, mais aussi dans les

catalogues des musées d'Italie, car elle a son rang parmi les peintres du xvᵉ siècle, et on peut voir quelques-unes de ses œuvres dans le musée de Bologne et dans celui de Venise.

DIZIEN (S. G. Mgr Léon-Jean-Marie), né à Cure, diocèse de Sens, le 5 avril 1846, vicaire général, nommé évêque d'Amiens, en remplacement de Mgr René-François Renou, promu à l'archevêché de Tours, par décret du 31 mai 1896.

Mgr Dizien, que le gouvernement vient d'appeler au siège de Saint-Firmin, appartient à une des familles les plus honorables de l'Yonne.

« Son père, Jean-Etienne Dizien, était un de ces instituteurs de l'ancien régime, exerçant en conscience, pour Dieu et pour la patrie, un véritable sacerdoce, et portant fièrement comme un titre de noblesse leur charge et leur nom de maître d'école... Sa mère, Reine-Claudine Devoir, la femme forte de l'Evangile, estimait dans le prêtre surtout la piété. Son fils nous la peint d'un mot que nous devons retenir : « Aux jours déjà lointains, où l'espérance « d'une vocation naissante tressaillir le « cœur de ma mère, cette digne femme, dans « nos causeries intimes, me citant le pieux curé « de Tharoiseau, me le désignait comme l'idéal « du prêtre à réaliser. »

« Enfant de l'Avallonnais, il aime ce pays, dont il gardait l'empreinte et l'attrait et dont il dit non sans émotion : « O mon pays, que « d'autres vantent le charme de tes sites, le « pittoresque de tes rochers, le calme de tes « montagnes; pour moi, j'admire surtout et je « salue parmi tes gloires celle de pouvoir, « comme l'antique Niobé, revendiquer le titre

« de terre féconde en prêtres. » (Journal la Bourgogne, 2 juin 1896.) — Abbé Horson.

Le jeune Léon Dizien, entré au Petit Séminaire d'Auxerre en 1859, trouva dans ce sanctuaire des maîtres habiles qui surent apprécier ses précoces facultés, développèrent son intelligence et formèrent son cœur à la vertu.

De 1859 à 1865, Léon Dizien fait ses études au Petit-Séminaire d'Auxerre, maison florissante, digne de sa renommée, sanctuaire de la vertu, des lettres et des sciences, dont le souvenir est d'autant plus cher à plusieurs générations de prêtres, que ces murs, ces vieux cloîtres qui retentirent si longtemps de leurs cris et de leurs pas, ont maintenant disparu. Là, surtout, sous l'effort d'un travail soutenu, aidé par la vivacité d'une intelligence avide de savoir, s'épanouirent les précieuses qualités qui firent du jeune Dizien, un homme de cœur, un apôtre zélé, un prêtre d'élite.

Mgr Bernadou avait succédé en 1867 à Mgr Jolly, démissionnaire. Prélat d'un tempérament vif, d'une habileté profonde et d'un jugement sûr, il discerna vite, au milieu de tous, M. l'abbé Dizien; il en fit son secrétaire particulier; il l'emmena à Rome, n'étant encore que diacre, au concile du Vatican.

On juge de l'impression profonde du nouveau secrétaire, à la vue de la Ville Éternelle, qu'animaient les splendeurs de la Cour pontificale, les solennités incomparables du Concile. Il aimait alors à traduire ses émotions pour les lecteurs de la Semaine religieuse de Sens, dans des lettres remarquables, datées du palais Lancellotti, où Mgr Bernadou recevait une hospitalité princière. Dans la grande ville, Reine du monde, il commença avec de nobles familles des relations amicales qui se sont continuées et que l'épiscopat ne fera que resserrer et fortifier. C'est dans ce cadre merveilleux, l'âme pénétrée des grandeurs qu'il l'entouraient, qu'il reçut de son archevêque l'onction sacerdotale, dans l'église Saint-Nicolas-les-Lorrains, le 16 avril 1870.

Ses amis ont toujours voulu voir, dans cette circonstance privilégiée, le présage de sa grandeur future; et le 16 avril 1895, une notable partie de la population sénonaise fêtait le 25e anniversaire de cette ordination romaine et offrait à M. Dizien, pour ses noces d'argent, les plus précieux hommages.

De ce séjour prolongé à Rome, de cette ordination dans la Ville éternelle, de ces assises solennelles de l'Église catholique, l'abbé Dizien garda et garde au cœur un ineffable souvenir.

A son retour à Sens, Mgr Bernadou imposa à son secrétaire une double tâche, l'initiant à la fois aux délicates fonctions de l'administration diocésaine et aux saintes, mais pénibles obligations du ministère paroissial. L'abbé Dizien resta secrétaire particulier et devint vicaire de la cathédrale de Sens.

Toute sa vie, il la dépense à cette double tâche. Un ministère absorbant, un dévouement à toute épreuve, un zèle infatigable, un cœur ouvert à tous, une aménité parfaite, une bonté presque excessive, lui concilient vite toutes les sympathies et tous les dévouements.

L'abbé Dizien se prodigue à toutes les œuvres et à toutes les misères. Il est le plus populaire et le plus aimé, parce qu'il est pour tous le plus dévoué. Toutefois une œuvre lui tient surtout au cœur, l'œuvre des jeunes gens. Il triomphe de toutes les difficultés, il fonde un cercle catholique, il groupe les jeunes gens, et si la vieille cité sénonaise compte encore des chrétiens fidèles, c'est à l'abbé Dizien surtout qu'elle en est reconnaissante.

En 1886, le cardinal Bernadou, répondant aux vœux du diocèse, le nomma vicaire général. Cette nouvelle dignité obligea M. Dizien à de nouvelles fatigues, en lui imposant de nouvelles obligations, en étendant le champ libre à son zèle.

Formé à l'école du prudent Cardinal, dont il partageait la vie et toutes les confidences, il donna un nouvel élan à toutes les œuvres diocésaines.

Il fallait organiser les écoles libres. L'œuvre était difficile dans un pays appauvri et profondément travaillé par l'indifférence; elle était impossible pour tout autre, mais l'abbé Dizien y mit tout son cœur; il employa toutes les ressources d'une expérience consommée et d'une exquise délicatesse, jointes à une inébranlable fermeté. Il créa et il affermit, et les budgets qu'on lui confia s'équilibrèrent toujours, grâce à l'éloquence chaude et entraînante qui convainc toutes les hésitations et multiplie les sacrifices.

Aussi, à la mort de Mgr Bernadou, parut-il l'homme désigné pour l'administration du diocèse vacant, et le chapitre lui confia les difficiles fonctions de vicaire capitulaire.

En 1892, Mgr Ardin, évêque de La Rochelle, était promu au siège métropolitain de Sens. Appréciant les éminentes qualités de M. l'abbé Dizien, il le nommait vicaire général, et la confiance dont il l'honorait et l'estime profonde qu'il lui témoignait, servies par l'influence réelle et salutaire que l'archevêque de Sens exerce sur les conseils du Gouvernement, obtinrent pour M. l'abbé Dizien la prélature, à laquelle ses talents, sa prudence et son caractère depuis longtemps l'avaient préparé.

A propos du décret nommant M. Dizien à l'évêché d'Amiens, il est curieux d'étudier les sentiments qui se réflètent dans les Semaines religieuses d'Amiens et de Sens. Et, d'abord, qu'en pense-t-on à Sens ? La réponse est tout au long dans le numéro supplémentaire de la Semaine, à la date du 30 mai :

« Depuis plusieurs mois pressentie et attendue, la nouvelle publiée par le Journal officiel a provoqué dans le diocèse de Sens tout entier, une grande joie et une bien légitime fierté.

« Cette allégresse, cependant, ne sera pas sans mélange.

« Il n'y a qu'une seule voix dans les rangs du Clergé et des Fidèles pour applaudir au choix qui appelle Mgr Dizien à l'un des plus beaux évêchés de France et pour féliciter l'heureux élu. Mais tous aussi ne peuvent cacher leurs regrets ; car ils comprennent la perte qu'ils vont faire en voyant s'éloigner celui qu'ils aimaient à avoir à leur tête et qu'ils entouraient de la plus respectueuse affection.

« Ainsi l'avait pensé le Cardinal Bernadou. Et sans calculer la peine que lui causerait l'éloignement du collaborateur qui avait toute sa confiance et qui lui prodiguait son dévouement, le vénéré prélat l'avait proposé pour l'épiscopat.

« Ainsi jugeait également l'opinion publique.

« Mgr Ardin se fit un devoir et un honneur de travailler à la réalisation de tous ces vœux.

« Dès le premier jour, il avait apprécié l'intelligente activité et l'entier dévouement de son précieux auxiliaire. Aussi, malgré son grand désir de le conserver auprès de lui, Mgr l'archevêque ne put taire sa profonde estime et se plut à rendre à la haute valeur de son Vicaire Général un hommage mérité.

« Plusieurs fois, déjà, au milieu des graves informations qui préludent au choix des futurs évêques, la Nonciature et le Gouvernement s'étaient félicités d'avoir eu recours à la haute expérience de Mgr Ardin. On peut, en effet, citer au nombre des prélats qui honorent le plus le clergé français, N.N. S.S. les archevêques et évêques de Besançon, Montauban, Saint-Brieuc et Quimper.

« Le nouvel évêque d'Amiens continuera noblement la série des pontifes qui ont reçu des mains de Mgr Ardin la consécration épiscopale. »

Après ces réflexions préliminaires, la Semaine de Sens fait un rapide résumé de la carrière du prélat nouvellement élu pour Amiens. Elle conclut ainsi :

« Sans doute, nous savons combien sera sensible le départ du pontife qui, pendant son court séjour à Amiens, avait gagné le cœur de ses bien-aimés diocésains. Mais nous croyons pouvoir l'affirmer, sans faire oublier Mgr Renou, Mgr Dizien saura continuer les traditions de son vénéré prédécesseur. Le très vif attachement des Picards envers le pontife qui va les quitter pour s'asseoir sur le siège de saint Martin nous donne la certitude qu'ils accueilleront avec joie son successeur et que, dès qu'ils le connaîtront, ils lui témoigneront la même affectueuse vénération.

« En lui, en effet, ils retrouveront le pontife, toujours bon et aimant, le promoteur ardent et généreux de toutes les œuvres catholiques, le prélat épris des merveilleuses beautés de leur incomparable cathédrale. Il y a quelques années, au retour d'un voyage, Mgr Dizien nous décrivait avec enthousiasme les richesses artistiques et les splendeurs de Notre-Dame d'Amiens, qu'il venait de visiter pour la première fois. Il ne pouvait alors penser que cette reine des cathédrales de France serait un jour l'épouse à laquelle la divine Providence lui demanderait de consacrer sa vie.

« Membre de la Société d'archéologie séno-naise, il aimait à étudier, à faire connaître et admirer notre antique métropole. Répondant à l'un des premiers désirs de S. G. Mgr Ardin, il avait dirigé la nouvelle organisation du trésor. C'est donc en bonnes mains que Mgr Renou laissera la grande œuvre entreprise par lui pour la restauration complète du dallage de Notre-Dame d'Amiens. »

Au tour maintenant de la Semaine religieuse d'Amiens.

« La divine Providence, qui éprouve notre amour filial, a eu pitié de nous. En nous enlevant un père vénéré, que nous chérissions tendrement, elle ne veut pas nous laisser orphelins et elle fait lever, sous nos yeux baignés de larmes, la douce et rayonnante apparition d'un autre père, que nous saluons avec bonheur et à qui nous envoyons l'expression de nos plus respectueux hommages et l'assurance du plus entier dévouement.

« Mgr Dizien sera le digne successeur de Mgr Renou. Tout son passé nous fait concevoir les plus riches espérances et présage pour le siège de saint Firmin de nouveaux jours de gloire. Nous sommes heureux d'apprendre qu'à Sens le futur évêque d'Amiens avait su s'attacher tous les cœurs et gagner l'estime de tous ceux qui avaient le bonheur de l'approcher. On recueillera avec bonheur, en Picardie, les échos qui nous arrivent de la Bourgogne.

« Comme vicaire général, Mgr Dizien montra toujours une sagesse remarquable, unie à une admirable fermeté de principes.

« Les Picards sauront bientôt apprécier les précieuses qualités de l'esprit et du cœur qui distinguent le prêtre éminent appelé à recueillir la succession du nouvel archevêque de Tours. La bonté de son cœur, l'affabilité de son caractère, l'éloquence de sa parole, son esprit de sacrifice, lui auront bientôt conquis l'estime de tous ceux qui auront le bonheur de l'approcher. Déjà nos prières lui sont acquises et conjurent le Seigneur de lui donner des jours prospères. »

Mgr Léon Dizien succède sur le siège d'Amiens à Mgr Renou, élevé au siège archiépiscopal de Tours. C'est un beau diocèse, où le nouveau pontife, sans faire oublier son illustre et regretté prédécesseur, continuera son œuvre de dévouement et saura mériter comme lui l'amour de ses diocésains. Il faut, dit-on, à un évêque d'Amiens des idées larges et élevées, une générosité délicate, une intelligente perspicacité, une fermeté bienveillante.

Mgr Dizien a pris pour devise cette parole empruntée au livre des Juges : De forti, dulcedo, et ses armoiries portent : Écartelé ; au 1 et 4, d'or, au lion de gueules ; au 2 et 3, d'azur, aux trois moutons d'argent posés 2 et 1. Et cette devise et ces armes sont comme le programme d'un gouvernement qui sera fait de force et de douceur, de dévouement et de bonté.

« Ami de la paix, dit encore le journal la Bourgogne, partisan de la bonne harmonie possible entre les pouvoirs, le nouvel évêque est de ceux qui, par leur tact, peuvent faire comprendre enfin aux chefs d'Etat que l'Eglise est le meilleur rempart de l'ordre social et que, parmi les citoyens, ceux qui sont religieux sont les plus capables de dévouement et de patriotisme. Il nous plaît de dire encore que, par la droiture de son jugement, sa science, son expérience, son talent oratoire, son caractère hospitalier, sa constante amitié, il figurera avec honneur dans les rangs de l'épiscopat français, et que dans ses mains les œuvres catholiques d'un diocèse sont sûres de prospérer et de grandir. Il nous plaît d'ajouter que son gouvernement sera fait de fermeté et de douceur ; que les affaires pendantes auront une solution rapide empreinte cependant de sagesse et de maturité ; qu'il aura une bienveillance spéciale pour ses humbles curés, modestes ouvriers souvent à la peine en ce monde et rarement à l'honneur ; il aura, comme certains prélats que nous aimons, cette clairvoyance, ce discernement des hommes, qui fait que, bien souvent, sous des écorces rudes et amères, on trouve des fruits savoureux et exquis. »

Ce jugement est tout à la fois un hommage de l'affection et un portrait ressemblant. L'autorité morale du nouveau pontife, son cœur, son affabilité et aussi l'aménité de son administration : Mgr Dizien est tout entier dans ces quelques lignes.

Physiquement, Mgr Dizien est très bien doué : de taille moyenne, le visage ouvert, le sourire franc, la bienveillance empreinte sur tous ses traits, l'allure vigoureuse, il paraît plutôt jeune ; il n'a que cinquante-ans ; il est robuste et, de ce chef encore, il accomplira la lourde tâche de gouverner et de visiter son immense et religieux diocèse.

Ce sont là des témoignages bien beaux, il faut l'avouer. Les promesses sont magnifiques, puis belle encore en sera la réalisation, puisque l'Eglise d'Amiens en profitera de longs jours, s'il plaît à Dieu.

En attendant, un vaste champ s'ouvre devant les pas du noble ouvrier apostolique. Le diocèse d'Amiens a un clergé nombreux, bien discipliné, ne demandant qu'une sage direction. Que Mgr Dizien encourage l'étude et les intellectuels ! et tous marcheront au progrès *ad meliora*, selon la devise chrétienne. Les œuvres, très florissantes, n'ont besoin que du coup d'œil bienveillant du maître. La Religion est encore très en honneur parmi les populations picardes : un saint pontife ne pourra que l'honorer davantage. Avec les pouvoirs publics, il est facile de s'entendre, comme l'a prouvé, par l'exemple, l'excellent Mgr Renou. Est-ce que tout est au mieux dans le meilleur des mondes ? Oh ! que non pas, ce serait le Ciel et nous sommes encore sur la terre. Mais Mgr Dizien, nous en sommes sûrs, suffira à tous les besoins par sa fermeté de caractère et sa bonté de cœur, si sa devise est celle de Lacordaire : « Fort comme le diamant, tendre comme le cœur d'une mère. » Peu d'évêques, avouons-le, sont arrivés à Amiens sous d'aussi heureux auspices. Mgr Dizien a pour lui sa jeunesse, sa réputation de prêtre intègre, sa notoriété, disons-le mot, sa popularité avant la lettre. Tous les cœurs lui sont offerts ; à lui de prendre !

L'activité qu'il a toujours déployée dans les fonctions délicates et importantes, les services qu'il a rendus, les œuvres qu'il a fondées, l'influence qu'il a exercée, les affections qu'il a conquises, laissent à la ville et au diocèse de Sens d'unanimes et de sympathiques regrets et promettent à l'Eglise d'Amiens un dévoué et fécond épiscopat.

MARPOT (S. G. Mgr César-Joseph), né à Sainte-Agnès (Jura) le 7 novembre 1827, nommé le 30 janvier, préconisé le 27 février, sacré le 18 avril 1880, évêque de Saint-Claude.

Nul n'est prophète en son pays, dit un proverbe bien connu.

Les proverbes, qui sont pourtant le résultat de l'expérience, ne sont pas toujours vrais : la preuve en est dans celui que nous venons de citer : Mgr César-Joseph Marpot est évêque de son diocèse natal depuis 1880, et l'on peut dire que le fait d'être à la tête du diocèse dans lequel il a passé toute sa vie n'empêche, en aucune façon, sa voix d'être entendue, obéie et respectée par ses prêtres, autrefois ses confrères, aujourd'hui ses collaborateurs, et toujours ses amis.

Mgr Marpot est né à Sainte-Agnès le 7 novembre 1827. Sainte-Agnès est un gracieux village, situé au pied des premiers contreforts des monts Jura. Ce n'est plus la plaine avec ses immenses prairies et ses marais ; ce n'est pas encore la montagne : les grands arbres des forêts ne sauraient vivre dans cette charmante vallée, encerclée dans des collines couvertes de vignes.

Je ne sais quel écrivain a dit que le tempérament de l'homme a d'étranges affinités avec le sol où lequel il est né.

Cet auteur a raison, car il est certain que l'homme subit l'influence du milieu dans lequel il passe sa vie.

Le montagnard, accoutumé à contempler des spectacles grandioses, a, dans son allure, quelque chose de rêveur.

Se souviendrait-il de la parole du prophète disant que Dieu est admirable dans les montagnes ?... Il entend les torrents mugir dans les rochers, d'où ils descendent en mille cascades ; il prête, le soir, l'oreille à la mélodie des grands sapins qui chantent sous la brise. Et ces grandes voix de la nature le bercent doucement et activent singulièrement son imagination.

Dans la plaine, il n'en est plus de même : le climat, plus chaud, amollit les caractères ; les habitudes sont plus douces et la fièvre des marais, qui règne presque toujours dans la Bresse, éteint toute énergie et enlève tout courage.

Le parler est plus lent ; plus lents aussi sont les mouvements des hommes de la plaine, qui ressemblent, en quelque chose, à ces grands bœufs du Charolais qui vous suivent d'un regard doux et long, quand vous passez dans leurs gras pâturages.

Il en est autrement des hommes qui vivent sur le premier plateau; ils paraissent partager les avantages et les inconvénients de ceux qui habitent la montagne et des hommes qui vivent dans les marais bressans. Ils ont l'activité et la fermeté du montagnard; ils ont aussi la patience et la bonté d'âme de l'homme de la plaine.

Leurs villages, assis sur le flanc des collines plantées de riches vignobles, sont propres et dénotent l'aisance, sinon la richesse. Ils forment un contraste frappant avec ces maisons forestières que l'on rencontre à quelques kilomètres plus haut, enfouies sous les grands arbres.

Mgr Marpot appartient à une famille ancienne et honorable du Jura. Pieusement élevé par une mère aimante et par un père qui tenait à honneur de remplir tous les devoirs du chrétien, le jeune Marpot attendit longtemps la voix céleste qui parle d'ordinaire au cœur de l'enfant, qui le porte à se donner à Dieu et qui est le premier germe de ce qu'on appelle la *vocation ecclésiastique*. Sans doute, le travail de la grâce se faisait sentir en lui; son cœur était rempli de velléités qui, plus tard, devaient se changer en une vaillante volonté; il était, dans sa famille, pieux comme on l'est au séminaire. Mais des devoirs impérieux l'enchaînaient, et ces devoirs le retinrent longtemps dans le monde, qu'il n'aimait pas, car cette âme, douce et pieuse, rêvait d'autres devoirs pour lesquels il se sentait fait. C'est ainsi qu'il passa plusieurs années, en qualité de précepteur, dans une vieille famille bretonne, que les circonstances ont faites franc-comtoise, la famille Le Mire, nom qui est dans le Jura synonyme de loyauté, de fidélité à Dieu et à la Patrie.

Il y a quelque temps, un journal parisien publia une courte notice sur les évêques de France : tous eurent leur tour, mais tous n'étaient pas touchés de même façon.

Le publiciste a un réel devoir à remplir; mais pour aller jusqu'au bout dans le devoir, il doit surveiller sa plume et faire, chose difficile, abstraction complète de ses sentiments personnels. Mgr Marpot, alors évêque de Saint-Claude, fut un des prélats les moins bien traités; on lui reprocha je ne sais quelles vilenies qui se seraient produites au château de Mirvent, au temps où M. Marpot y était précepteur.

Or, ces imputations étaient absolument calomnieuses; on le vit bien quelques jours après dans les protestations qui s'élevèrent de tous les points du diocèse, protestations indignées qui eurent l'excellent résultat de montrer au prélat toute la confiance et toute l'affection dont les Jurassiens l'entouraient.

L'attaque n'avait pas ému le pontife; les manifestations affectueuses touchèrent son cœur au point qu'il résolut de ne plus quitter son diocèse de montagne, où il rencontrait tant de sympathies.

Mgr Marpot fut ordonné prêtre à Saint-Claude et, aussitôt la prêtrise reçue, il fut nommé vicaire dans cette même ville.

Saint-Claude compte aujourd'hui dix mille habitants. Les ravins profonds qui l'entourent, formés par la Bienne et le Tacon, aussi bien que les grands rochers, les monts Chabot et

Bayard, qui l'enserrent, ont empêché la ville de s'étendre le long des rivières laborieuses qui alimentent des quantités d'usines, où travaillent un grand nombre d'ouvriers, les uns le bois, les autres le diamant.

L'espace qui suffisait à cinq mille habitants jadis ne peut qu'à grand'peine aujourd'hui donner asile à une population presque doublée, de sorte que les maisons de Saint-Claude présentent une certaine analogie avec les cités parisiennes, qui ressemblent à d'énormes ruches, abritant des milliers d'abeilles.

La cathédrale, où reposent les quelques parcelles de reliques de saint Claude échappées à la fureur révolutionnaire, est dédiée aux apôtres saint Pierre et saint Paul. Son style est lourd; cette cathédrale, qui possède des stalles qui peuvent passer pour des merveilles de sculpture, œuvre des anciens moines, est écrasée, malgré sa grande élévation, par la masse du Bayard, montagne énorme qui surplombe la ville.

On voit aussi dans l'église épiscopale un autel à médaillons peints, un autel placé dans une chapelle dédiée à saint Oyand et situé au-dessus du chœur.

À l'époque où l'abbé Marpot fut envoyé à Saint-Claude en qualité de vicaire, le senti-

ment religieux était encore très développé
dans cette population laborieuse; les relations
avec les villes voisines étaient très rares, étant
très difficiles; les journaux n'arrivaient pas
dans cette ville, perdue dans le haute montagne. Aujourd'hui, il n'en est plus de même;
le chemin de fer s'est frayé un chemin à travers les forêts et les rochers; des ponts, d'une
hardiesse qui fait trembler, ont été jetés sur
les rivières; le courrier et les journaux de
Paris arrivent à une heure matinale; une antique croix, souvenir de mission, a cédé la
place à une statue de Voltaire, qui plaida jadis
la cause des serfs, vivant sous le régime mo-
nacal.

Voltaire l'a gagnée, cette cause : les serfs
sont affranchis et les moines dorment leur dernier sommeil sous les dalles de la cathédrale ou
sous les cyprès du cimetière; la population
Saint-Claudienne est-elle plus heureuse qu'autrefois? Je laisse à d'autres le soin de répondre
à cette question. Ce qui est certain, c'est qu'à
l'époque où l'abbé Marpot était vicaire dans
cette ville, la religion était en honneur et l'é-
glise fréquentée par une population chrétienne.

C'est dans ce milieu sympathique que le
jeune abbé exerça les modestes fonctions de
vicaire pendant plusieurs années.

Sa vie, toute de zèle et de charité, attira sur
lui l'attention du bon évêque de Saint-Claude,
qui, pensant avec raison que le prêtre dévoué
qu'il voyait à l'œuvre méritait un poste plus
en vue, où il pourrait faire œuvre personnelle,
étant plus indépendant, le nomma curé de
Molinges.

Molinges est un charmant village, plein de
fraîcheur et de verdure, placé sur le parcours
de la Bienne, rivière qui commence, là seulement, à être navigable. La population paroissiale est d'un millier d'habitants, en y comprenant les hameaux de Marignat, Chassal et
Chevry. La population, laborieuse comme on
l'est en montagne, travaille les pierres fines,
tourne les bois et taille les marbres.

Il y a quelques années, un grand nombre des
paroissiens de Mgr Marpot se livraient à une
industrie d'un tout autre genre: ils conduisaient,
à de très grandes distances, des radeaux char-
gés ordinairement de planches.

Comme la rivière n'est pas sur tout le parcours d'une égale profondeur, ils ne peuvent
partir que lorsque la fonte des neiges ou des
pluies abondantes fait enfler le torrent, et c'est
sur des flots furieux, qui bouillonnent et qui
grondent, qu'ils lancent leur radeau, long souvent de cent pieds.

Le voyage est pénible, et ils vont bien loin :
leur première étape est Lyon. Là, les buis descendent le Rhône, pour s'arrêter à Beaucaire,
d'où ils sont dirigés sur les ateliers maritimes
de Toulon.

Les accidents sont assez fréquents, et plus
d'un *radelier* s'est embarqué à Molinges qui
n'est jamais revenu!

Cette corporation, car les mariniers formaient
jadis une corporation, était florissante,
M. Marpot, curé de Molinges, fut touché de
l'ardeur et du vrai courage de ces hommes, en
apparence si tranquilles; il les réunit dans son
modeste presbytère, s'occupa des enfants qui
restaient pendant que les pères entreprenaient
leur excursion hardie; hélas! il dut aussi consoler des veuves et s'occuper des orphelins, car
la rivière est comme la mer, elle ne rend pas
tout ceux qu'elle prend.

Il eut la consolation de voir que cette partie
de la population répondait à ses efforts.

En effet, quand un radeau devait partir, les
radeliers, au petit jour, se rendaient à l'église :
le zélé curé leur parlait, les exhortait à la
prière et les bénissait.

Il bénissait aussi l'immense train de bois qui
allait partir et qui bondissait déjà sur les flots
courroucés.

Et ils s'en allaient, les mariniers, confiants
dans l'espoir d'un prompt retour : leur bon curé
les avait bénis!

Tous les prêtres placés à la tête des paroisses
ont un devoir principal à remplir, c'est de veiller à l'éducation chrétienne des enfants.

Sans doute, les soins du prêtre se doivent à
tous, quel que soit l'âge, quelle que soit la condition sociale; les malades ont droit à sa dernière absolution; les pauvres savent qu'ils n'ont
qu'à frapper à la modeste porte d'un presbytère
quand ils ont faim : la main qui donne, et ils
ne l'ignorent pas, les pauvres, *les meilleurs
amis de Dieu*, voudrait donner mieux qu'une
obole; mais, hélas! si le cœur est grand, le
budget est si réduit!

Les grandes œuvres de religion, le prêtre les
accomplit partout avec zèle et charité.

Mais il est une œuvre qui de tout temps a
été importante; aujourd'hui, elle prime toutes
les autres. Elle se rapporte aux enfants.

Dans les villes, où la richesse vient toujours,
quoi qu'on en dise, en aide à la pauvreté;
dans ces centres industriels même, car l'ouvrier
est bon et secourt son compagnon plus malheureux, il est facile de trouver les sommes nécessaires pour faire face aux dépenses d'une école
qu'il faut installer et entretenir. A Molinges,
l'abbé Marpot fut frappé de la situation pénible faite aux enfants, quand ils se rendaient à
l'école.

Les paroisses de montagne sont généralement fort étendues; les chemins, qui servent
de déversoir aux eaux en temps de pluie, sont
mal entretenues et ne sont pavées que de cail-
loux roulants; faire un long trajet, plusieurs
fois le même jour, était, pour ces petits et ces
humbles, chose impossible. Ce qui était difficile
pendant les chaudes journées de l'été, devenait
impraticable pendant l'hiver; ils étaient tran-
sis, les enfants, quand ils arrivaient, couverts
de neige, à l'école, au seuil de laquelle ils se-
couaient leurs gros sabots... Et le poêle de la
classe n'était pas toujours allumé. Dieu me
garde de critiquer qui que ce soit! En ces

temps déjà lointains, l'école et le presbytère étaient voisins, et, la plupart du temps, l'instituteur était le fidèle auxiliaire du curé.

Les chants d'église étaient plus beaux alors, et il semble que dans la tour du clocher, les carillons s'envolaient plus joyeux. Depuis!..

Mais laissons cette question. Le sort des maîtres et le bien-être des élèves ont été améliorés par la sollicitude du gouvernement. Tant mieux! Mais l'instituteur et trop d'enfants avec lui, ont désappris le chemin du presbytère, et qui dira combien de curés, en voyant les enfants échapper à leur action, se lamentent et demandent à Dieu, dans une prière douloureuse, quand luira le jour tant désiré où l'école sera de nouveau ouverte à Dieu et au prêtre!

M. l'abbé Marpot entreprit de fonder une école dans sa paroisse de Molinges, et le succès récompensa ses efforts.

Des religieuses furent appelées, une maison vaste et bien aérée fut construite, et maintenant, les fillettes arrivent, pour y rester, pendant toute la journée, dans la maison des sœurs, où, bien soignées, elles travaillent sous la surveillance des religieuses et prient pour leur bienfaiteur, Mgr Marpot, qui leur a fait un si bel asile.

L'abbé Marpot était curé de Molinges depuis quelques années lorsqu'une lettre, émanant de l'évêché de Saint-Claude, l'envoya comme curé titulaire dans l'importante paroisse de Fraisans.

Certes, il y avait dans cette nomination un avancement bien mérité, et tous les prêtres, qui estimaient le jeune abbé, applaudissaient à ce choix; la modestie du bon curé s'en effrayait.

Sans doute, il sentait qu'il s'attacherait à sa nouvelle paroisse et qu'il ferait le bien au milieu des forgerons comme il l'avait fait dans la montagne. Mais quitter ses marbriers, ses tourneurs et ses bateliers, lui coûtait, tant il est vrai que le cœur de l'homme, l'homme fût-il prêtre, jette, partout où il s'arrête, des racines dont on n'aperçoit la force et la vitalité qu'au moment où il faut les rompre!

L'abbé se rendit à l'évêché; une dizaine de kilomètres seulement l'en séparaient. Son attitude, vis-à-vis de son évêque, fut celle d'un prêtre soucieux avant tout de tenir la promesse d'obéissance faite au jour de l'ordination. L'évêque avait parlé, le prêtre obéissait et était prêt à s'en aller à un poste supérieur, encore qu'il se jugeât indigne d'une situation que sa modestie lui faisait juger trop élevée.

Pendant que le curé conversait avec son évêque, qui lui traçait sa ligne de conduite future, un incident se produisit qui doit être raconté, car, vrai de tous points, il montre l'attachement sincère que les paroissiens de Molinges avaient voué à leur curé.

Déjà les fabriciens avaient tenté une démarche à l'évêché pour faire revenir l'autorité ecclésiastique sur une décision prise en conseil : ils avaient perdu leur procès. Le conseil municipal, à son tour, avait demandé le maintien de l'abbé Marpot dans la paroisse où tout le monde l'aimait : peine inutile, la décision était maintenue.

Les membres de la fabrique, comme les membres du conseil municipal, n'avaient pu s'empêcher de parler du changement de leur curé; ce fut grand émoi dans cette paroisse d'ouvriers, qui semblait jusqu'alors aussi peu sensible à l'émotion que les grands rochers qui encerclent la vallée de la Bienne.

Sans mot d'ordre donné d'avance, les ouvriers se rendent en grand nombre, les marbriers en tête, à Saint-Claude, et arrivent au palais épiscopal.

L'évêque était bon et accessible à tous; il reçut cette délégation sans chef, et écouta les doléances de ces montagnards qui ne voulaient pas perdre leur curé, doléances d'autant plus touchantes, qu'elles étaient exprimées avec une grande naïveté. Sa réponse fut douce et paternelle, mais la décision prise ne se pouvait rapporter.

Les pétitionnaires, étonnés qu'une telle fermeté pût s'allier à un accueil si bienveillant, se retirèrent, promettant à l'évêque, qui sourit, d'empêcher l'abbé Marpot d'emporter ses meubles à sa nouvelle résidence.

Une maison sans meubles, ce n'est rien pour le paysan! Rentrés dans leur village, les habitants de Molinges montèrent une garde vigilante autour du presbytère, car ils étaient décidés à empêcher tout déménagement; ils attendirent longtemps. L'évêque, qui connaissait la ténacité de ses diocésains, avait envoyé l'abbé Marpot dans sa nouvelle paroisse en le faisant passer par une route détournée dans la montagne, et c'est avec son bréviaire sous le bras que le nouveau curé de Fraisans arriva dans l'importante paroisse qui lui était confiée.

Fraisans est une ville industrielle située dans l'arrondissement de Dôle. Sa population est de trois mille habitants, occupée toute entière aux travaux de métallurgie.

A quelques kilomètres de là, se trouve la grande forêt de Chaux, propriété de l'Etat, et le voyageur qui a parcouru la forêt, une des plus belles de France, admire, au sortir du grand calme des bois, l'activité singulière de ce vallon, situé sur le Doubs, dont les eaux nonchalantes paraissent hésiter dans leur cours; de gigantesques cheminées lancent dans les airs des nuages de fumée noire et humide; tout est noir à Fraisans, comme tout est noir à Saint-Etienne, à Firminy, au Creusot; les hommes, les maisons, les animaux, tout porte l'empreinte de la houille, et personne ne s'en plaint, car tout le monde vit du charbon.

L'église, au milieu de toutes ces cheminées sans cesse en travail, montre fièrement sa flèche élégante et semble dire à tous ces forgerons qui ont une vie si dure que, sous le haut clocher, se trouve le repos, la paix, l'oubli.

Le repos après le pénible labeur; la paix de

l'âme, après les agitations causées par la lutte pour la vie, l'oubli de toutes les misères qui composent toute existence...

L'abbé Marpot comprit vite que cette population ouvrière était bonne et religieuse; tous ces forgerons étaient des enfants de la montagne et, grâce à Dieu! dans le Jura, il est bien rare d'entrer dans une maison sans voir, appendu au mur, à l'endroit le plus apparent, un crucifix ou une image pieuse.

Les ouvriers métallurgistes ne faisaient pas exception; l'abbé Marpot, devançant les conseils de Léon XIII, alla au devant de l'ouvrier.

Partout il fut bien accueilli. Du reste, une usine ressemble à une famille. Si le chef de famille est chrétien, les enfants le sont aussi; si le directeur d'une grande exploitation est religieux, les ouvriers le sont également.

Or, les forges de Fraisans sont la propriété d'une compagnie franc-comtoise; les ingénieurs et les directeurs comprenaient l'influence bonne que le curé pouvait exercer sur ces hommes, durs à la peine, mais que le trop pénible travail finit par exténuer et par aigrir. Toutes les portes de la direction étant ouvertes au curé de Fraisans, les portes des ménages ouvriers ne se fermèrent pas devant lui.

Le futur évêque de Saint-Claude ne ménagea pas ses forces, et on le vit, pendant de longues années, assidu près du chevet des malades, nombreux toujours dans cette population laborieuse, car le travail devant les fournaises use bien vite les tempéraments, même les mieux constitués.

Il ne nous appartient pas, dans cette courte notice, de dire ce que fut la vie de l'abbé Marpot pendant les années qu'il passa à Fraisans. Si les forgerons étaient consultés, ils répondraient que M. Marpot est le meilleur des prêtres, ils ajouteraient vraisemblablement qu'il serait à désirer que tous les curés fussent comme lui, comme si tous les prêtres n'avaient pas dans le cœur la même charité, le même zèle et le même but.

Pour les ouvriers de Fraisans, Mgr Marpot est toujours leur curé, ils l'aiment et savent montrer leur affection par de touchantes démonstrations, chaque fois que le devoir épiscopal amène Sa Grandeur dans son ancienne paroisse.

M. Marpot ne devait pas rester longtemps dans ce centre industriel. Il fut nommé curé d'Arbois.

Arbois est une jolie ville de 5000 habitants située au centre du département du Jura; ses rues sont larges et bien percées.

Au milieu de ces maisons, vastes et bien bâties, qui prouvent une certaine richesse chez les habitants, s'élève l'église, vaste construction qui a vraiment des allures de cathédrale. Les offices y revêtent une certaine solennité et les cérémonies, dans cette religieuse population, sont suivies par un grand nombre de fidèles.

Ceci ne veut pas dire que toute la population arboisienne fréquente assidûment l'église. Cela a pu être vrai autrefois; mais, hélas! là comme ailleurs, l'homme ennemi a semé l'ivraie parmi le bon grain, et combien de bons grains, étouffés par l'ivraie, n'ont pas donné de fruits?

Ce serait pourtant faire injure aux habitants du Jura, qu'ils soient de la montagne ou de la plaine, que de penser que le souffle de l'impiété a contaminé tous les esprits. Un grand nombre de ces natures, qui ne sont rudes qu'en apparence, a su résister à l'esprit du mal, et les larges poitrines des *Pharamandiers*, comme on appelle les habitants du faubourg d'Arbois, abritent des cœurs que l'idée religieuse fait encore palpiter.

La preuve en est dans l'éclat qui est donné chaque année, à la fête du *Biou*. Cette solennité demande à être expliquée, car elle n'est connue que dans la région jurassienne, et Arbois est la seule ville où elle soit célébrée.

Le *Biou* n'est autre chose que la bénédiction donnée par l'Eglise à la récolte qui va se faire. C'est une fête joyeuse entre toutes; elle se célèbre en automne, quand les raisins commencent à noircir, que les feuilles de la vigne prennent une mélancolique teinte jaune, et que la grive déserte les bois des hauts plateaux pour prélever sa dîme sur la vendange.

On choisit, dans les cantons les plus renommés, les plus belles grappes, on les attache en faisceau qu'on place sur un brancard, parmi la verdure et les fleurs, et des hommes, des vignerons, portent ces prémices de la récolte dans les principales rues de la ville et viennent déposer leur gracieuse offrande devant l'autel, à l'église. Là, le curé bénit ces fruits, noirs ou dorés, et sa bénédiction s'étend à tout ce riche vignoble dont la réputation n'est plus à faire, et qu'enviait si fort le roi joyeux, Henri IV, lequel fut fort chagrin de ne pouvoir s'emparer d'Arbois.

Cette procession du *Biou* a toujours été, et est encore fort en honneur à Arbois. Jadis, les principaux habitants se faisaient gloire de porter à l'église le raisin nouveau; la municipalité était représentée à cette cérémonie. Aujourd'hui, il n'en va plus de même; cependant, la fête se célèbre encore en grande pompe, et, il y a quelques années, on pouvait voir, suivant la procession traditionnelle, le grand savant dont la France est fière et qu'Arbois revendique comme un de ses enfants : Louis Pasteur.

Au milieu de cette généreuse et vaillante population arboisienne, M. l'abbé Marpot sut bientôt conquérir des sympathies qui ont survécu à la séparation et aux années. C'est dans cette paroisse qu'il fit preuve de ce tact, de cette douce fermeté et de ce zèle apostolique qui, quelques années plus tard, devaient le signaler à l'attention de ceux qui ont la lourde charge de veiller aux intérêts de l'Eglise de France.

Le diocèse de Saint-Claude avait alors à sa tête Mgr Louis-Anne Nogret. La Bretagne l'avait vu naître; la Touraine avait eu les prémices de son sacerdoce, et c'est à Loches, dont il était curé depuis longtemps, que la Providence était allée le chercher pour le placer à la tête d'un diocèse de montagne.

L'épiscopat de Mgr Nogret à Saint-Claude fut une période de calme et de repos. Les prêtres du Jura sont bons, attachés à leurs devoirs et respectueux de la main qui tient le gouvernail.

Déjà âgé quand il fut envoyé, comme évêque, à Saint-Claude, Mgr Nogret vit sa santé, robuste jusqu'alors, s'altérer, et son courage diminuer.

Doué d'une nature impressionnable et presque timide, le vieil évêque regrettait amèrement que ses forces épuisées ne lui permissent pas d'accomplir tout son devoir; il souffrait de ne pouvoir, comme au début de son épiscopat, parcourir son diocèse, où les communications étaient alors si difficiles; il ne pouvait plus, retenu par la maladie qui le clouait sur un fauteuil, visiter ses prêtres, leur offrir les encouragements dont son cœur paternel était si prodigue.

Alors, après avoir mûrement réfléchi et longtemps prié, se sentant impuissant à surmonter la faiblesse qui le paralysait, il rêva une vie calme, au fond d'un monastère; noblement et simplement, il déposa, entre les mains des autorités compétentes, le fardeau de l'épiscopat, fardeau qu'il jugeait trop lourd pour ses mains débiles. Mgr Nogret mourut, après quelques années d'un repos bien mérité, dans la communauté du Saint-Esprit, à Poligny.

Ce fut un grand émoi, dans tout le diocèse, quand on apprit que la décision prise par le vieil évêque était irrévocable. Après avoir payé un large tribut de regrets au saint vieillard qui, de lui-même, descendait de son trône pour s'ensevelir dans l'ombre, on songea à l'avenir.

Un changement d'évêque est chose très grave pour un diocèse : une certaine inquiétude agite les esprits; les prêtres attendent, anxieusement parfois, celui que la Providence leur réserve pour chef et pour pasteur ; les fidèles sont loin de se désintéresser de la question.

Un décret parut au *Journal officiel*, en date du 30 janvier 1880, en vertu duquel Monsieur l'abbé Marpot (César-Joseph), curé-doyen d'Arbois, était nommé évêque de Saint-Claude.

On a dit, et répété à satiété, que cette nomination était l'œuvre *personnelle* du Président de la République, Jules Grévy; sans doute M. Grévy était originaire du Jura; il est probable qu'il applaudit à la nomination d'un de ses compatriotes à l'évêché de son diocèse natal.

Mais une chose est absolument certaine : c'est que lorsque Mgr Marpot, nouvellement promu, se rendit à Paris pour faire la visite d'usage au chef de l'Etat, le Président de la République et Mgr Marpot ne se connaissaient pas !

Plus tard, l'évêque de St-Claude eut maintes occasions de voir de plus près M. Grévy, et il se fit un devoir d'aller sur le cercueil de l'ancien chef de l'Etat, réciter la prière des morts et demander l'éternel repos pour l'âme de celui qui, descendu du faîte des honneurs, était venu dormir son dernier sommeil dans le calme champ de repos de Mont-sous-Vaudrey.

Quelques jours après son sacre qui eut lieu dans l'église d'Arbois, au milieu d'un immense concours de prêtres et de fidèles, Mgr Marpot fit son entrée solennelle dans sa ville épiscopale. C'était grande fête, ce jour-là, dans la ville qui fièrement s'intitule : « la capitale de la; montagne jurassienne. »

Le printemps n'avait encore mis que quelques feuilles aux arbres ; le mois de mai était commencé, mais l'hiver dure longtemps dans cette contrée montueuse ; le soleil, compagnon nécessaire de toute cérémonie, religieuse ou civile, brillait radieux, les cloches sonnaient, appelant joyeusement celui qui revenait en maître dans l'église qui avait été témoin de ses premières années sacerdotales, et sur la route, en dehors de la ville, une foule nombreuse se pressait.

Une cérémonie analogue avait eu lieu quelques jours auparavant dans l'église des Cordeliers, à Lons-le-Saulnier : il n'en saurait être autrement, dans ce pays du Jura qui confine à la Suisse.

Il aurait été impossible aux prêtres de la plaine et du premier plateau de se rendre à St-Claude pour assister à l'intronisation du nouvel évêque : le voyage, pour beaucoup aurait été fatigant, dispendieux, et pour ainsi dire impossible.

Il le savait bien le vénéré Pontife, car il connaissait le pays sur le sol duquel il était né, et ce n'était pas sans raison qu'il avait été choisi pour régir son diocèse d'origine. Aussi, voulant donner satisfaction au désir de ses prêtres, le nouveau prélat s'était montré à Lons-le-Saulnier, ville centrale et d'accès plus facile, où une véritable ovation lui avait été faite, par les prêtres comme par les laïques.

Il en fut de même à St-Claude, et pendant que les prêtres baisaient avec dévotion la main qui les bénissait, la voix de tous chantait, avec les clercs, assis dans les hautes stalles du chœur, ces paroles des saints livres : *Benedictus qui venit in nomine Domini.*

Mgr Marpot est évêque de St-Claude depuis seize ans. Il s'est dépensé chaque jour au service de son ministère : il a visité toutes les paroisses de son diocèse, même les plus petites, villages cachés dans les vallons ou accrochés au flanc des rochers ; ses prêtres le vénèrent ; les fidèles écoutent sa parole douce et grave, qui sait toujours développer des pensées pieuses autant que profondes. Ses lettres pastorales traitent les grandes vérités de la religion ; à plusieurs reprises, le Prélat revient sur la sanctification du Dimanche; il insiste sur ce sujet qui lui tient au cœur. C'est là, en effet, que se trouve le danger pour l'avenir. Jadis, les jours de dimanches et fêtes carillonnées, les usines étaient fermées ; l'église était remplie par la population toute entière :

10

on aurait pu croire la ville morte ou endormie; il n'en n'était rien, les Saint-Claudiens étaient dans leur vieille cathédrale où, ils priaient et jouissaient d'un repos bien acquis par une semaine de labeur persévérant. Les choses, aujourd'hui, sont changées, aux jours de dimanche comme aux jours de fêtes d'obligation, les usines sont vivantes, les ouvriers sont nombreux, les roues tournent, les scies crient, et tout ce mouvement d'hommes acharnés à gagner le pain de chaque jour, constitue un blasphème lancé à Dieu, blasphème qui appelle un châtiment.

Le châtiment est venu : il y a quelques années, un orage épouvantable s'est abattu sur la vallée de la Bienne, et la ville de Saint-Claude, en moins de deux minutes, ne fut plus qu'un monceau de ruines; les maisons lézardées croulaient, des pans de murs s'abattaient, les habitants, affolés, fuyaient dans la campagne.

Depuis, grâce aux secours de toute nature envoyés de chaque coin de France, la ville s'est refaite et présente aujourd'hui au voyageur qui arrive par la voie ferrée, un site riant et plein d'originalité: on est vraiment surpris de trouver dans le flanc d'une vallée étroite, tant de maisons si hautes dans une enceinte si restreinte.

Mgr Marpot était dans son cher séminaire de Lons-le-Saulnier, où il présidait la retraite de ses prêtres, quand se produisit la catastrophe; bien vite, Sa Grandeur accourut et sa présence ne contribua pas peu à redonner du courage à cette population terrifiée.

Entre temps, Mgr Marpot aime à parler à ses diocésains de la *souffrance* et ce sujet est traité avec toute la délicatesse et l'exquise sensibilité d'un cœur qui a souffert.

Mgr Marpot avait dit, au jour triomphal de sa réception solennelle, ces paroles qui étaient comme une sorte de prophétie : « Le temps n'est plus où l'Episcopat pouvait être considéré comme une situation des plus honorifiques. Un évêque de nos jours doit être sans cesse sur la brèche. Je ne faillirai pas à ce devoir. Vous m'aiderez, mes chers, bien chers collaborateurs, de vos prières et de votre dévouement. Et Dieu fasse qu'ensemble nous combattions, qu'ensemble nous supportions la souffrance, et qu'ensemble nous soyons victorieux ! »

L'évêque de St-Claude avait vécu de longues années de la vie du curé en paroisse. Il avait donné tous ses soins aux enfants, sachant bien que l'avenir doit être préparé; si l'on veut que la génération future soit chrétienne, il faut lui apprendre à vivre honnêtement en vivant chrétiennement.

Un ancien évêque de St-Claude, Mgr de Chamond, avait composé un catéchisme ; cet ouvrage, conçu dans de très bonnes intentions, était long et diffus; des réponses qui devaient entrer dans la mémoire des enfants n'avaient pas moins de seize lignes. Mgr Marpot remédia à la chose et fit éditer un nouveau catéchisme beaucoup plus à la portée des intelligences

simples et d'une doctrine aussi sûre et aussi solide que le travail semblable fait au moment de la restauration du siège épiscopal.

Mgr Marpot est un de ces hommes doux et conciliants qui estiment que ce n'est que dans le calme et la paix qu'un peuple prospère; ce peuple, fût-il réduit aux dimensions d'un diocèse.

La lutte, il ne la craint pas, mais il ne la cherche pas. Il est si facile de détruire et si difficile de reconstituer !

Son cœur d'évêque est tout à ses prêtres; il connaît les besoins dont ils souffrent, ces dévoués ecclésiastiques qui acceptent sans murmures la vie qui leur est faite, vie pénible, obscure, inutile aux yeux des hommes, mais combien glorieuse devant Dieu !

Le Jura donne chaque année de nombreux sujets aux missions étrangères; cela se comprend ; la montagne qui a ses rêveurs, a aussi des hommes énergiques, à qui un champ d'action plus vaste est nécessaire. Que feraient-ils, ces hommes d'action dans une sphère aussi étroite que celle dans laquelle est obligé de vivre un curé des montagnes? Et ils s'en vont, ces jeunes hommes, ils partent le sourire aux lèvres et de l'enthousiasme plein le cœur, ils partent pour les pays étrangers : l'Asie a vu le martyre de plusieurs d'entre eux, notamment du vénérable Néron, mort pour la foi en Chine; l'Afrique les voit à l'œuvre, car deux congrégations de France ont l'âme assez généreuse pour accepter la mission du Dahomey, où, bien avant la conquête par les armes françaises, les hardis pionniers du catholicisme évangélisaient les tribus noires. Et ces deux congrégations, les missionnaires de Lyon, et les religieux du Saint-Esprit, font, chaque année de nombreuses recrues dans le diocèse de St-Claude.

Mgr Marpot les cède et les envoie, puisqu'ils le veulent, à la vie pénible qui sera leur partage, au martyre peut-être qui les attend. Bien des prêtres les voient partir, ces jeunes au cœur ardent, avec un soupir d'envie. Ils ont tort de soupirer, car qui nous dit la vie et la mort d'un curé de campagne n'est pas aussi agréable aux yeux de Dieu que la vie agitée et la mort isolée d'un missionnaire!

Au physique, Mgr Marpot est d'une taille ordinaire, son abord est des plus faciles et son accueil est toujours souriant. Il ne faudrait pas croire cependant que Sa Grandeur Mgr l'évêque de St-Claude soit doué d'une bonté qui confine à la faiblesse. Cela n'est pas, et pour s'en convaincre, il suffit de regarder ses yeux. Tout le monde ne sait pas voir, combien d'hommes en situation élevée, se laissent tromper par belle prestance et paroles dorées.

Ce qu'il faut voir, ce n'est pas le corps, plus ou moins composé que se présente, c'est l'âme, c'est l'intention qui fait agir, qu'il faut étudier. Pour un œil exercé, la chose est simple et l'évêque de St-Claude est passé maître en la matière.

Son examen est rapide et son œil est prompt;

il regarde d'un jet profond. Cela dure peu de temps, puis, la paupière retombe comme fatiguée et couvre l'éclat d'un œil brillant, mais qui se cache ordinairement.

Il est facile de parler avec lui ; il laisse à son interlocuteur tout le temps voulu pour exposer l'affaire qui l'amène à l'évêché ; mais quand Sa Grandeur a donné sa décision ou simplement son conseil, il est inutile d'insister. Monseigneur a lu dans l'âme, il sait à quoi s'en tenir, et il faut des arguments appuyés de preuves bien évidentes pour le faire revenir sur le jugement, qu'au premier abord il a porté.

Le sentiment qui domine chez Mgr Marpot c'est une immense charité. Vicaire, curé, évêque, il a aimé les pauvres, les délaissés.

Il a connu l'ingratitude maintes fois, et il en a souffert, puisqu'il a un cœur ; l'ingratitude ne l'a pas lassé. Du reste, il a trouvé aussi parfois la récompense de son inépuisable charité. En voici une preuve évidente :

L'abbé Marpot était vicaire de Saint-Claude quand, un jour, il fut appelé au chevet d'une pauvre femme qui allait mourir. Le jeune vicaire donna à la malade les consolations de son ministère et allait se retirer lorsque, voyant une immense angoisse se peindre sur la physionomie de la mourante, il voulut savoir la cause d'une si grande douleur, ce qui était étrange chez une chrétienne qui venait de recevoir les derniers sacrements avec une si grande résignation.

La cause de tant de chagrin fut facile à découvrir ; la pauvre femme laissait derrière elle, seul dans la vie, un parent, pauvre enfant de vingt ans, dont l'intelligence ne s'était jamais éveillée. Sans consulter la froide raison qui lui aurait conseillé une réponse banale, l'abbé Marpot n'écouta que son cœur, il promit de se charger du pauvre jeune homme, lequel assis près du lit où agonisait sa mère, écoutait sans comprendre.

Il a compris depuis ; le jeune homme est devenu vieillard ; fidèle à la promesse faite au lit de mort, Mgr Marpot l'a toujours gardé près de lui : à Molinges, à Fraisans, à Arbois et à St-Claude, partout l'enfant recueilli par charité dont l'intelligence n'a pu dissiper les voiles de l'enfance, a suivi son bienfaiteur.

Et s'il est vrai que le dévouement le plus absolu, la confiance la plus entière peuvent servir de récompense, en voyant l'attachement le plus sincère dicter chacune des actions du vieillard enfant.

Pauvre fleur abritée par un arbre et ne consentant à vivre que sous son ombre. Jules Bouvier mourrait s'il était séparé de celui avec lequel il a vécu.

Depuis seize années, Mgr Marpot, suivant le conseil de l'apôtre, travaille avec zèle et désintéressement à la partie de la vigne que le Seigneur lui a confiée.

Avec les années, la fatigue est venue, l'évêque de St-Claude comme tous les hommes au cœur bon, a connu les désillusions et les tristesses de

l'âme. Mais l'âme généreuse a su cacher aux yeux même les plus clairvoyants, la souffrance. Et Sa Grandeur, par ses actes administratifs aussi bien que par les actions de sa vie privée a montré que son cœur n'était animé que de pensées indulgentes et miséricordieuses.

Mgr Marpot, malgré la maladie, continue à remplir son devoir d'évêque : aussi, le voyant quand même au milieu d'eux, lors de la retraite ecclésiastique, ses prêtres qui le vénèrent et qui l'aiment, se disaient (et nous sommes les fidèles interprètes de leurs sentiments) : « Que votre Episcopat, Monseigneur, se prolonge, qu'il dure de longues années et que ces années soient des années de bonheur ! »

JUMEL (Abbé Édouard), A. ⬡, ✠, né à Corbie, le 6 janvier 1832, curé de Quevauvillers (Somme), membre de l'Ordre pontifical des Avocats de Saint-Pierre-de-Rome, écrivain et érudit.

M. l'abbé Edouard Jumel est l'un des prêtres les plus distingués d'un des diocèses les plus importants de la France. Sa vaste érudition, ses recherches historiques, ses travaux sur le passé des communes picardes, ses études hagiographiques, ont depuis longtemps attiré l'attention du public savant sur cet homme laborieux, sur ce curé modeste et intelligent.

C'est dans le gros bourg de Corbie, que baignent la Somme et l'Ancre, au pied de la majestueuse église dont les deux grosses tours carrées rappellent Notre-Dame de Paris, que naquit Edouard Jumel. Ses parents, très chrétiens, ne contrarièrent point la vocation du jeune Edouard, qu'attirait la carrière ecclésiastique.

Edouard Jumel, un beau matin, embrassa son père et sa sœur et partit, en diligence, pour le petit Séminaire de Saint-Riquier. Ses études furent fructueuses. Il manifesta un goût très prononcé pour les sciences, le dessin et la musique.

Au grand Séminaire d'Amiens, le jeune lévite fut choisi par ses supérieurs pour les fonctions de bibliothécaire et fut chargé d'élaborer le catalogue des livres rassemblés dans cet établissement. Son goût pour l'étude et son érudition ne firent que s'accroître. Au cours de ses vacances, n'avait-il pas l'occasion de méditer sur les travaux des fameux bénédictins de la congrégation de Saint-Maur, qui, durant des siècles, avaient fouillé les archives du passé à l'ombre du monastère de Corbie ? Leurs ombres graves et recueillies ne circulaient-elles pas encore le long des vieilles murailles blanches qui attestent leur passage et leur séjour ? M. Jumel voulut scruter leur tradition d'étude. Il ne faillit pas à cette tâche.

A peine fut-il, à sa sortie du Séminaire, nommé vicaire d'Harbonnières, qu'il collabora à la Tribune sacrée, à Paris, en publiant nombre de panégyriques et de sermons. D'Harbonnières, l'abbé Edouard Jumel passa à Picquigny, ville historique qui rappelle le traité célèbre. De là, il alla à Bourdon. Pendant ces sept années d'un ministère actif, l'abbé Jumel donna un plus grand essor à son goût pour le travail. Il publia de nombreux ouvrages, qui lui donnèrent une entrée honorable dans diverses sociétés savantes, parmi lesquelles nous citerons : la *Société des antiquaires de Picardie*, la *Société des antiquaires de France*, l'*Institut des provinces*, la *Société française d'archéologie*, etc.

Les communications qu'il adressa à ces associations furent nombreuses et lui acquirent une réputation toute particulière d'érudition large et complète.

Comprenant tout l'intérêt qui s'attache à l'histoire locale de chacun de nos villages, M. l'abbé Edouard Jumel avait dirigé ses recherches de ce côté. Sept communes eurent la bonne fortune de trouver en lui un historien sagace et précis. C'est ainsi qu'il a publié successivement: *Monographie de Bourdon* (1 vol. in-8); *Monogr. de Flixecourt* (in-8); *Monogr. de Crouy* (in-8); *Monogr. de Vignacourt* (in-8); *Monogr. de Davenescourt* (in-8); *Monogr. d'Heilly* (in-8); *Monogr. de Quevauvillers* (in-8).

Ces études historiques sur le département de la Somme n'ont pas passé inaperçues ; car elles furent inscrites d'office, par l'Inspecteur d'Académie, au Catalogue des Bibliothèques scolaires du département de la Somme.

M. Duruy, ministre de l'instruction publique, nomma l'abbé Edouard Jumel officier d'académie, le 25 août 1868.

De son côté, l'*Académie de Voltri*, en Italie, lui décerna en 1882 une médaille d'argent de première classe, pour ses études historiques.

Le 11 juillet 1881, la Ville de Paris lui remit une médaille d'argent au grand concours international de musique, comme directeur de l'Orphéon de Quevauvillers.

Comme hagiographe, M. Jumel a donné une *Vie de sainte Colette* de Corbie (in-12); une *Vie de saint Adrien* (in 8), des *Panégyriques des Saints* (in-8), très estimés' et un *Mois de Marie*, qui a obtenu un grand succès.

Le 8 décembre 1890, l'abbé Jumel était nommé membre de l'Ordre pontifical des Avocats de Saint-Pierre de Rome.

Ajoutons que le distingué curé de Quevauvillers a collaboré à : *la Tribune sacrée, le Rosier de Marie, la Picardie*, etc.

Depuis 1871, l'abbé Jumel exerce le ministère sacré à Quevauvillers, où ses paroissiens ont pour lui la plus respectueuse sympathie.

Malheureusement, les longs travaux de M. l'abbé Jumel ont altéré sa vue. Il a dû, à sa grande douleur, cesser ses publications et sa participation aux différentes Sociétés savantes. « Je considère, dit-il, ma carrière littéraire comme terminée. Je ne m'occupe plus désormais que de mon ministère paroissial, laissant à d'autres, plus jeunes, d'exploiter le champ si vaste de la science. »

Aux jeunes, M. l'abbé Jumel laisse un bon exemple en même temps qu'un précieux enseignement. Nous sommes heureux de pouvoir rendre cet hommage au vénéré curé de Quevauvillers.

JAUFFRET (Mgr FRANÇOIS-ANTOINE), A. ✪, G. C. ✠, né à la Ciotat, diocèse de Marseille, le 4 décembre 1833, nommé évêque de Bayonne par décret du 7 décembre 1889, préconisé le 30 du même mois, sacré le 9 mars 1890, intronisé le lendemain.

Non loin de Marseille, à peu de distance des flots bleus de la Méditerranée, une charmante petite cité, la Ciotat, étend non sans une certaine coquetterie ses rues et ses places jadis fortifiées. C'est là que, dans une famille d'armateurs, vint au monde, le 4 décembre 1833, le jour de la Sainte-Barbe, patronne de la ville, François-Antoine Jauffret, l'élu de la divine Providence.

Dès son berceau, Marie sourit au futur pontife, qui a toujours eu pour elle une vive et filiale dévotion. Coïncidence vraiment frappante, c'est le 8 décembre, fête de l'Immaculée Conception, qu'il fut baptisé ; c'est le 8 décembre 1890 que sa nomination à l'épiscopat fut officiellement promulguée.

Les divers membres de sa famille jouissent en Provence d'une réputation d'honorabilité bien méritée. Les pratiques religieuses, comme le travail et le patriotisme, y furent de tout temps en honneur. Son père, capitaine de marine, lui a laissé un précieux héritage, fait de bravoure et de dévouement. Sa mère, par sa piété franche et profonde, sut se concilier l'estime et l'admiration de tous.

Sous la double influence de la religion et d'une éducation chrétienne, les belles qualités que François Jauffret avait reçues du ciel ne pouvaient que s'épanouir merveilleusement. Un vicaire de la Ciotat, l'abbé Pinatel, mort curé de Saint-Charles de Marseille, voulut bien diriger ses premiers pas dans les sciences et dans la vertu. Quelque temps après, François-Antoine entrait au Petit Séminaire du Sacré-Cœur de Marseille pour y poursuivre ses études classiques sous la direction des prêtres éminents dont le souvenir est cher au clergé marseillais, l'intelligent et laborieux élève se signala par de brillants succès.

L'heure la plus décisive, la plus solennelle peut-être dans la vie d'un jeune homme, le choix définitif d'une carrière, allait sonner pour François Jauffret. Les lettres, les sciences, l'armée, la marine, le sacerdoce lui offraient des carrières diverses. Toutes semblaient faites pour ses aptitudes si remarquables et pour son infatigable activité. Le ministère des autels avait néanmoins pour le brillant humaniste des attraits particuliers ; mais si la splendeur de l'auréole sacerdotale souriait à son esprit et à son cœur, il considérait surtout les graves responsabilités dont elle est la source. Il voulut longtemps réfléchir. Après quelque temps passé dans le monde, la lumière se fit plus vive en son intelligence; la volonté du ciel se manifesta avec d'irrésistibles clartés : François Jauffret entra au grand séminaire de Marseille, dirigé alors par les Oblats de Marie.

Il se mit résolument à l'œuvre et se livra avec une ardeur infatigable à l'étude des diverses branches des sciences ecclésiastiques. Il enracina profondément son cœur dans les saintes habitudes de cette piété généreuse, franche et aimable qui est restée le trait dominant de son existence. Vivre de la vie de règle si favorable à la formation sérieuse du prêtre, donner en tout et partout l'exemple d'une vie marquée au coin d'une exactitude scrupuleuse, mettre dans ses relations une aménité et une distinction d'un charme vivement apprécié de ses maîtres et de ses condisciples, en un mot s'efforcer de réaliser l'idéal du séminariste parfait : ce fut l'objet de ses constantes sollicitudes.

Ses études cléricales furent couronnées par des succès aussi brillants que ceux de ses études classiques. Les uns et les autres furent solennellement proclamés par les Facultés des Lettres et de Théologie d'Aix et de Montpellier, où cinq épreuves lui méritèrent autant de couronnes académiques : le baccalauréat ès lettres, le baccalauréat ès sciences, le baccalauréat en théologie, la licence et le doctorat en théologie.

A la fin de ses études théologiques, François Jauffret fut nommé professeur au Petit Séminaire de la Sainte-Famille, où il se dévoua pendant quatre années à la formation des aspirants au sacerdoce, préludant ainsi aux sollicitudes du futur évêque de Bayonne.

Ordonné prêtre en 1860, il fut envoyé l'année suivante au nouveau collège catholique fondé à Saint-Louis par Mgr Cruice. Le terrain n'était plus le même, les élèves ne se destinant pas à l'état ecclésiastique. Il y fallait plus de fermeté et un égal dévouement, car l'installation matérielle était fort incomplète. M. l'abbé Jauffret sut prêter aux supérieurs le concours le plus précieux et il ne craignit pas d'assumer avec eux les plus lourdes responsabilités. Nommé d'abord professeur de rhétorique et directeur spirituel, il ne tarda pas à être chargé des fonctions de directeur des études, auxquelles il réunit celles de préfet de discipline. Ses anciens élèves n'ont pas oublié avec quelle habileté et quelle énergie M. le directeur savait contraindre grands et petits à observer le règlement, et cela sans jamais rien perdre de sa popularité.

Lorsque Mgr Place eut résolu, en 1870, de fusionner cette maison avec l'école Belsunce, qui avait succédé au Petit Séminaire du Sacré-Cœur, c'est à M. l'abbé Jauffret qu'il confia la direction du nouvel établissement, dont l'intelligence et le zèle du nouveau supérieur devaient faire un des collèges les plus florissants de la ville. Au bout de quelques années, la maison, en pleine prospérité, comptait près de 600 élèves et 50 professeurs.

Tout en faisant régner la discipline la plus parfaite, l'abbé Jauffret sut se concilier la respectueuse affection des élèves, qui l'aimaient comme un père, et la profonde estime des parents, avec lesquels il entretenait des relations empreintes de la plus exquise courtoisie.

Son collège était la maison de son cœur. Les succès obtenus par le sympathique directeur

de l'école Belsunce étaient dus sans doute à cet amour de l'ordre en tout qui frappait même le regard le plus distrait quand on entrait dans son cabinet de travail, à ce caractère toujours calme, à cette pleine possession de soi, à cette humeur toujours égale, à cet esprit de modération et de conciliation qui n'exclut pas les idées nettes et saines, à ce langage toujours de bon ton et à cette politesse exquise qui ne laissent jamais insensibles les gens bien élevés. Ils étaient surtout à une qualité bien plus précieuse encore : la bienveillance.

Aussi la joie fut-elle générale et bien vive quand, à la distribution des prix de 1887, le vicaire général diocésain annonça que Mgr Place, voulant reconnaître les longs et précieux services de M. le supérieur, l'avait nommé chanoine honoraire de sa cathédrale.

Tout en consacrant le meilleur de son activité à la direction de l'école Belsunce, l'abbé trouva le moyen de se livrer à l'étude et de publier une magistrale thèse doctorale sous ce titre : *Lutte doctrinale entre Mgr de Belsunce et les jansénistes*. A l'intérêt local du sujet venait s'ajouter le mérite d'une exposition écrite avec un charme réel de style et avec la conscience scrupuleuse de l'historien.

Un des membres les plus distingués de la congrégation de l'Oratoire, le savant P. Ingold, essaya bien de réfuter ce remarquable travail; mais il ne réussit qu'à fournir au nouveau docteur en théologie l'occasion de faire une très solide *Réplique*, qui est restée le dernier mot dans cette question intéressante.

La vie laborieuse que menait l'abbé Jauffret ne fut pas sans porter atteinte à sa vigoureuse constitution. L'excès de travail finit par produire un énervement général dont une visible protection du ciel le délivra.

Obéissant alors à une excessive délicatesse de conscience, il crut ne pouvoir plus continuer ses fonctions de supérieur de Belsunce et remit sa démission entre les mains de l'évêque de Marseille. Mgr Robert, voulant lui donner un témoignage éclatant de sa reconnaissance, le nomma chanoine titulaire de sa cathédrale. Le gouvernement voulut bien agréer cette nomination et faire une exception à ses précédentes décisions en faveur de l'abbé Jauffret, qui recevait en même temps du ministère de l'instruction publique les palmes d'officier d'académie.

Loin de regarder sa stalle comme une invitation au repos, le nouveau chanoine continua à exercer son activité dans l'étude des lettres et des sciences et dans le ministère de la prédication. C'est dans ces saintes occupations que vinrent le trouver les honneurs de l'épiscopat.

Grande fut la joie du diocèse de Bayonne lorsqu'il apprit par la presse que la divine Providence lui avait réservé un pontife qui réunissait en lui l'habileté, l'activité et la bonté de ses derniers prédécesseurs. Aussi bien ces qualités avaient déjà reçu un précieux témoignage de la bouche du Chef auguste de la chrétienté, disant à de pieux pèlerins de Bayonne : « Vous aurez bientôt un excellent évêque. » A ce moment, en effet, l'accord du Saint-Siège et du gouvernement français s'était fait sur le nom de M. le chanoine Jauffret.

A la veille du sacre du nouvel évêque de Bayonne, les vicaires capitulaires avaient adressé un pressant appel au clergé diocésain. Cet appel fut entendu. Des diverses régions du Béarn et du pays basque, on vit accourir à Auch près de cent prêtres, chanoines, curés, vicaires, aumôniers, religieux de tous ordres, pour former autour du nouvel évêque une couronne de sympathie et de dévouement. La veille du sacre, les trains qui partaient de Bayonne, Oloron et Pau emportaient des foules sur la ligne de Tarbes à Auch. Un brillant soleil semblait ajouter à la joie des cœurs, et à voir tous les fronts radieux, on pouvait deviner les sentiments dont toutes les âmes étaient pénétrées.

C'est dans l'avant-chœur de l'église métropolitaine qu'eut lieu l'imposante solennité. Dès la veille, Mgr Jauffret reçut un nombreux clergé et prononça une allocution qui lui gagna tous les cœurs. Immédiatement après, le vénérable doyen du chapitre d'Auch, en termes éloquents, souhaita la bienvenue aux prélats consécrateurs, les évêques de la Rochelle et d'Agen; saluant en la personne du premier le noble représentant de l'antique tradition africaine, dont il fut l'une des gloires; célébrant dans le second un hôte généreux et dévoué, toujours prêt aux appels adressés à sa charité et dont la présence est d'ordinaire l'ornement des fêtes auscitaines. Puis, s'adressant à Mgr de Bayonne : « Mon cœur s'émeut, dit-il, à la pensée de l'honneur que vous faites à notre église en la choisissant pour y recevoir l'onction épiscopale. Ce sera un lien de plus entre nous. Nous vous devons cette fête, dont vous serez demain l'ornement et dont vous ferez toute la joie. »

Le lendemain dimanche eut lieu le sacre de Mgr Jauffret.

Le sacre d'un évêque est un drame religieux plein de mouvement et de variété, se déroulant en tableaux dont l'intérêt va croissant. Il n'est pas à propos toutefois d'en faire un long récit dans une biographie épiscopale. Il suffira de dire qu'à l'évangile, Mgr Gouzat gravit les marches de la chaire. Le vénéré métropolitain prononça un discours sur la mission de l'évêque, chargé par Notre-Seigneur d'enseigner la vérité; l'auditoire y trouva des rapprochements d'un intérêt incontestable. Pendant la messe, les élèves des Séminaires exécutèrent avec une grande habileté plusieurs morceaux empruntés aux diverses œuvres de Gounod.

Le *Bulletin catholique de Bayonne*, sous la plume habile de M. l'abbé Poey, rendant compte de cette imposante cérémonie, concluait ainsi : « Montrez-vous, ô pontife, avec tous vos attributs; apparaissez dans toute la majesté de votre caractère épiscopal; désormais vous êtes la main qui dirige, la voix qui enseigne, et puisque la foule veut vous voir plus près, passez au milieu d'elle, laissez tomber sur vos mains remplies de grâce la divine bénédiction; ces prêtres et ces fidèles, vos parents, vos amis, dont le front s'incline devant vous, sont avides de recueillir les prémices de votre ministère; leurs yeux vous suivent avec tendresse. Tout à l'heure, ce ne sera pas une voix seule, mais celle du clergé et du peuple qui dira : *Ad multos annos!* »

Le soir même, le prélat, accompagné des prêtres de Bayonne, quittait la ville métropolitaine pour se rendre à Tarbes et prendre le lendemain matin la ligne de Bayonne. Après avoir salué au passage Notre-Dame de Lourdes, Sa Grandeur entrait dans son nouveau diocèse. Il se trouva bientôt face à face avec Notre-Dame de Bétharram, la Vierge du Beau Rameau. Quelle circonstance touchante pour un premier pasteur de trouver à la porte de son diocèse un sanctuaire à Marie, qui semble lui avoir toujours réservé ses meilleurs sourires, saluer Notre Dame de Bétharram dont l'image est dans ses armoiries!

C'est ici le lieu de faire connaître les armes de l'évêque de Bayonne et d'en expliquer le symbolisme. Au premier plan figurent deux tours crénelées, baignées dans l'onde phocéenne ; au-dessus et à dextre, la Vierge de Bétharram ; à sénestre, le chiffre de saint François d'Assise ; au centre, un cœur enflammé. La devise est : *Plus prodesse quam prœesse.* Laissons à Mgr Jauffret lui-même le soin de nous expliquer ses armes ; cette leçon se trouve dans sa lettre pastorale d'installation. Je cite textuellement :

« Celui que la petite ville provençale la Ciotat, aux deux tours crénelées, envoie à la cité jamais prise, *nunquam polluta*, n'aura, comme son patron, dont le chiffre est dans ses armes, qu'une poésie dans l'âme, qu'une passion au cœur : gagner des âmes à Dieu. Il ne vient pas se prévaloir de son autorité, mais il vient vers vous pour se rendre utile : *Plus prodesse quam prœesse*, plus père que maître. Il invoque pour cela la protection de cette Mère du ciel qui lui a ménagé la grâce de naître à l'innocence du baptême au jour même de sa Conception Immaculée et la grâce de naître à l'épiscopat un samedi, au moment où les clochers annonçaient encore sa fête de prédilection. Il aimait à la vénérer, enfant, dans l'agreste chapelle qui, dans son pays natal, comme un phare protecteur, domine les flots ; il a maintes fois gravi, à Marseille, la colline de la Garde, d'où Marie veille sur la grande cité ; il sera heureux de continuer ce culte à sa Mère en parcourant les sanctuaires nombreux qui témoignent dans cette contrée bénie de votre amour pour elle : Lourdes, dont le voisinage illustre protège le diocèse et où les grâces et les bienfaits de Marie jaillissent aussi nombreux que sont abondantes les eaux de son rocher ; Bétharram, où les miséricordes de la Mère deviennent plus touchantes près du Calvaire du Fils ; Sarrance, dont la restauration proclame la dévotion envers la Reine du ciel.

« On ne peut aimer la Mère sans aimer le Fils. Voilà pourquoi nous avons mis le Cœur de Jésus au centre de nos armes. Nous voulons marquer par là qu'il sera le centre de nos aspirations, le centre de notre administration, le centre de notre épiscopat.

« Ces résolutions, qui sont nos promesses, nous les avons écrites dans notre blason pour qu'elles nous engagent à jamais, et nous avons respectueusement chargé, comme notre sceau vous le montre, saint François, dont le séraphique sourire a béni notre berceau, et saint Léon, dont nous voulons que la protection nous suive jusqu'à la tombe, de les présenter au Cœur de Jésus, afin que ce Cœur divin les pénètre de cet inénarrable amour qui lui a fait verser pour nous jusqu'à la dernière goutte de son sang. »

Tel est le commentaire sublime que nous tenons de la plume même de Mgr Jauffret. L'histoire dira, et nous pouvons l'affirmer déjà, que ce programme a été rempli dans toute sa rigueur.

A Pau, à Orthez et enfin à Bayonne, la réception de Mgr Jauffret fut splendide.

On attend toujours avec une impatience légitime d'entendre la parole d'un nouvel évêque. Le style, c'est l'homme, — et l'on tient à connaître l'homme. L'Église a son chef suprême dans le ciel, son chef visible à Rome. Le ciel et Rome, c'est loin pour nous. Mais l'évêque est là, successeur des apôtres, qui représente l'Église. Pour le peuple donc, l'évêque c'est l'Église : autant vaut l'un, autant vaut l'autre. Vous ne ferez pas sortir de là les braves gens dont la foi est celle du charbonnier. En conséquence directe et en simple logique, l'Église se trouve honorée des qualités du cœur, de l'esprit et du caractère chez un évêque. Or ces qualités ressortent, et véritablement éminentes, de la lettre pastorale de Mgr Jauffret à l'occasion de la prise de possession de son siège. Le prélat est de l'école des Dupanloup et des Perraud. Le beau et grand style académique le distingue entre tous. Rien de plus insinuant que l'exorde de ce discours magistral : « Il s'offre à des cœurs généreux, la joie qu'il en ressent et qu'il se manifeste sur son visage lui vaut un magnifique accueil. On ne s'arrête pas ici à l'écorce humaine, on va droit à l'âme, par une intuition providentielle qui surmonte les distances et devance le temps. »

« Ne croyez pas que le nouveau pasteur vienne à des étrangers. Il a parcouru les annales diocésaines et il a été ravi de leur splendeur. Le sang du Christ, coulant le long des pentes du Calvaire, est promptement venu arroser et féconder les champs de la Novempopulanie. »

Et l'orateur rappelle que, dès le Ier siècle, saint Vincent de Dax apportait à ces régions la croix et le baptême du Christ. « Le IVe siècle n'était pas encore à son terme que déjà la cité de Bayonne prenait rang parmi les villes épiscopales, en se groupant autour de la houlette de son premier pasteur Iscassie. »

Puis, ouvrant les saints diptyques, l'évêque découvre dans son beau et vaste diocèse, « trois centres lumineux de foi catholique : Lescar, dont le martyrologe s'ouvre par le fécond épiscopat de saint Julien (407), qui renverse les idoles du paganisme, et par celui de saint Galactoire, dont les ariens redoutent la dialectique, et se ferme au nom de l'intrépide Marc-Antoine de Noë.

« Oloron, dont saint Grat a illustré le siège et dont l'énergie chrétienne a lutté contre le sabre de Mahomet.

« Bayonne enfin, qui étincelle de tout l'éclat de son grand évêque et martyr saint Léon. Cet intrépide chef, aidé de ses deux frères Electhère et Gervais, affermit et développa le christianisme dans la terre de Labourd et dans la basse Navarre. Jamais oubliée et toujours grande sera la cité sauvée par le sang de cet apôtre. »

Après avoir rappelé la gloire du diocèse, voyons comment il salue ses prêtres : « On sent, dit-il, que le cœur de deux grands saints a battu à côté de celui de ce clergé d'élite. Oui, nos bien-aimés fils, vous avez l'inépuisable charité de saint Vincent de Paul et l'intrépidité évangélique de saint François-Xavier. Vous aimez le travail, vous aimez la science, et, à cause de cela, vos œuvres sont fortes et votre renom assuré. » L'orateur cite alors les hommes de science, de cœur et de zèle sortis des rangs du clergé bayonnais, « suaves figures, fleurs de sainteté dont le parfum, condensé dans de pieuses pages, ne s'évaporera pas, — et ceux qui se sont dévoués au ministère de l'enseignement,... les bâtisseurs d'églises, dont les funérailles ont été un triomphe. » Et il ajoute, avec une grâce infinie : « Si nous pouvions parler de la floraison sur pied, que n'aurions-nous pas à ajouter à ce catalogue d'honneur! »

Voici maintenant à l'honneur du peuple entier un paragraphe vraiment typique : « Un peuple capable d'enfanter à l'Église un tel clergé est un précieux appui pour son évêque : tel clergé, tel peuple. Ces deux foyers de lumière et de chaleur entretiennent leur incandescence en se renvoyant leurs vifs rayons. Peuple au caractère de feu, vraiment pyrénéen, mais au cœur bon, enclin aux œuvres qui fécondent le champ de l'Église comme vos eaux tarbelliques fertilisent vos campagnes. »

Un tel discours était capable de soulever l'enthousiasme des foules, surtout quand il en vint à faire vibrer la corde patriotique, sous forme de déclaration nette et sincère. L'orateur continue de s'adresser au peuple :

« C'est parce que vous rendez à Dieu ce qui est à Dieu que vous devez à la patrie ce qui est à elle. L'amour de la patrie est un amour religieux; Dieu le seconde et le bénit. Il fait des miracles en sa faveur : notre Jeanne d'Arc est là pour le prouver. Sur ce terrain, nous l'avons constaté lors de nos récents malheurs, les dissentiments et les dévouements sont frères.

« Aussi avons-nous confiance en ceux que Dieu, dans l'ordre temporel, nous a donnés pour chefs et qu'il nous commande de respecter. Nous comptons sur eux pour qu'ils soient nos émules dans la pratique du bien. Nous avons été à leurs côtés sur les champs de guerre; ils seront à nos côtés sur les champs de la paix. Depuis longtemps, nous avions été privés du bonheur de voir les pompes religieuses resplendir librement en dehors du saint temple. Nous venons de les contempler avec ravissement. Honneur à ceux qui nous laissent cette précieuse liberté refusée à tant d'autres; honneur à ceux qui la respectent et à ceux qui savent dignement en user! Les hommes au cœur droit se combattent à nu et souvent, au lieu de croiser le fer, ils se tendent les mains.

« Cette droiture de conscience, nous la supposerons toujours chez nos contradicteurs. C'est sur elle que nous comptons pour amener entre nous l'harmonie que nous désirons, si profitable aux œuvres utiles. Nos gages seront

un grand respect pour tous, une paternelle charité pour ceux qui se tiennent en dehors du bercail, pour ceux dont les espérances sont nos adorables réalités, pour ceux dont les aïeux ont rendu la mère responsable des fautes de ses enfants. Qu'ils franchissent le seuil de notre demeure, c'est toujours un ami qui les recevra. »

Voilà bien l'évêque dévoué aux directions pontificales. Depuis lors, il a travaillé à aplanir les difficultés que leur application peut rencontrer autour de lui. Les ministres savent que son acceptation de la République est sincère et loyale, qu'elle est dans ses traditions de famille. Le Pape n'ignore pas non plus les sentiments de l'évêque de Bayonne. Un fait en est la preuve : lors de la dernière visite *ad limina* de Mgr Jauffret, Léon XIII a nommé son vicaire général, M. l'abbé Diharce, protonotaire apostolique, « parce qu'il en était aidé dans son œuvre d'apaisement, avec le concours d'un synode annuel, autorisé. »

Mais revenons à la magnifique lettre pastorale, qu'il faudrait, non pas analyser, mais citer tout entière. L'évêque continue en exaltant la bonté, qui est en vous, dit-il, et en moi. « Venez à moi, vous qui commandez et vous qui obéissez, vous à qui le bonheur sourit et vous qui êtes dans la tristesse, vous qui vivez dans l'abondance et vous qui gagnez le pain quotidien à la sueur de votre front, vous dont l'intelligence est cultivée et vous qui n'avez pas eu le temps de vous asseoir sur les bancs de l'école. Venez, vous que de fausses préventions éloignent; venez aussi, vous que la passion anime contre nous... Nous n'achèverons pas de briser le roseau à demi rompu ou d'éteindre la mèche qui fume encore. »

Quel magnifique commentaire du *Venite ad me omnes!* et comme on sent qu'il sort du cœur. Une fois de plus, on peut dire que le cœur donne l'éloquence.

Ensuite, le mandement prêche la discipline, « qu'on pourrait appeler la santé morale d'une société ». L'orateur reconnaît que le mot *discipline* est austère; mais s'il découvre une croix, l'évêque est prêt à prendre sur ses épaules le plus lourd fardeau ».

Il devait ne point oublier la science, qui rend l'obéissance raisonnable. Ici, il rend hommage à l'intelligence du clergé bayonnais : « Vos études incessantes, vos travaux de toute sorte, les maisons d'éducation si nombreuses dans le diocèse se proclament hautement : vous êtes un clergé et un peuple instruit. » Le prélat s'engage à donner un nouvel élan aux études dans les séminaires diocésains,... car la science corrobore la piété : *Pius sciens, scienter pius.* »

Ici arrive un rapprochement délicat entre les destinées des deux diocèses de Marseille et de Bayonne : « Le culte des lettres avait établi des relations entre les académies renommées des deux pays. Leurs traditions religieuses présentent des similitudes remarquables. Les vagues paisibles de la Méditerranée qui baignent les côtes de la Provence lui ont amené le salut avec la barque qui portait Lazare, c'est sur les flots majestueux de l'Océan que vous est arrivée la barque que montait saint Léon, tous les deux évêques, tous les deux martyrs de la foi du Christ. C'est peut-être pour conserver ces pieux souvenirs qu'une des portes de Bayonne avait été nommée porte Saint-Lazare. La région béarnaise nous a donné l'illustre Belsunce, la Provence vous a donné le grand cardinal d'Astros. »

Avant de terminer, le nouvel évêque expose son programme de gouvernement. Il suivra les grands exemples de ses prédécesseurs, le cardinal d'Astros, l'ami des lettres; Mgr d'Arbou, dont l'épiscopat fut fécond par l'humilité; Mgr Lacroix, dont les œuvres furent marquées au coin de la virilité; Mgr Ducellier, ravi au diocèse pour de plus hautes destinées; enfin, Mgr Fleury-Hollot, dont la tombe vient à peine de se fermer et dont la vie a été une reflorescence du Christ. Il n'oublie pas de citer surtout « le grand cardinal qui présidait alors aux destinées de l'Afrique, à qui Bayonne a donné le jour et qui sera pour sa ville natale une des plus pures gloires »; il lui demande de lui communiquer « un rayon de son intelligence, un élan de son cœur », pour travailler avec lui à l'extension de la liberté chrétienne, à la propagation de la foi.

Il achève son éloquent discours en faisant appel à toutes les bonnes volontés et à tous les dévouements du chapitre, du clergé, des ordres religieux, des supérieurs et directeurs des séminaires. Il compte surtout sur le zèle intelligent des hommes de science et de lettres : « Vous, chère pléiade d'écrivains à l'indissoluble faisceau, au cœur haut comme la science, dont la plume, lyre toujours en accord, ne se transforme en épée que pour la défense du bon droit. » Il compte aussi sur les pouvoirs publics : « Vous nous aiderez aussi, vous qui, pour le gouvernement de la chose publique, pour la défense de nos frontières, pour la distribution de la justice, pour la question municipale, tenez en main l'autorité de la France... La gloire de l'Église et celle de la patrie jailliront de l'union des intelligences et de celle des cœurs dans la charité! »

Le pur chef-d'œuvre d'éloquence que nous venons d'analyser méritait d'être cité tout entier. Les bornes étroites d'une biographie ne l'ont pas permis. Nous renvoyons donc le lecteur au Bulletin catholique de Bayonne (n° 11, du 16 mars 1890).

C'est dans les feuillets de cette revue que nous avons recueilli les faits relatifs à la biographie de Mgr Jauffret, et nous tenons à lui restituer l'honneur qui lui est dû en rendant hommage principalement à la plume alerte de M. l'abbé Poey, directeur des Annales de Bayonne. Ce que cet habile écrivain n'a pu dire dans le numéro de 1890, nous allons l'a-

jouter en peu de mots, pour ne point trop allonger cette notice.

Les titres honorifiques de Mgr Jauffret sont les suivants : docteur en théologie, officier d'académie, grand'-croix de l'ordre pontifical du Saint-Sépulcre, prélat assistant au trône pontifical et comte romain, chanoine d'honneur de la cathédrale de Marseille.

A la lettre pastorale analysée plus haut, il faut joindre cinquante-sept mandements publiés depuis six ans. Parmi ceux-ci, on en distingue quatre sur la Prédication, un sur le Couronnement de Notre-Dame de Sarrence, un autre sur l'Enfant. A signaler également les lettres pastorales suivantes : en 1894, sur l'Ouvrier; en 1895, sur les Œuvres; en 1896, sur le Pape, à l'occasion de sa visite ad limina. Mgr Jauffret est un écrivain de premier ordre et son éloquence est remarquable.

A Bayonne, on admire son activité à visiter toutes les parties de son vaste diocèse, succursales et hameaux, où nul évêque n'avait paru. Pour mieux connaître les brebis de son immense troupeau, le bon pasteur a imaginé une feuille de renseignements, que chaque curé doit remplir, pour rendre compte de l'ensemble de sa paroisse.

Il achève de réviser les statuts synodaux, qui datent de Mgr d'Astros. Il a rétabli les conférences ecclésiastiques et leur a imprimé une grande vigueur. Les œuvres d'Orient ont reçu de lui une vive impulsion; il en est de même de l'œuvre des campagnes et et de l'œuvre anti-esclavagiste. Grâce à son zèle ardent, le clergé du diocèse aura contribué pour près de 5,000 fr. à l'érection de la statue du cardinal Lavigerie. Ancien supérieur de maisons d'éducation, les œuvres de jeunesse ont particulièrement attiré son attention.

Sa Grandeur a, de plus, le zèle de la maison de Dieu. Déjà six nouvelles églises ont été consacrées par lui, et il a obtenu l'ouverture d'une paroisse nouvelle pour Biarritz.

Dans le but d'unifier le plus possible les oblations, il a présenté un nouveau tarif à l'acceptation de M. le ministre des cultes.

Promoteur dévoué des hautes études théologiques, littéraires et scientifiques, il a amené le diocèse de Bayonne à occuper le second rang parmi les diocèses de l'Université catholique de Toulouse. Il s'applique en ce moment à conserver au collège de Pau son caractère de maison diocésaine, dirigée par les prêtres séculiers du diocèse.

Les intérêts de l'Église et la gloire des héros chrétiens ne lui sont pas moins à cœur que les avantages religieux de ses diocésains : il a fait avancer à Rome la cause du R. P. Garricoïts, le fondateur de la congrégation de Bétharram.

La cathédrale de Bayonne attire sa sollicitude, et des sommes considérables sont consacrées à sa restauration, soit intérieure, soit extérieure. De même, des améliorations considérables ont été apportées à l'Évêché.

La bonté et l'activité caractérisent l'administration de Mgr l'évêque de Bayonne; tout comme ses discours, ses lettres, ses nombreuses allocutions dénotent l'homme d'étude et le littérateur consommé.

C'est ainsi qu'il a conquis en peu de temps, par son dévouement et sa franchise, malgré certaines difficultés du début, l'affection de tous ses prêtres béarnais et basques, prenant sur son repos pour répondre exactement aux nombreuses lettres qu'il reçoit chaque jour. Un seul reproche peut être fait à cet infatigable travailleur : c'est de se dépenser trop et de ne pas assez ménager ses forces.

Six années de cet épiscopat, fécond entre tous, ont fait de Mgr Jauffret un prélat bien populaire et bien aimé. Seuls ses cheveux blancs rassurent les fidèles de Bayonne sur le maintien de leur évêque au milieu d'eux. Ils espèrent que l'anneau reçu au jour du sacre fixera l'excellent prélat dans ses devoirs d'époux mystique de l'Eglise qui lui a été donné en union de cœur et d'esprit.

GODEFROY (L'abbé MAXIME), né à Guilberville (Manche), le 24 mars 1858, Directeur et professeur de philosophie au Petit Séminaire de Mortain.

L'abbé Godefroy est fils d'un de ces instituteurs ruraux, devenus rares de nos jours, qui sans autre ambition que celle d'être utiles, passaient autrefois leur vie entière dans la même commune, au sein de la population qu'ils avaient instruite et formée aux bonnes mœurs. De bonne heure, l'enfant manifesta, lui aussi, la vocation de l'enseignement avec le désir de se consacrer aux œuvres du ministère ecclésiastique.

Brillant élève au collège oratorien de Saint-Lô, il quitta cet établissement, en 1878, pour entrer au Grand-Séminaire de Coutances, où il continua la série de ses succès scolaires. Ordonné prêtre le 29 juin 1882, il fut envoyé, le 1er octobre suivant, comme professeur d'histoire, au Petit-Séminaire de Notre-Dame de l'Abbaye-Blanche, de Mortain.

Il était dans sa véritable voie, et il y est resté depuis quinze ans. Très goûté de ses élèves pour la netteté et la précision de son enseignement, il eut l'idée, au bout de quelques années, de condenser ses leçons sur l'Histoire de France en un manuel qui eût le mérite d'être à la fois très au courant de la science actuelle et rédigé dans un esprit de justice envers l'Eglise.

Son *Histoire de France*, publiée en 1891 (avec 87 cartes, 251 gravures, questionnaires et tableaux synoptiques. Paris, Armand Colin, 1891 ; 1 vol. in-18 Jésus de 579 p.) réunit éminemment ces mérites divers qui expliquent son rapide succès. Ce travail fut résumé dans la *Petite Histoire de France* (avec cartes, gravures, questionnaires et tableaux synoptiques. Paris, Armand Colin; 1892, 1 vol. in-18 Jésus), qui se recommande par les mêmes qualités.

M. Godefroy a donné également une *Histoire préparatoire* (même édition ; in-8°, 1883). Préoccupé de plus en plus du besoin de méthode et d'exactitude pour soulager la mémoire et classer nettement les faits dans l'esprit, il publia, dans les années suivantes, deux résumés, en tableaux synoptiques, des matières historiques exigées dans les programmes de seconde, de rhétorique et de philosophie. Ces deux ouvrages, ont paru à Tours, à la librairie Cattier (in-8° raisin) ; ils ont rendu de véritables services aux maîtres aussi bien qu'aux élèves.

Entre temps, l'abbé Godefroy se livrait avec succès à la prédication, tant au Séminaire que dans les paroisses environnantes. Il a échangé, il y a quelques années, sa chaire d'histoire contre la chaire de philosophie. Mais il semble être resté fidèle à ses anciens goûts. Ce qui l'attire, surtout, comme tant d'autres esprits distingués qui ont une fois goûté le charme de faire ressusciter le passé, c'est l'histoire de son pays natal. Il vient de publier, dans la *Revue catholique de Normandie* (1896), une série d'articles intitulée : *Une célèbre Baronnie normande*. Ces articles seront sans doute tirés à part. C'est l'histoire de la ville et du château de Torigni-sur-Vire (Manche).

Jeune encore, actif, plein de savoir-faire et de persévérance, l'abbé Godefroy promet de tracer un sillon fertile dans le champ des Annales normandes.

SUEUR (S. E. Mgr LOUIS-FRANÇOIS), né à Campigneulles, diocèse d'Arras, le 21 mai 1841, nommé évêque d'Evreux par décret du 29 mai 1894 ; promu à l'archevêché d'Avignon par décret du 30 mai 1896 ; précédemment vicaire-général d'Arras.

Mgr Louis-François Sueur fit de brillantes études classiques au collège ecclésiastique de Sainte-Austreberte, à Montreuil-sur-Mer.

Ses études théologiques achevées au Grand-Séminaire d'Arras, il revint à Montreuil en 1866, fut ordonné prêtre l'année suivante, le 21 décembre et, jusqu'en 1873 il enseigna avec distinction la rhétorique et la philosophie.

Après un an de vicariat à St-Omer, Mgr Lequette, évêque d'Arras, qui se connaissait en hommes, l'appelait comme directeur au Grand-Séminaire de sa ville épiscopale, et lui confiait successivement la chaire d'Ecriture-Sainte et celle de théologie morale. Il remplit ces deux postes avec une grande distinction. De 1885 à 1892, M. l'abbé Sueur dirigea en qualité de Supérieur la section de philosophie du Grand-Séminaire diocésain, s'exerçant ainsi sur un terrain des plus propices au discernement des esprits et au maniement des hommes.

Les rares qualités de gouvernement que M. l'abbé Sueur déploya dans ce poste important, l'ayant désigné à l'attention de tout entier, nul ne s'étonna que Mgr Williez, en arrivant dans le diocèse d'Arras, en septembre 1892, l'attachât à son administration en qualité de vicaire-général. Seize mois plus tard, un décret du 29 janvier 1894 le nommait à l'évêché d'Evreux. Il fut préconisé le 18 mai suivant.

Son Eminence le cardinal Meignan qui, pendant son court épiscopat à Arras, de 1882 à 1884, avait distingué M. l'abbé Sueur comme un de ces hommes d'avenir qu'il savait discerner et mettre en lumière, fut le consécrateur du nouvel évêque d'Evreux, le 5 août 1894. Il était assisté par Mgr Catteau, évêque de Luçon, l'intime ami du nouveau prélat, et par Mgr Williez, évêque d'Arras. Mgr Sueur a donc séjourné moins de deux ans à Evreux. Il ne lui en a pas fallu davantage pour mettre en lumière les grandes qualités de piété, d'éloquence, de bonté et de tact administratif qui, en attirant sur lui l'attention du Souverain Pontife et du pouvoir civil, le désignaient comme apte, non seulement à gouverner un simple diocèse, mais à exercer l'action plus importante d'un chef de province ecclésiastique. Par décret présidentiel du samedi 30 mai 1896, Mgr François Sueur, évêque d'Evreux, fut nommé archevêque d'Avignon. Cette nomination, en causant d'unanimes regrets dans le diocèse d'Evreux, remplissait d'une joie sincère l'illustre et antique église d'Avignon dont la mort de Mgr Vigne laissait le siège vacant depuis sept mois. Un de ses prêtres se faisait l'écho fidèle des sentiments de tout le clergé avignonnais en disant quelques semaines avant la nomination. « Si la Providence nous destinait l'évêque d'Evreux, j'en féliciterais le diocèse. Nous aurions un évêque actif, travailleur et faisant travailler. Mgr Sueur en effet, dans son court passage à Evreux a donné assez de preuves de son activité infatigable, de son zèle clairvoyant, pour donner le meilleur augure de la nouvelle tâche qu'on vient de lui confier. » Il suffit, pour s'en convaincre, de jeter un regard rapide sur la brève et féconde carrière du nouvel archevêque.

Le 30 juillet 1894, Mgr Sueur adressait à son diocèse sa première Lettre pastorale.

Sacré le dimanche 3 août, Mgr Sueur arrivait à Evreux le vendredi 17 août.

Le lendemain matin, Sa Grandeur présidait au Grand-Séminaire les exercices de clôture de la retraite ecclésiastique et prenait possession de la cathédrale.

Le 10 septembre, Monseigneur conduisait à Lourdes le pèlerinage du diocèse d'Evreux et, peu après son retour, commençait la visite pastorale, cherchant à se rendre compte le plus possible par lui-même des besoins et des aspirations de ses fidèles, moins de l'œil du maître que de l'œil du père attentif et prévoyant. Ses lettres pastorales témoignent de sa large sollicitude, de son zèle éclairé.

Dès le mois de septembre 1894, Monseigneur publiait une lettre pastorale sur le Rosaire de Marie, portant publication de l'Encyclique Jucunda Semper, et renouvelant les prescriptions de Mgr Hautin.

Au mois de janvier suivant, lettre sur les Études ecclésiastiques, la Retraite et les Messes de Binage. Entre autres prescriptions, cette importante Lettre organise deux retraites ecclésiastiques par an, de manière que tout le clergé du diocèse puisse, chaque année, venir s'y retremper.

La lettre pastorale pour le Carême de 1895 traitait de la Conversion des pécheurs et portait publication de l'Encyclique de N. S. P. le Pape en faveur de l'Œuvre de la Propagation de la Foi.

Au mois de mai suivant, Lettre pastorale et Mandement à l'occasion du Bref apostolique de N. T. S. P. le Pape Léon XIII, demandant des prières spéciales pendant les fêtes de la Pentecôte. Le 29 juin, Lettre pastorale et Mandement demandant communication des écrits du serviteur de Dieu Jacques-Désiré Laval. Le 16 juillet, nouvelle lettre sur les Retraites Ecclésiastiques, et le 15 octobre, Lettre pastorale prescrivant un Te Deum pour remercier Dieu du succès de nos armes à Madagascar et demander des prières pour les soldats pendant la campagne

Au mois de septembre, Lettre pastorale portant publication de l'Encyclique Adjutricem populi sur le Rosaire.

Au mois de décembre, Monseigneur adresse à son clergé une nouvelle Lettre sur le résultat des examens des jeunes prêtres et l'obligation de l'étude.

La lettre pastorale pour le carême de 1896 traitait de la Vie chrétienne.

Au mois d'avril, Monseigneur publiait une Lettre pastorale et un Mandement pour annoncer le jubilé national accordé par N. T. S. P. le Pape Léon XIII à l'occasion du XIVme centenaire du baptême de Clovis.

Telles sont les principales communications portées par Mgr Sueur à la connaissance du clergé et des fidèles de son diocèse.

Sa Grandeur toujours attentive aux besoins du culte extérieur comme à ceux du culte intérieur et à la bonne formation de son clergé, s'occupait activement des réparations qu'exigeait l'état du grand séminaire et de certaines parties de l'évêché. Par ses soins, sa surveillance immédiate et assidue, il a la satisfaction de les laisser presque entièrement terminées. L'achèvement de la restauration de la cathédrale lui tenait particulièrement à cœur. Sa Grandeur n'a épargné aucune démarche pour qu'elle fût terminée le plus tôt possible. Pour en hâter la solution tant désirée, Mgr Sueur n'avait pas hésité à se charger de la construction du Maître-autel. La souscription ouverte à cette occasion se chiffrait déjà au total de 22.000 francs au moment de sa nomination à l'Archevêché d'Avignon.

Ce résumé rapide peut donner quelque idée de l'œuvre de Mgr Sueur dans son épiscopat d'Evreux où il laisse la réputation d'un saint évêque, d'un travailleur infatigable et d'un administrateur vigilant. L'avenir réserve à son zèle un champ plus vaste dans cette antique église d'Avignon illustrée par des pontifes comme Saint Ruf, Saint Magne, Saint Agricol, Saint Vérédème, Saint Maxime, Jacques d'Eusse, qui fut Jean XXII, Julien de la Rovère qui fut Jules II et tant d'autres presque aussi illustres. Ce glorieux héritage de quinze ou seize siècles de vertus et de talents pleins d'éclat ne pouvait être remis en meilleures mains et si « Noblesse oblige » on peut se reposer de cette glorieuse obligation sur le nouvel archevêque d'Avignon. Son intelligence et son zèle sont à la hauteur de toutes les missions et ne peuvent que grandir avec les circonstances. Le passé nous est garant de l'avenir. La fière devise « *Excelsior* » ne peut mieux s'appliquer qu'à Mgr Sueur.

BOLO (l'abbé HENRY), né le 25 juin 1858, à Saint-Etienne (Loire), vicaire-général de la Réunion, prédicateur, écrivain.

Adresse : Marseille, montée de Lodi.

Le plus heureux des écrivains ecclésiastiques, en notre fin de siècle, M. l'abbé Henry Bolo, n'est pas le moins choyé des prédicateurs. Un public, aussi nombreux qu'enthousiaste, fête également sa plume et sa parole.

Né en 1858, à Saint-Etienne, il quitta, dès l'âge de quatre ans, le pays du charbon et du brouillard pour aller à Marseille prendre de bonne heure des leçons de soleil sous l'azur provençal. Ce baptême de lumière et de poésie lui a profité.

Il fit ses premières études sous la direction de son père, ingénieur des mines et docteur en droit, en même temps qu'il subissait l'influence d'une admirable chrétienne : sa mère, dont il a tracé la physionomie dans une biographie

émue, au commencement de son volume : *Les décadents du christianisme.*

Des mains paternelles, il passe au sein de *l'Alma Parens*, je veux dire : au Lycée de Marseille. Paresseux, réfractaire à la discipline, turbulent, plus occupé à imaginer des tours d'écolier qu'à savourer les beautés de la littérature classique, il s'y montre fort indiscipliné. Il finit par ne prendre de Virgile et d'Homère qu'une telle horreur du latin et un tel mépris du grec, qu'un beau jour il fait à ses parents cette belle déclaration : « J'en ai par-dessus les oreilles ! »

Le proviseur, outré, déclara que les oreilles étaient pourtant bien longues. Le réfractaire s'en alla s'essayer successivement dans le commerce et dans la banque. A treize ans et demi, nous le voyons manipuler des valeurs considérables, tout fier de ses cent francs mensuels d'appointement que lui accordait la Chambre de Commerce de Marseille, pour un emploi qui consistait à retirer, derrière un guichet de la Banque de France, quatre ou cinq cent mille billets de papier-monnaie, mis en circulation pendant la guerre.

Entre temps, il fréquentait l'œuvre de Jeunesse créée par M. l'abbé Allemand. On y jouait ferme de magnifiques parties de ballon, on s'y démenait énergiquement dans un vaste gymnase, l'on y priait avec ferveur dans une chapelle qui a vu s'asseoir sur ses bancs à peu près tout ce que l'on compte de religieux marseillais. Diable au foot-ball, clown au trapèze, notre jeune manieur d'argent était un ange à la chapelle.

C'est là que naquit sa vocation.

Un jour, à la suite d'un incident qui dénotait autant de probité que de finesse, le directeur de la Banque de France, à Marseille, M. Opperman ayant manifesté l'intention de se charger de l'avenir du jeune homme, ce dernier profita de l'occasion pour déclarer, à la grande stupéfaction des siens, qu'il serait prêtre et rien autre.

Quelques mois plus tard, il entrait au petit séminaire de Marseille. L'écolier turbulent d'autrefois continuait bien à inquiéter un peu ses maîtres, par son esprit parfois frondeur et par ses saillies souvent mordantes. Mais sa piété et les moissons de lauriers par lesquelles il termina désormais toutes ses années scolaires, établissaient une compensation jugée suffisante. Le 19 juillet 1876, il revêtit, en proie à une émotion difficile à décrire, l'habit ecclésiastique.

Le grand séminaire l'améliora sans le transformer : il resta indépendant et caustique, mais il ne perdit rien de sa piété fervente et de sa bonne humeur, et il apprit à devenir irréductible, quand il s'agissait de défendre un principe et de soutenir le prochain. Certaine joûte scolastique, surgie entre un maître de théologie et lui, sont demeurées gravées dans la mémoire de plus d'un condisciple de M. l'abbé Henry Bolo.

Il obtint, d'ailleurs, à la fin de la première année de philosophie, un succès signalé.

L'archevêque d'Aix, Mgr. Forcade, frappé des remarquables dispositions de quelques-uns de ces séminaristes, et croyant pour les siens à un triomphe assuré, provoqua les sept grands séminaires de sa province à un concours en dogme, en morale et en philosophie. L'abbé Bolo ne put concourir que pour la philosophie. Tous ceux qui le connaissaient prédirent qu'il remporterait la palme. Il la remporta, en effet. J'ai entendu un membre du jury déclarer que sa dissertation sur la *spiritualité de l'âme* était déjà une œuvre de maître. Mgr Place, qui était alors évêque de Marseille, conserva pour le jeune tenant du séminaire diocésain, un souvenir plein d'affection, et sur la fin de sa vie, il aimait à dire qu'il n'aurait pas manqué de l'attacher à sa personne, s'il était demeuré sur le siège de Saint-Lazare.

Ordonné prêtre en 1881, M. Bolo débute par le plus modeste des postes. L'ancien « fort en thème », le brillant lauréat du concours provincial d'Aix, est nommé simple surveillant au collège Belzunce, que dirigeait alors l'abbé Jauffret, actuellement évêque de Bayonne.

Il entre en fonctions avec ce quelque chose d'accompli dans le dévouement et la résignation qui se puise dans la ferme religion et dans la bonne humeur. En quelques mois, il conquiert, malgré l'ingratitude de ses attributions, par la seule force de son prestige personnel, une situation morale considérable.

L'année suivante, M. Bolo est nommé vicaire de village. Il emploie les trois années de son ministère rural et les affections très vives qu'il inspire aux châtelains du pays à fonder une œuvre de jeunesse, encore prospère, pour laquelle il dépense une cinquantaine de mille francs. Enfin, en 1887, nommé vicaire de la paroisse suburbaine de Saint-Michel.

Il ne tarde pas à s'y imposer à l'attention de ses concitoyens.

Plusieurs mois avant le fameux toast du cardinal Lavigerie, il prononça, dans une salle publique, un discours nerveux et documenté sur *l'indépendance politique du clergé*. Inutile de dire que cette initiative hardie procura à M. Bolo des animosités fort vives. Elle lui valut, par contre-coup, de solides amitiés. Au surplus, il ne s'abandonna pas. Innombrables discours que recueillent de merveilleux auditoires, florissantes écoles remplies par les enfants de sa populaire paroisse, charmants concerts de charité dans les artistes sont fournis par l'élite de la société marseillaise, ministère sacerdotal fécond et sympathique, tous ces travaux qui eussent écrasé quelqu'un de moins actif et de moins bien organisé, n'empêchent pas l'abbé Bolo de publier coup sur coup ces jolis livres, qui se succèdent avec une rapidité inouïe, et, loin de lasser le public, le trouvent, à chaque apparition nouvelle, plus nombreux, plus avide, plus enthousiaste.

C'est ainsi qu'entre des approbations très

élogieuses de l'épiscopat et des attaques assez vives, auxquelles, d'ailleurs, il ne manque pas de répondre avec verve et vigueur, M. Bolo publie successivement : les *Dernières Étapes de la Vie chrétienne; du Mariage et du Divorce; le Lendemain de la Vie; les Mariages écrits au Ciel ; les Sublimités de la Prière ; les Agonies du Cœur ; la Tragédie du Calvaire ; le Fruit Défendu; Devant la Mort ; Pleine de Grâce; Contemplations Eucharistiques; Histoire de l'Enfant Jésus; les Enfants; les Jeunes Filles.* J'en passe, et des meilleurs. Toute une bibliothèque en cinq ans. Les volumes se débitent par milliers. Le tout écrit en un style gracieux, jeune, parfumé d'éloquence et de poésie, qui renouvelle les anciennes idées et leur donne l'air de notre contemporanéité.

A côté de l'écrivain, l'orateur grandit et progresse. Les Marseillais n'oublieront certainement jamais le formidable auditoire d'hommes qui vint battre, de ses flots, l'église de Notre-Dame du Mont le jour où l'abbé Bolo prononça son discours, sujet à réserves pour le fond, superbe d'allure et de forme, sur *les Gaulois et les Gauloises à la Passion de Jésus.*

Il appartenait au grand cœur et au fin lettré qu'est l'évêque actuel de Saint-Denys, Mgr. Fabre, de mettre en lumière et à sa place cette nature d'élite. C'est pourquoi, l'abbé Bolo est en ce moment vicaire-général de la Réunion. Il ne se préoccupe guère de l'avenir et il a raison. Il est de ceux que ni l'Eglise, ni l'Etat ne peuvent négliger.

P.-E. P.

ADAM (l'Abbé-Jean-Louis-Joseph), ✠, né à Brix (Manche), dans une famille modeste et honorable de cultivateurs, le 12 janvier 1866, vicaire à Valognes, paroisse de Notre-Dame d'Alleaume.

Ce jeune prêtre, que de fréquentes et longues maladies ont empêché d'accepter un ministère laborieux, est un exemple des résultats que peut atteindre, même dans une situation modeste, l'ecclésiastique qui a le goût de l'étude.

Il fit ses humanités au petit séminaire de Valognes, fondé jadis par un de ses compatriotes : M. l'abbé de la Luthumière, grand-oncle des princes Grimaldi de Monaco.

Il acheva ses études ecclésiastiques au grand séminaire de Coutances, dirigé par Messieurs de Saint-Sulpice. Il avait déjà la passion des chartes et des parchemins. Dans ses moments libres, il aimait à aller faire des recherches historiques dans la superbe bibliothèque du séminaire, sous l'habile direction d'un maître vénéré, M. l'abbé Brin ; et durant les vacances, il compulsait les minutes poudreuses du notariat de Brix.

Elève distingué à Valognes et à Coutances, M. l'abbé Adam sortit du grand séminaire en

1888, n'étant encore que diacre. Il n'avait que vingt-deux ans. Un concours de circonstances providentielles l'ayant mis en relation avec Mgr Besson, il fut nommé professeur au collège Saint-Stanislas, à Nîmes. Mais le triste état de sa santé le contraignit de quitter cette antique cité, la plus romaine des villes de France. Il fallait au jeune valétudinaire un air pur et un repos absolu. Il les trouva dans la gracieuse bourgade d'Amélie-les-Bains, coquettement assise sur les rives du Tech et du Mondony au pied du Canigou et à quelques lieues seulement de la frontière d'Espagne. Grâce aux libérali-

tés d'une noble famille belge, il passa deux hivers entiers dans l'ancien hôtel du maréchal Baraguey-d'Hilliers, connu depuis sous le nom de villa Saint-Valentin, en mémoire du vénéré bienfaiteur de la petite colonie ecclésiastique d'Amélie-les-Bains.

M⸱ l'abbé Adam fut ordonné prêtre à Coutances le 29 juin 1889. Ses supérieurs le chargèrent de remplir par intérim les fonctions d'aumônier du Bon-Sauveur de Saint-Lô. Il profita de son passage dans cette ville pour faire connaissance avec les Archives de la Manche. Il y rechercha spécialement les pièces qui avaient trait à l'histoire de sa paroisse natale. Au mois de mai 1890, il revenait du Midi avec une santé moins chancelante et il rapportait un manuscrit de trois cents pages qu'il avait rédigé, durant ses moments de loisir forcé, à l'aide des nombreuses notes entassées depuis nombre d'années.

Ce travail avait pour objet : *l'Histoire religieuse, civile et militaire de Brix*.

Les *Mémoires de la Société nationale académique de Cherbourg* ont publié le chapitre concernant la *Forêt de Brix*, in-8 de 20 pages. Cherbourg, Le Maoût, 1895. La *Revue catholique de Normandie* a publié un autre chapitre de cet ouvrage. Il a pour titre : *le Prieuré de Saint-Pierre de la Luthumière ou de Saint-Jouvin à Brix*. Orné de 7 gravures, 1 carte et 3 héliogravures. Gr. in-8 de 52 pages. Evreux, imprimerie de l'Eure, 1892. Cette plaquette a valu à son auteur une lettre de félicitations de la reine Victoria, parce que M. l'abbé Adam y établit que Brix est vraiment le berceau de l'illustre famille des Bruces, dont un descendant épousa la fille de Wladimir le Grand, premier czar chrétien de Russie, et dont une autre branche donna des rois à l'Ecosse et à l'Angleterre.

Au mois de juin 1890, M. l'abbé Adam fut nommé vicaire à Notre-Dame d'Alleaume.

Alleaume est annexé à Valognes depuis 1867. C'est l'antique station romaine d'*Alauna*, capitale des *Unelli* dont parle Jules César dans ses *Commentaires*. Quelle bonne fortune pour un ami du passé !

La paroisse de Notre-Dame d'Alleaume a le bonheur de posséder une statue miraculeuse de Notre-Dame de la Victoire, du XIVᵉ siècle, provenant d'une ancienne chapelle abandonnée depuis la Révolution et restaurée au XVIIᵉ siècle par le Vén. P. Eudes. M. l'abbé Adam entreprit bientôt d'en retracer l'histoire, à l'aide des vieilles fondations religieuses et des *Annales manuscrites de la Congrégation de Jésus et Marie*.

La *Notice historique sur la chapelle de Notre-Dame de la Victoire*, d'Alleaume, ornée de 9 gravures et d'une héliogravure, in-12 de 115 pages, parut en 1891, chez E. Martin. Elle est dédiée à M. Léopold Delisle, de Valognes. « La statue de Notre-Dame de la Victoire m'apparait comme un des plus précieux monuments de la sculpture normande au moyen âge, » écrivait à l'auteur M. Siméon Luce, de l'Institut, le 4 novembre 1891. La Vierge d'Alleaume, en effet, n'est pas autre chose que la femme normande, la femme du Cotentin et du val de Saire idéalisée... Le jour où une œuvre de cette valeur sera connue des critiques d'art, la Vierge de Notre-Dame de la Victoire, que j'aime mieux appeler la Vierge normande, deviendra aussi célèbre que les Vierges d'Ombrie, immortalisées par le Pérugin, que les Vierges du Transtévère, divinisées par le pinceau de Raphaël. »

Plus tard, M. l'abbé Adam fit porter ses recherches sur le mysticisme dans le Cotentin au temps de la Renaissance. On savait que cette contrée avait été, il y a trois siècles, le théâtre de manifestations surnaturelles ou réputées telles, et qu'une femme du pays, nommée Marie des Vallées, mêlée de près à l'établissement de la Congrégation des Eudistes et à l'établissement du culte public en l'honneur des Saints Cœurs de Jésus et de Marie, avait laissé une réputation indécise, vénérée des uns comme une sainte, maudite des autres comme une sorcière. Il y avait là un curieux problème à élucider.

L'abbé Adam s'y employa avec une curiosité passionnée. Il fit paraître successivement deux éditions d'un ouvrage intitulé : *Le Mysticisme à la Renaissance, ou Marie des Vallées, dite la sainte de Coutance*. La seconde édition, petit-8 de 409 pages, parue en 1894, chez l'éditeur Poussielgue, à Paris, contient 42 très intéressantes gravures de portraits contemporains. Elle est dédiée à S. G. Mgr Germain, évêque de Coutances et Avranches, qui a adressé à M. l'abbé Adam, le 27 avril 1894, une longue lettre-préface des plus élogieuses.

Dans ses recherches archéologiques, M. l'abbé Adam tend à tout rattacher à ces trois idées mères, éminemment dignes d'une âme sacerdotale : le culte de la Sainte Vierge, le culte du Sacré Cœur de Jésus et du Saint Cœur de Marie, le culte de la Sainte Eucharistie. Dans *Marie des Vallées*, il traite à fond la question des origines coutançaises de la dévotion aux Saints Cœurs. Il démontre que la Basse-Normandie a devancé sur ce point la Bourgogne de plus d'un quart de siècle. Le *Bulletin des publications hagiographiques* des RR. PP. Bollandistes, avril 1895, contient un curieux article sur ce sujet. Nous ne voulons en extraire que cette seule phrase : « M. l'abbé Adam revendique avec chaleur pour le diocèse de Coutances l'honneur d'avoir élevé le premier sanctuaire au Sacré Cœur : c'est incontestable. »

Depuis *le Mysticisme à la Renaissance*, l'infatigable écrivain a publié d'autres travaux d'histoire provinciale : *les Curés du vieux Valognes*, in-8 de 215 pages, 1896; *la Fête de l'Immaculée-Conception, dite Fête aux Normands*, d'après les quatre bréviaires manuscrits de Coutances conservés à la bibliothèque de Valognes, gr. in-8 de 54 pages, orné de 10 gravures (Évreux, imprimerie de l'Eure, 1896); et un rapport très remarqué, lu à la dernière réunion de l'Association des anciens élèves du Collège de Valognes, in-4 de 47 pages, 1896.

A la suite d'un pèlerinage au tombeau des Saints Apôtres, à Rome, il a rédigé, sous forme de journal, des notes groupées sous ce titre : *Vingt jours en Italie*. Ce travail n'a pas encore paru, que nous sachions, du moins.

Il publie en ce moment : *le Culte de la Sainte Eucharistie dans le diocèse de Coutances et notamment à Valognes*, au moyen âge, à la Renaissance et dans les temps modernes, dans la revue *le Très Saint Sacrement*, 27, avenue Friedland, Paris; *la Confrérie du Saint-Sépulcre de Valognes*, dans la *Revue catholique de Normandie*; *la Théorie scolastique de l'univers en présence des sciences modernes*, dans le *Bulletin de l'Académie de Saint-Thomas-d'Aquin*, fondée à Coutances par Mgr Germain, le 22 janvier 1880.

Il prépare actuellement une série d'articles pour le grand ouvrage publié par l'éditeur Lemale, du Havre, sous le titre de : *La Normandie monumentale et pittoresque*.

L'abbé Adam, à peine âgé de trente ans, a déjà reçu du Pape, le 8 juillet 1895, comme récompense de ses intéressants travaux, la croix de chevalier de l'Ordre du Saint-Sépulcre, le plus ancien des Ordres religieux-militaires et le premier en date des Ordres purement honorifiques, qui confère la noblesse et a le pas sur tous les autres Ordres, la Toison d'or exceptée.

M. l'abbé Adam est vraisemblablement le plus jeune des chevaliers pontificaux.

Il est membre titulaire de la *Société française d'archéologie*, de l'*Académie de Saint Thomas-d'Aquin de Coutances*, de la *Société linnéenne de Normandie*, de la *Société archéologique, artistique, littéraire et scientifique de l'arrondissement de Valognes;* membre correspondant des *Sociétés académiques de Cherbourg*, *du Cotentin*, et de la *Société d'Agriculture, d'Archéologie et d'Histoire naturelle du département de la Manche*.

Au risque de blesser la modestie de M. l'abbé Adam, nous terminerons ces notes bio-bibliographiques, dues à l'obligeance d'un de ses compatriotes, par ces lignes que nous trouvons dans le *Polybiblion*, n° de juin 1896, p. 551 :

« M l'abbé J.-L. Adam est un de ces prêtres éminents du clergé de France comme (Dieu merci!) si nombreux. Il sait allier au zèle de l'apostolat le culte de l'histoire, et voilà quatre fascicules qu'il vient d'éditer avec soin... Ils constituent pour M. l'abbé J.-L. Adam l'obligation de nous en donner bientôt d'autres, d'autant plus que son grand chapitre sur le *Mysticisme à la Renaissance, ou Marie des Vallées, dite la sainte de Coutances*, renferme un véritable trésor dont se réjouit l'âme du Normand, historien et chrétien. »

FOUÉRÉ-MACÉ (abbé MATHURIN-ÉMILE), A. ❀, né dans la coquette et féodale petite ville de Dinan (Côtes-du-Nord), d'une vieille famille dinanaise, le 11 octobre 1841, recteur de Lehon.

Après avoir fait ses humanités au petit séminaire de Dinan et au collège de Valognes, sous la direction de ses deux oncles, supérieurs de ces établissements, l'abbé Mathurin Macé et le R. P. René Macé, prêtre eudiste, il reçut la prêtrise le 17 mars 1866. Dès le début de sa vie sacerdotale, il fut sollicité successivement par Mgr Lebreton, évêque du Puy, et Mgr Epivent, évêque d'Aire, d'accepter auprès d'eux le poste de secrétaire; mais la Providence en décida autrement. Professeur aux collèges de Luçon et de Redon, aumônier volontaire au 21e corps de l'armée de la Loire, en 1870-71, prédicateur dans plusieurs diocèses du sud-ouest de la France, vicaire à Saint-Pôtan, il est aujourd'hui recteur de la paroisse de Lehon, où il s'occupe depuis plus de douze ans de la restauration de l'ancienne église du prieuré royal de Saint-Magloire.

Auteur de nombreux articles littéraires et historiques, parus pour la plupart sans signature dans divers journaux, revues et *Semaines religieuses*, l'abbé Fouéré-Macé a publié les plus importants ouvrages suivants :

Chemin de croix des âmes du Purgatoire (in-12, J. Bazouge, Dinan, 1880). La pensée inspiratrice de cet ouvrage est l'union touchante des souffrances de notre divin Sauveur et de celle des fidèles défunts, rapprochement mystique entre chacune des stations du Chemin de la croix de Notre-Seigneur et la vie des âmes dans le Purgatoire. Mgr Mermillod appelle cette combinaison « une pensée ingénieuse et féconde » ; Mgr l'évêque de Blois se plaît à dire que « le plan suivi dans ce pieux ouvrage ne peut manquer d'en rendre la lecture attrayante pour tous les fidèles » ; Mgr David, qui avait pour ce prêtre tant d'estime et d'affection que, dans son testament, il le recommanda d'une manière spéciale à ses successeurs, lui adressait ces lignes charmantes : « Cher abbé, merci ; le volume a un fort bel habit, qui couvre un beau corps élégant et solide. Je crois que votre volume fera un bien réel. Il y a de l'onction, de la piété, ce qui touche le cœur. Merci encore et tout vôtre. » L'auteur publia une *seconde édition illustrée* de cet ouvrage (Tillet, Granville) en 1889. Comprenant que les yeux sont le chemin du cœur, il a voulu exciter la piété du lecteur en illustrant chacune des stations d'un tableau représentant l'âme du purgatoire dans l'état où il la dépeint dans le texte. Le volume se termine par un supplément dont Mgr Belouino a dit qu'il est « un pieux arsenal, admirablement pourvu. »

Entre ces deux éditions, l'auteur avait fait paraître, d'après le conseil du R. P. Monsabré, un autre petit ouvrage de piété, intitulé *les Mystères du Rosaire et l'Eucharistie* (in-18, R. Haton, Paris, 1885). Le volume est suivi de la lettre *Encyclique* de Léon XIII sur le Rosaire et du *Catalogue* des indulgences accordées aux membres de la confrérie du Saint-Rosaire.

En septembre 1885, l'abbé Fouéré-Macé lut au congrès de l'Association bretonne une *Note sur la restauration de l'église abbatiale de Lehon* (broch. in-8, L. Prudhomme, Saint-Brieuc). « Vers la fin de l'année 1884, l'abbé Fouéré-Macé devenait recteur de Lehon et prenait possession de son église paroissiale ; pauvre petite église toute vieille, humble ruine accolée à une autre ruine grandiose et illustre : l'antique église du prieuré royal de Saint-Magloire de Lehon, qui se dressait dans la masse imposante de ses fortes assises et de ses massives murailles. La nécessité s'imposait de remplacer l'église paroissiale de Lehon. On eût pu bâtir de toutes pièces une église romane ou gothique, suivant les goûts ; elle n'eût pas manqué de faire la fière avec le vieux temple, qui eût pleuré tout à l'aise sa ruine désormais irrémédiable. Un homme d'intelligence et de cœur, M. Louis Chupin, alors maire de Lehon, prend une initiative hardie : restaurer l'église prieurale. Mgr Augustin David, cet inoubliable évê-

que, encourage le projet; les propriétaires font un abandon généreux, les paroissiens offrent l'obole de leur pauvreté, l'hospice des Frères de Saint-Jean-de-Dieu de Lehon prête le dévouement de frère Vincent de Paul et ne marchande ni sa générosité ni le granit de ses carrières; avec une intrépide confiance, le nouveau recteur se met à l'œuvre de la restauration. » C'est de cette œuvre que l'abbé Fouéré-Macé était venu entretenir les savants de Bretagne, certain de les intéresser à Lehon, « l'un des lieux où l'histoire de Bretagne a marqué le plus puissamment sa glorieuse empreinte ». Son succès fut complet.

Le 2 septembre 1890, la même *Association bretonne* tenait ses assises à Dinan ; le recteur de Lehon raconta les progrès de son œuvre et communiqua quelques-unes des bonnes pages de l'*Histoire de Lehon* qu'il préparait. Cette *Conférence* a été publiée (brochure in-8, L. Prudhomme, à Saint-Brieuc).

« En même temps que la restauration lapidaire, se faisait dans le silence et l'étude une autre reconstitution du prieuré de Lehon. Devant ces pierres témoins muets d'un long passé à peu près ignoré, l'âme du recteur de Lehon se sentit éprise d'un amour passionné pour leur histoire; car ces pierres sont toute une histoire qui se plonge presque jusqu'au cœur des origines de notre nationalité bretonne. Il s'est donc mis à cette nouvelle besogne, furetant partout, interrogeant les traditions, recueillant les documents qui peuvent jeter du jour sur tout ce passé... L'auteur a travaillé à son livre pendant près de neuf années, *nonumque prematur in annum* (Horace). » M. Arthur de la Borderie, membre de l'Institut, s'exprime ainsi au sujet de cet important ouvrage : « *Le Prieuré royal de Saint-Magloire de Lehon* (H. Caillière, Rennes, 1892) est un volume in-4 de XXIII-417 pages, imprimé sur beau papier, en beaux caractères, décoré d'un charmant frontispice de M. Chardin et de plus de 80 planches dans le texte, dues pour la plupart au crayon énergique et pittoresque de M. Busnel. Mais, direz-vous, l'histoire contenue dans ce volume — celle d'un simple prieuré — est-elle donc digne d'un travail si développé, d'un tel luxe de publication? Pour ma part, je le crois! peu de maisons religieuses en Bretagne ont eu une existence plus originale, plus mouvementée, plus mêlée aux grands événements de l'histoire du pays. » M. de la Borderie termine ainsi : « Telle est dans ses grandes lignes, dans ses traits principaux et caractéristiques, l'*Histoire de Lehon*, histoire originale, poétique, dramatique dans plusieurs de ses parties, et dans toutes importante, parce qu'elle est intimement liée à la vie générale du pays. Cette histoire, M. Fouéré-Macé nous la conte dans son livre avec soin, avec détail, avec science et conscience ; il prodigue les pièces justificatives, pour la plupart inédites ; il ne recule en un mot devant aucun effort, aucune recherche, pour faire revivre avec vérité toute l'existence de ce coin de terre, dont il est aujourd'hui le zélé pasteur. Ce qui fait surtout, avant tout, l'attrait de son livre, c'est qu'on sent sous son récit une âme qui palpite, qui aime chaudement, dans le présent et dans le passé, ce vieux monastère et cette vieille paroisse; en un mot, il n'y a pas seulement ici un érudit et un écrivain; avec cela il y a un homme, il y a un prêtre, haut de cœur, de dévouement et d'intelligence. L'ouvrage se termine par un chapitre descriptif de l'église de Lehon, des bâtiments monastiques, de la chapelle de Beaumanoir et de ses belles tombes; je ne puis ici qu'indiquer l'objet et le puissant intérêt de cette conclusion. Le livre a d'ailleurs un péristyle et un portique qui le recommandent hautement. Le portique, c'est une gracieuse lettre de Mgr Fallières, évêque de Saint-Brieuc, à l'auteur. Le péristyle, c'est une introduction de M. l'abbé Daniel, écrite dans ce style pittoresque et éloquent dont l'archiprêtre de Dinan possède le secret. » Un mot résumera notre appréciation : « Ce livre est œuvre de science, de travail, de foi; il restera. »

Mgr Fallières venait d'ordonner d'écrire dans chaque canton du diocèse l'histoire du clergé pendant la Révolution. Les prêtres du doyenné de Saint-Sauveur de Dinan firent choix du recteur de Lehon pour écrire l'histoire de leur canton. L'abbé Fouéré-Macé put présenter son travail à la réunion de la conférence ecclésiastique d'octobre 1892. De ce recueil général sont sortis deux forts volumes in-8, contenant ensemble 816 pages, imprimés chez R. Prudhomme, à Saint-Brieuc, le premier en 1894, le second assez récemment, sous le titre de : *le Diocèse de Saint-Brieuc pendant la période révolutionnaire*. La conférence de l'abbé Fouéré-Macé tient plus du tiers du premier volume et s'occupe des paroisses de *Dinan*, *Pleudihen*, *Saint-Helen*, *Lanvallay*, *Saint-Solen* et *Tressaint*. Les deux premières paroisses surtout sont très documentées. L'histoire de la paroisse de *Lehon* manque à cette publication. On n'a pas cru devoir rééditer ce qui venait de paraître dans le *Prieuré royal*.

L'abbé Fouéré-Macé publiait en juillet 1894 (in-8 carré de XVI-108 pages, H. Caillière, Rennes) certains documents inédits de l'époque révolutionnaire, sous le titre de *Curiosités historiques*. M. de la Borderie (in *Revue de Bretagne, de Vendée et d'Anjou*, sept. 1894) a fait un compte-rendu de cet original petit volume : « Les documents qu'il contient, inédits sauf le dernier, sont intitulés : 1. *La Bonne rencontre, anecdote plaisante*; 2. *Le Catéchisme d'un curé intrus*; 3. *Adresse des dames malouines à leurs concitoyens* (en vers); 4. *Lettre de René Filoutin, débarqué à Paris l'an I de la liberté*; 4. *Sabbats jacobites* (prospectus). Les deux premières pièces, qui forment plus des trois quarts du volume, sont deux écrits polémiques, on peut bien dire deux pamphlets, d'un style très vif, très alerte, d'une logique serrée, pressante, contre le schisme de

la prétendue église constitutionnelle de France et ses adhérents. M. le chanoine de la Villerabel, dans l'excellente introduction mise par lui en tête du volume de M. Fouéré-Macé, a fait ressortir avec beaucoup de précision et d'autorité la valeur de ces écrits au point de vue de l'orthodoxie de la lutte religieuse engagée par la Révolution et renouvelée de nos jours. Je ne pourrais rien ajouter à ces excellentes paroles,

et c'est pour M. Fouéré-Macé un grand honneur d'avoir mérité une telle appréciation... *Le Catéchisme d'un curé intrus* est d'une logique irréprochable, d'un style vif, relevé de traits ironiques qui portent juste. Les vers des *Dames malouines* sont un peu faibles, mais leurs sentiments sont excellents. *René Filoutin* est quelque chose comme le premier chapitre des *Aventures d'un Gil Blas de la Révolution*; et le style lui-même a quelque parenté avec celui de Le Sage. Les *Sabbats jacobites* renferment, entre autres choses, des couplets fort bien tournés. Le tout forme un charmant petit volume, excellent comme fond, et d'une lecture fort agréable. »

Aumônier en 1871 dans l'armée de Chanzy, l'abbé Fouéré-Macé fut fait prisonnier par les Prussiens et retenu au Mans pendant trois semaines environ. Ces trois semaines furent semées d'incidents curieux, touchant parfois au tragique, effleurant parfois le comique et dont le récit donne une image vivante et animée de ce qu'était alors une ville française occupée par les Prussiens. Le recteur de Lehon a bien fait d'écouter la prière de ses amis qui l'invitaient à publier ces intéressants souvenirs, vieux déjà de vingt-cinq années. Il l'a fait sous le titre : *Trois semaines dans les griffes prus-*

siennes, en un style vif et clair, exempt de toute longueur et propre à bien mettre en relief les traits saillants de ces journées si mouvementées et si pleines. Ce récit, paru en feuilleton en janvier 1896 dans le *Journal de Rennes*, tiré ensuite en une élégante plaquette par les soins de M. H. Caillière, éditeur à Rennes, a eu la chance d'une reproduction considérable dans les journaux. *Le Pèlerin* a eu l'heureuse idée de le publier avec des illustrations spéciales, humoristiques, puis en a tiré une nouvelle plaquette illustrée, charmante, vite répandue et qui jouit d'une incomparable vogue.

« Le recteur de Lehon n'a pu échapper aux applaudissements des savants de Bretagne, qui ont trouvé en ses œuvres une monographie précieuse pour l'histoire du pays. L'écho de ces éloges a fixé sur lui l'attention du gouvernement, » qui l'a nommé *officier d'académie* en janvier 1895 « pour travaux historiques remarquables ». A l'annonce de cette nomination, Mgr Fallières, qui « apprécie grandement les services » de l'humble recteur, eut l'amabilité d'écrire « qu'il verrait avec le plus grand plaisir décoré des palmes académiques un prêtre qui a toute son estime et dont les travaux ont été si remarqués ». Le vénéré supérieur du grand séminaire de Saint-Brieuc écrivait de son côté que ce titre était, « tout à la fois, une très juste récompense de ses travaux et un honneur pour le clergé du diocèse ». Il est membre de l'*Association bretonne*, de la *Société archéologique et historique des Côtes-du-Nord*, des *Bibliophiles bretons*, des *Sauveteurs bretons* et de la *Société de la Croix-Rouge*. Il a fait aussi partie de la *Commission* des six membres nommés par l'évêque de Saint-Brieuc pour la revision du propre du diocèse.

Dans les rares heures de loisir que lui laisse le ministère fatigant d'une paroisse montueuse composée de près de huit cents habitants, il prépare l'ornementation intérieure de l'église prieurale de Lehon. Dans une feuille in-4 de propagande illustrée des ruines de l'église prieurale et de la pierre sépulcrale de Beaumanoir, intitulé *Neuf siècles sur verre*, il explique son dessein de consacrer les vitraux de l'église à l'histoire de l'abbaye de Lehon. L'immense verrière du chœur — 11 mètres de hauteur — représentera dans ses quatre baies ogivales inférieures deux scènes de la fondation de Lehon : la *rencontre* des moines et du premier roi de Bretagne, Nominoë, et l'*arrivée* de la châsse de saint Magloire volée dans l'île de Serk par les moines; deux miracles opérés à l'abbaye même vers l'an 900 : la *guérison* d'un paralytique et la *résurrection* d'un mort. La rosace et les écoinçons d'au-dessus seront remplis des principaux miracles de saint Magloire. Les six autres fenêtres géminées de la nef seront au moins ornées de médaillons rappelant les épisodes principaux de Lehon dans le cours des siècles; la fenêtre seule qui surmonte le portail sera consacrée à deux traits de la vie de saint Jean de Dieu, afin de rappe-

ler à la population de Lehon tout ce qu'ont fait pour elle les enfants du saint hospitalier. Il s'est décidé à faire exécuter un autel et une chaire en fin granit blanc. L'autel dont il a composé le plan, avec semis d'hermines gravées dans la pierre du retable et sur le fond, s'exécute sous ses yeux par un de ses paroissiens, sculpteur aussi habile que modeste; la chaire sera la copie fidèle de la chaire en granit du réfectoire, dont les visiteurs admirent encore aujourd'hui la forme élégante et les gracieux débris. Nul ne sera donc surpris de le voir, pour réaliser ces projets considérables, obligé de tendre une main suppliante à la charité et d'implorer les cœurs généreux qu'émeuvent encore les vieux souvenirs et les gloires du passé. M. Fouéré-Macé a pris la défense des vieilles statues de saints bretons, trop facilement mises au rebut et dont plusieurs ont cependant une grande valeur archéologique. C'est aussi à lui que l'on doit la pose du splendide écusson en granit des armes de du Guesclin sur l'antique demeure de Typhaine Raguenel, dans la rue de la Croix, à Dinan.

Terminons en disant que le Pape Léon XIII a daigné agréer et bénir les divers ouvrages du chanoine Fouéré-Macé et qu'il lui a fait remettre, en témoignage de haute satisfaction, son portrait signé de sa propre main.

DUPUY-PEYOU (l'abbé Léopold-Louis), G. O. ✠, ✠, ✠, présentement curé de Crespières (Seine-et-Oise) et Procureur général de la Mission de Bulgarie pour la France et la Belgique, est né le 20 août 1847 à Nestier, village pittoresquement assis sur le flanc d'un coteau aux confins du département des Hautes-Pyrénées.

Nestier emprunte, mais plus probablement donne son nom à la rivière qui coule en bas dans la plaine et dont les flots limpides, versés par les monts de l'Aure et du Louron, se mêlent à Arreau sous le nom de Neste, pour se jeter bientôt après Nestier dans la Garonne, sous Montréjeau, après un cours sinueux d'une cinquantaine de kilomètres, au fond d'une des plus merveilleuses vallées du midi de la France.

M. l'abbé Dupuy-Peyou est le huitième et l'avant-dernier enfant d'une famille honorable, de tout temps fort estimée, dans laquelle les traditions chrétiennes ont su se perpétuer. Un de ses oncles maternels, le P. Montagnan, mourut, le 22 août 1861, recteur d'un collège de Jésuites en Louisiane. Un autre oncle, du côté paternel, s'était éteint à la fleur de l'âge, le 19 mars 1858, curé dans le diocèse de Tarbes. C'est à ce saint prêtre, dont la mémoire est impérissable dans la paroisse de Lomné, que les parents confièrent leur avant-dernier fils à l'âge de six ans. L'enfant d'adoption devait rester avec son oncle, durant quatre années après lesquelles il entra au collège.

A cette époque, une des quatre grandes

tours du manoir de Lomné servait encore de presbytère, les généreux châtelains l'ayant mise gracieusement à la disposition de leur digne pasteur. C'est dans cette demeure hospitalière, dont les moindres recoins lui étaient si familiers, que le petit Léopold sentit les premiers germes de sa vocation ecclésiastique, sous l'égide paternelle de son oncle vénéré.

Il n'avait pas encore neuf années révolues lorsqu'en 1856, M. le chanoine Travez, de Tarbes, prêchant à Lomné une retraite de confirmation, captivé par sa précoce sagacité, frappé surtout de sa piété et de ses heureuses dispositions, lui obtint la faveur de faire isolément sa première communion le jour de l'Ascension. Le surlendemain, il reçut la confirmation avec les autres enfants de la paroisse.

Au dîner du soir, Mgr Laurence, évêque de Tarbes, l'hôte des aimables châtelains, voulut avoir à ses côtés le petit confirmé dont les réponses enjouées et précises l'avaient charmé. Comme le repas se prolongeait par trop, notre jeune héros s'endormit à table et on l'emporta. Mais que de pleurs il versa le lendemain à son réveil, en se souvenant qu'on l'avait couché sans lui faire dire sa prière!

Dix années plus tard, devenu séminariste, il fut l'objet d'une nouvelle bienveillance de la part du même vénéré prélat, qui se souvenait toujours du neveu du curé de Lomné.

Durant une tournée pastorale dans la vallée de la Neste, Mgr Laurence voulut dans sa voiture se faire escorter par son jeune séminariste.

En rappelant ces traits du jeune âge, nous dirons en passant que la vie de l'abbé Dupuy-Peyou fourmille d'incidents de ce genre. Le hasard, mieux encore les circonstances qu'il a su faire naître, l'ont souvent rapproché de personnages importants, auprès desquels il a joué parfois des rôles délicats, que lui facilitaient son tact et ses heureuses aptitudes, jamais embarrassé, même en présence de souverains qui l'ont honoré de leurs faveurs.

Il entra en 1858 à N.-D. de Garaison comme élève de 6ᵐᵉ, et il y resta jusqu'à la fin de ses classes. Ce magnifique établissement est toujours dirigé par les Pères de l'Immaculée Conception, auxquels a été confiée depuis la garde du Sanctuaire de N.-D. de Lourdes.

Les dignes maitres sacrifiaient par trop à l'aimable insouciance de l'élève pour que ce dernier brillât dans ses études. Cependant, quand il constatera les désastres causés par son incurie, une métamorphose s'opérera en lui. Il se réveillera, comprenant enfin tout le prix de l'effort. Avec une habile persévérance, il utilisera tous les moyens pour réparer les brèches faites par son passé perdu, mettant à profit ses nombreux voyages à l'étranger, s'appliquant surtout par une observation minutieuse à l'étude des hommes qu'il rencontrera sur ses pas et des évènements dont il sera témoin.

Ses classes achevées, le jeune Léopold passa au grand séminaire de Tarbes où il ne fit que sa seconde année de philosophie et sa première année de théologie.

Rêvant déjà d'horizons plus vastes que ceux bordés par les monts géants des Pyrénées, et impatient d'aller sous d'autres cieux exercer une ardeur encore mal définie, il obtint de sa famille la faculté de s'incorporer dans le diocèse de Périgueux où la culture des âmes lui paraissait plus aisée, mieux en rapport surtout avec ses goûts peu rustiques.

Clerc tonsuré, il entra donc en 1869 au grand séminaire de Périgueux d'où il sortit prêtre au cours de l'année 1872.

Après son ordination, profitant d'un congé de six mois, il inaugura la série de ses nombreux voyages par une tournée dans les Etats-Unis, qui lui offrait le plaisir de faire un pieux pèlerinage à des tombes chères, et celui de parcourir des espaces aux larges horizons sur des rivages inconnus.

Après trois jours passés à la Havane, il aborda dans la Louisiane et fut, durant plusieurs semaines, l'hôte de Mgr Perché, archevêque de la Nouvelle-Orléans. Remontant le Mississipi, il passa un mois chez un de ses frères, sur les bords de la Rivière Rouge. Il rendit ensuite visite à l'évêque de Nachitoches, au nord de la Louisiane. Après l'avoir retenu et promené longtemps dans son vaste diocèse, Mgr Martin le combla d'attentions délicates, peut-être un peu intéressées, puisqu'il gardait l'espoir de le voir définitivement revenir bientôt près de lui.

Le touriste gagna les contrées du centre, puis celles du nord de l'Union, s'arrêtant aux principales cités avant de retourner en France. Quelques années plus tard, utilisant les loisirs d'un presbytère, il saura retracer en vers les impressions de ce merveilleux voyage gravées dans son esprit.

Au mois de mai 1873, le Périgord retrouva le voyageur impatiemment attendu comme vicaire par le doyen de Montpon. Trois mois après, le premier de ses condiciples d'ordination, il fut nommé curé de Thonac.

Dans cette délicieuse retraite s'écoulèrent ses sept premières années de ministère partagées entre les soins pastoraux, la plus cordiale confraternité et la culture des lettres, de la poésie principalement. Il y publia les *Joyaux de la Reine des Cieux*, ou litanies et antiennes à la Vierge paraphrasées en sonnets. Ces prémices trouvèrent de la faveur, et les *Joyaux* furent même, dans une nouvelle édition, mis en musique par M. le chanoine La Tour, autre pyrénéen, comme lui ami des arts.

Peu de temps après parurent : *Six mois au pays des Yankees* et les *Léoïsiades* ou journal du poète. Ce dernier ouvrage est un recueil de poésies diverses, où l'auteur se dévoile avec son âme et son cœur tout entier sous un rythme varié, mais à la note généralement élégiaque.

D'une complexion peu robuste, des deuils cruels, survenus en 1877 et 1878, ébranlèrent tellement sa santé, que les médecins lui imposèrent un repos absolu. Il lutta tant qu'il le put; mais à la fin de l'année 1879, dépérissant de plus en plus, il fut obligé de se résoudre à s'éloigner de sa paroisse pour quelques mois.

Confiant son troupeau à la garde d'un vénéré pasteur du voisinage, il allait réclamer au ciel bleu du Midi, à l'air vivifiant de ses montagnes, le retour sans doute de ses forces perdues, mais du baume surtout pour la douleur profonde dont son cœur était ulcéré. La vue du château de Losse, sans l'hôte, son ami soudainement disparu, n'aurait fait qu'aggraver la situation, si l'inconsolé eût encore prolongé son séjour à Thonac.

C'est à ce moment qu'il fut invité par la noble famille de Bonnefoy, près de Toulouse, à venir chez elle soigner sa santé, en donnant en même temps des leçons aux deux derniers enfants de la maison. Après un premier refus de sa part, ses hésitations fort légitimes durent cesser bientôt en face des bienveillantes insistances du digne et honoré M. de Bonnefoy.

A Auriac, l'abbé Dupuy-Peyou inaugurait la deuxième phase de son existence, la plus douce, la plus consolante, car il recouvrait, pour son cœur si douloureusement éprouvé, des amis sincères capables de remplacer les amis disparus, et de plus, une famille heureuse, par son affectueux dévouement, de continuer les soins généreux de sa propre famille, dont il ne gardait plus alors que quelques membres épars. Cette transition inespérée d'une vie paisible de presbytère à une vie animée de châtelains ramena bien vite, avec la santé, la sérénité dans son esprit et la joie dans son cœur. Il eut le rare bonheur de rencontrer dans ses élèves une docilité charmante jointe à une intelligence peu commune. Il espérait, après

quelques mois, retourner dans sa paroisse qu'il était allé évangéliser durant les fêtes de Pâques. Mais M. de Bonnefoy, avait prié Mgr de Périgueux de nommer un successeur à Thonac et de laisser le précepteur, devenu l'ami de la famille, de longues années encore à Auriac.

Près de ses généreux amis, l'abbé Dupuy-Peyou passa sept années qui parurent à tous bien rapides. A ses moments perdus, il s'adonna encore à la poésie et collabora à plusieurs revues de sociétés savantes. Il publia le *Carnet d'une Muse*, recueil de pièces couronnées et *Galez*, ou ballades et élégies.

Il employait ses loisirs des vacances à des voyages. En 1882 il se rendit en Espagne à la cour d'Alphonse XII où il avait été invité, et en 1884 et 1885, en Angleterre. A deux reprises, il passa plusieurs mois à Londres et sur les côtes de la Manche, dans le Devonshire, pour se perfectionner dans la langue anglaise.

Chaque année, fidèle à son Périgord, il visitait ses anciens paroissiens et ses nombreux amis. Les Pyrénées, dont il était si voisin, le voyaient aussi fréquemment.

Mais, à la fin de l'année 1887, Mgr Dabert réclamant le retour de son prêtre avec insistance, M. l'abbé Dupuy-Peyou se rendit enfin aux paternelles injonctions du vénérable prélat.

Ce ne fut pas sans un grand serrement de cœur qu'il se sépara de ses vrais amis d'Auriac, qui partagèrent sincèrement ses regrets.

Il accepta le poste provisoire de Saint-Gérac, et fut peu après nommé curé de Sarliat, aux portes de Périgueux. Dans cette paroisse d'élite, le nouveau pasteur passa quatre années fort agréables, durant lesquelles son presbytère devint comme le rendez-vous des gentilhommes du pays et que d'étranges revirements allaient bientôt disperser.

Aux vacances de 1892, il fit un rapide voyage en Algérie où des nécessités de famille l'avaient appelé. A la fin de cette même année, il obtint le poste de Chenaud, ce qui lui valait l'avantage d'avoir pour doyen et voisin un ami commun à tous ses amis dans le clergé périgourdin. Il échangeait ainsi les bords charmants de l'Isle contre les rives si verdoyantes de la Dronne.

Des circonstances providentielles lui ménagèrent la faveur de faire partie du Pélerinage de Pénitence.

Le 11 avril 1893, avec les mille pèlerins français, il partit pour Rome qu'il allait revoir pour la deuxième fois. Il passa six jours dans la Ville-Éternelle où il eut la joie de parler trois fois au Souverain-Pontife Léon XIII, comme il avait eu celle de parler à Pie IX, en 1869. Avec les pèlerins de Pénitence, il séjourna tout le mois de mai en Palestine, et fut l'heureux témoin du Congrès Eucharistique qui avait réuni à Jérusalem 33 prélats de l'Occident et de l'Orient. Il revint vers le milieu de juin après une rapide campagne en Egypte, avec quelques pèlerins intrépides, désireux de contempler les principaux monuments historiques et bibliques de ce coin de terre africaine aux grands souvenirs.

Dès son retour, l'abbé Dupuy-Peyou reçut la visite de M. le baron d'Alcochète avec lequel il s'était étroitement lié en Palestine.

Cet intrépide chrétien, malgré ses quatre-vingt-deux ans, n'avait pas craint d'affronter les fatigues d'un pénible voyage. Durant sa visite au presbytère de Chenaud, au milieu de juillet 1893, il exprima à son jeune co-pèlerin le désir de lui voir relater les diverses péripéties du grand pèlerinage. Recueillant tous ses souvenirs et les coordonnant jour par jour, M. Dupuy-Peyou publia à la fin de la même année : *Mon Journal de Pèlerin*, dont une deuxième édition de 4000 volumes s'écoulait encore quelques mois après.

L'auteur de ce compte rendu très exact relatait une circonstance qui l'avait mis en rapports avec l'archevêque latin de Bulgarie en Terre-Sainte. Mgr Menini, après avoir lu le livre, exprima par lettre au prêtre français le désir de le revoir bientôt. Il y eut dès ce moment un échange de correspondances suivies entre la Bulgarie et la France, et la rencontre eut lieu à Paris au mois de mai 1894.

L'abbé Dupuy-Peyou eut l'honneur d'accompagner l'archevêque de Sophia dans ses courses à travers la grande capitale, dans sa visite au cardinal de Reims et son voyage en Angleterre. Une charmante intimité s'établit au point qu'une visite fut exigée en Bulgarie par Mgr Menini. Cette visite, M. Dupuy-Peyou la fit au mois d'août suivant. Il parcourut la Principauté en compagnie du vénéré prélat, et les liens se resserrèrent. Avant de se séparer, des plans, vaguement élaborés en France, furent définitivement adoptés en Bulgarie.

Avec le titre de Vicaire général de Sophia, l'abbé Dupuy-Peyou devait fonder une Procure générale pour la Mission catholique bulgare, dont il deviendrait le directeur en France. Pour atteindre ce but, il fallait nécessairement la présence du Procureur général dans le voisinage de Paris, centre de toutes les grandes œuvres.

Mais M. l'abbé Dupuy-Peyou ne voulant pas abandonner sa condition modeste de curé, entrevit toutefois la possibilité d'utiliser ses loisirs pastoraux au profit de la mission de Belgique.

Mgr Menini, pour aplanir toutes difficultés, s'adressa à ses deux collègues dans l'épiscopat. De Mgr l'évêque de Versailles il sollicitait et obtenait la promesse d'une paroisse pour son Procureur. Mais ce ne fut qu'en janvier 1895 que Mgr l'évêque de Périgueux se rendit aux désirs de l'archevêque, en accordant l'autorisation demandée.

Avant de s'éloigner du Périgord, l'abbé Dupuy-Peyou inaugura, le jour de Pâques, son église récemment restaurée. Il partit le soir même, visita le surlendemain Mgr l'évêque de Versailles qui lui offrit le poste de Crespières. Ayant eu et accepté ce poste, l'Orient-Express, le mercredi après Pâques, l'emportait de nouveau vers les Balkans, où il allait soumettre la *Bulgarie aux Bulgares* ouvrage qu'il avait

rédigé pendant les négociations épiscopales.

Il s'arrêta une semaine à Sophia, puis à Philippopoli. L'archevêque lui fit visiter ensuite les plus consolantes stations de la vaste Mission, le conduisit à Bourgas, sur la Mer Noire et l'accompagna à Constantinople. Cette tournée lui fournit une riche occasion de compléter les données historiques de son livre. Il s'arrêta encore à Sophia pour y reprendre le manuscrit confié au prince Ferdinand. Sur son passage, il rendit visite dans Belgrade au jeune souverain Alexandre 1er de Serbie, s'arrêta un jour à Budapest, chez son confrère et collègue, le Procureur de la Mission bulgare en Hongrie, et de là regagna directement la France.

Lors de son premier voyage dans les Balkans, il s'était arrêté à Vienne, pour présenter ses hommages à la princesse Marie-Louise de Bulgarie, en villégiature avec le prince Boris, au château de Chwarzeau, chez son père, Mgr le duc Robert de Parme.

Le 15 mai 1895, l'abbé Dupuy-Peyou prenait possession de sa nouvelle paroisse de Crespières.

A la fin de 1895, la *Bulgarie aux Bulgares*, augmentée et retouchée faisait son apparition à un moment fort critique qui pouvait compromettre le succès de l'ouvrage. C'était, en effet, à l'époque même de l'apostasie qui concentra un instant tous les regards de l'univers catholique sur la petite capitale bulgare.

Le livre fort documenté et illustré relate, en 400 pages in-8°, tous les événements politiques et religieux survenus en Bulgarie. On y lit même le récit exact des faits survenus le 14 février 1896, ce qui a facilité l'écoulement rapide d'une édition de 3500 volumes, et valu à l'auteur les félicitations de 65 membres de l'épiscopat ainsi que les encouragements et les bénédictions du Saint-Père.

Par l'activité dévorante que l'abbé Dupuy-Peyou a déployée en ces dernières années, on peut constater qu'il a su combler les nombreux vides du passé en utilisant si bien ses moments pour la gloire de Dieu et le service de son prochain.

D'une nature simple et affectueuse, il est sensible aux moindres attentions et capable des plus généreux dévouements. Loyal en toutes choses, s'il prête aux autres, sans assez de méfiance, la droiture si franche dont Dieu l'a doué, sa noble indépendance ne lui permettra jamais de taire la vérité. S'il le faut il ne craindra pas même de fustiger d'importance les vaniteux, les fourbes et les lâches. Les épreuves n'ont jamais abattu son énergie. Pour s'assurer le succès, il attendra patiemment que l'heure propice à sa défense ait sonné, et que soit venu le moment où le calme et la raison, faisant taire la violence et la passion, assurent le triomphe de la lumière et font éclater au grand jour la vérité.

Cette façon d'agir ou de penser a pu lui susciter parfois des jalousies, mais jamais des ennemis réels.

L'homme médiocre recherche avant tout la société du vulgaire, où il peut plus aisément mettre en relief sa petite personnalité.

Mais l'abbé Dupuy-Peyou, sachant qu'on gagne toujours au contact de personnes éminentes, se sentira bien mieux dans son élément avec les grands auxquels il réserve la respectueuse déférence en rapport avec leur supériorité, sans avilir jamais sa propre dignité sacerdotale par de pédantes flatteries.

Cet éclectisme aristocratique ne l'empêche pas de fréquenter les gens de condition modeste. C'est avec eux que son cœur se sent le plus à l'aise et souvent bien mieux compris. Ayant su trouver des amitiés loyales dans toutes les classes de la société, il peut, sans éveiller les moindres susceptibilités, passer de la demeure des grands à l'humble habitation des petits, puisqu'il traite tout le monde avec une même charité et une égale indépendance de bon aloi, sans distinction ni de rang ni d'opinion.

L'abbé Dupuy-Peyou touche bientôt à la cinquantaine. Arrivé à l'apogée de sa modeste ambition, il n'a plus qu'un désir, celui de continuer le bien dans sa position présente, de faire de Crespières sa dernière étape en y justifiant toujours l'estime et la confiance de ses paroissiens et de ses supérieurs.

Sa demeure est devenue un vaste univers qu'embellissent les souvenirs du passé ; il la chérit de plus en plus. Par la pensée, il vole sur toutes les plages, mais se repose de préférence au pied de Castéra, dans ce foyer paternel où brillaient encore naguère quelques pâles étincelles emportées par le souffle de l'ouragan sur des rivages lointains. Depuis sept ans déjà l'étranger en a fait sa demeure. Nestier, Hèches, Galez, Sarrancolin, Saint-Bertrand, Cauterets et Labarthe, charmantes oasis cachées dans les replis de ses belles montagnes où son cœur s'épancha si souvent, vous ne gardez plus pour lui que des tombes éparses où dorment ensevelies tant de douces mémoires, mais qu'il évoque toujours avec tendresse !

Les vains hochets qu'il put ambitionner jadis et qui vinrent en foule, il les apprécie maintenant ce qu'ils peuvent valoir par le peu d'efforts qu'ils lui coûtèrent auprès de ceux qui les prodiguent. Ses deux élèves de 1880, par la brillante carrière qu'ils vont parcourir, sont les deux seuls joyaux desquels il serait tenté de se montrer fier, malgré ses modestes mérites. L'aîné est un officier de cavalerie plein d'avenir et déjà père d'un gentil bébé ; le plus jeune ordonné prêtre à Rome, y continue ses études au Collège Romain pour l'obtention des grades théologiques.

De tous les brevets ou parchemins, le seul qui ait désormais quelque valeur aux yeux de l'abbé Dupuy-Peyou, c'est le titre de curé de Crespières.

GOUPIL (Mgr François-Isidore), ✠, né à Saint-Calais (Sarthe) le 4 janvier 1832, chanoine de Lorette, compositeur de musique, dessinateur, écrivain et prédicateur, curé de Chambray, près Tours.

Adresse : Chambray, par Joué-lès-Tours (Indre-et-Loire).

Le père de Mgr Goupil, professeur au collège de Saint-Calais, organiste à la paroisse et chef de musique, vint s'établir à Tours en 1834. Sa mère, née Honorée Combes, fut peintre à l'huile et en miniature, et professeur de dessin. L'honorable famille de M. l'abbé Goupil se compose de professeurs, artistes, médecins et ecclésiastiques. Une de ses tantes, Mme Aimée Combes, tint un réputé pensionnat de jeunes filles à Tours pendant quarante-trois ans ; ce pensionnat fut continué pendant douze ans par sa sœur, Maria Goupil. Son oncle, André Combes fut de même chef d'institution pendant trente-huit ans dans la même ville.

Avec de tels exemples dans sa famille, on ne s'étonnera pas de savoir que l'abbé Goupil possède le goût des Lettres, des Arts et des Sciences. La philosophie, la science ecclésiastique, les beaux-arts ont tour à tour occupé son esprit facile et pénétrant et lui ont pris tous ses loisirs.

Un grave défaut de langage paralysa les études d'Isidore Goupil jusqu'à l'âge de vingt ans. En 1852, ce défaut disparut miraculeusement.

Le jeune homme, qui avait reçu les ordres mineurs, se décida à quitter le séminaire pour revoir ses humanités et éprouver sa vocation.

Après une année de professorat, qui fut pour lui très fructueuse, il fut appelé auprès de Mgr Dufêtre, l'ami de sa famille.

Cet évêque, puissant en œuvre et en parole, voua une amitié toute paternelle à l'abbé Goupil. Il le nomma professeur au petit séminaire de Nevers, en fit son Prosecrétaire, lui donna les Ordres majeurs, voulut qu'il célébrât sa première messe en sa présence dans son oratoire et célébra sa noce sacerdotale avec sa famille à sa table épiscopale.

A la mort si prématurée et si regrettable de ce grand évêque, survenue en novembre 1860, après vingt ans de vicariat général à Tours et quinze ans d'épiscopat à Nevers, l'abbé Goupil se retira en Bretagne. Mais il ne tarda pas à quitter cette province pour devenir maître de chapelle au Mans et, deux ans plus tard, fonder l'institution Notre-Dame des Victoires à Clamart, y former un orphéon et y faire des cours gratuits aux ouvriers.

L'abbé Goupil avait toujours eu la passion de la musique et de la composition. En 1850, alors qu'il n'était encore qu'élève de seconde, il composait son premier *Cantique à la Sainte Vierge*, qui eut l'honneur d'être chanté à la cathédrale. Depuis cette époque, il a écrit et publié plus de 1,200 pages de musique; les premiers cahiers, *les Échos du Sanctuaire*, ont atteint leur dix-neuvième édition.

Les œuvres de l'abbé Goupil peuvent se diviser en trois classes. Ce sont d'abord les Œuvres de jeunesse, compositions faciles pour les jeunes organistes; puis des œuvres plus sérieuses, telles que *Symphonies religieuses, Pastorales, Messe de Noël*, dont le succès est immense, *Messe d'orphéon, Messe de patronage, Messe de Pâques, Messe de la Vierge*, appelée à un grand succès.

Mais ses plus brillantes œuvres, qualifiées de magistrales, sont la *Messe solennelle de saint Martin*, qui fut chantée dans toutes les églises de Tours; la *Messe solennelle de Notre-Dame* et celle de *Sainte Cécile*. Il faut citer encore quatre oratorios remarquables : *Daniel, l'Enfant prodigue, l'Ange gardien* et *David*.

Ces œuvres de valeur ont mérité à l'auteur : une palme d'argent au centenaire de Lamartine, une médaille d'honneur au Trocadéro lors de l'Exposition de 1889, deux médailles d'or à l'*Académie littéraire et musicale*, un prix spécial à l'*Académie normande*, une médaille de première classe à l'*Académie du Maine*, puis le titre de membre d'honneur de plusieurs Académies et, primant le tout, la croix de S. S. le pape Léon XIII.

L'abbé Goupil est aussi un poète délicat; il a écrit et publié des sonnets assez nombreux,

une élégie touchante, deux poésies descriptives sur la Touraine, le tour de l'Europe et une poésie patriotique qui parut sans signature dans plusieurs journaux.

Il a écrit des pages philosophiques et morales sur l'amitié, sur le monde, sur la politesse, la science, etc. L'orateur est à la hauteur de l'écrivain et du musicien. On cite de lui plusieurs discours et de charmantes allocutions de mariage.

Mgr Isidore Goupil a imaginé, en 1857, les premiers cahiers de dessin modèles, et récemment, en 1892, une nouvelle notation musicale tangible pour les aveugles, qu'il envoya aux principaux instituts d'aveugles.

Son *Traité d'harmonie*, où il élucide les points difficultueux de l'harmonie, est fort estimé; et son *Solfège populaire*, ainsi que sa *Méthode pratique à l'usage des fanfares*, ont rendu de grands services aux jeunes gens.

Mgr Goupil est un travailleur acharné. Ses mérites lui ont valu la dignité de chanoine honoraire de Lorette, à laquelle souscrivit gracieusement, pour le placet indispensable, Son Em. le regretté cardinal Meignan. Ce canonicat de premier ordre jouit de trois privilèges épiscopaux : la croix pectorale, le bougeoir et le canon de la messe, auxquels il faut ajouter les honneurs et insignes de la prélature : la cordelière violette du chapeau, la ceinture prélatrice, les bas violets, le collaro violet et la soutane noire à boutons rouges (comme costume de ville).

Les armoiries de Mgr Goupil, en tant que chanoine de Lorette sont : *d'azur, à la harpe d'or, accompagnée d'une étoile d'argent au canton senestre du chef;* le cimier : *chapeau violet à trois glands.*

PIGEON (le chanoine EMILE-CÉSAR-AUBERT), ✳, I, ⬤, ✠, né à Saint-Pair, près Granville (Manche), le 2 septembre 1829, Chanoine titulaire de Coutances, correspondant du ministère, membre de plusieurs Sociétés savantes.

Adresse : Coutances (Manche).

M. Pigeon appartient à une ancienne famille militaire, qui servit sous Louis XIV, Louis XV et Louis XVI. Un de ses oncles fit les campagnes de l'Empire. En 1814, au siège de Bayonne par les Anglais, il s'empara du général Sir John Hope. Ce fait d'armes délivra la ville. Cité trois fois à l'ordre du jour par le général Thouvenot, il fut élevé à un grade supérieur. Le frère de M. le Chanoine Pigeon est mort dernièrement commandant du génie à Granville et officier de la Légion d'honneur. Un des neveux de M. Pigeon, M. Adrian, est capitaine du génie. Il a été décoré de la Légion d'honneur à son retour de Madagascar. Le père de M. Pigeon est décédé en 1880, receveur particulier de la douane pour les sels ignifères de l'Avranchin.

Du côté maternel, M. Pigeon descend d'une honorable famille bourgeoise de Genets (Manche), petite ville du moyen âge, appartenant au Mont Saint-Michel et dont les abbés étaient barons. Leur nom est Motel, Motet ou Mottet, cité, dès le XIIᵉ siècle dans la *Chronique* de Robert de Torigni. Un de ces Mottet, à la fin du XVIIᵉ siècle, gagna un procès contre les moines qui voulaient imposer quelques-unes de ses terres reconnues comme exemptes. Les derniers Mottet furent des propriétaires et des fabricants de sel.

C'est dans cette bourgade de Genets, en face du Mont Saint-Michel, que M. Pigeon fut élevé. Il commença ses études au collège d'Avranches, les continua à Arras, chez l'oncle qui avait pris le général Hope, et les termina à Avranches et à Saint-Lô. Après avoir terminé son cours de théologie au grand séminaire de Coutances, M. Pigeon fut nommé, en 1857, répétiteur au collège de Saint-Lô, et en 1859, vicaire à Saint-Samson-de-Bonfossé. Il employa ses loisirs, avec l'archiviste de la Manche, à lire les manuscrits et les copiant.

En 1862, Coutances eut un évêque, ami passionné de science ecclésiastique et d'archéologie, Mgr Bravard. M. Pigeon lui fut signalé comme un prêtre travailleur et studieux. Le pontife le prit aussitôt en affection.

Après son premier voyage au Mont Saint-Michel, en 1863, Mgr Bravard fut profondément attristé en considérant cette merveille de l'Occident devenue une prison. A ses yeux c'était une honte pour la France d'avoir souillé un lieu si auguste et si saint. Connu de l'empereur et des ministres, Mgr demanda l'abbaye pour la rendre au culte et y raviver le pèlerinage. Par sa persévérance et d'heureuses combinaisons, il finit par réussir. Cependant le projet ne plaisait pas à tous. Le Mont allait perdre ses détenus, ses soldats, ses gardiens, et la ville son commerce et sa vie. Les libres penseurs disaient : « Rendez ce sanctuaire aux artistes, aux curieux, faites en un musée, mais n'y rappelez pas les moines. » M. Pigeon prouva qu'un simple musée était indigne du monument et l'exclusion des moines une ingratitude. Cette thèse de 80 pages convertit les adversaires. Mgr Bravard demanda un tirage à part de ce travail et chargea l'auteur d'écrire l'histoire du Mont. L'empereur loua l'abbaye à Mgr Bravard, et, pour les réparations, lui fit une rente de 20,000 francs (1865).

Le livre de M. Pigeon parut sous ce titre : *Description historique et monumentale du Mont Saint-Michel et de la Basilique souterraine de Notre-Dame du Mont-Tombe.* Le 17 mai 1865, Mgr Bravard écrivit du Mont Saint-Michel à l'auteur :

« Bien cher Monsieur l'Abbé,

« Dans vos premiers essais sur l'histoire de notre merveilleuse abbaye, j'avais remarqué votre attachement à cette relique du passé, la consciencieuse exactitude de vos recherches, votre talent d'écrivain. Je vous encourageai à poursuivre votre tâche, à continuer d'y mettre votre cœur, votre amour de la vérité, les grâces littéraires de votre style. Vous l'avez fait, je vous en remercie. Le public vous en saura gré pareillement. Quand il aura lu votre livre, il connaîtra très bien le Mont de l'Archange, son passé glorieux, son état présent, et il aimera l'auteur qui, sous un titre modeste, a caché un ouvrage sérieux, plein d'intérêt et d'élégance. Puisse ce même public se préoccuper des destinées réservées à ces si grands, si excentriques et si splendides édifices ! Puisse-t-il *nous encourager dans notre commun désir* de conserver, de restaurer, de vivifier de nouveau pour la religion, pour les arts, pour l'histoire et pour la France, le monument que tous appellent la *merveille de l'Occident !* »

L'ouvrage fut publié par le journaliste qui s'était montré le plus opposé au projet. Il eut plusieurs éditions.

Le savant Siméon Luce, membre de l'Institut, adressait à M. Pigeon, le 14 janvier 1892, la lettre suivante :

« Mon cher et savant compatriote,

« En ce qui me concerne, je vous porterai toujours dans mon cœur en pensant à la part d'initiative qui vous revient dans la grande œuvre de la restauration du Mont Saint-Michel. Gloire à Mgr Bravard qui, aumônier des Dames du Saint-Sacrement du même *dépouillé* le chef-d'œuvre architectural du génie normand ; mais gloire aussi à Pigeon de Genets qui avait su communiquer à l'âme ardente de ce Forézien, sa propre flamme, un de ces amours d'enfance qui vous prennent l'âme tout entière et pour toujours.

Peu après l'apparition du livre, M. Pigeon fut nommé curé du Mont Saint-Michel, aumônier des Dames du Saint-Sacrement du même lieu et directeur de la *Semaine religieuse* du diocèse. Pendant qu'il gouvernait sa paroisse, trois fléaux vinrent la ravager : la fièvre typhoïde, la petite vérole et le choléra ; la ville de S¹-Michel fut en proie à la terreur. M. Pigeon se dévoua sans ménagements. Plusieurs lui durent la santé et la vie. Le fléau disparu, les Pères de Saint-Edme prirent possession de l'abbaye. M. Pigeon les initia dans la connaissance de ce vrai labyrinthe de pièces nombreuses et superposées, et leur céda sa cure. Il était trop éloigné de Coutances pour la rédaction de la *Semaine religieuse.* Mgr Bravard le nomma au Hommée¹, près Coutances. Cette paroisse avait d'école que celle de la commune voisine. M. Pigeon fut autorisé à en construire une autre. Un riche propriétaire, M. Chauvet, donna le terrain, le libraire de l'empereur, M. Fontaine, ouvrit largement sa bourse, et les paroissiens se cotisèrent ; six mois après, le gymnase était élevé.

Mgr Bravard, en avril 1869, appela M. Pigeon à l'aumônerie du Lycée de Coutances. Pendant la guerre, M. Pigeon seconda son évêque dont le dévouement fut sublime, et s'occupa des mobiles casernés dans le lycée. La paix signée, M. Pigeon étudia la cathédrale de Coutances. Ses deux flèches jumelles, son dôme gothique qui fit tomber en extase le célèbre Vauban, ses ad-

mirables chapelles bordant les collatéraux, la
pureté et l'élégance de ses lignes, l'exquise
harmonie de leurs combinaisons, en font un
monument des plus remarquables. C'est le beau
xiii° siècle, avec des adjonctions des xiv° et xv°
siècles. Une suite d'historiens coutançais :
Desrues, Hilaire de Morel, de Mons, Roault,
Toustain de Billy, de Gerville, Cotman, Lecanu,
et M. Didier, avaient affirmé que le monument
remontait à 1056, et était la première église ogivale élevée en Normandie par Geoffroy de
Montbray. M. Delamare avait composé un gros
volume pour soutenir cette thèse, mais n'avait
converti personne. Les archéologues français

et anglais : MM. Vitet, de Caumont, Gally-
Knight, l'abbé Bourassé, Violet-le-Duc, soute-
naient que cette basilique appartenait au siècle
de Saint-Louis. En voyant le raccordement
assez gêné des collatéraux de la nef avec ceux
du chœur, Violet-le-Duc avait supposé que les
noyaux des supports de l'ancienne tour centrale
existaient encore dans les deux énormes piliers
qui supportent le dôme, au haut de la nef. Si
on avait pu montrer dans la cathédrale actuelle
des fragments nombreux d'une église anté-
rieure présentant tous les caractères du roman
du xi° siècle la lumière eut été faite pour tout
le monde. M. Pigeon avait déjà observé deux
petites portes romanes, opaques, un peu ca-

chées à l'extérieur des tours et ouvrant jadis au
haut de la toiture des collatéraux. Il les signala
à son évêque dès 1869. Peu après, il inspecta
le monument dans les endroits qui ne sont
visités que par les sonneurs, et découvrit les
anciennes tours du xi° siècle dissimulées par les
nouvelles. Elles atteignent encore 35 mètres
de hauteur et présentent une cinquantaine
d'ouvertures du roman le plus caractérisé,
mais invisibles au dehors. Dans les galeries du
clerestory il rencontra les cintres et l'appareil
roman de 1056 ; puis au-dessus des gros piliers
du dôme, le raccord si tranché des deux styles,
ce qui donnait raison aux prévisions de
M. Violet-le-Duc. Dans différentes parties du
travail du xiii° siècle, M. Pigeon découvrit
encore des sculptures du xi° siècle employées
comme moellons dans la maçonnerie. Il n'y
avait plus à douter ; l'église primitive existait en grande partie dans la basilique nouvelle, on pouvait en lever le plan et en
donner un dessin avec ses ornements. Mgr
Bravard pria l'aumônier d'écrire un travail
complet, avec plans et gravures, qui parut sous
ce titre : *Histoire de la cathédrale de Coutances*. A la suite, il donna pour la première
fois, les *Miracles de Notre-Dame de Coutances*, en latin, avec la traduction française (un
vol. de 400 p. 1875). M. Pigeon fut alors nommé
correspondant du Ministère.

M. Léon de Vesly (1876), consacra cinq colonnes du *Moniteur des Architectes* (p.126-131),
au compte-rendu de cette découverte:
« Quelque soit la longueur de cette analyse,
dit-il, elle n'est qu'une partie du livre de M. Pigeon, qui renferme quatre chapitres principaux : (i. Cathédrale primitive. — ii. Cathédrale
de Geoffroy de Montbrary. — iii. Cathédrale du
xiii° siècle. — iv La Cathédrale au xiv° siècle
et jusqu'à nos jours). Si nous l'avons commenté
c'est qu'il nous semblait utile de faire connaître
une découverte qui affirme une fois de plus la
justesse des principes, aujourd'hui admis par
l'archéologie et tranche définitivement une
question qui menaçait de s'éterniser. »
En 1883, M. Pigeon lut à la Sorbonne, un
résumé des découvertes de la cathédrale romane de Coutances, avec des dessins à l'appui.
M. Palustre, directeur de la *Société française
d'archéologie*, s'intéressa vivement à cette lecture et promit de venir, avec la Société, étudier la vieille basilique. Les membres qui la
composaient restèrent deux jours à Coutances.
Tous furent frappés du génie de l'architecte qui
avait su souder avec tant d'art l'ancienne construction avec la nouvelle et dissimuler si ha-
bilement l'œuvre de. Geoffroy de Montbray.
Dans le *Bulletin monumental* (1884, p. 628
à 626), M. A. de Dion donna un long mémoire
de cette visite et reproduisit les plans et l'élévation des tours, d'après M. Pigeon. L'origine
de la cathédrale était désormais fixée.
En 1872, M. Pigeon fut chargé par son
évêque de recueillir un certain nombre de
membres pour fonder, à Coutances, une *So-*

ciété d'archéologie. Le 23 février la Société était établie; Mgr Bravard fut élu président M. Pigeon secrétaire, puis vice-président. Cette Société fonda un musée, plus tard cédé à la ville.

En 1874, M. Pigeon fit un voyage en Italie, pour présenter à Pie IX les hommages de son évêque et lui donner des nouvelles de sa santé altérée par ses nombreux travaux. La réponse très affectueuse du Saint-Père fut insérée dans la *Revue catholique de Coutances*. M. Pigeon rapporta de Rome, de Pompéï, du Mont Gargan, de Loretto, de Florence et de Venise plusieurs antiquités qui augmentèrent son musée particulier.

M. Pigeon, peu après son retour, fut nommé secrétaire particulier de Mgr, puis chanoine honoraire et enfin chanoine titulaire de la cathédrale. En 1876, le grand évêque, à bout de forces, donna sa démission pour devenir chanoine du premier ordre de Saint-Denis. Il se retira dans son hôtel d'Avranches; M. Pigeon l'y suivit et l'assista jusqu'à sa mort.

Revenu à Coutances, M. Pigeon publia *Le grand Baillage de Mortain et son rôle en 1789* (av. 2 cartes). En le recevant la princesse de Lusignan décora l'auteur de l'ordre de *Méluzine* et le nomma son aumônier d'honneur, »

En 1879, un écrivain ayant dénaturé l'origine de l'église Saint-Gervais d'Avranches. M. Pigeon publia l'histoire de cette église sous le titre : *Histoire de l'ancienne église Saint-Gervais d'Avranches ou examen de ses chartes et de ses titres*. Ce travail servit pour l'érection de cette église en basilique mineure.

En 1884, M. Pigeon publia une carte très complète du diocèse d'Avranches, à laquelle il ajouta une petite carte romaine de la *Civitas Abrincatuorum, alias Ambibariorum seu Ambiliatum* de César, avec les voies romaines. Mgr Germain lui écrivit :

« Vous m'avez dédié votre carte de l'ancien évêché d'Avranches ; je vous en remercie. Ce travail si délicat et important faisait jusqu'à présent défaut. En nous remettant sous les yeux l'étendue précise, les divisions ecclésiastiques, les monuments religieux et autres du diocèse d'Avranches, vous avez rendu un service à l'histoire locale. Une carte diocésaine n'est pas seulement l'image du présent, c'est l'image du passé; c'est chez nous en particulier, l'indication exacte des lieux occupés autrefois par les cités gallo-romaines et les *pagi* gaulois. C'est le champ ensemencé par nos premiers pontifes, la terre où ils élevèrent ensuite, avec le concours des seigneurs et des fidèles, ces églises paroissiales, ces asiles de la charité, ces abbayes dont quelques-unes ont brillé d'un si vif éclat et ont laissé dans nos annales un si profond souvenir. Plusieurs hélas ! ont disparu. Votre carte en déterminant leur position géographique, les remet en mémoire. Afin que votre travail fût aussi complet que possible, vous n'avez rien négligé de ce qui pouvait le

rendre utile et intéressant. Vous marquez les places fortes, qui s'élevant au midi de l'Avranchin, défendirent si vaillamment les frontières de la Normandie et de la France contre toute agression ennemie. Vous désignez le manoir, le château qu'habitèrent ces chevaliers qui fondaient en même temps des monastères et des églises. Votre carte romaine, placée comme une vignette, dans un angle de votre travail, rappelle conformément aux itinéraires, aux vies des saints et aux plus vieilles chartes, les envahissements successifs de la mer, les voies romaines, les agglomérations primitives. Elle sera certainement étudiée avec la plus curieuse attention. On retrouvera de même avec satisfaction les deux plans d'Avranches et de Mortain, la nouvelle vue de la cathédrale Saint-André, les armoiries de villes, d'abbayes et de chapitres qui pour la plupart étaient inédits. Je suis convaincu que votre travail, qui a déjà reçu l'approbation d'hommes spéciaux, ne manquera pas d'obtenir, auprès de quiconque aime son pays et cultive les souvenirs, le succès qu'il mérite. »

Cette carte fut consultée, ainsi que l'auteur, pour la délimitation des départements de la Manche et d'Ille-et-Vilaine. M. Floret, préfet de la Manche, écrivit à M. Pigeon :

« Monsieur le chanoine,

« J'ai reçu la carte du diocèse d'Avranches que vous avez bien voulu m'adresser et je l'ai examinée avec beaucoup d'intérêt. Permettez-moi de vous remercier bien vivement de cet envoi. Votre travail est d'autant plus intéressant pour le département que nous y rencontrons une preuve nouvelle de ses droits à revendiquer une partie des terrains reconquis sur la mer et que nous dispute l'Ille-et-Vilaine. »

L'année suivante parut, dans les *Mémoires de la Société des antiquaires de Normandie*, un nouveau travail intitulé : « *Deux rois de France commendataires du Mont Saint-Michel* » (tir. à part).

En 1769, une incurie séculaire avait laissé un tel arriéré de réparations dans l'abbaye du Mont Saint-Michel, que Mgr Léomenie de Brienne, archevêque de Toulouse et abbé commendataire du Mont Saint-Michel, effrayé de la tâche qui lui incombait, renonça à ce bénéfice. Louis XV dut se substituer aux abbés : il perçut les émoluments du monastère, mais ne fit absolument rien. A sa mort, les moines et les habitants du Mont Saint-Michel s'adressèrent à Louis XVI. Le prince chargea l'ingénieur militaire de Granville, M. Fontiac, de lever les plans de l'abbaye et de la ville et de les lui envoyer avec un mémoire. C'est à l'aide de ce mémoire et de ces plans royaux que M. Pigeon composa son travail. Il avait trouvé ces documents dans les archives du Génie de Granville, dont son frère, M. Hippolyte Pigeon, commandant du génie, était le gardien. M. Siméon Luce donna lecture de cette brochure à l'*Académie Française* et « déclara qu'elle rap-

« pelait la plus belle découverte faite dans
« notre siècle, pour l'histoire du Mont Saint-
« Michel. » Elle explique les raisons qui firent
disparaître les deux tours de l'ouest de la basilique, les trois travées du bas de la nef et
quelques autres salles moins importantes. Les
travaux terminés, Louis XVI nomma (1788)
commendataire, Mgr de Montmorency, évêque
de Metz et grand aumônier de France. Ce
fut le dernier abbé du Mont Saint-Michel.

En 1888, M. Pigeon fit paraître (2 gr. vol.
in-8) le *Diocèse d'Avranches, sa topographie,
ses origines, ses évêques, sa cathédrale, ses
églises, ses comtes et ses châteaux.* Le préfet
de la Manche recommanda l'ouvrage au Ministre de l'instruction publique. Soumis à l'examen des membres de l'Institut, il fut l'objet
d'un rapport très élogieux; le gouvernement
accorda à l'auteur une allocation qui couvrit à
peu près les frais de l'impression.

En 1892, M. Pigeon publia la *Vie de M. Arthur de la Villarmois,* grand-doyen de la cathédrale d'Avranches, vicaire général du diocèse, fondateur d'une foule d'œuvres utiles et
charitables. Le 20 janvier, M. Léopold Delisle
disait à l'auteur : « Votre biographie du
grand-doyen Arthur de la Villarmois m'a vivement intéressé. Que vous avez été bien inspiré
en remettant en lumière les fondations de cet
homme de bien. Ce que vous avez dit de la bibliothèque dont il avait doté la ville d'Avranches est très curieux. J'ai fait mon profit des
détails que vous donnez sur les livres liturgiques d'Avranches. »

M. Pigeon donna, en 1892, la *Vie de Robert
Goulet, ou la fondation du collège d'Avranches.* On ignorait jusque-là les origines de cette
maison. Goulet, professeur éminent du collège
d'Harcourt, avait dédié ses œuvres à Louis
Herbert, évêque d'Avranches, qui le nomma
chanoine et lui donna la direction du collège.
M. Léopold Delisle adressait encore cette lettre
à l'auteur : « ... J'ai éprouvé un véritable
plaisir à faire la connaissance de Robert Goulet,
au nom duquel vous avez rattaché de précieux
souvenirs. Ce n'est pas seulement la vie d'un
homme de bien que vous avez remise en lumière
en retraçant les origines du collège qu'il avait
fondé. Vous avez en même temps fait connaître beaucoup de particularités de notre histoire locale et l'on doit vous savoir gré des
pages que vous avez ajoutées à l'histoire du
collège d'Harcourt. »

Sous l'impulsion de Mgr Bravard et de Siméon Luce, M. Pigeon écrivit la *Vie des Saints
du diocèse de Coutances et Avranches* (2 vol.
in-8, texte latin et trad. fr.). Les Bollandistes
rendent ainsi compte de cet ouvrage dans leur
Bulletin des travaux hagiographiques (1894,
p. 55) :

« On ne saurait assez approuver les travaux
d'hagiographie locale quand ils sont, ce qui est
malheureusement trop rare, entrepris et exécutés avec un réel souci de la vérité historique. C'est bien le cas pour le recueil des Actes

des Saints du diocèse de Coutances et d'Avranches, dont M. le chanoine Pigeon vient de publier le premier volume. Partout l'auteur re-
court aux sources de première main; il les
publie même ou les réédite quand elles avaient
déjà été imprimées. Il sait distinguer les saints
de leurs biographes; si les premiers méritent
nos égards, ce n'est pas une raison pour cano-
niser tous les dires des derniers, alors surtout
qu'ils sont de basse époque et mal renseignés.
M. Pigeon l'a compris, et le fait mérite d'être
signalé, car il n'est pas si banal, hélas! qu'il
peut en avoir l'air. Enfin, la partie relative aux
reliques et à leur histoire est traitée avec soin
et d'une manière très complète. »

M. Léopold Delisle ajoute :

« Je tiens à vous féliciter du soin consciencieux avec lequel vous avez accompli votre
tâche et du service que vous avez rendu à vos
compatriotes en mettant à leur portée les textes originaux des vies des saints du pays. »

M. Siméon Luce termine en disant :

« Je m'empresse de vous remercier de l'envoi d'un exemplaire de vos vies des saints de
la Manche. Je suis fier de vous avoir poussé à
entreprendre ce travail qui vous fait grand
honneur. Grâce à vous, nous ne tarderons pas
à posséder, en deux volumes, d'un format commode, des textes qu'il faut considérer comme
constituant les plus profondes assises de l'histoire du Cotentin et de l'Avranchin... Vos vies
de saints forment un bel ouvrage qui nous
manquait et je ne saurais assez vous dire combien il est honorable pour vous d'attacher votre nom à un si important travail. »

M. Pigeon a publié une foule d'autres travaux plus ou moins étendus et dont voici la
liste : *Histoire de Genêts, ses antiquités et ses
monuments* (1859); *Saint Léonard de Vains,
ou Saint-Léodevald et son prieuré* (nouv. éd.
en préparation dans *la Normandie monumentale*); *les Abbayes mérovingiennes de Ses-
siac et de Mandane* (*Keepsake avranchinais,*
1860); *la Cathédrale d'Avranches* (*Semaine
religieuse de Coutances,* 1864 et 1866); *les
Confesseurs de la foi au mont Saint-Michel
et la visite des Vendéens* (ibid., 1867); *Saint
Aubert, sa vie,* etc., dédié à Mgr Bravard
(1869); *les Synodes et les conférences ecclésiastiques du diocèse d'Avranches* (*Rev. cath. de Coutances*); *les Tableaux de l'abbaye
de Savigny* (ibid.); *Un voyage dans la Hague*
(ibid.); *la Grande voie romaine de Cherbourg
à Rennes* (*Mém. des Soc. sav.,* avec carte,
quatre éditions); *les Attributs des saints du
diocèse de Coutances* (*Rev. cath.*); *les Monts-
Joie sur les voies de pèlerinage,* etc., connues
sous le nom de *voies montoises* (in 4 la Sorbonne) : *Tombelaine, son étymologie et ses
souvenirs druidiques* (id.); *les Limites primitives des Abrincatui* (*Mémoires des Sociétés
savantes*); *Une fausse carte faite en 1860
pour soutenir la forêt légendaire de Scissy et
des envahissements plus que préhistoriques.*
(Cette carte, qu'on disait avoir été trouvée

au Mont Saint-Michel, en 1714, était attribuée au x111e siècle, et ne remonte qu'en 1860).

Ce travail a paru dans les *Mém. des soc. sav.* ; — *L'embaumement [des morts à l'époque mérovingienne (Ibid.)* ; — *La chaire de Chavoy (Manche) de 1478, son ancien jubé,* etc. (lu à la Sorbonne); *Le tombeau d'un seigneur d'Argouges à Chasseguay (Manche), (Mém. des Soc. sav.)* ; — *Origine des Unelli et des Abrincatui, etc.* (*Mém. de la Soc. acad. du Cotentin* ; vol. 1); — *Le docteur Bienvenu (Ibid.,* I, vol.) ; — *L'église de Brécey au XV e siècle* ; et — *La chronique d'Avranches au XVII e et XVIII e siècle* (*Mém. de la Soc. d'Avranches)* ; — *Les livres liturgiques du diocèse de Coutances* (*Mém. de la Soc. du Cotentin*) ; — *Une verrière du XVI e siècle au Mont St-Michel* (*Rev. cath. de Coutances)* ; — *Constitution géologique de l'arrondissement de Coutances* (lu au Congr. de l'*Assoc. norm.*, 1884, et impr. dans l'*Ann. des cinq dép. de la Norm.* (Médaille de vermeil) ; — *Les pélérinages du Mont Saint-Michel.* (*Sem. rel. de Coutances*, 1866); — *La constitution géologique des arr. d'Avranches et de Mortain.* (Congr. d'Avranches, 1891; *Ann. des cinq départ.,* seconde médaille de vermeil) ; — *La dernière élection épiscopale du chapitre d'Avranches, en 1512* (*Mém. des Soc. sav.)* ; — *Le musée Dolley, de Coutances* (*Mém. de la Soc. acad. du Cotentin* ; vol. III) ; — *L'élection de Jean Boucard, évêque d'Avranches, en 1485,* en latin (*Bull. histor. et phil. du Com. des trav. hist. et scient.*) ; — *Deux rapports en latin adressés à Mgr Froulay de Tessé, évêque d'Avranches 1688,* au sujet de flammes entourant le Mont-Saint-Michel de la base au sommet, sans le consumer (travail adressé au ministère) ; — *L'église de Gratôt, ses tombeaux,* etc. (*Soc. du Cotentin,* 1896) ; — *Deux mémoires sur la date de l'épiscopat de Saint-Gaud, évêque d'Evreux* (dans les *mém. de la Soc. du Cotentin*). — *L'abbaye de Montmorel et ses ruines*

M. Pigeon a collectionné une foule d'objets qui forment un véritable musée. L'âge de pierre est représenté par des haches polies en jade, en silex, en pegmatite et en schiste maclifère ; l'âge de bronze, par un grand nombre de haches de différentes formes et de grandeurs très variées ; par des bracelets, des fibules, deux vases assez bien conservés de l'époque romaine, beaucoup de débris en terre de Samos, tous objets trouvés dans l'Avranchin. M. Léon Coutil a reproduit une douzaine de ces objets dans son *Dictionnaire palethologique du dép. de la Manche* (1896, planche 4). On trouve aussi, dans ce musée, une grande collection de lampes païennes et chrétiennes, en terre cuite ; un baiser de paix, en argent, avec un admirable Passion, en émail translucide, provenant de la cathédrale d'Avranches, xve siècle, ainsi qu'une croix à double branche, en argent repoussé, avec de beaux enroulements en filigranes d'or, entourant des cabochons

qui couvrent des reliques et des inscriptions du x111e siècle ; — Une croix de procession, en cuivre repoussé, dessins très riches, avec le Christ d'un côté et la Vierge sous un dais gothique, xve siècle ; — Des statuettes romaines et du moyen-âge, en bronze, trouvées dans le pays ; — Un bénitier de 1470, en bronze ; — Beaucoup de statuettes en terre cuite, romaines et gallo-romaines, rapportées en grande partie d'Italie, avec plusieurs vases antiques ; — Une Vierge avec son enfant, en marbre blanc, du xve siècle et provenant de la chapelle particulière des évêques d'Avranches ; — Une plaque de cuivre avec le symbole de Saint Jean l'Evangéliste, trouvé dans le tombeau de Jean de Lamps, abbé du Mont-Saint-Michel, xvie siècle ; elle a été publiée dans le *Bull. de la Soc. des antiq. de Norm.*

Parmi les objets émaillés on peut citer un grand reliquaire en cuivre repoussé avec cabochons et une dizaine de statuettes en vieux Limoges ; — Un grand plat émaillé représentant une scène de martyre, nombreux personnages, dessins variés, avec les armes du premier possesseur, xvie siècle ; — Trois petits ciboires, du xie et xiie siècles, avec leur croix, leur chaînette et leur goupilles ; — Un calice du xve siècle, riche de dessins, avec de beaux restes d'émaux ; — Un Christ du xie siècle, avec quelques restes d'émaux.

Parmi les meubles, une belle armoire du temps de François Ier, très riche ; une autre attribuée à Jean Goujon, représentant l'histoire d'Elie et de son disciple Elisée ; — Une belle table Louis XV, en bois de rose, avec cuivres ; — Un meuble italien, en ébène, avec l'œuvre des six jours de la création, sur ivoire ; — Une belle pendule, émaillée, avec ornements en cuivre d'une grande richesse : — Quelques bonnes toiles des écoles françaises flamandes et italiennes ; un de ces tableaux est attribué à Claude Lorrain.

Un médailler comprenant des pièces gauloises, grecques, romaines, françaises et étrangères. Plusieurs en or, un plus grand nombre en argent et les autres en billon. On y trouve un beau Philippe, père d'Alexandre-le-Grand, en or, d'une belle conservation, trouvé dans le pays, ainsi que la plupart des médailles gauloises, romaines et françaises ; — Une grande quantité de médailles religieuses, venues de Rome, avec plusieurs effigies ds papes, du xvie, xviie et xviiie siècles.

Dans la bibliothèque de M. Pigeon, composée de plusieurs milliers de volumes, on peut citer comme manuscrits, un beau *Livre d'heures,* tout étincelant d'or et d'arabesques, du xive siècle, et ayant appartenu à Guillaume du Homme, abbé de Montmorel (Manche) ; — Un *Bréviaire* et un livre de prières de la même époque ; — Un volume in-fo du xve siècle sur la noblesse de Normandie, avec des listes du xie et xiie siècles et les armes de la noblesse au temps de Chamillard ; — Un obituaire de la cathédrale d'Avranches, du xviie siècle ; — Un livre sur les

impositions du clergé au XVIIᵉ et XVIIIᵉ siècles;
— Un livre du chapitre de la cathédrale et un Pouillé de la même église, XVIIIᵉ siècle; un manuscrit des dépendances et des revenus du comté de Mortain; — Le manuscrit de Toustain de Billy, l'Histoire du Cotentin, comprenant la cathédrale de Coutances, les principales villes du diocèse et l'histoire des évêques, XVIIIᵉ siècle; — Le manuscrit unique de Charles Guérin, chanoine d'Avranches, intitulé: *Acta Sanctæ ecclesiæ Abrincensis*, gros in-4° écriture très serrée, en latin et en français, du XVIᵉ siècle; — Un cartulaire de la paroisse du Mont-Saint-Michel.

Parmi les livres imprimés, nous signalerons le beau missel de Robert Cenalis, évêque d'Avranches, illustré de gravure avec un supplément manuscrit à la fin; volume complet, unique et estimé 2.000 fr. par M. Fontaine, ancien libraire de l'Empereur, 1584; — Un pontifical, du même pontife, illustré; — Un autre pontifical, illustré, d'Antoine Le Cirier, père du concile de Trente et évêque d'Avranches; — Un livre classique pour l'étude du droit canon, XVᵉ siècle; — Un bréviaire de François Péricard, évêque d'Avranches, illustré. C'est le premier livre imprimé à Avranches, en 1592; volume peut-être unique; — Le beau bréviaire de Daniel Huet, illustré; — Le rituel de Mgr de Briroy, évêque de Coutances, commencement du XVIIᵉ siècle; — Le bréviaire de Mgr Léomenie de Brienne, évêque de Coutances, XVIIᵉ siècle; — Une grande partie des œuvres de Guillaume Postel, de Barenton avec son portrait (Manche); de Robert Cénalis, évêque d'Avranches; celles de Robert Goulet, XVIᵉ siècle, et d'Hilaire de Morel, sur le triomphe de la cathédrale de Coutances; Enfin, une grande collection d'auteurs et d'historiens normands anciens et modernes.

Les collections de M. Pigeon comprennent aussi: Quelques vieilles gravures et des cartes anciennes sur la Normandie et le département de la Manche; — D'anciens plans sur le Mont-Saint-Michel, Avranches, Coutances, Granville, avec un grand tableau sur toile, par l'artiste Fouqué, représentant Avranches en 1649, d'après le tableau original de des Papillons. Enfin, un grand nombre de chartes sur les abbayes du département de la Manche.

Mgr Pigeon possède aussi une collection minéralogique comprenant des pierres précieuses, mais surtout beaucoup d'échantillons des roches des trois arrondissements de Coutances, d'Avranches et de Mortain, avec les fossiles qui caractérisent leurs terrains.

M. Pigeon a été nommé officier d'Académie en 1884, officier de l'Instruction publique en 1890, et chevalier de la Légion d'honneur en 1895.

L'HÉRÉTEYRE (l'abbé ADOLPHE), né à Ceton (Orne) le 29 août 1836.

Il est le dernier enfant d'une famille patriarcale. Il eut pour parrain l'un de ses frères, maintenant curé-doyen de Regmalard, et pour marraine sa sœur, religieuse de Saint Paul de Chartres, qui a dépensé sa vie à l'éducation gratuite des orphelins de Paris et de Blois. Son frère aîné fut pendant près de quarante ans instituteur communal de sa paroisse natale, où il a laissé le souvenir d'un éducateur intelligent et chrétien.

Le jeune Adolphe fut envoyé au petit séminaire de Sécz, où il brilla dans ses études. Plus tard, il entra au grand séminaire et il reçut l'onction sacerdotale des mains de Mgr Rousselet, le 25 mai 1861.

Dès le plus bas âge, le futur séminariste manifesta un goût tout spécial pour l'archéologie. Au cours de ses humanités, il profitait de ses moments de loisir, pendant les vacances, pour étudier les monuments du voisinage et pour hasarder çà et là quelques petites excursions scientifiques.

Nommé vicaire dans le canton de Passais-la-Conception, il ne manqua pas de visiter les églises si remarquables de Notre-Dame-sur-l'Eau à Domfront, de Lonlay, d'Evrou, de Mortain et de l'Abbaye-Blanche, le Mont-St-Michel, la merveille de l'Occident, Dol, Saint-

Malo, Dinan et les ruines des environs de Léhon.

Après deux ans de repos à Condé, dans la belle et plantureuse vallée de l'Huisne, il était nommé vicaire administrateur de Bellou-sur-Huisne, le 2 juin 1866. Le 3 août 1870, il était installé curé de cette paroisse.

Il est un des premiers membres inscrits dans la *Société archéologique de l'Orne*. Maintes fois il a envoyé et il envoie encore aux journaux du département des articles et des comptes rendus qui sont appréciés.

Mgr Trégaro, de vaillante et pieuse mémoire, ayant eu l'occasion de l'entendre dans une confirmation, voulut lui donner une marque de confiance et de sympathie en lui confiant un poste plus élevé. Plusieurs fois il le présenta pour un doyenné ; mais, par suite d'un faux rapport, le prêtre le plus pacifique du monde fut écarté *comme hostile à nos institutions modernes!*

Pendant son séjour à Bellou, le curé archéologue s'appliqua à restaurer d'une manière remarquable son église romane, et à sculpter lui-même les divers motifs qui la décorent. Les connaisseurs aiment à la visiter et à y retrouver comme un véritable *compendium* du symbolisme chrétien. A l'intérieur comme à l'extérieur, tout y est emblématique, *historié*.

Il donna une monographie de ce petit monument et, à la date du 19 novembre 1883, le vénéré M. Lehoult-Courval, supérieur du petit séminaire de Séez, écrivait à l'auteur : « Bien cher Monsieur le Curé, il me reste à vous « remercier de votre excellente publication. « J'ai trouvé dans ces quelques pages des- « criptives plus de lumière sur l'archéologie « religieuse que je n'en avais rencontré dans « de gros traités. C'est un travail tout à la fois « mystique et savant dont on peut tirer des « instructions et le moyen d'expliquer ce qui, « dans nos églises, paraissait avoir été un ca- « price des ouvriers. ».

Plus tard, le curé de Bellou donna l'histoire de cette paroisse, de ses curés, de ses seigneurs et de son église. Ce travail fut inséré dans le Bulletin archéologique.

L'abbé L'Héréteyre ne se contente pas d'étudier l'antiquité et les différents styles dans les livres, il tient surtout à les étudier sur place, dans nos plus beaux édifices religieux et civils. C'est ainsi qu'il a pu visiter l'Italie, la Belgique, la Hollande, Aix-la-Chapelle, Cologne, la Suisse, l'Egypte, la Syrie, à peu près toutes nos cathédrales de France, et nos grands monuments classés, tels que Vézelay, Saint-Etienne de Caen, Saint-Sernin de Toulouse, Saint-Ouen de Rouen, Saint-Urbain de Troyes, Tournus, Louviers, Conches, les Andelys, Gisors, Abbeville, St-Riquier, Guérande, Redon, Solesmes, Saint-Maixent, Cluny, l'église mérovingienne de Savennières, l'église monolithe de St-Emilion, Brou-en-Bresse, Saint-Quentin, Verneuil et le reste.

Dans ses nombreuses et lointaines excursions,

le touriste aime à prendre force notes dont beaucoup désireraient la publication. La relation de son voyage à Rome se trouve dans la savante *Revue de l'Art chrétien*. Celle de son pélérinage en Egypte et en Terre Sainte fut publiée dans la *Semaine catholique* du diocèse, et ces lettres données au jour le jour valurent à l'auteur les plus hautes félicitations.

C'est à son retour de Jérusalem, en 1891, que lui fut confié le poste délicat de Saint-Martin d'Argentan, où se trouve l'une des églises les plus remarquables de la Normandie. Il a contribué de tout son pouvoir à en faire rétablir les lignes si harmonieuses. L'année suivante, Monseigneur nommait le dévoué pasteur chanoine honoraire de sa cathédrale. Le 23 septembre 1894, M. L'Héréteyre a été transféré, *et cette fois agréé*, à la cure et au doyenné de Moulins-la-Marche.

Chose assez extraordinaire, c'est là, dans ce canton, que le nouveau doyen a fait sa première communion, c'est là qu'il a tiré au sort comme conscrit, c'est là qu'il a célébré sa première messe, et c'est là, à la Chapelle-Viel, qu'il retrouve son premier maître, le vénérable curé qui l'a initié aux sciences ecclésiastiques.

Le doyen de Moulins-la-Marche est toujours l'archéologue des anciens jours, qui sait utiliser toutes ses excursions. Un coup d'œil jeté sur son salon suffit pour montrer sa passion pour les antiquités et les souvenirs de voyages. *C'est un vrai musée*, lui disait naguère le sénateur du canton, M. Fleury.

Appelé souvent à porter la parole dans les paroisses de la région, le curé obligeant ne suit pas refuser. Il aime à raconter ses intéressantes pérégrinations et à inspirer aux autres l'idée et le goût de la belle architecture. Pour lui, voir un beau monument, en déterminer l'époque et en admirer l'ensemble et les détails est une véritable jouissance.

« Est-ce que toutes ces merveilles ne publient pas le génie et la foi de nos pères? Est-ce qu'elles ne chantent pas les louanges et la gloire du Créateur? N'est-ce pas un grandiose *sursum corda* pour tout homme qui sait lire dans cet admirable livre de nos monuments historiques? »

Voici au hasard quelques notes que prenait l'abbé L'Héréteyre sur la cathédrale de Cologne, en 1889 : « Le train nous emporte rapidement vers Cologne, *le clou du voyage*. Bientôt nous apercevons à droite les deux imposants clochers de l'incomparable cathédrale. Nous voici installés à *Frankischer Hof Comœdienstrasse*. Il est sept heures et demie du soir; il y a encore un peu de jour. Notre première visite est pour *le Dom*, la métropole.

« On ne peut se faire une idée de l'effet prodigieux, saisissant, que produit cette demi-obscurité dans cette immense église; mais trop tôt le gardien fait résonner ses grosses clefs pour nous avertir que l'on ferme les portes, et les nombreux visiteurs sont obligés de se retirer. Nous faisons le tour extérieur du monument, en prenant cette fois tout le temps voulu, et, bien que la lumière nous fasse un peu défaut, la première impression est excellente.

« Samedi matin, je suis debout de très bonne heure, et je vais dire la messe à la cathédrale. L'autel qui m'est assigné se trouve dans le transept Nord et adossé à la chapelle du trésor. Après un déjeuner rapide, nous retournons visiter la métropole. Nous avons sous les yeux une œuvre vraiment magistrale. Nous restons en admiration devant ce colossal édifice, cette merveille de l'architecture ogivale. Il serait difficile, même à un archéologue érudit, de rêver quelque chose de plus somptueux. La grande façade, avec ses trois superbes portails et ses flèches ravissantes, les contreforts, les arcs-boutants, les galeries, les fenêtres, les entrées latérales, les sveltes clochetons, l'abside si délicatement ajourée, tout y est parfait de proportions, d'élégance et de grandiose.

« L'intérieur comprend cinq nefs à huit travées jusqu'au chœur. A eux seuls, les clochers prennent deux travées de chaque côté. Les transepts ont trois nefs et trois portails. Le triforium est très soigné et éclairé. De grandes statues sont placées aux piliers de la nef majeure.

« Nous remarquons les riches vitraux du Clerestory et des autres fenêtres. On est littéralement stupéfait en présence de cette œuvre gigantesque. Les vantaux actuels des portes ne sont que provisoires. Seul, le portail de gauche à la façade principale a reçu une porte définitive. On y travaille encore. Elle est en bronze et enrichie de bas-reliefs à nuances d'or et d'argent. Ce sera digne du monument. On dit que nos vainqueurs ont juré de donner à Cologne les plus belles portes de l'univers.

« Pour avoir la vue complète de l'abside, il faut se placer sur le pont du Rhin, et pour l'ensemble, il faut aller jusqu'au bas de la place, à droite. Quand cette cathédrale est ensoleillée, comme le jour où nous l'avons vue, l'effet est splendide. C'est une vraie forêt de clochetons finement découpés, une éblouissante broderie de pierres. Nous ne pouvions en détacher nos regards. C'est sublime.

« Le trésor de la métropole est très riche en reliques et en objets curieux qui ont leur histoire. Mais le joyau, c'est la *châsse des rois mages*, qui passe pour être le plus beau reliquaire qui existe.

« Avec les pierres précieuses, les perles, les rubis, les diamants qui la sertissent, elle est évaluée 7 millions de francs. Aussi lui a-t-on donné la place d'honneur.

« Elle est là, au milieu, comme sur un trône, et l'on peut circuler à l'entour pour en admirer tous les détails. Ce trésor de Cologne est tout un musée religieux du plus haut intérêt.

« En résumé, à part quelques petits *desiderata* sans importance, il me semble que la cathédrale de Cologne est et sera longtemps encore sans doute *la plus belle église du monde*. »

LHERMITE (Joseph), en religion Frère SAVINIEN-JOSEPH, félibre majoral, poète, écrivain et archéologue, né à Villeneuve-lez-Avignon (Bas-Languedoc), le 11 janvier 1844. Inspecteur des Écoles chrétiennes du district d'Avignon; membre de l'*Escolo dóu Flourege*.

Adresse : Frère Savinien, inspecteur des écoles libres, au Noviciat des Frères, en Avignon.

Frère Savinien a été, pendant quinze ans, directeur de l'École des Frères des Écoles chrétiennes, à Arles, respecté et aimé de tout le monde. A même, par son enseignement, de se rendre compte de la difficulté qu'éprouvaient les enfants pour apprendre à écrire et parler correctement le français, il eut l'heureuse idée

de s'aider de la langue d'oc, de la langue natale. Ses tentatives furent couronnées de succès : les enfants, par ce moyen de naturelle mnémotechnie, apprenaient plus facilement et retenaient plus sûrement les deux langues l'une par l'autre : dans les examens, les élèves de frère Savinien se firent remarquer par leur niveau d'instruction. Frère Savinien fut vivement encouragé dans sa méthode par un autre félibre, Alphonse Roque-Ferrier, de Montpellier.

En 1890, pour le sixième centenaire de l'Université, eurent lieu à Montpellier de belles fêtes où la note méridionale fut bien donnée, et dont le fruit n'a pas été perdu pour commencer d'apprendre au peuple à avoir conscience de ses droits et le respect de ses traditions. A cette occasion se tinrent deux congrès. Au premier, le Congrès de langue romane, en mai, Maurice Faure, député et félibre majoral, plaida chaleureusement la cause de la méthode de frère Savinien pour en obtenir la haute recommandation de la part du Congrès. Mais il ne put en venir à bout : la plupart des congressistes se retranchèrent derrière des faux-fuyants. Au mois de juin, devant le Congrès d'études languedociennes, présidé par Roque-Ferrier, frère Savinien exposa sa méthode et ses résultats. Le Congrès formula un vœu très approbatif que les journaux du Midi publièrent à l'époque. Frère Savinien a été élu félibre majoral en 1892, *Cigalo de l'Escolo*.

En 1895, le frère Savinien, qui n'est pas seulement un éducateur de premier ordre, mais aussi un écrivain, un poète languedocien remarquable, et encore un archéologue distingué, découvrit à Arles, dans les fouilles de la vieille cité Constantinienne, une allée couverte renfermant d'importants restes néolithiques : tombeaux, armes, monnaies, bijoux. Le bruit de cette notable découverte se répandit et le directeur du Musée des Antiques de Berlin voulut l'acheter à un grand prix au frère Savinien. Le patriote lui refusa nettement, et fit don de ses précieuses trouvailles au Musée d'Arles.

Nommé, le 22 décembre 1896, inspecteur des Ecoles libres du district d'Avignon, frère Savinien a dû quitter Arles, au grand regret des habitants et de ses élèves. Mais cette haute fonction ne pourra que lui donner du prestige dans la recommandation de son excellente méthode.

Le 9 avril 1896, le frère Savinien lut au Congrès des Sociétés savantes, en Sorbonne, un rapport sur sa méthode : *De l'utilisation des idiomes et dialectes locaux, et surtout de la langue d'oc, pour mieux apprendre le français*. Ce rapport fut très remarqué des congressistes, et M. de Boislisle, le savant président, félicita vivement frère Savinien au nom du Congrès.

« M. de Boislisle, président, remercie frère Savinien de sa communication et s'associe pleinement au vœu éminemment patriotique dont elle contient l'expression. » (Extrait du *Journal officiel*).

Le 22 septembre 1896 eut lieu à Avignon un Congrès des félibres, dont l'objet fut d'affirmer les droits de la langue d'Oc aussi bien dans l'enseignement que dans la chaire et la tribune. La presse parisienne s'occupa de ce Congrès. L'assemblée félibréenne approuva hautement la méthode du frère Savinien et donna sa sanction au cours de *Lectures ou Versions Provençales-Françaises*.

Le triomphe de la langue d'oc devra beaucoup au frère Savinien. Grâce à lui, ce que voulaient les félibres sera entré dans la pratique. Certes il est fort bien de faire de beaux livres, et même des chefs-d'œuvre, mais il faut quelqu'un pour les lire. Pour que notre lutte félibréenne ne demeure vaine, il faut que les enfants soient instruits suivant nos idées. Nous autres ne resterons pas toujours là. Quand nous serons morts, si la langue d'oc ne s'enseignait dans les écoles, il pourrait bien se trouver des hommes ayant semblables idées de défense de la langue ; mais la cause serait à pareil point que de notre temps, et peut-être même qu'il serait trop tard, le peuple aurait achevé de désapprendre sa langue traditionnelle. La Cause triomphera, sera gagnée lorsqu'on enseignera les enfants dans le respect et l'amour de la langue natale : ces enfants deviendront des hommes, et ils ne pourront que vouloir que leurs enfants soient instruits de la façon dont eux-mêmes l'ont été.

C'est pour cela que les livres d'éducation de frère Savinien ne sauraient être trop loués. Déjà, en 1892, il avait publié une *Grammaire provençale* (Avignon, Aubanel, 197 p.p.). Dans l'année 1897, il a entrepris une série de sept livres de cours, suivant l'âge des enfants. Le premier volume qui comprend le Cours préparatoire et le Cours élémentaire, porte le titre de *Lectures ou Versions provençales-françaises* (Avignon, Aubanel, 300 p.). On ne saurait imaginer, sans le voir, la simplicité et l'ingéniosité de ce livre, ni l'intérêt qu'il a pour les enfants ; le mot d'oc que l'on veut graver dans la mémoire de l'écolier est renforcé de sa traduction en image, en petite gravure, et au cours des pages sont semés des proverbes, des historiettes, de petites pièces de vers, en langue d'oc. Ce volume a obtenu un premier prix aux Jeux floraux de Sceaux, au mois de juin 1897. Paraîtront successivement : III Cours supérieur, *Anthologie félibréenne*, prose ; IV Cours supérieur, *Anthologie félibréenne*, poésie ; V Cours complémentaire, *Lioundo*, poème d'éducation ; VI Cours complémentaire, *Firmen e Testo-d'Or*, conte.

Frère Savinien a collaboré à la *Revue félibréenne*, à l'*Aiòli*, au *Bulletin de la Société historique d'Arles*. En 1897, avec *Mèste Eisseto*, le félibre majoral d'Arles, et le P. Xavier de Fourvières, le renommé prédicateur provençal, *lou Payre blanc*, il a fondé le journal *lou Gau, le Coq*, qui de son vaillant cocorico chante les revendications de la langue d'oc dans l'école, la chaire et la tribune populaire.

Les livres du frère Savinien sont un genre nouveau, une *littérature d'éducation* ; c'est un complément d'études littéraires qui n'existe pas pour le français dans les Ecoles primaires, même celles de Paris. Nous avons ai, si le cours des *humanités* qui fait défaut dans les études des enfants du peuple ; c'est la régénération de l'éducation nationale.

BARBIER DE MONTAULT (Mgr MARIE-JO-
SEPH-XAVIER), I. ✪, G. C. ✠, C. ✠, ✠, (commandeur de l'ordre pontifical du Saint-Sépulcre, chevalier de l'ordre pontifical de l'Eperon
d'or, grand'croix de l'ordre royal de François Ier
des deux Siciles, officier de l'Instruction publique), né à Loudun (Vienne), le 6 février
1830.

Adresse : Poitiers, rue Saint-Denis, 37.

Les Barbier de la Planche sont originaires
de l'Anjou, et les Montault des Isles, du Poitou ; la généalogie de ces derniers, gens de
robe et d'épée, remonte sans interruption jusqu'au IXe siècle et, parmi leurs illustrations ré-
centes, il suffira de mentionner le maréchal de
Navailles, au XVIIe siècle, le premier préfet
d'Angers et le premier évêque de la même
ville, à la suite du Concordat, l'un et l'autre
créés barons de l'Empire par Napoléon Ier.

Plusieurs fois les Montault s'allièrent aux
meilleures familles de France, comme l'atteste
leur généalogie publiée au siècle dernier par
De la Chesnaye des Bois, dans le *Dictionnaire
de la noblesse*, généalogie qui sera bientôt reprise, nous l'espérons, et complétée grâce à la
découverte de papiers et dessins héraldiques
encore inédits ; à notre époque, une cousine
du prélat, Emilie des Isles, épousa le prince
de la Tour d'Auvergne, ambassadeur puis ministre de Napoléon III.

Enfant, le jeune Barbier de Montault montra
du goût pour l'état et même pour..... les dignités ecclésiastiques, car il affectionnait particulièrement le violet. Son oncle l'appela dans son
diocèse pour y faire ses études ; ceux qui ont
connu le vénérable évêque d'Angers retrouvent
dans son neveu cette physionomie intelligente
et sympathique, cet œil perçant et scrutateur
où se lisent la douceur et la bonté.

A huit ans, il entrait au petit séminaire
d'Angers où il resta jusqu'à la philosophie inclusivement. Les classiques lui furent enseignés
d'une façon si insuffisante qu'il cherchait, avant
tout, à se développer lui-même, en dehors de
leur cadre trop étroit : lisant beaucoup et déjà
la plume à la main, méthode qu'il a toujours
suivie depuis lors ; excellant dans la littérature, remplaçant souvent les devoirs de classe
par des pièces de vers français ou latins où se
succédaient tous les genres ; aussi ses professeurs jugèrent-ils..... qu'il ne ferait jamais
rien. Leur jugement n'était pas sans appel.

Il étudia la théologie à Saint-Sulpice, mais
son ardeur au travail et son amour pour l'Église
lui faisaient désirer des horizons plus vastes
que la routine des Gallicans.

En 1853, il partit pour Rome, où l'attirait
d'ailleurs son cousin, le prince de La Tour
d'Auvergne qui, à cette époque, y était premier secrétaire d'ambassade, et suivit avec
succès les cours de la Sapience et du Collège
romain. Abordant simultanément et avec une
ardeur toute juvénile la science ecclésiastique
et l'archéologie, sa santé s'altéra à ce rude labeur ; il dût rentrer en France en 1857.

Il se mit alors à la disposition de Mgr Ange-
bault, qui le nomma historiographe du diocèse
d'Angers, charge qu'il occupa cinq ans (1857-
1861).

Cinq années, non de repos, mais d'un labeur
incessant. Sans cesse on le voit parcourir le
diocèse, s'occuper de la recognition des reliques,
compulser les archives et recueillir une foule
de matériaux intéressants pour l'histoire de la
liturgie angevine, relever les inscriptions (il
en a publié plus de neuf cents), promouvoir ou
réveiller le culte des saints angevins : Florent,
Maxentiol et autres dont il retrouve les corps,
qu'il remet en honneur, organiser des fêtes,
faire approuver les nouveaux offices de saint
Avertin et de saint Florent, poursuivre, à
Rome, les procès de béatification de Robert
d'Arbrissel et du bienheureux Régnauld, fonder
enfin un musée diocésain dans lequel il réunit
plus de trois mille objets, dont un certain
nombre se recommandent par leur rareté, leur
richesse ou leur beauté, à ce point que le Ministère a songé à rattacher ce musée à la
mense épiscopale afin d'empêcher la disparition
de tant de richesses artistiques.

Des jalousies mesquines arrêtèrent cet élan,
cette bonne volonté qui ne demandait qu'à se
dévouer au service de l'Église. Ce furent les
laïques qui récompensèrent l'infatigable historiographe : le gouvernement, en le nommant
correspondant du Ministère de l'instruction publique pour les travaux historiques, et la ville
d'Angers, en lui décernant une médaille de
vermeil pour l'installation de ce musée auquel M. de Caumont prit un intérêt particulier
et qui attirait déjà dans ses murs les savants
étrangers.

En 1861, M. Barbier de Montault repartait
pour Rome, où il demeura jusqu'en 1875, recueillant pendant ces quatorze années des
notes précieuses, bourrant de documents d'immenses cartons où il puise depuis cette époque
et..... qui ne seront peut-être jamais épuisés.

Il part aux travaux du Concile du Vatican en qualité de théologien de Mgr Des-
flèches, vicaire apostolique du Su-tchuen
oriental.

A Rome, il eut de fréquentes relations avec
les personnages ecclésiastiques et laïcs les
plus marquants : le Rme abbé général des Cis-
terciens, dom Théobald Cesari ; le R. P. Picci-
rillo, directeur de la *Civiltà Cattolica* et confesseur de Pie IX ; Mgr Anivitti, directeur de la
Vergine ; le cardinal Piccolomini ; le cardinal
Antonelli, avec qui il chercha à organiser, au
Vatican, un musée papal, à l'instar du musée
des souverains, à Paris ; Mgr de Brémont ;
Mgr de Mérode ; Mgr de Falloux ; la princesse
Caroline de Sayn-Witgenstein, qui joua un
rôle si considérable pendant le Concile, l'illustre
archéologue anglais John Parker. Mentionnons
tout spécialement Mgr Chaillot, directeur des
Analecta juris pontificii ; Mgr Cataldi, préfet
des cérémonies ; et enfin Didron, directeur des
Annales archéologiques. En 1854, il le

14

guidait dans la visite des monuments de la
Ville éternelle avec un charme et une science
qui lui faisaient écrire, dans sa docte revue :
« M. l'abbé Barbier de Montault finira par connaître Rome beaucoup mieux que les plus savants romains. » Ces trois derniers savants ont
exercé une action décisive sur l'orientation de
sa vie et ont fait de lui, comme le disait un
judicieux critique : « le plus archéologue des
liturgistes et le plus liturgiste des archéologues. »

Mgr X. Barbier de Montault fut chargé par
le Souverain-Pontife de plusieurs missions con-
fidentielles dont il s'acquitta avec bonheur. Il
entreprit également plusieurs voyages qui
furent grandement utiles à l'art chrétien.

Dans un premier voyage à Aix-la-Chapelle,
en 1868, il retrouvait de précieux restes de la
mosaïque de la coupole, exécutée sous Charlemagne. Un projet de restauration dont il fut
l'âme et la cheville ouvrière, germa aussitôt.
En 1869, il retournait à Aix-la-Chapelle, orga-
nisait la restauration, revenait à Rome et entrait en relations avec le baron d'Arnim, afin
de solliciter l'appui de son gouvernement, obtenait de Pie IX des marbres trouvés dans
l'Emporium, s'entendait, à Venise, avec le
mosaïste Salviati, qu'il conduisait à Aix pour
y discuter les prix, faisait son rapport. Il fut
nommé directeur des travaux qui devaient
durer deux ou trois ans. La guerre ne permit
même pas de les commencer.

Ces voyages firent apprécier le savant français par nos voisins d'Outre-Rhin. Lorsqu'on
voulut continuer la cathédrale de Cologne, on
se trouvait en face d'un plan du xve siècle.
Devait-on le suivre ou l'abandonner? Une commission internationale fut nommée : elle était
composée des deux archéologues les plus éminents de chaque nation ; pour la France,
Viollet-le-Duc et Mgr Barbier de Montault
furent choisis ; le dernier fut chargé du rapport qui devait être lu devant la commission.

Mgr X. Barbier de Montault est membre de
plusieurs confréries romaines, dans lesquelles
il fut reçu solennellement, et il est le primicier
de l'une d'elles. Il fait partie de l'*Académie
pontificale d'archéologie*, où il eut pour parrains le baron Visconti et le commandeur de
Rossi; — de l'*Académie des Arcades*, qui est purement littéraire ; — de l'*Académie pontificale
Tibérine*, société littéraire et scientifique, qui
lui a décerné une médaille pour ses nombreux
et remarquables travaux ; — en France, il est
membre de la *Société des Antiquaires de
l'Ouest*, — de l'*Académie d'Angers*, — de la
Société française d'archéologie, — de la
Société de graphologie, dont il est président
d'honneur, titre que lui valurent ses études sur
la physiologie révélée par l'écriture, ce que
n'avait pas essayé Michon, le créateur de la
graphologie et son ami ; — vingt ou trente autres sociétés savantes le comptent parmi leurs
membres les plus actifs et les plus écoutés.

Mgr X. Barbier de Montault commença bien

jeune sa carrière d'écrivain ; les félicitations
que Lacordaire et Montalembert voulurent bien
accorder à ses premiers écrits montrent que
pour les

...âmes bien nées
Le *talent* n'attend pas le nombre des années.

Il n'avait que dix-neuf ans, il était encore à
St-Sulpice, lorsqu'il examina le fameux manuscrit de Juvénal des Ursins ; il étudia ce précieux document avec toute la sagacité d'un
vieil archéologue, toute la perspicacité d'un
véritable érudit et le décrivit avec cette précision et cette clarté qui sont les caractéristiques
dominantes de ses écrits ; le directeur du séminaire de Poitiers qui, sans doute pour ne pas
développer dans un élève des sentiments d'orgueil, s'appropria son mémoire, recueillit des
éloges ; le mémoire en méritait : c'est encore
la meilleure étude sur ce précieux manuscrit,
celle qui nous le fait le mieux connaître et
nous en garde le plus fidèle souvenir, car il fut
brûlé pendant la Commune.

Depuis cette époque, Mgr X. Barbier de
Montault n'a jamais cessé d'écrire : *Nulla dies
sine linea*. D'une activité physique et intellectuelle vraiment étonnante, il voit et lit avec
une rapidité merveilleuse ; il a parcouru presque en entier la France, l'Italie et l'Allemagne
visité leurs musées, étudié leurs monuments,
lu au moins quarante mille volumes, copié, à
Rome seulement, plus de dix mille inscriptions.
Rien de ce qu'il voit, rien de ce qu'il lit n'est
oublié, il prend des notes sur tout et forme
ainsi sur chaque sujet des dossiers considérables. Tout est classé et ses fiches atteignent
aujourd'hui le chiffre fabuleux de trois cent
mille.

Michon l'avait bien jugé lorsqu'il écrivait
dans *La Graphologie* : « Ce que l'érudition
demande de courage patient, d'esprit d'inves-
tigation minutieuse, de pénétration, de coup
d'œil, de lucidité et de réserve, il serait difficile
de le rendre... Nous donnons aujourd'hui à
nos lecteurs un bon spécimen d'érudit. Ce
n'est pas le type du vieux genre : raideur, sé-
cheresse, étroite minutie, pédantisme gourmé.
Au xixe siècle, nous faisons l'érudition autrement. Nous sacrifions un peu aux Grâces et la
main de Mgr Barbier de Montault a su beau
toucher des liasses poudreuses, elle ne s'y est
pas encrassée. » Le temps n'a pas démenti cette
appréciation donnée par la graphologie en
1876, et le judicieux critique du *Giornale
araldico* pouvait encore écrire, en 1894 : « Mgr
Barbier de Montault est l'un des plus érudits
en fait de liturgie, comme incontestablement
il peut être tenu pour le prince de l'archéologie
chrétienne. » Telle était aussi l'opinion du
vénérable curé de Saint-Étienne-du-Mont, qui
le plaçait à la tête des archéologues, même
avant le commandeur de Rossi, car, disait-il
avec raison, celui-ci n'est guère sorti des catacombes et des six premiers siècles, tandis que
la science et l'érudition de Mgr Barbier de

Montault embrassent toute la période chrétienne et tous les pays chrétiens.

Voici la liste de ses principaux ouvrages : *Chefs-d'œuvre de la sculpture à Rome à l'époque de la Renaissance*, magnifique in-folio avec 150 planches ; — *Traité pratique de la construction, de l'ameublement et de la décoration des églises selon les règles canoniques et les traditions romaines* (2 vol. in-8°, Paris, Louis Vivès, 1877) ; cet ouvrage a été traduit en allemand, en italien et en polonais ; — *Traité de la visite pastorale selon la méthode de Benoît XIII* (in-8°, Paris, Victor Palmé, 1877) ; — *Traité d'iconographie chrétienne* (2 vol. in-8° avec 89 pl., Paris, Vivès, 1890) ; — *Les églises de Rome étudiées au point de vue archéologique* (in-8°, Arras, 1877) ; — *Traité du chemin de la croix*, traduit en italien ; — *Étude sur la mosaïque d'Aix-la-Chapelle ;* traduit en Allemand ; — *Iconographie des Vertus, à Rome* (in-8°, Arras, 1884) ; — *Iconographie des Sibylles, à Rome* (in-8°, Arras, 187J) ; — *Le Trésor de Monza* (3 vol. in-8°) ; etc., etc., etc.

Outre ces ouvrages proprement dits, l'œuvre de l'écrivain comprend au moins cinq cents publications, opuscules, brochures, plaquettes, sans parler des articles de Revues, etc. : dans un grand nombre il traite des sujets absolument nouveaux que l'on chercherait vainement ailleurs, v. g. l'*Autel privilégié*, les *Agnus Dei*, les *Armoiries ecclésiastiques*, etc., etc.

Dans un voyage à Bénévent, Mgr X. Barbier de Montault put exhumer des volumineuses archives de l'archevêché d'inappréciables documents, étudier à loisir la grande figure du cardinal Orsini, plus tard Benoît XIII, et faire revivre cette merveilleuse administration épiscopale si pratique, si méthodique, si paternelle et en même temps si ferme, mise en vigueur par le pieux archevêque qui a laissé ainsi dans l'histoire une trace lumineuse que le temps n'a pas effacée et qui est capable de nous guider encore. Le *Traité de la visite pastorale*, *Les portes de bronze de Bénévent*, *Le palais archiépiscopal de Bénévent*, *Le trésor de Bénévent*; tels furent entre autres, les résultats bibliographiques de cette excursion scientifique. Le cardinal Caraffa, archevêque de Bénévent, qui le recevait avec plaisir tous les jours, fut tellement émerveillé de l'ardeur de ce jeune savant qui, avec deux secrétaires, passait de longues journées à compulser les archives métropolitaines, qu'il crut devoir en informer Pie IX par une lettre des plus élogieuses.

A Bari, il classa et étiqueta le trésor de l'église collégiale Saint-Nicolas, qu'il publia ensuite. Le chapitre le nomma alors surintendant des travaux de l'église et, pour récompenser ses services, lui donna deux fioles de la manne de St-Nicolas, dans un écrin semblable à celui qu'il offre ordinairement aux souverains, le chargeant de présenter, en son nom, un écrin semblable au Souverain-Pontife Pie IX,

qui l'accueillit avec gratitude et le plaça aussitôt dans sa chapelle privée.

Monza, qu'il visita, une seconde fois avec la Société française d'archéologie, l'avait séduit par les merveilles de son trésor ; il y retourna seul en 1882 ; dressa le catalogue général des reliques, inventaires, manuscrits ; remit au jour et en honneur de précieuses reliques, qui gisaient ignorées au fond des armoires, entre autres le voile de la Vierge, un mouchoir de dame romaine trempé dans le sang d'un martyr, une lettre sur papyrus de saint Grégoire-le-Grand à la reine Théodelinde, etc., etc.

A Milan, il dressa minutieusement le catalogue des trésors de la cathédrale et de Sainte-Marie-près-saint-Celse.

Mgr Turinaz ayant réclamé son concours, il passa un mois à Moutiers, donnant des consultations canoniques, faisant la recognition des reliques, recueillant les objets d'art pour en former un musée diocésain. Ce fut à son instigation que Mgr Turinaz publia, sur la conservation des objets d'art religieux, une lettre demeurée célèbre et qui fut reproduite par le *Bulletin monumental*. Cette lettre, qui mit en relations Mgr X. Barbier de Montault et le savant directeur de la Société française d'archéologie, Léon Palustre, commença entre eux cette franche amitié, faite d'estime et de sympathie, qui fut si utile à la science archéologique par les nombreux voyages qu'ils entreprirent ensemble et les doctes travaux sur le *Trésor de Trèves*, l'*Emaillerie limousine* et l'*Exposition rétrospective de Tours* qu'ils firent en collaboration ; amitié que la mort seule est venue brusquement interrompre.

Invité par Mgr Fonteneau à donner, dans son grand séminaire, des conférences de liturgie et d'archéologie, il profita de son séjour à Albi pour examiner les reliques de la métropole et eut le bonheur de retrouver, dans un état de parfaite conservation, des morceaux importants des vêtements de sainte Cécile.

Cette énumération sommaire nous donne une idée de la vie active du savant et laborieux prélat. Ne reculant devant aucune fatigue pour accourir où la science l'appelle, aimant à rendre service, en relations épistolaires avec les savants du monde entier, on peut, comme l'écrivait naguère un Belge, s'adresser à lui en toute confiance, sûr de recevoir toujours un accueil sympathique, une réponse judicieuse et motivée à toutes les questions qui lui sont posées. Tâche souvent ingrate, car elle n'est pas toujours appréciée, mais qui parfois aussi a des compensations : de bonne heure, Mgr X. Barbier de Montault s'occupa des émaux byzantins, aussi n'est-il pas étonnant qu'il ait, des quatre choisis en France, reçu un exemplaire du splendide ouvrage publié en Russie, sous les auspices du czar, sur ce sujet des plus intéressants ; et puis, pour le savant chrétien, la meilleure récompense n'est-elle pas d'avoir fait progresser la science et d'avoir été utile à l'Eglise ?

Pie IX qui aimait ce jeune prêtre français si plein d'entrain, si ardent à l'étude et dont les publications déjà nombreuses avaient fait connaître à un public d'élite les richesses artistiques et religieuses de la ville des Papes, le nomma d'abord, en 1869, camérier d'honneur en habit violet et comte romain ; en 1875, à la suite d'une mission importante, il l'admettait au rang de la grande prélature, disant au cardinal Fabio Asquini, secrétaire des Brefs : « Il m'a fait une bonne impression et je lui veux beaucoup de bien ; expédiez-lui un bref de prélat domestique. » Ce bref fut signé le 20 août de la même année, il établissait Mgr X. Barbier de Montault prélat de la maison pontificale avec tous les droits et privilèges attachés à ce titre, « pour le récompenser, y est-il dit, de son zèle pour la religion, de la sainteté de sa vie, de son attachement au Saint-Siège, de sa science éminente surtout dans ce qui concerne les choses sacrées. »

Plusieurs évêques de France et d'Italie voulurent s'attacher le savant prélat en le nommant chanoine d'honneur de leur église ; à ce titre, Mgr X. Barbier de Montault fait partie des chapitres d'Anagni, de Langres et de Tarentaise ; Mgr Feuli, qui l'avait vu à l'œuvre, à Bénévent, à peine assis sur le siège archiépiscopal de Siponto ou Manfredonia, lui envoya des lettres de chanoine d'honneur de sa cathédrale.

Généralement ses publications se rapportent à la science ecclésiastique, qui a été la passion de toute sa vie ; il s'y applique à la vulgarisation, surtout pour cette doctrine romaine qu'il a appris à goûter à Rome même ; mais il ne s'y montre jamais l'ennemi des coutumes légitimes, qu'il aime au contraire et défend au besoin contre un rigorisme étroit et ignorant ; il vise à l'unité et non pas à l'uniformité. S'instruire pour instruire, travailler afin d'éviter aux autres la peine qu'il se donne, tel est son but. Il a envisagé la science religieuse sous trois de ses aspects : droit canon, liturgie, archéologie, publiant au fur et à mesure, selon les circonstances ou en raison des documents souvent nouveaux ou inédits qu'il a entre les mains. Dans tous ses écrits on retrouve l'amour de l'Eglise, au service de laquelle il s'est voué tout entier et la gloire de Dieu, qui doit être pour un prêtre plus qu'à tout autre, l'objectif de ses actions.

Sa phrase est nette, précise, sans digressions oiseuses, sans superfétations inutiles ; c'est un style à part. On peut dire qu'il a fait école, car un certain nombre d'adeptes partagent ses idées lumineuses et sa manière vive et méthodique de les présenter.

Latiniste, comme on l'est à Rome, il a écrit dans cette langue avec une facilité surprenante ; ce qui lui valut, lors de la consécration de la chapelle du collège de Combrée (Maine-et-Loire), les félicitations publiques de Mgr Dupanloup, un classique par excellence. Il s'est livré aussi, et avec succès, à l'épigraphie ; en France, on ne cesse de lui demander de vouloir bien rédiger des inscriptions commémoratives, qui sont très goûtées des spécialistes. Son style, remarquable toujours par l'emploi du mot propre, est essentiellement ecclésiastique, c'est-à-dire empreint de la tradition du Moyen-Age, où l'on sent déjà la netteté de la langue française, qui rompt avec l'enchevêtrement et la longueur de la période cicéronienne.

En 1889, l'infatigable prélat a commencé la réimpression de tant d'œuvres éparses, les classant par catégories pour qu'il en résulte plus d'unité dans la composition et plus de commodité pour les studieux qui les consulteront ; les revisant avec soin, les complétant, les mettant au point. Le treizième volume est actuellement sous presse, chez Blais et Roy, à Poitiers. Chaque volume coûte 10 francs. L'œuvre complet de l'écrivain ne comprendra pas moins de soixante volumes in-8°, de 500 à 600 pages ; ce sera une véritable encyclopédie ecclésiastique, émanée d'un seul homme. Plaise à Dieu d'accorder au savant prélat le temps et la force nécessaires pour mener à son terme cette entreprise colossale.

Absolument étranger à la politique, il n'a jamais écrit un seul article de journal proprement dit ; le terrain de la science religieuse est assez vaste et lui suffit ; c'est un savant ecclésiastique et rien que cela. Sans doute ses travaux l'ont obligé à quelques excursions dans le domaine de la science profane, mais incidemment ; comme les vrais savants, le docte prélat n'écrit que sur les sujets qu'il possède parfaitement.

Il a créé et rédigé le Répertoire archéologique de l'Anjou et La Paroisse, revue qui paraissait à Paris. Rome, La Correspondance de Rome et le Journal de Florence ont inséré de lui de très nombreux articles. Les Bulletins et Mémoires de presque toutes les sociétés dont il fait partie ont publié nombre de ses communications. On peut dire qu'il fut et est encore un rédacteur attitré des Annales archéologiques, de Didron, de la Revue de l'art chrétien, de L'Enlumineur, du Coloriste, du Manuscrit, des Analecta juris pontificii, etc., etc.

Ses armoiries sont celles de sa famille : Ecartelé : aux 1 et 4, de gueules, au chevron d'or, accompagné de trois molettes d'éperon de même, 2 et 1, qui est Barbier de la Planche ; aux 2 et 3, d'azur, à deux mortiers d'argent enflammés de gueules mis en pal, qui est Montault des Isles. Pour supports, deux licornes. Pour cimier, un griffon tenant un biscaïen dans une des pattes de devant. Devise : Duriora decoxi. L'écu, à la manière romaine, est timbré d'un chapeau violet à trois rangs de houppes de même, et orné des ordres chevaleresques.

Et. GIROU.

SIGNERIN (l'Abbé Charles), né à Denicé (Rhône) le 13 septembre 1843; curé-archiprêtre de Saint-Rambert-sur-Loire (Forez), écrivain et historien, membre de la *Société historique et archéologique de la « Diana »*.

Adresse : Saint-Rambert-sur-Loire (Loire).

M. l'abbé Signerin appartient à une famille qui compta deux prêtres vertueux, oncle et neveu, lesquels furent successivement curés de la paroisse de Denicé dans la seconde moitié du xviie siècle. Le père et la mère de M. l'abbé Signerin étaient des ouvriers très chrétiens dont la grande préoccupation fut de faire observer à leurs enfants les commandements de la loi divine dont ils étaient eux-mêmes les fidèles observateurs.

Tout enfant, Charles Signerin n'avait de bonheur qu'au milieu des cérémonies religieuses et dans la compagnie des prêtres. La position modeste de ses parents obligés de travailler et de peiner pour élever leur famille, ne lui permettait pas de voir ses désirs réalisés. « Je demandais dit-il, tous les jours grâce à Dieu avec force prières, mortifications et actes vertueux. » Un jour, providentiellement, un séminariste, neveu de mon vieux curé, vint m'offrir une grammaire latine. Le lendemain je commençais à décliner « Rosa », pour ne plus m'arrêter jusqu'au sacerdoce ». M. l'Abbé Chavanne, le respectable curé de Denicé, donna les premières leçons de latin au jeune Charles. A 15 ans, l'enfant quitta l'école des Frères Maristes pour entrer au petit Séminaire de Saint-Jodard (Loire), où il demeura de 1859 à 1863 Déjà le passé, avec ses secrets, l'attirait. Aussi le trouve-t-on toujours au premier rang parmi ses camarades et arrive-t-il souvent à la tête de ses condisciples pour la littérature, la géographie et l'histoire. D'un autre côté, son caractère gai, ouvert, son esprit d'à-propos, son amour pour le travail, n'avaient pas tardé à lui attirer l'affection et l'estime de ses maîtres et de ses camarades.

Charles Signerin fit sa philosophie et ses mathématiques au grand séminaire d'Alix (Rhône), de 1864 à 1866. Il passa ensuite pour étudier la théologie, au Séminaire de Lyon. N'étant encore que diacre, il fut envoyé en qualité de professeur à l'école cléricale, ou Manécanterie, à Villechenève (Rhône). Il y resta un an (1869-70). Le 11 juin de cette dernière année, il fut ordonné prêtre par S. Em. le cardinal de Bonald, et nommé peu après professeur à l'école cléricale de Saint-Denis de la Croix-Rousse. En 1873, M. l'abbé Signerin fut appelé à l'important vicariat de Saint-Pierre de Lyon. Il en occupa les fonctions pendant 17 années. Les pauvres, les malades, les splendeurs de la maison de Dieu ne cessèrent de le préoccuper dans cette grande paroisse où il a laissé d'impérissables souvenirs.

Envoyé en 1890 à Chevrières (Loire), il meubla et orna l'église, devint l'ami des pauvres, bâtit l'école libre avec les dons généreux de M. Elisée Neyrand, et la soutint pendant six années avec les bénéfices que lui donnaient ses publications. Aussi fut-il unanimement regretté, lorsque l'administration diocésaine le nomma aux fonctions importantes de curé-archiprêtre de Saint-Rambert-sur-Loire (1896).

M. l'abbé Signerin avait conservé le culte de ce passé qui, déjà, avait tant d'attraits pour lui sur les bancs du Séminaire. A l'exemple de nombreux ecclésiastiques, M. Signerin s'intéressa à l'histoire de Chevrières. Il compulsa chartes, contrats et autres vieux parchemins, et, s'aidant de ses connaissances en architecture, il écrivit plusieurs ouvrages auxquels il fut fait un excellent accueil lors de leur publication.

Ce fut d'abord *Le Roi de Chevrières, curieux épisode de l'histoire de la Terreur* (in-8, avec une lettre-préface de M. le chanoine Condamin, professeur à l'Université catholique de Lyon; Lyon, Vitte, 1893). On avait bien quelques vagues données sur le héros, distingué autant que modeste, que ses compatriotes surnommèrent *le Roi*, par acclamation; mais on manquait encore d'une biographie complète et on la désirait. M. Signerin comblait cette lacune de l'histoire du Forez. « Consciencieuse, fortement documentée et très bien écrite, dit un critique (in *Mémorial de la Loire*), l'étude de M. l'abbé Signerin sur Antoine Croizier peut et doit être considérée comme définitive. » « Voici, écrivait un rédacteur de la *Rev. hebd. du dioc. de Lyon*, une très utile et très intéressante contribution à l'histoire du Forez. C'eût été vraiment grand dommage que M. l'abbé Signerin n'eût pas donné au public le solide et instructif travail qu'il publie aujourd'hui sur le *Roi de Chevrières*. Il est visible que les bons exemples donnés, ces dernières années, à Lyon, à Saint-Etienne, à Saint-Chamond, à Saint-Bonnet-le-Château et ailleurs, ont porté leurs fruits: le clergé lyonnais *travaille* et il *sait* travailler. »

L'année suivante, M. l'abbé Signerin publiait : *Les trois vieux chantres de bronze de mon Église* (in-8, Lyon, 1894; Vitte). Ces chantres étaient, bien entendu, les cloches de Chevrières. «M. l'abbé Signerin, écrit M. le chanoine Condamin, nous fait, aujourd'hui, l'historique des cloches de son église. Il nous donne, pour chacune, ce qu'on peut appeler son extrait de naissance, il nous les décrit minutieusement, dans une langue où il parle, comme en se jouant, le pur dialecte des hommes du métier; il en relève fidèlement les inscriptions et en décrit tous les détails caractéristiques d'ornementation; il conte, chemin faisant, l'histoire des parrains et des marraines, assez habituellement gens de marque; et, pour finir, il rappelle quelques péripéties de 93, esquisse enfin un tableau émouvant des dangers que coururent ces vieux serviteurs de la maison de Dieu pendant les jours de la Terreur. »

Lorsqu'on s'est risqué à mettre le bout du doigt dans l'engrenage des recherches archéologiques et historiques, tout le corps finit par y passer. Une trouvaille en amène une autre; un détail met sur la piste d'un autre détail. Le butin, s'augmentant à chaque pas, un jour vient où l'on a entre les mains tant de richesses qu'il n'y a guère plus qu'à mettre un peu d'ordre dans les matériaux amassés, pour que le volume soit fait.

Ainsi il en advint pour l'*Histoire de Chevrières* (1 vol. in-8 de IX — 400 p., ill. de 32 photogravures; Lyon, Vitte, 1895). En s'aidant des archives locales et départementales, des *Mémoires de la Diana* et des traditions du pays, M. l'abbé Signerin parvint à reconstituer fidèlement l'histoire de la seigneurie et de la paroisse de Chevrières.

« Après une *Introduction* sur le développement de l'architecture religieuse en France, M. Signerin déroule sous nos yeux le tableau pittoresque du village de Chevrières et de ses mœurs foréziennes. Puis, il nous raconte quels ont été les possesseurs du château de Chevrières, depuis les de Malvoisin et les Mitte de Mons jusqu'à M. Elisée Neyrand. Il fait ensuite l'histoire de l'église de Chevrières, de son origine, de ses transformations, de ses particularités archéologiques, et c'est un vrai plaisir que de voir cette résurrection du passé, grâce à laquelle recteurs, curés, vicaires et luminiers de l'église de Chevrières défilent devant nous. Les sépultures et les caveaux creusés dans l'église, les anciennes chapelles, les 12 ou 13 croix érigées dans la paroisse, enfin les écoles publiques de Chevrières fournissent à M. l'abbé Signerin, le sujet de chapitres fort attachants.

« Je soupçonne, écrivait hier M. le chanoine Condamin dans la *Semaine religieuse du diocèse*, je soupçonne les habitants de Chevrières d'être fiers de leur curé. » La Diana et le Forez peuvent être fiers aussi d'un écrivain qui a su ressusciter avec talent quelques-uns de leurs grands souvenirs ».

M. Signerin a en préparation :
Saint-Rambert-sur-Loire. — Sa vieille église romane; son prieuré; les reliques de Saint-Rambert, sa précieuse chasuble du XIe siècle; le pélerinage de Notre-Dame de Bonson, etc.

M. Signerin est également l'auteur de travaux pieux parmi lesquels nous citerons les *Pratiques de dévotion pour honorer la Sainte Vierge,* ouvrage du R. P. Jobert S. J. dont il a rapproché du français moderne, le texte ancien et démodé. (vol. in-16; Lyon, Vitte, 1896).

Il a fait imprimer deux substantiels et éloquents discours : *L'École libre des petits garçons de Chevrières* (1892); *Discours prononcé à la distribution des prix aux élèves de l'école libre de Chevrières* (1894).

SAUREL (PAUL-LÉONARD-FERDINAND), I. ✠, né à Agde, le 28 août 1821, fils d'André-Ferdinand Saurel, vérificateur des douanes, et de Rosalie Touchy de Saint-Sauveur; chanoine titulaire de Montpellier, correspondant honoraire du Ministère, officier de l'Instruction publique.

Adresse : 11, rue du Cheval-Vert, à Montpellier.

La famille Saurel porte pour armes : *d'argent à une tour maçonnée de sable.* Elle est originaire d'Inspruck. Un de ses membres, Bozini Saurelli, passa d'abord à Verceil et s'établit ensuite dans le comtat Venaissin où il fit souche, ainsi que le prouvent plusieurs actes notariés, datés de 1477 à 1499, et conservés aux archives municipales de Beaumont, près de Malaucène (Vaucluse).

Etienne Saurel, bisaïeul du chanoine de Montpellier, eut l'honneur insigne de remplir la charge de consul annuel, très enviée et très recherchée à l'époque. De concert avec ses deux collègues, il créa ces magnifiques promenades qui sont encore de nos jours le plus bel ornement de Malaucène. En reconnaissance de leur sage administration, le vice-légat Aquaviva maintint une seconde année dans leurs fonctions les trois magistrats municipaux. Ce fait unique dans l'histoire de cette ville est consigné tout au long dans les registres des délibérations du Conseil, de 1749 à 1751.

Les Saurel ont toujours su se rendre utiles à leur pays et s'attirer l'estime de leurs concitoyens.

Un des frères du chanoine, Raymond, à peine âgé de 22 ans, achevait ses études théologiques au grand séminaire de Montpellier, d'où il comptait partir pour les missions étrangères. Pendant les vacances qu'il passait au milieu des siens, le jeune séminariste se rendit, un jour, en compagnie de plusieurs camarades, sur les bords de la rivière du Lez. Il ne s'était pas encore dépouillé de ses vêtements qu'il entendit un cri de détresse poussé par un de ses condisciples. N'écoutant que son courage, tremblant de perdre une seconde dans un moment aussi critique, Raymond se précipite tout habillé dans les flots, sans penser que sa soutane entraverait sa bonne volonté. Tandis qu'il dépose sur le rivage son ami qu'il arrache à la mort, à bout de forces, le sauveteur lui-même est entraîné par le courant et englouti. Ce fut un deuil général à Montpellier, et les obsèques du jeune ecclésiastique devinrent un véritable triomphe, tant était considérable l'affluence de la population, désireuse de témoigner son admiration et ses regrets.

Deux autres frères du chanoine de Montpellier, moururent, eux aussi, noblement, victimes ceux-ci, de l'amour du travail et de la science.

Le premier, Louis Saurel, né à Montpellier, le 1er février 1825, était chirurgien-major de la marine, à Brest. Après de longs voyages, il revint à Montpellier, prit le grade de docteur en médecine et devint professeur agrégé à la Faculté de cette ville. Il fonda et rédigea, de 1852 à 1860, la *Revue thérapeutique du Midi,* et publia de nombreux mémoires sur la médecine et la chirurgie. Il était membre correspondant de la *Société de Chirurgie*, de Paris, et de plusieurs autres sociétés savantes, nationales et étrangères. Les efforts prolongés d'une intelligence toujours en éveil, altérèrent peu à peu l'énergie d'une constitution délicate. Il succomba brusquement à la suite d'une longue maladie (9 juin 1860).

Le second, Alfred Saurel, né le 7 octobre 1827, vérificateur des douanes à Marseille, officier d'académie, cultiva de bonne heure les beaux-arts et la littérature. Il fonda plusieurs journaux, à Marseille : *La Publicité, La Provence à travers champs, La Provence illustrée, La Provence poétique, biographique et littéraire ;* créa la *Société des petits jeux floraux ;* collabora avec son frère, l'abbé, à la grande *Histoire de Malaucène ;* écrivit son *Dictionnaire des Bouches-du-Rhône,* et laissa une cinquantaine de publications diverses. Collaborateur de MM. Joanne, il rédigea, dans les fameux *Guides,* tous les articles relatifs aux Bouches-du-Rhône. Membre titulaire ou correspondant d'un très grand nombre de sociétés savantes et littéraires, Alfred Saurel a remporté dans les concours académiques ou régionaux : deux diplômes d'honneur, deux médailles d'or, une médaille de vermeil, une médaille d'argent et plusieurs mentions. Victime du travail, comme son frère Louis, Alfred Saurel disparut après une courte maladie.

Le seul survivant des frères du chanoine, Charles Saurel, docteur en médecine, à l'Isle-sur-la-Sorgue (Vaucluse), né à Cette, le 28 janvier 1814, ne cède en rien à ceux de sa famille pour ce qui tient à l'amour de la science. Il a collaboré à divers journaux de médecine, et notamment à la *Clinique,* au *Journal de médecine pratique,* à la *Gazette médicale de Montpellier,* à la *Revue thérapeutique du Midi,* à la *Tribune médicale de Paris.* Il a publié, sous le titre de *Mémoires de chirurgie et de physiologie pratiques,* la traduction des premiers *Practical Essays,* de Charles Bell. Il a participé à la rédaction du journal espagnol *Las Vides Americanas.* Au moment où nous écrivons ces lignes, le Dr Charles Saurel, plein de santé, s'occupe toujours avec une nouvelle ardeur à des études sérieuses.

Comme ses quatre frères, l'abbé Ferdinand Saurel devait être homme de dévouement et de travail.

Après avoir fait ses études classiques aux petits séminaires de Sainte-Garde (Vaucluse) et de Montpellier, il entra, le 15 octobre 1839, au grand séminaire d'Avignon, dont il sortit au mois de juin 1843, et fut envoyé, en qualité de professeur, à Sainte-Garde. Il n'avait pas encore 22 ans. La pensée de ses supérieurs était de lui permettre d'attendre ainsi l'âge fixé pour la prêtrise. Elle lui fut conférée, en une ordination spéciale et *extra tempora,* dans la chapelle de l'archevêché d'Avignon, par Mgr Paul Naudo, archevêque de cette ville, le dimanche 19 janvier 1845, avec dispense d'âge.

Dès le lendemain, le jeune prêtre était nommé vicaire à l'Isle-sur-la-Sorgue, et le 15 juin 1844, vicaire à Saint-Siffrein, de Carpentras. Le légendaire abbé Guérin était alors curé archiprêtre de cette grande paroisse. Avec un de ses trois collègues dans le vicariat, l'abbé F. Terris (futur évêque de Fréjus), Ferdinand Saurel devint un fervent disciple de l'ancien missionnaire de France, et s'adonna sous sa direction au ministère évangélique.

Il collabora à cette même époque à la *Revue des Bibliothèques paroissiales,* fondée par le vicaire général Martin (de l'Ain) et qui eut l'abbé F. Terris pour rédacteur principal. Il fournit à cette feuille hebdomadaire bon nombre d'articles bibliographiques.

Il entreprit, encore à Carpentras, une œuvre considérable. Il voulut réunir les documents originaux relatifs à la Congrégation des Prêtres missionnaires de Notre-Dame de Sainte-Garde, afin de se mettre en état d'écrire l'histoire de cette institution qui a laissé de profonds souvenirs dans plusieurs diocèses du Midi. Il continua ce double travail de collection et de rédaction, même après avoir changé de résidence. La Congrégation venait de renaître de ses cendres et les nouveaux Gardistes ayant désiré faire eux-mêmes cette publication, lui demandèrent de leur livrer — ce qu'il fit — les parties déjà rédigées et tous les papiers recueillis par ses soins. Cette histoire paraîtra-t-elle un jour ? Nous le désirons.

Mais l'œuvre capitale du vicaire de Saint-Siffrein fut, sans contredit, son étude de la paléographie. La bibliothèque de Carpentras, fondée par l'illustre Malachie d'Inguimbert, si riche en manuscrits, lui offrait toutes les facilités désirables. Il sut en profiter et se disposa, par une application soutenue, aux travaux qu'il devait exécuter plus tard et qu'il n'avait alors aucunement en vue.

On venait de créer, à Avignon, l'*Œuvre de Saint-Maurice pour les militaires.* La pieuse *Société de la Foi* avait ouvert, à ses frais, une école qu'elle confia aux frères des écoles chrétiennes. Alfred Saurel fut appelé dans la ville Métropolitaine comme vicaire de la paroisse Saint-Didier et chargé de diriger l'œuvre (6 novembre 1851). Il commença par la mettre sous la protection d'une société composée de vingt-cinq anciens officiers des armées de terre et de mer, sous le titre de *Patronage de Saint-Maurice pour les militaires.* Puis, il ouvrit une souscription annuelle qui permit de faire face à toutes les dépenses, en dégageant la responsabilité de la *Société de la Foi.* Tous les soirs, dans les vastes locaux de l'école communale de la *rue Dorée,* une douzaine de frères faisaient la classe à plus de quatre cents soldats. Le jeudi et le dimanche il y avait réunion, avec chants, dans la chapelle des frères, voisine de l'école, et parfois de grandes fêtes religieuses auxquelles concouraient les soldats de la garnison et les musiques des régiments. Le directeur du Patronage écrivit pour

ses troupiers deux opuscules : *Les Saints soldats*, (Carpentras, Devillario, 1854), et *Le
Livre du bon soldat*. Ce second volume eut
l'honneur de deux éditions. (Avignon, Seguin,
1854, et Paris, Pau'mier, 1856).

« Parmi les articles de critique qui parlèrent
de ces brochures, nous avons eu le plaisir d'en
trouver un, des mieux écrits, signé d'un nom
sympathique à tous : J. Roumanille. Les ouvrages en question valaient réellement la peine
qu'un poëte de cette trempe les signalât à l'attention du public. » (Laurent de Gavoty, *Alfred Saurel*, étude bibliographique, p. 12.)

Entre temps, et pendant que les enfants de
la France s'illustraient à Sébastopol, on créait
à Avignon (dans la partie de l'ancien Hôtel des
Invalides dont on voulait faire une prison) un
hôpital militaire provisoire, sous la dénomina-
tion de « 19° hôpital temporaire de Crimée ».
L'abbé Saurel, déjà connu de l'administration
de la guerre, fut réclamé par elle et reçut le
titre d'aumônier. Il quitta les cholériques pour
retrouver les cholériques. Il rendit à ces derniers les mêmes services dévoués qu'aux premiers jusqu'au moment de la terrible inondation de 1856. Le rez-de-chaussée ayant été
envahi par les eaux du Rhône jusqu'à une
hauteur de 2 mètres, le local fut déclaré insa-
lubre et l'hôpital supprimé.

Nommé aumônier du lycée impérial d'Avignon, l'abbé Saurel accepta, on peut le dire, à
son corps défendant, cette nouvelle position,
pour laquelle il se sentait peu d'attrait et qui
l'obligeait à rompre définitivement avec son
œuvre des Militaires. Celle-ci, du reste, ne bat-
tait déjà plus que d'une aile, l'administration
supérieure ayant empêché la continuation de
la souscription annuelle en faveur du patronage. Le seul événement qui marqua son passage au lycée fut la restauration et la reddition au culte de l'ancienne église du collège
des Jésuites, qui devint la chapelle de l'établissement universitaire.

Après un séjour des deux années classiques
de 1856 à 1858, il demanda qu'on voulût bien
lui accorder quelque repos dans une cure de
campagne. Ses vœux furent exaucés et, pendant une quinzaine d'années, il administra
successivement et avec l'aide d'un vicaire, les
paroisses de Cheval-Blanc, Sérignan et Entrai-
gues, mais sans négliger les études historiques
et archéologiques, pour lesquelles il éprouvait
une inclination toute particulière, et sans rompre ses relations de famille.

Toutes les années, il se rendait à Malaucène,
berceau des Saurel, et prenait quelques jours
de vacances au *Pont-de-l'Orme*, charmante et
fraîche villa de son cousin germain le chanoine
Félix Guiméty, curé de la paroisse Saint-Charles de Nîmes. Alfred Saurel accourait parfois
de Marseille, désireux, lui aussi, de se reposer
de ses longs travaux à l'ombre des tilleuls fleu-
ris. Tous trois devisaient joyeusement de leurs
aïeux communs, du vice-légat d'Avignon, du
recteur du Comtat, du viguier, des consuls, des

monuments, du territoire et des archives de
Malaucène, dans lesquelles les deux frères aimaient à fouiller. Ils racontaient au curé de
Nîmes les choses curieuses qu'ils avaient découvertes. « Mais, mes chers cousins, leur dit
un jour l'abbé Guiméty, puisque nous avons
en mains le pain et le couteau, il faut nous en
servir! A vous deux, il vous faut écrire l'histoire de Malaucène; je prends à ma charge les
frais de l'impression. » Les MM. Saurel se con-
sultent de l'œil et répondent : « Hé bien, cher
cousin, ce sera comme vous voudrez! » Ils se
mettent aussitôt à l'œuvre et, après quelques
années d'un travail soutenu, sont en mesure
d'offrir au châtelain du Pont-de-l'Orme deux
forts volumes grand in-8, portant au frontispice : *Histoire de la ville de Malaucène et de
son territoire*, ornée de cartes, plans, vues et
armoiries (Avignon, J. Roumanille, et Marseille, M. Lebon, 1882-83).

La *Société scientifique et littéraire des Basses-Alpes* couronna ce travail « comme étant le
meilleur ouvrage imprimé récemment sur un
sujet relatif à la Provence ».

Satisfait de voir ses intentions largement
remplies, le chanoine Guiméty voulut cependant quelque chose de plus : un résumé succinct, pour le distribuer gratuitement dans
toutes les familles de son pays natal. L'abbé
Saurel se chargea de cette opération et publia
un *Abrégé de l'histoire de Malaucène*, sous
deux formats : in-8 et in-12 (Paris, Picard, et
Avignon, J. Roumanille, 1886).

Jusqu'alors il n'avait jamais été question,
dans ces livres, du vieux Malaucène, de Malaucène à l'époque gallo celtique. L'abbé Saurel en fit le thème d'une monographie archéologique : *Aeria, recherches sur son emplacement* (Paris, Picard, 1885, in-8). A la suite de
cette nouvelle publication, son auteur fut
nommé correspondant du ministère de l'Instruction publique et des Beaux-Arts. Elle rencontra cependant un chaud et savant contra-
dicteur en la personne de M. Sagnier, membre
de l'Académie de Vaucluse. Mais l'historien ne
se tint pas pour battu et répondit à cette attaque par une seconde brochure : *Clairier, véritable emplacement d'Aeria* (Paris, Picard,
1887, in-8).

Pendant qu'il s'occupait de l'histoire de son
pays d'origine, la santé de l'écrivain s'altérait
et le mettait dans l'impossibilité physique de
remplir, comme il l'aurait désiré, les devoirs de
sa charge pastorale. Il demanda la permission
de prendre du repos et se rendit à Montpellier,
où il rencontra de nombreuses sympathies. Le
climat de cette ville lui ayant été favorable, il
y fixa sa résidence et fut nommé aumônier de
l'hôpital Saint-Eloi, membre titulaire et résidant de l'*Académie des sciences et lettres*, de
la *Société de Saint-Jean pour l'encouragement de l'art chrétien*, de la *Société pour
l'étude des langues romanes* et de la *Société
archéologique*.

Il fit paraître dans les *Mémoires de l'Acadé-*

mie trois monographies d'histoire locale : 1°
l'Évêque François-Renaud de Villeneufve
(Section des lettres, 1re série, t. VIII, 1888-89),
dont il donna un abrégé intitulé : *Vie de Mgr
de Villeneufve, évêque de Viviers et de Montpellier* (Montpellier, 1889, in-8); 2° *Épisodes
de chouannerie. Les brigands royaux dans
l'Hérault et autres départements du Midi,
sous la République et le Consulat, d'après les
documents originaux inédits* (2e série, t. I,
n° 3, 1893); 3° *Marie-Nicolas Fournier*, évêque de Montpellier, baron de la Contamine,
surnommé le Père des pauvres (1re série, t. IX,
fascicules 2, 3 et 4, 1892).

Il lut dans une des séances du congrès de la
Société bibliographique, tenu à Montpellier les
11, 12 et 13 février, *Un sanglant épisode sous
la Terreur, à Montpellier*. *L'affaire dite des
Galettes*. Ce travail parut dans le *Congrès
provincial de la Société bibliographique* (Paris et Montpellier, 1895, in-8, p. 299).

Mais l'œuvre la plus importante de l'abbé
Saurel est l'*Histoire religieuse du département de l'Hérault pendant la Révolution, le
Consulat et les premières années de l'Empire* (Paris, Champion, 1894-96, 4 vol. in-8).
Elle fut annoncée par un grand nombre de
journaux de la capitale, et notamment par le
Bulletin héraldique, la *Gazette de France*,
la *Justice*, le *Mois bibliographique*, le *Monde*,
l'*Observateur français*, le *Petit Moniteur universel*, le *Polybiblion*, la *Revue des questions
historiques*, l'*Univers*, la *Vérité* et par beaucoup d'autres revues et journaux publiés soit
à Montpellier, soit dans le Midi. Ils sont unanimes à reconnaître cette *Histoire religieuse*

comme « une œuvre monumentale, pleine de
conscience et de talent ».

Elle valut à son auteur une médaille de vermeil de la *Société de Saint-Jean* de Montpellier, le titre de chanoine honoraire de Nîmes et
celui de chanoine titulaire de la basilique cathédrale de Montpellier. A l'occasion du dernier Congrès des Sociétés savantes, tenu à la
Sorbonne le 24 avril 1897, le chanoine Saurel,
correspondant honoraire du ministère, était
nommé Officier de l'Instruction publique.

Il est Membre titulaire, Associé ou Correspondant de plusieurs sociétés savantes, nationales ou étrangères : la *Société scientifique et
littéraire des Basses-Alpes*, l'*Académie de
Vaucluse*, la *Société d'archéologie et de statistique de la Drôme*, la *Société de statistique
de Marseille*, l'*Académie de Nîmes*, l'*Académie royale héraldique italienne de Pise*,
l'*Académie pontificale des Arcades de Rome*.

Il a mis la dernière main à deux nouvelles
publications qui doivent paraître prochainement:

1° *Raymond de Durford, évêque d'Avranches et de Montpellier, archevêque de Besançon, prince du Saint-Empire;*

2° *Antoine Subjet, évêque de Montpellier,
surnommé le bon Pasteur.*

GIROLAMI DE CORTONA (l'abbé FRANÇOIS-
ANTOINE). A. ✪, ✠, ✠, ✠, né à Évisa (Corse),
le 3 juin 1889; écrivain, géographe, historien,
archéologue, poète, membre de plusieurs sociétés savantes.

Adresse : Appietto, près Ajaccio (Corse).

M. l'abbé Girolami de Cortona appartient à
une famille très ancienne qui occupa, en Italie
et en Corse, au cours du moyen-âge, une
place des plus considérables dans la vie publique.

Les Girolami sont originaires de Florence.
L'un d'entre eux, Raffaele Girolami, fut Gon-
falonier, c'est-à-dire Président de la République
florentine, en 1537.

Les armes primitives des Girolami étaient :
Coupé nebulé d'argent et de gueules (Menes-
trier, Lyon 1734).

Un Girolami, d'une branche établie en Corse,
s'allia à la famille seigneuriale de Cortona. Il
en hérita la tour de Giocatojo, qui appartient
encore à ses descendants.

Le chef des Cortona, en Corse, Guglielmo,
neveu d'Orlando, évêque d'Aleria (xe siècle),
était seigneur d'une grande partie de la côte
orientale de la Corse qui porta son nom : *Terra
Cortinca*,, et qui prit ensuite celui de *Terra
di Comune*. Il appartenait à la grande famille
des *Boniface*, princes souverains de Toscane
et de Corse, au ixe siècle, et alliés à la Maison
impériale (1).

(1) Adalbert II, petit-fils de Boniface II, épousa
Berthe de Lorraine, fille du roi Lothaire et petite-
fille de Charlemagne (884-917).

Parmi ses descendants, il faut remarquer : le marquis Guglielmo, juge et seigneur de Cagliari, en Sardaigne, lequel laissa par testament (testament reproduit par le savant Muratori dans ses *Antiquitates Medii Ævi*) d'immenses propriétés à l'abbaye de San Mammiliano, de l'île de Monte Cristo ; Aldobrando seigneur de Giocatojo, souche des Girolam Cortona, par sa fille Mathilde ; Giovanninello, seigneur de treize châteaux, qui disputa, pen-

dant seize ans, la souveraineté de la Corse à Giudice de Cinarca, comte de cette île ; deux évêques, Orlando II, évêque d'Aleria, et Opizzo, évêque de Mariana et seigneur du Vescovato.

En 1289 et 1290, les seigneurs Cortinchi firent hommage de leurs fiefs à la République de Gênes, et furent inscrits au livre d'or de la riche cité, parmi les nobles de première classe.

En 1451, Guglielmo Girolami Cortona, dit Guglielmo Cortinco, reçut des lettres patentes de noblesse du roi d'Aragon, Alphonse V.(*Historia di Corsica*, par Filippini ; documents de famille).

Les armes des Girolami de Cortona portent : *de gueules à la tour d'argent sommée d'une balance de même, mouvante du chef, et du serpent d'or rampant au pied de la tour. Couronne de marquis, croix pectorale, mitre et crosse.* Légende : *Virtus, Prudentia.* (*Armorial de Corse*, par le comte Colonna de Cesari-Rocca).

M. l'abbé Girolami de Cortona est fils de Paul Girolami de Cortona, propriétaire, et de Pasqualina Luciani, sœur de Santino Luciani, secrétaire général de préfecture et nièce de

Fiorello Ceccaldi, inspecteur général du service de santé des armées.

Après avoir suivi les cours du petit séminaire de Vico et du grand séminaire d'Ajaccio, il fut ordonné prêtre à l'âge de 23 ans et nommé vicaire de la paroisse d'Evisa, son pays natal. Ensuite il fut nommé curé à Letia, puis transféré, en la même qualité, à Appietto, près d'Ajaccio, où il s'est fixé pour ne pas se séparer de ses chères ouailles, alors que son mérite le désignait pour de hautes fonctions.

Travailleur acharné, érudit distingué, écrivain concis et élégant, M. l'abbé Girolami est l'auteur d'un grand nombre de travaux de valeur. Nous citons particulièrement :

Artilia da Gozzi (1886), *Virginia da Ajaccio* (1888), romans écrits en langue italienne ; *Notice sur la famille Cortona* (1892) ; *Notice sur la famille Luciani* (1893) ; *Géographie générale de la Corse*, ouvrage adopté comme livre classique par le Conseil académique (1893) ; *Notice sur la famille Ceccaldi* (1897) ; *Histoire Générale de la Corse* (en préparation).

M. l'abbé Girolami a donné des articles d'érudition à plusieurs journaux, et notamment au *Conservateur de la Corse*. Il est membre titulaire et lauréat de la *Légion archéologique et littéraire de France* (1894), membre titulaire de l'*Académie universelle des Sciences et des Arts de Bruxelles* (1895), officier d'Académie (1895), membre du *Conseil héraldique de France* (1897), membre de la *Société des « 1 »* (1897), membre de l'*Association des Chevaliers pontificaux*, avec la croix *Pro Deo et Pontifice* (1897).

PORÉE (L'abbé Adolphe-André) I. ✠, né à Bernay (Eure), le 14 mars 1848, historien, archéologue et critique d'art.

Adresse : Bournainville, par Thiberville (Eure).

M. Adolphe-André Porée fit ses humanités au collège de Bernay, puis entra, en 1865, au Grand-Séminaire d'Évreux. Ordonné prêtre, en 1871, par Mgr Grolleau, il fut, peu de temps après, nommé premier vicaire aux Andelys. Il resta quatre ans dans ce poste, et passa ensuite, en 1875, à la cure de Bournainville qu'il n'a pas quittée depuis.

Tout en s'occupant avec activité et dévouement des œuvres paroissiales et des fonctions de son ministère, M. l'abbé Porée s'est livré, avec succès, aux recherches d'archéologie, d'histoire et d'érudition.

L'abbé Porée fait partie d'un grand nombre de Sociétés savantes. Il est inspecteur de la *Société française d'archéologie*, que dirige M. de Marsy, membre correspondant de la *Société nationale des Antiquaires de France*, de la *Société des Antiquaires de Normandie*, de l'*Académie de Rouen*, membre non-résident du *Comité des Sociétés des Beaux-Arts des départements*, etc. En 1883, il obtint au

Congrès archéologique, tenu à Caen, une grande médaille de vermeil, et à celui d'Évreux, en 1889, le rappel de la grande médaille.

Il a été nommé Officier d'académie par arrêté du 15 juin 1889, et Officier de l'instruction publique, le 2 avril 1896.

D'un autre côté, Mgr Hautin, évêque d'Evreux a conféré, en 1892, au curé de Bournainville, le titre de chanoine honoraire de son église cathédrale.

M. le chanoine Porée collabore ou a collaboré aux revues et journaux suivants : *Journal de Bernay, Courrier de l'Eure, Semaine religieuse d'Evreux, Revue de l'art français ancien et moderne, Bulletin monumental, Bulletin de la Société des amis des arts de l'Eure, Société libre de l'Eure, Association normande, Revue catholique de la Normandie*. etc.

C'est à lui qu'est due la découverte de la statue d'*Hercule terrassant l'Hydre de Lerne.* de Puget, au musée de Rouen.

Il a été délégué à plusieurs reprises aux Congrès des Sociétés savantes, à la Sorbonne, et des Sociétés des Beaux-Arts des départements, et nommé Directeur de la Société des Antiquaires de Normandie pour l'année 1898-1899.

BIBLIOGRAPHIE. — *Une pierre tumulaire de Notre-Dame-d'Andely* (1874); — *Description du vitrail de Saint Léger, évêque d'Autun, à Notre-Dame-d'Andely* (1877); — *Le Congrès des délégués des Sociétés savantes à la Sorbonne* (1878); — *La Mise au tombeau de Notre-Dame-d'Andely* (1878); — *Guide historique et descriptif de l'étranger aux Andelys* (1879); — *Essai historique sur l'abbaye du Bec* (1879-1880); — *Saint Anselme à l'abbaye du Bec* (1880); — *Auguste Le Prévost, archéologue et historien* (1881); — *Le Congrès des délégués des Sociétés savantes à la Sorbonne* (1881); — *Itinéraire archéologique de Bernay, Beaumont-le-Roger, Harcourt, Beaumesnil et Thevray* (1881); — *L'abbaye du Bec au XVIIIᵉ siècle* (1881); — *Une visite à l'Exposition d'art rétrospectif de Caen* (1883); — *Chronique du Bec et chronique de François Carré* (1883); — *L'Hercule terrassant l'Hydre de Lerne, de Puget* (1884); — 2ᵉ édition, 1885); — *Note sur la levée calcinée de Fresnuse (Eure)* (1884); — *Guillaume de la Tremblaye, sculpteur et architecte* (1884); — *Un historien normand, Gabriel du Moulin, curé de Manneval* (1884); — *Notice sur la seigneurie et le château du Blanc-Buisson* (1884); — *Quelques mots sur les épis en terre émaillée du Prédauge* (1884); — *Note sur un vitrail de Conches, représentant le triomphe de la Sainte-Vierge* (1884); — *Notice sur M. François Lenormant, membre de l'Institut* (1885); — *La relique de la vraie Croix à Bernay* (1884); — *La pierre tombale de l'église de Saint-Aubin de Scellon (Eure)* (1883); — *Découverte de la Sépulture de Jean de la Cour d'Aubergenville, évêque d'Évreux, 1244-56*

(1886); — *Les tableaux de Quentin Varin aux Andelys* (1884); — *L'Hercule du Thil (Eure, 1885); — Le registre de la Charité des Cordeliers de Bernay* (1887); *Le président René de Longueil, marquis de Maisons* (1887); — *Michel-Hubert Descours, peintre bernayen* (1889); — *Robert Nanteuil, sa vie et son œuvre* (1890); — *Gabriel du Moulin, historien* (1890); — *Les clôtures des chapelles de la cathédrale d'Evreux* (1890); — *Notice sur M. Théophile Doucet* (1891); — *Le trésor de l'abbaye Saint-Nicolas de Verneuil* (1891); — *Les sépultures des évêques d'Evreux* (1891); — *Le Nécrologe de l'abbaye de Saint-Taurin* (1891); — *François Bertinet, modeleur et fondeur en médailles* (1891); — *L'abbaye du Bec et ses écoles* (1892); — *Guide du touriste aux Andelys* (2ᵉ édition, 1893); — *Jean Nicolle, peintre, 1614-1650* (1894); — *L'église abbatiale du Bec, d'après deux documents inédits du XVIIᵉ siècle* (1894); — *Notices sur les églises de Notre-Dame des Andelys, de Sainte-Croix, de la Couture et de l'ancienne abbaye de Bernay, l'ancienne abbaye du Bec-Hellouin, les églises de Beaumontel, de Serquigny. de Plainville et le château du Blanc-Buisson, dans la Normandie monumentale et pittoresque* (Le Hâvre, 1895); — *Dom Massuet et ses correspondants* (1894); — *Notice sur Léonor Mérimée* (1895); — *Découvertes archéologiques du R. P. de la Croix, au Villeret (Berthouville)* en *1896* (1896); — *Les apôtres de Sainte-Croix, de Bernay* (1896); — *Le poète Jules Prior* (1896); — *Note sur la statue funéraire de Geoffroy Lué, évêque d'Évreux* (1897); — *Notice sur M. Henry Quevilly* (1897); — *Note sur le monogramme de Masseot Abaquesne* (1898); — *La pierre tumulaire de Boson, abbé du Bec, mort en 1136* (1899).

M. l'abbé Porée est un fervent collectionneur : il a réuni dans son manoir presbytéral de Bournainville, de curieuses statues du XIIᵉ au XVᵉ siècle, une importante série de portraits normands, de belles et rares estampes de Nanteuil, d'Edelinck, des Drevet. de F. Gaillard, des faïences de Nevers, de Strasbourg, de Delft, des poteries d'Armentières et du Châtel-la-Lune (Eure).

Il a poursuivi ses recherches archéologiques non seulement en France, mais en Italie, en Suisse, en Allemagne, en Belgique et en Hollande ; quelques-unes de ses notes de voyages seront publiées.

Le curé de Bournainville a consacré plus de vingt années à recueillir et à mettre en œuvre des documents relatifs à l'histoire du Bec : l'année prochaine, il en fera paraître l'histoire complète en deux volumes in-8.

BRUGIÈRE (le chanoine HIPPOLYTE), né à Chalagnac (Dordogne), le 24 juillet 1831, de Jean-Baptiste-Prosper Brugière et de Rose-Elisabeth d'Artensec de Verneuil ; curé de

Coulounieix (1864-1895), chanoine titulaire de la cathédrale de Saint-Front de Périgueux.

L'*Armorial de la Noblesse du Périgord* (1) consacre aux familles Brugière et d'Artensec des articles dont nous extrayons les passages suivants :

« ... Les livres de l'Hôtel de Ville de Périgueux constatent que depuis 1519 jusqu'en 1747 une dizaine de sujets du nom de Brugière ont été investis de la charge de consuls — et l'on sait l'importance attachée à des fonctions de cette nature avant 1789, dans les villes où, comme à Périgueux, les citoyens ou bourgeois jouissaient de tous les privilèges de la noblesse (*Armorial, t. II, p. 33 et 34*).

(*Ibidem, t. Ier, p. 42*) « On voit dans le *Livre-Vert* de l'Hôtel de Ville de Périgueux, folio 203, que Jean-Baptiste d'Artensec, homme savant et de probité connue, fut anobli, ainsi que sa postérité, pour avoir souffert la question pour le service du roi et de la patrie. Et dans la *Guienne historique*, il est dit que Chanlost, gouverneur de Périgueux pendant l'occupation de cette ville par les troupes de la Fronde, lui fit subir les plus affreux tourments. Il eut les pieds pelés et les ongles arrachés avec un fer brûlant... ».

Les lettres-patentes d'anoblissement sont signées de la main de Louis XIV et datées du 15 mai 1655.

Le chanoine Brugière, membre titulaire de la *Société historique du Périgord*, membre fondateur de la *Société des Beaux-Arts de la Dordogne*, et membre honoraire du *Conseil héraldique de France*, a composé de volumineux manuscrits. Il a publié de nombreux articles, dont la plupart ont paru dans le *Bulletin de la Société historique et archéologique du Périgord*, et fait paraître deux volumes très appréciés : 1° le *Livre d'Or des diocèses de Périgueux et de Sarlat* ou le clergé du Périgord pendant la période révolutionnaire (Montreuil-sur-Mer, impr. Notre-Dame-des-Prés, 1893 : in-8° xciv 326 p., 3 planches) ; — 2° *Quelques pages de l'Ancien et le Nouveau Périgord et les Châtiments des persécuteurs de la période révolutionnaire en Périgord* (in-8°, 216 p. Impr.-lith. Ronteix et Bonhur, 1897).

Le *Livre d'Or* est divisé en quatre parties. Un avant-propos contient une étude sur les serments exigés du clergé par les divers gouvernements, de 1790 au Concordat. — Une seconde partie donne, à l'aide de documents inédits, un aperçu général sur les diocèses de Périgueux et de Sarlat pendant la crise révolutionnaire et sur le sort fait au clergé à cette époque. — La troisième partie contient, par par ordre alphabétique, une série d'ecclésiastiques des deux diocèses ayant joué un rôle pendant la Révolution. — La quatrième partie

donne la liste des paroisses en 1789, celle des prêtres ayant adhéré au Concordat et des prêtres choisis pour gouverner à ce moment les nouvelles paroisses.

Donnons quelques extraits des rapports sur ce livre : Monseigneur Dabert à l'auteur : « ... Je lis avec le plus grand intérêt vos savantes pages si documentées... et j'admire de plus en plus vos patientes et consciencieuses recherches... », 24 septembre 1893.

Son Eminence le Cardinal Bourret, évêque de Rodez : « ... C'est un monument que vous avez élevé en l'honneur de l'Eglise de votre province et un monument des plus édifiants et des plus instructifs... », 2 octobre 1893.

Monsignor Isidoro Carini, le savant préfet de la Bibliothèque Vaticane, dit qu'il a trouvé le *Livre d'Or* si plein d'intérêt et d'édification qu'il a voulu en entretenir les lecteurs des journaux l'*Osservatore Romano* (de Rome) et la *Sicilia Cattolica* (de Palerme), et il publie dans ces feuilles de longs articles sur le *Livre d'Or* (1) « Mi son messo a leggere il libro, e tanto bello mi è parso tanto edificante che ho deciso chiamare a parte dei mei sentimenti i lettori... ».

Le *Bulletin de la Société historique et archéologique du Périgord*, la *Revue de Saintonge et d'Aunis*, les *Etudes religieuses, philosophiques et littéraires des Pères de la Compagnie de Jésus*, la *Revue des Sciences ecclésiastiques*, la *Revue catholique de Bordeaux*, etc., etc., ont donné des comptes-rendus très élogieux du *Livre d'Or*. Jetons un coup d'œil rapide sur quelques-unes de ces revues :

(*Revue catholique de Bordeaux*, 10 décembre 1893 : « ... C'est pour nous un agréable devoir de recommander aux lecteurs de la *Revue catholique* ce livre consciencieux, fortement établi sur des documents irrécusables, fort instructif par suite et non moins édifiant... »

— (*Etudes*, etc., *de la Compagnie de Jésus*. 30 juin 1894) : « ... De patientes et savantes recherches lui ont mis dans les mains (de M. Brugière), de très riches documents sur le clergé des diocèses de Périgueux et de Sarlat à l'époque révolutionnaire ; précieux matériaux qui ont servi à composer ce Livre d'Or, où brillent tant de saintes vies et d'héroïques vertus... »

— (*Revue des Sciences ecclésiastiques*, décembre 1894) : « ... C'est vraiment un Livre d'Or, celui où sont recueillis, avec un soin pieux et patriotique les actes des martyrs du Périgord pendant la Révolution. Un prêtre vénérable, patient et habile chercheur... a consacré les loisirs de son ministère paroissial à explorer toutes nos archives, à amasser des monceaux de notes et documents sur le siècle

---

(1) Par A. de Froidefond, 2 vol. grand in-8°. Imprimerie de la Dordogne, 1891.

(1) *Osservatore Romano*, 4 et 5 novembre 1893 (texte italien); *Sicilia Cattolica*, 10, 11, 12, 13, 14 et 15 novembre 1893 (texte italien).

passé et sa période révolutionnaire. Il vient d'en extraire la matière d'un intéressant volume... »

Le second ouvrage de M. le chanoine Brugière : *Quelques pages de l'Ancien et le Nouveau Périgord*, etc., est le complément du premier. Après avoir présenté au *Livre d'Or* l'héroïsme des victimes, l'auteur mentionne dans cette nouvelle publication, le châtiment des bourreaux. Dans le compte rendu qu'en a fait M. Dujarric Descombes au *Bulletin de la Société historique et archéologique du Périgord*, tome XXIV, p. 352 et suiv., on lit : « ... C'est sans passion que M. Brugière nous dévoile les faits qu'il a recueillis lui-même, soit d'une tradition ininterrompue, soit de témoins oculaires... » Dans la crainte que la relation d'évènements se succédant de trop près sans interruption ne fatiguât le lecteur, il les a accompagnés d'une foule de renseignements sur les localités où ces événements se sont passés. Cette partie donnée à l'érudition intéressera de préférence notre société historique ; elle ne peut qu'applaudir au zèle de son secrétaire-adjoint, qui, non content de puiser dans l'immense recueil manuscrit dû à ses recherches de bénédictin, a eu la patience de traduire, dans un *Supplément*, plusieurs chartes latines inédites ou peu connues... Enfin, on saura gré à notre collègue d'avoir fait un acte de patriotisme en préparant ainsi aux esprits sages et indépendants les éléments nécessaires pour apprécier sûrement les fautes commises et profiter de l'expérience des générations passées. »

M. l'abbé Mayjonade, dans le n° 4 de la *Semaine religieuse du Diocèse*, 9 oct. 1897, juge ainsi le nouvel ouvrage : « ... Après le *Livre d'Or*, voici quelques pages substantielles simples, sans fard, mais pleines de vérités historiques, de traditions sérieuses. Des particularités, pour la plupart peu connues, y sont relatées sur plusieurs localités du Périgord. Le chroniqueur enregistre aussi les traditions paroissiales sur les châtiments providentiels auxquels ont rarement échappé les persécuteurs de la période révolutionnaire... Ces pages ne sont pas une œuvre de haine, mais une salutaire instruction, une prédication éloquente... »

L'abbé Brugière a publié en outre un grand nombre d'articles, dont la plupart ont été imprimés dans le *Bulletin de la Société historique du Périgord*, citons les principaux : *Pèlerinages d'un Périgourdin à Verdelais, en 1702* ; — *Inscription de l'église de Vanxains*, avec planches ; — *Excursion au rocher de l'hermitage de Toulon ; — Rétable et chaire de l'église de Ladouze*, avec planche ; — *Heurtoirs de la porte du presbytère de Domme et de la porte du presbytère de Champagne*, avec planche ; — *Chapelle de Saint-Augustin, église de Marsac*, avec planche ; — *Ouverture du tombeau de Saint-Front ; — Inscription d'une cloche de la*

cathédrale de Sarlat (1481), avec planche ; — *Deux cartes d'après le géographe Sanson : l'ancien Diocèse de Périgueux et l'ancien Diocèse de Sarlat* (Voir tome premier, p. 90 et 91, de la *Bibliographie du Périgord*, Périgueux, Imprimerie de la Dordogne, 1897 ; où sont relatées un grand nombre de ces publications.

HOIN (l'abbé JOSEPH-CHARLES-ANTOINE), né à Ercourt (Somme), le 12 octobre 1839, curé de Saint-Sauflieu, au diocèse d'Amiens, érudit et écrivain français.

Adresse : Saint-Sauflieu (Somme).

M. l'abbé Hoin est né dans une modeste et honorable famille de cultivateurs picards.

Se sentant une profonde vocation pour l'état ecclésiastique, il s'en ouvrit à ses parents. Un beau matin, il partit pour le petit séminaire de Saint-Riquier, où il fit de fructueuses études.

Entrant au grand séminaire diocésain d'Amiens, il y montra les mêmes qualités de travail. Son goût pour l'étude et pour l'érudition ne fit que s'accroître.

Le 5 janvier 1868, l'abbé Hoin fut ordonné prêtre par S. G. Mgr l'évêque d'Amiens. Il était déjà, depuis quelques années, professeur au petit séminaire de Saint-Riquier. Il resta dans ce poste jusqu'au lendemain de la guerre de 1870-1871. Il y conquit auprès de ses élèves de précieuses sympathies qui ne lui ont jamais failli depuis.

En 1871, Mgr l'évêque d'Amiens l'appela à la cure de Beaufort. M. l'abbé Hoin y demeura près de quatre ans.

En 1874, ce prêtre distingué fut nommé curé

de Démuin ; puis, en 1884, curé de Nibas-Sau-court, dans l'arrondissement de Péronne.

Récemment, M. l'abbé Hoin a été chargé par Mgr Dizien de la cure de Saint-Saulieu.

Partout où il a passé, M. Hoin s'est signalé par sa charité et par ses œuvres. Partout aussi il a fait preuve, dans ses relations avec les pouvoirs publics, d'un tact qui fut très apprécié et qui lui valut de nombreuses amitiés en même temps que l'affection et le respect de tous.

Prêtre aussi modeste que savant, M. le curé de Saint-Saulieu consacre les loisirs que lui laisse le sacré ministère à l'étude de l'histoire.

Il est de ces sages historiens qui s'attachent à élucider l'histoire locale, jugeant avec raison que la restitution du passé de chacune de nos villes, de chacun de nos villages et de nos hameaux, est une œuvre de patriotisme et de science qui doit fournir des matériaux précieux à la reconstitution exacte de l'histoire provinciale et, partant, de l'histoire générale de notre pays.

M. Hoin, à force de recherches dans les archives locales, est parvenu à réunir un grand nombre de documents précieux sur le passé de plusieurs communes picardes.

Il a publié en 1878 un travail remarquable intitulé : *Monographie de Beaufort* (Amiens, 1 volume in-8).

En 1890, il a donné une notice sur *Longuemort et ses Seigneurs* (in *Mémoires de la Société d'Emulation d'Abbeville*).

M. l'abbé Hoin a en préparation des monographie sur Ercourt et ses annexes, Nibas et ses annexes, Millencourt et ses Seigneurs, Trinquier, Buigny-l'Abbé, Rogeaut, Grébault-Mesnil, Ochancourt, Saint-Maxent, Biencourt, etc.

Plusieurs de ces travaux sont achevés. Il serait à souhaiter que M. l'abbé Hoin pût bientôt les livrer à l'impression.

M. Hoin est membre de la *Société d'Emulation d'Abbeville*.

Bon et serviable, charitable et dévoué, M. Hoin est un prêtre estimable et exemplaire.

GARRAUD (Mgnor JEAN-RENÉ), né à Dijon (Côte-d'or), le 5 avril 1839, écrivain, orateur, membre de plusieurs sociétés savantes.

Adresse : 3 i, rue Verreri, Dijon et Clos-St-René, à Fontaines-lez-Dijon (Côte-d'or).

C'est une physionomie bien bourguignonne et bien dijonnaise que celle du Chanoine de Népi.

J.-R. Garraud est né à Dijon dans une maison de la rue du Champ-de-Mars, n° 2, qui appartenait à ses ancêtres maternels depuis longtemps et où habitaient Louis Garraud, son père, et Marie-Antoinette Hamelin, sa mère. Son père avait pour frère aîné le statuaire Joseph Garraud, qui joua un rôle politique en 1830 et devint Inspecteur et Directeur généra des Beaux-Arts en 1848. Il était en outre, en

ligne maternelle, le petit-fils de Gabrielle Rameau, parente du 3e au 5e degré du musicien Jean-Philippe Rameau, dont la statue orne une des places de Dijon. Sa mère était la fille de Jeanne Cornu, cousine issue de germains du statuaire François Rude. C'est en cette qualité que le Chanoine et son père représentaient seuls la famille de Rude, en octobre 1886, pour l'inauguration de la statue du grand artiste, sur la place Darcy, à Dijon.

Le père de Jean-René exerçait à cette époque la professson de maître menuisier, qui avait été celle de ses pères depuis trois générations, dans le même quartier de la ville. Dès ses premières années, les aspirations de cet enfant se portèrent vers le sanctuaire. A cette époque, on n'avait pas, autant qu'aujourd'hui, la facilité de donner aux enfants du peuple les bienfaits de l'instruction secondaire.

En vain le Directeur de l'Ecole Normale primaire, le vénérable M. Thevenot, donna-t-il un certificat élogieux à Jean-René, et un président à la Cour de Dijon, une lettre, pour obtenir une demi-bourse au lycée. Déjà âgé de plus de 12 ans, il n'avait pas les connaissances élémentaires latines pour concourir.

Force lui fut d'attendre l'heure de Dieu. On en fit un scribe et, plus tard, en 1855, à Paris, où ses parents, attirés par le statuaire, leur frère, s'étaient rendus, un clerc d'avoué. Son père venait d'entreprendre de vastes et importants travaux à l'Ecole militaire de Paris ; il lui demanda son concours. Il avait 16 ans, il obéit. Mais ces travaux étaient au-dessus de ses forces physiques et les lourds outils qu'il maniait maladroitement le blessaient. Il tomba malade. Ce fut son chemin de Damas.

On l'envoya à Viry-Châtillon, près de Juvisy, dans la belle maison du statuaire, son oncle. C'est là qu'il eut l'heureuse fortune de rencontrer le curé de la paroisse, hôte assidu du sculpteur, qui était le condisciple et l'ami de Mgr Rivet, évêque de Dijon. L'abbé Balain prit chez lui le jeune homme, lui donna les premières notions du latin et l'adressa ensuite, avec ses recommandations, à son ami l'Evêque de Dijon. La voie était ouverte.

Pendant 18 mois le futur Chanoine acheva ces deux ecclésiastiques son instruction secondaire commencée. En octobre 1857, il entrait dans la classe d'humanité au Séminaire de Plombières-les-Dijon. Il y trouva comme émulo des jeunes gens de son âge qui avaient sur lui l'avantage de 10 années d'études.

L'un de ses condisciples occupe aujourd'hui un des principaux siège épiscopaux de France. Jean-René ne se découragea pas. Le Palmarès de Plombières de 1858-1859 prouve ses succès.

Le 21 mai 1864, il était prêtre. On lui assigna le Vicariat de Laignes, chef-lieu de canton du Châtillonnais et, en même temps, la cure voisine de Griselles, charmant village bâti sur les bords de la petite rivière appelée la Laignes, qui prend sa source dans ce bourg.

Le jeune curé fut séduit, en arrivant, par

l'aspect pittoresque de l'église de son village. Le *Livre de Raison* de Mgnor Garraud, que nous suivons, en fait foi. Dans une crypte souterraine abandonnée, il trouvait un sarcophage romain qui, au vie siècle, avait servi à la sépulture de l'apôtre de sa paroisse, et qui contenait encore son corps entier. Sans hésiter, il se met à l'œuvre; il écrit l'histoire de Saint Valentin et de sa paroisse, quête un peu partout et, le 4 juillet 1865, jour de la fête de Saint Valentin, le jeune curé célébrait la messe, après une interruption de 75 ans, dans cette crypte vénérable entièrement restaurée.

Le Chanoine Garraud est un Dijonnais passionnément épris de sa ville natale. Son évêque le rapprocha de Dijon l'année suivante, en le nommant vicaire à Nuits et aumônier à l'hôpital de cette ville.

Pendant deux ans, le jeune prêtre y vit de près toutes les souffrances humaines en se tenant, deux fois par jour, au chevet des malades et des mourants. Les religieuses de l'hospice ont su apprécier le dévouement de leur jeune aumônier. Elles gardent encore de lui le meilleur souvenir.

En août 1868, il fut nommé à la cure de Chazeuil, doyenné de Selongey. Ce jeune prêtre, habitué à demeurer à la ville, allait être obligé de résider dans une campagne. L'épreuve fut rude au début.

Il crut, un instant, ne pouvoir jamais s'y accoutumer. Vainement demanda-t-il à Mgr Rivet la permission de se rendre à Paris où habitaient ses parents et où plusieurs membres du clergé offraient de lui ouvrir leurs rangs. L'Evêque de Dijon, qui lui témoignait un grand intérêt, s'obstina à le garder. Le nouveau curé chercha dans l'étude et la composition l'occupation de ses loisirs.

La guerre ne tarda pas à éclater et vint lui donner d'autres préoccupations. Pendant que son père et ses deux frères défendaient la Patrie, il subissait l'invasion. Son presbytère était la demeure des chefs allemands. Il en profita en faveur de ses paroissiens et obtint de ses hôtes des adoucissements aux exigences, parfois terribles, de l'ennemi.

Tous les curés qui se trouvaient dans le même cas en firent autant, mais le curé de Chazeuil fit plus. Il écrivit, jour par jour, le journal des évènements qui se passaient dans la contrée.

Ce récit, dont les premières pages, ayant surtout trait aux évènements antérieurs à l'invasion de la Côte-d'or, sont restées manuscrites, a été publié en feuilleton et réuni en un volume. Mgr Rivet écrivait à son curé :

« Ce volume sera une page bien terrible, mais bien intéressante pour les générations futures de Chazeuil, comme aussi pour tous les Bourguignons » ; et M. Dormoy, professeur de lycée à Paris, ajoutait : « Rien, mieux que votre récit, ne peut faire connaître l'état des esprits, à la campagne, durant cette terrible époque ».

Jeune et actif, le curé de Chazeuil avait besoin d'utiliser ses forces autrement que dans un petit village de 300 âmes. On l'envoya, en 1873, à Rochefort-sur-Brevon, paroisse composée de trois villages qu'il fallait desservir. Rien de plus pittoresque que cette paroisse dont les maisons s'étagent sur les pentes boisées d'un frais vallon, arrosé par un cours d'eau et qui fait rêver de la Suisse. Mais elle était si éloignée du cher Dijon !

L'église y était dans un lamentable état ; le clocher tombait en ruines ; à force d'instances et de démarches, le nouveau curé remit tout en bon état. Quand, en août 1876, il était appelé par son évêque à la cure de Prémeaux, près Nuits, les premières pierres du clocher à refaire étaient sur le cimetière.

Prémeaux est un beau village. La paroisse une des mieux cotées du diocèse, compte près de 1.200 habitants et renferme les villages de Comblanchien — si connu par ses carrières, citées au nombre des plus belles de France — et de Prissey, à quelques pas de Nuits-Saint-Georges et de Vougeot. On cultive exclusivement la vigne à Prémeaux, qui produit un des premiers vins du monde.

L'église de Prémeaux était convenable ; le curé en fit une sorte de musée ; il y rassembla tous les objets anciens qui s'y rattachaient ; il laissa, en quittant son poste, dans les archives paroissiales, des notes considérables sur le passé de cette paroisse. Le village de Comblanchien n'avait qu'une chapelle du xvie siècle qui menaçait ruine.

Aujourd'hui il possède une superbe église neuve.

Prissey doté d'un petit édifice de style roman, digne d'être classé parmi les monuments historiques, était dans un état de délabrement qui faisait peine à voir. Aujourd'hui il est restauré et rajeuni.

Ces travaux n'empêchèrent pas le curé d'accumuler, pendant vingt ans, un nombre considérable d'ouvrages qui tous reçurent leur récompense.

En 1894, Mgr Oury, venant bénir l'église de Comblanchien, dit publiquement aux paroissiens de Prémeaux, que leur curé était un des prêtres les plus méritants de son diocèse, par ses travaux et son talent d'orateur et d'écrivain.

Deux ans auparavant, un ami dévoué l'avait présenté au chapitre de la Basilique Cathédrale de Népi, dans la province romaine. Ne voulant accepter aucune distinction honorifique sans l'assentiment de son chef hiérarchique, le curé de Prémeaux lui demanda son agrément. Mgr Oury lui répondit le 30 mars 1892 :

« Cher monsieur le curé. Non seulement je ne m'oppose pas à ce que le vénérable chapitre de Népi vous ouvre ses rangs, mais je lui en serai très reconnaissant, je vous autorise à lui en donner l'assurance et je demande à votre humilité d'ajouter, quand même elle dût en souffrir, qu'un prêtre bon comme vous, instruit et laborieux comme vous, donne autant d'honneur qu'il en reçoit, lorsqu'un corps, si distingué soit-il, daigne l'admettre au nombre de ses membres. Dès à présent je vous offre mes félicitations et je vous prie d'agréer, cher Monsieur le curé, l'assurance de mes affectueux et dévoués sentiments. † F. Henry, évêque de Dijon. »

La nomination de chanoine honoraire de la Basilique Cathédrale de Népi « *avec tous les droits, honneurs, prééminences et privilèges dont jouissent les membres du chapitre* » de cette très antique Basilique est datée du jour de Pâques, 29 mars 1892.

Le chanoine adopta des armoiries qui figurent sur plusieurs de ses ouvrages. La foi du prêtre s'y allie à l'amour du Bourguignon pour le sol natal. Elles portent : *D'argent au cep de vigne de sinople chargé de raisins de gueules avec cette devise empruntée à l'Evangile* : Christus vitis, nos palmites : *Le Christ est la vigne dont nous sommes les pampres.*

Mais toute médaille a un revers. Une trop grande assiduité au travail, jointe à des exigences inhérentes au saint ministère, détermina une maladie qui, en 1895, l'obligea à prendre sa retraite à Dijon dans la vieille maison paternelle, une des plus anciennes et des plus intéressantes de la ville, bâtie en 1541 par un membre du Parlement de Bourgogne et où depuis 150 ans cinq générations de sa famille se succèdent sans interruption.

Il est temps de parler des œuvres de Monsignore Garraud. Voici d'abord la liste complète de ses ouvrages :

Vie de St Valentin de Griselles (1865); 35 brochures du *Calendrier liturgique, suivies d'un Cours de liturgie* (1865-1899); *Le Dogme de l'infaillibilité papale* (1870); *Opuscules du Jubilé* (1875, 1881, 1886); *Biographie du musicien Jean-Philippe Rameau* (1876); *Notice sur N.-D. de Lourdes* (1877); *Manuel de l'adoration perpétuelle du T. S. Sacrement* (1880); *L'Œuvre religieuse de Rude* (1886); *Etude sur les évêques de Dijon* (1886); *Jean Bouhier, 1er évêque de Dijon* (1886); *Biogr. de Joseph Garraud, statuaire* (1887); *Etude sur Rameau organiste* (1887); *Discours prononcé à Premeaux le 24 mai 1887* (1887); *Notice sur le clos de Vougeot* (1887); *Le Phylloxera au xve siècle (1108-1887)* (1888); *Armorial des évêques de Saint-Claude* (1888); *Biogr. du chanoine Louvot* (1889); *Saint Antide : Iconographie, légende, culte et reliques* (1889); *La Bastille et la tour Eiffel, construites par deux Dijonnais (1389-1789-1889)* (1889); *Le mois du T. S. Rosaire* (1889); *Histoire de la vie et des œuvres du R. P. Rey, fondateur de la Société de Saint-Joseph de Cîteaux* (1891); *Mgr Claude Bouhier, 2e évêque de Dijon* (1892); *Discours prononcé dans la cathédrale d'Auxerre, le 1er oct. 1892* (1892); *Not. biogr. sur M. l'abbé Amédée de Chalonge* (1893); *Album des Evêques de Dijon, portraits et armoiries* (1893); *Oraison funèbre du R. P. Donat, supérieur de l'Œuvre de Saint-Joseph de Cîteaux* (1895); *Monographie d'une maison bâtie par un membre du Parlement de Bourgogne en 1541, à Dijon* (1897); *Notice sur le bâton de la Confrérie de Saint Marc, à Premeaux* (1898); *Notice sur la liproserie Saint-Bernard, de Premeaux* (1898); *Histoire de la Maîtrise de la cathédrale de Dijon* (1898); *la Question de l'érection d'une statue de Bossuet à Dijon* (1898).

A ces nombreux travaux, il convient d'ajouter un nombre important d'articles liturgiques, historiques, biographiques et d'actualité, qui ont paru pendant 35 ans, sous la signature du chanoine, dans les journaux et bulletins religieux de Dijon.

Depuis 1864, l'auteur publie un *Calendrier liturgique*, à la suite duquel il insère, depuis 35 ans, des entretiens, qui forment aujourd'hui tout un cours de liturgie à l'usage des fidèles et qui les initie aux connaissances religieuses, qu'ils ont intérêt à connaître de le temps, les personnes et les choses de la liturgie catholique.

Un des ouvrages qui a été le plus remarqué du monde savant est sa notice sur le fameux clos de Vougeot, où il donne de très intéressants détails sur le château de plaisance des puissants abbés de Cîteaux, et où il fait connaître, à l'aide de documents indiscutables, la présence du phylloxera au xve siècle.

Mais l'œuvre capitale du chanoine est le volume qu'il a publié, en 1890, sur le P. Rey, fondateur du Cîteaux moderne. Cet ouvrage, enrichi du portrait du P. Rey à l'eau-forte et de plusieurs gravures, au dire des juges les plus compétents, restera. Cîteaux, avec son glorieux passé et sa résurrection moderne, y sont traités avec art. Le P. Rey, qui fut l'initiateur, en France et ailleurs, des colonies pénitentiaires et agricoles pour les enfants, méritait cet hommage. L'*Histoire de la vie du P. Rey* a été honorée d'une lettre de félicitations de Sa Sainteté Léon XIII qui, le 13 décembre 1892, chargeait, en même temps, S. Em. le cardinal Rampolla, d'envoyer à l'auteur sa bénédiction apostolique. On lit en tête du volume des lettres de félicitations motivées de quatre cardinaux français, d'un cardinal italien, de Mgr Ferrata, nonce apostolique, d'un archevêque, de huit évêques et d'un abbé cistercien d'Autriche.

Disons encore que Mgnor Garraud a été aussi un initiateur dans son genre. Le premier en France et certainement dans l'Eglise, il a publié, en 1893, un splendide album qui contient les portraits, les armoiries et les indications exactes sommaires de la vie de tous les évêques qui ont occupé le siège épiscopal de Dijon. Quant aux autres travaux de l'auteur, ils ont tous été l'objet de comptes rendus et d'articles de critiques, qui ont paru à l'époque de leur publication, soit dans les revues bourguignonnes, soit dans les périodiques parisiens. Souffrant depuis longtemps, Mgr Garraud s'est éteint récemment unanimement regretté de tous ceux qui avaient eu la bonne fortune de l'approcher.

BEAURREDON (l'Abbé Joseph-Edouard), A. ✪, ✪, né à Pontenx-les-Forges (Landes), le 13 Mai 1844, vicaire-général en retraite, chanoine honoraire de la cathédrale d'Aire et de la cathédrale de Saint-Denis (Ile de la Réunion), écrivain, philologue, archéologue français, membre et lauréat de plusieurs sociétés savantes, littéraires, agricoles, etc.

Adresse ; Saubrigues (Landes).

M. l'abbé Joseph Beaurredon appartient à une excellente famille landaise qui, confiante dans sa profonde vocation ecclésiastique, lui fit faire de solides et brillantes études au Petit puis au Grand Séminaire d'Aire-sur-l'Adour. Ordonné en 1868 par Mgr Marie-Olivier Epivent, alors évêque d'Aire, M. l'abbé Joseph Beaurredon occupa avec distinction, dans son diocèse, plusieurs postes honorables, tant dans le professorat que dans le ministère paroissial. Il fut notamment préparateur, pendant cinq ans, au baccalauréat ès-sciences, et curé de la jolie paroisse de Levignac.

Le 1er avril 1877, son compatriote, Mgr Soulé, nouvellement promu au siège épiscopal de la Réunion, l'appela à l'accompagner dans ce pays si lointain, mais aussi si charmant.

A Saint-Denis de la Réunion, M. l'abbé Beaurredon exerça successivement les fonctions de vicaire-général, et celles, beaucoup plus importantes, d'Administrateur apostolique.

Ceux qui le virent à l'œuvre pendant l'absence de son évêque, obligé de rentrer en France pour cause de maladie, ne purent s'empêcher de rendre hommage à l'habile fermeté avec laquelle, pendant plus de dix-huit mois, le jeune administrateur tint les rênes de son Gouvernement.

Néanmoins, fatigué lui-même, il fut contraint d'aller retremper sa santé sous le ciel bienfaisant de la Patrie. C'était le 21 janvier 1881.

Dès lors, ce fut en vain que le Ministère des Colonies, désireux d'employer les belles aptitudes de M. l'abbé Beaurredon, lui fit offrir à trois reprises des sièges coloniaux. La modestie de M. Beaurredon déclina ces offres brillantes. Retiré dans sa retraite de Saubrigues, il préféra consacrer ses loisirs à la prédication et à l'étude.

Nous le voyons cependant, en octobre 1889, reprendre vaillamment le chemin de la Réunion. C'est l'évêque d'alors, Mgr Fuzet — plus tard évêque de Beauvais et aujourd'hui Primat de Normandie — qui l'appelait à Saint-Denis afin de lui confier encore les fonctions de vicaire-général. Sous ce chef éminent, il occupa ce poste aussi longtemps que Mgr Fuzet dirigea le diocèse, c'est-à-dire jusqu'à la fin de l'année 1894.

M. l'abbé Joseph Beaurredon revint alors en France, pour s'y fixer définitivement.

L'œuvre littéraire et scientifique de ce prêtre distingué est des plus intéressantes. Elle se compose d'ouvrages de théologie, de linguistique locale et d'*Archéologie agricole*, terme que nous avons, pensons-nous, la première occasion d'employer ici.

Dans son *Etude sur les Sacrements* (un vol. in-8° de 600 pages ; Paris, Oudin, éditeur, 1890), M. le chanoine Joseph Beaurredon a su faire admirer des connaisseurs une science sûre, puisée aux sources les plus hautes, des aperçus nouveaux, et une élégance de style qui ne se dément jamais. Cet ouvrage fut imprimé à Rome et fut revêtu de l'approbation du Maître du Sacré-Palais.

La philologie locale est redevable à M. Beaur-

redon des deux premiers ouvrages qui aient été écrits sur la langue Gasconne : une *Grammaire du Gascon landais* (Dax, 1894 ; in-8° ; Labèque, éditeur) ; — une *Phonétique du Gascon landais* (Dax, 1898 ; in-8°. Labèque).

La *Grammaire du Gascon landais* valut à son auteur, de la part de l'Académie de Bordeaux, le prix Lagrange, en 1894. La *Phonétique* fut récompensée d'une Médaille d'or de la même Académie en 1901.

Ces deux livres, qui n'avaient pas de précédents, sont une vraie création. Ils ont rendu et rendront longtemps encore de précieux services à tous ceux qui s'intéressent à nos vieux dialectes, qui disparaissent si rapidement du sol français. Il serait à désirer que cet exemple fût plus généralement suivi, alors qu'il serait encore temps de fixer définitivement les mots et la syntaxe des anciens parlers populaires ou écrits.

Les ouvrages du chanoine Beaurredon sur l'archéologie agricole n'ont pas été moins remarqués. Ce sont : *La Viticulture dans l'Antiquité*. (Bordeaux, 1888 ; in-8° ; Féret) ; — *Voyage agricol*

16

chez les Anciens (Paris, 1898 ; in-8° ; Arthur
Savaète, éditeur, rue des Saints-Pères).

Le *Voyage Agricole chez les Anciens* a été couronné
par la *Société nationale d'Agriculture* de Paris.

Dès que parut la *Viticulture dans l'Antiquité*,
le regretté marquis de Dampierre, Président de
la *Société des Agriculteurs de France* (Cf. notre
Dict. des Agric. de France, s. v. Dampierre), écrivit à l'auteur :

« ... J'ai marché de surprise en surprise en
lisant votre livre ; et vraiment vous avez bien
raison de dire dans votre préface que « le neuf
est quelquefois bien vieux ». C'est une leçon de
modestie donnée à la science moderne et qui
n'était pas inutile. Je voudrais que vos savantes
recherches eussent le retentissement qu'elles
méritent. »

M. Vassilière, Inspecteur de l'Agriculture, déclarait de son côté, dans une lettre du 5 janvier
1896, qu' « aucune lecture ne l'avait charmé davantage et ne lui avait appris ou rappelé tant de
choses en si peu de pages ».

Et, en effet, combien peu, avant l'apparition
de ces deux ouvrages de M. l'abbé Joseph Beaurredon, auraient osé penser que les Caton, les
Varron, les Columelle, c'est-à-dire les agronomes
latins d'il y a tantôt deux mille ans, en savaient
autant, sinon sur les théories, du moins sur les
pratiques agricoles et viticoles, que les agronomes les plus fameux de notre temps ?

Et pourtant M. Ribellier, en présentant ces
ouvrages à la *Société des Agriculteurs de France*,
ne craignait pas de dire :

« Ces ouvrages démontrent que les Anciens
étaient aussi pratiques que les modernes, et,
qu'en définitive, nous ne faisons que suivre —
sans le savoir — leurs procédés. »

La *Viticulture dans l'Antiquité* et le *Voyage
Agricole chez les Anciens*, bien que remplis d'érudition, sont néanmoins, grâce à l'aisance de la
composition, d'une lecture facile et attrayante,
tant l'auteur a su s'assimiler les milliers de textes auxquels il se réfère.

Ces travaux ont obtenu une autre récompense
bien méritée. Par décret de M. le Ministre de
l'Agriculture en date du 14 juillet 1899, M. le
Chanoine Beaurredon a été nommé Chevalier du
Mérite Agricole.

Cette distinction si dignement gagnée vint servir de couronnement aux palmes académiques
décernées déjà à M. Beaurredon le 14 juillet 1881,
après son premier retour de la Réunion, pour
les services signalés rendus par lui à l'enseignement dans ce pays, soit comme examinateur
pour le baccalauréat, soit comme codificateur de
la législation coloniale sur l'Instruction publique. M. l'abbé Beaurredon a en préparation d'autres travaux parmi lesquels nous citerons : *Etude
sur la Mnémotechnie des Anciens ; — Etude sur la
philosophie de Descartes*, etc.

Il est membre de la *Société de Borda*, de Dax.
Il a collaboré à diverses revues : entr'autres à
la *Revue du monde Catholique* et à la *Revue du
Clergé français*.

Ajoutons qu'il possède une belle bibliothèque
où dominent surtout les classiques anciens, les
ouvrages de linguistique et de philologie, et les
meilleures publications sur l'exégèse biblique.

INDEX ALPHABÉTIQUE

AVERTISSEMENT

Les Notices des **Membres du Clergé Catholique** ont paru ou paraîtront dorénavant dans les tomes II et suivants du **Dictionnaire International des Ecrivains, Membres des Sociétés Savantes, Clergé, etc.**

HENRY CARNOY,

Professeur au Lycée Voltaire,

24, rue des Grands-Augustins,

Paris (VIe).

Juillet 1903.

Vannes. — Imp. LAFOLYE FRÈRES, 2, place des Lices.

COLLECTION DES GRANDS DICTIONNAIRES BIOGRAPHIQUES

Directeur-Général : M. Henry CARNOY, A. ☆, O. ✠

DICTIONNAIRES EN SOUSCRIPTION

DICTIONNAIRE INTERNATIONAL DES ÉCRIVAINS, DES ARTISTES, DES MEMBRES DES SOCIÉTÉS SAVANTES, DU CLERGÉ, DU MONDE DIPLOMATIQUE, POLITIQUE ET ADMINISTRATIF, DE LA HAUTE SOCIÉTÉ, DES FOLKLORISTES, VOYAGEURS ET GÉOGRAPHES, DES MÉDECINS, CHIRURGIENS, CHIMISTES ET NATURALISTES, ETC., TOME III.

DICTIONNAIRE INTERNATIONAL DES INVENTEURS, INGÉNIEURS, GRANDS COMMERÇANTS ET INDUSTRIELS, AGRICULTEURS, VITICULTEURS, HORTICULTEURS, ETC. ; TOME II.

DICTIONNAIRE DES HOMMES DE L'EST, DU NORD, DU CENTRE, DE L'OUEST, DU MIDI ET DES FRANÇAIS D'OUTRE-MER (NOTABILITÉS FRANÇAISES), TOME III.

EN VENTE

Dictionnaire des Hommes du Nord (avec Supplément) Tome Ier.	30 fr.	Dictionnaire des Hommes du Midi.		30 fr.
— intern. des Folkloristes.	30 fr.	— du Clergé catholique.		30 fr.
— intern. des Membres des Sociétés Savantes (Tome Ier).	30 fr.	— des Médecins et Chirurgiens.		30 fr.
— intern. des Grands Commerçants et Industriels.	30 fr.	— intern. des Artistes.		20 fr.
— intern. des Écrivains (T. Ier et II).	60 fr.	— intern. des Voyageurs et Géographes.		20 fr.
— des Hommes de l'Est, du Nord, du Centre et de l'Ouest.	30 fr.	— de la Haute Société.		10 fr.
		— des Agriculteurs.		10 fr.
		— du Monde politique.		10 fr.
		— des Physiciens et Chimistes.		10 fr.

PORTRAITS CONTEMPORAINS

A L'ORÉE DU XXᵉ SIÈCLE

Cette Collection comprend actuellement une vingtaine de plaquettes illustrées de nombreux portraits, consacrées spécialement aux notabilités contemporaines. Elles sont le développement des notices parues dans les « Grands Dictionnaires internationaux ».

Le volume : 1 franc.

« Cette véritable Encyclopédie biographique, comprenant environ soixante tomes, constituera dans son ensemble le tableau historique du monde de l'intelligence et du travail à la fin du XIXᵉ siècle... On y trouve sur la vie, les œuvres et les écrits de ces notables personnages, des renseignements qu'on chercherait vainement ailleurs, et de précieuses indications soigneusement contrôlées. » *(Journal des Débats.)*

« Ces ouvrages, magnifiquement imprimés et illustrés de portraits artistiques, sont remplis de détails et de renseignements qu'on ne peut rencontrer sur les Contemporains dans aucun ouvrage existant. » *(L'Eclair.)*

Ont souscrit aux Grands Dictionnaires

Les Bibliothèques : *Nationale, Mazarine, Carnavalet, Ecole Polytechnique* (Paris), *de Bordeaux, de Rouen, de Reims, de Lille, de Lyon, d'Orléans, la Smithsonian Institution (Washington), de Bucharest, de Belgrade, de Rome, la Faculté de Médecine de Paris, le British Museum, la Bibliothèque de la Chambre des Députés de Paris, United-States Museum, New-York, l'Ambassade de Russie à Paris, The Bureau of Ethnology, Royale de Naples, de la Chambre des Députés d'Italie, les Archives de plusieurs Départements et de nombreuses Bibliothèques en Angleterre, en Allemagne, en Italie et aux Etats-Unis, etc., etc.*

CORRESPONDANTS :

MM. LECHEVALIER, LE SOUDIER, BORRANI, REINWALD, MELLIER, BROCKHAUS, MAISONNEUVE et TERQUEM, libraires à Paris.

Imprimerie Lafolye frères, place des Lices, Vannes (Morbihan).

www.ingramcontent.com/pod-product-compliance
Lightning Source LLC
Chambersburg PA
CBHW060803110426
42739CB00032BA/2566